Mit allen guten Wünschen

vom Verfasser

Alfred Schindel

Alfred Schickel

Joseph Kardinal Schröffer

Ein Leben für die Kirche

Brönner & Daentler KG, Eichstätt

Gesamtherstellung Brönner & Daentler KG, Eichstätt
ISBN 3-920142-04-7

Inhaltsverzeichnis

Vorwort

Am 7. September 1983 verstarb der langjährige Oberhirte und spätere Kurienkardinal Erzbischof Dr. Joseph Schröffer im Alter von über 80 Jahren. Nach wie vor ist die dankbare Erinnerung und die aufrichtige Verbundenheit mit ihm bei vielen Menschen weit über die Diözesangrenzen hinaus lebendig.

Sieben Jahre nach seinem Tod legt nun Herr Dr. Alfred Schickel eine umfassende Biographie Joseph Kardinal Schröffers vor. Dankenswerterweise kommt er damit einem vielfach geäußerten Wunsch und einem kirchengeschichtlichen Desiderat nach, denn bis heute fehlte eine gründliche Beschreibung des facettenreichen Lebensweges von Kardinal Schröffer in seinem Dienst für Orts- und Weltkirche. Dabei bietet Dr. Schickel als erfahrener Historiker und naher Verwandter des verstorbenen Kardinals die Gewähr für eine zuverlässige und authentische Erforschung der Lebensgeschichte des Verewigten. Besonderen Dank und Anerkennung verdient in diesem Zusammenhang auch die Schwester der Kardinals, die über viele Jahrzehnte in dessen unmittelbarer Nähe lebte, ihren Bruder in großer Selbstlosigkeit begleitete und ihm hilfreich zur Seite stand. Sie konnte so Herrn Dr. Schickel bei seinem Vorhaben mit Rat und Tat wertvollste Unterstützung geben.

Nicht nur Historiker, sondern auch andere, die Joseph Schröffer von seinem Wirken als Professor, Generalvikar, vor allem aber als Bischof und Kurienkardinal her kannten, werden sicher mit Interesse zu diesem Buch greifen.

In der Zeit seines bischöflichen Dienstes als Bischof von Eichstätt (1948–1967) schenkte er all seine Kraft dem inneren und äußeren Aufbau der Diözese. Untrennbar ist Bischof Joseph mit dem Zweiten Vatikanischen Konzil verbunden. Die Biographie geht erstmals auch auf sein sich eher im Verborgenen vollziehendes Wirken beim Konzil ein, wodurch der damalige Bischof von Eichstätt zu den wirklich prägenden Architekten des Zweiten Vaticanum wurde.

Aufrichtig freue ich mich über die Herausgabe des vorliegenden Werkes über Joseph Kardinal Schröffer, den ich während der Konzilsjahre in Rom näher kennenlernen durfte und an den ich mich stets mit großer Hochachtung und tiefer Dankbarkeit erinnere.

Eichstätt, im April 1991

+ Karl

Dr. Karl Braun
Bischof von Eichstätt

I. Kindheit und Jugendzeit

Das Elternhaus

Papst Leo XIII. regierte gerade ein Vierteljahrhundert die Kirche und Bischof Franz Leopold von Leonrod schon im 36. Jahr das Bistum von Eichstätt, als dem Malermeisterehepaar Martin und Maria Schröffer am 20. Februar 1903 ihr erstes Kind, ein Sohn, geboren wurde. Dem Wunsch der Eltern entsprechend empfing das Kind noch am gleichen Tag das Sakrament der Taufe und erhielt nach dem Paten und dem Vater die Namen Joseph Martin. Im Taufbuch der Pfarrkirche St. Moritz von Ingolstadt findet sich darüber der schlichte Vermerk: „Martin Joseph Schröffer, ehelicher Sohn des Malermeisters Martin Schröffer, Ziegelbräugasse 6 und dessen Ehefrau Maria, geb. Grüb, ist am 20. II. 8½ h a. m. geboren und am 20. II. 4¼ p. m. getauft worden. Taufpriester Donaubauer I. Coop. Taufpate: Josef Kölbl, Bräumeister v. h.“

Wie vieles im Leben des späteren Bischofs und Kardinals fügte es sich, daß der „Taufpriester und I. Cooperator“, Franz Xaver Donaubauer, dann kurz vor dem Tode seinen Täufling vom 20. Februar 1903 an seinem Sterbebette haben sollte, der ihm die Worte mit in die Ewigkeit geben konnte: „Herr Geistlicher Rat! Der Bischof ist da. Ich danke Ihnen. Sie haben mir das heilige Sakrament der Taufe gespendet und mir damit den Weg zum Himmel geöffnet. Ein herzliches Vergelt's Gott, auch für alles, was Sie in Ihrem Priesterleben in unserer Diözese gewirkt haben. Der Heiland möge es Ihnen lohnen!“ Ein gerade in Ingolstadt wahrzunehmender Firmungstermin im Juni 1964 hatte den einstigen Täufling und nachmaligen Bischof Joseph an das Sterbelager des über neunzigjährigen Priestergreises geführt und diese denkwürdige Begegnung in der Geburts- und Heimatstadt Joseph Schröffers ermöglicht.

Wie der hochbetagte ehemalige Taufpriester diese Begegnung kurz vor seinem Tode als besondere Gnade empfunden und erlebt haben mag, fühlten sich auch die Eltern durch die Geburt ihres Sohnes in die besondere Gnade Gottes genommen. Das bezeugt ein Brief, den der Vater wenige Tage nach der Geburt des kleinen Joseph seinem geistlichen Bruder, Karl Schröffer, schrieb. Darin bekennt er seine große Freude und Dankbarkeit über die Geburt des Sohnes und deutet sie gläubig als „eine Sendung von oben“.

In eine solche gleichermaßen tief fromme wie bürgerlich hochangesehene Familie hineingeboren, erlebte der junge Joseph zusammen mit seinen vier jüngeren Schwestern Maria, Anna, Hildegard und Elisabeth eine geborgene und unbeschwerte Kindheit, deren tieferes Glück nicht in erster Linie im

Reichtum materiellen Wohlstandes als vielmehr in der Fülle elterlicher Liebe und geschwisterlicher Verbundenheit bestand.

Sie bereitete in vorzüglicher Weise den Acker, auf dem der Same geistlicher Berufung schon frühzeitig gedeihen konnte; denn Wesensart und Lebensführung, zu welcher die eifrige Teilnahme am Glaubensleben der Pfarrei ebenso gehörte wie die zutiefst christlich geprägte Familiengemeinschaft, ließen schon bald die innere Hinwendung des Vorzugsschülers und jungen Gymnasiasten zum Priesterberuf erkennen. Ob ihrer Gläubigkeit beispielgebende Priester in der Pfarrei und Religionslehrer in der Schule förderten in gleicher Weise das Erreichen des hohen Berufswunsches wie das gelebte Vorbild der Eltern und der nächsten geistlichen Verwandten. Zu ihnen zählten neben dem geistlichen Bruder des Vaters noch zwei leibliche Schwestern der Mutter als Ordensfrauen und Jahre später dann Josephs jüngere Schwester Maria, die im Kloster Beuerberg der Salesianerinnen von der Heimsuchung den Schleier nahm. Nach eigenem Zeugnis des späteren Bischofs entfaltete sich in jenen Jahren „der Keim der künftigen Berufung“ und „reifte der Entschluß, dem Rufe zu folgen, der sich zuerst leise und dann immer stärker meldete und der dann in das Seminar von Eichstätt führte“. Auf diesem Wege wurde ihm ein schlichter Benefiziat beeindruckende Leitfigur, der als alter Mann einmal bekannte: „Wenn ich noch einmal anfangen könnte und vor die Wahl gestellt würde, Priester zu werden oder nicht, ich würde mich keinen Augenblick besinnen und die gleiche Wahl wieder treffen.“ Der gläubige Sinn der Eltern, die sich neben dem Beruf des Vaters noch ein Farbwarengeschäft aufgebaut hatten und dabei den verständlichen Wunsch gehabt haben dürften, die neu geschaffene Existenz einmal in die Hände des Erstgeborenen zu legen, stellte zu keinem Zeitpunkt den vom Sohn gewählten Lebensweg in Frage, sondern begriff ihn als die Erfüllung einer „Sendung von oben“.

Die Schulzeit

Diese Ergebenheit in die Vorsehung Gottes bestätigte die Mutter auf eindrucksvollste Weise, als sie nach der Einberufung ihres Ehemannes in den Ersten Weltkrieg allein für die fünf unmündigen Kinder zu sorgen hatte und im heranwachsenden Sohn eine Stütze hätte erhoffen dürfen, sie jedoch gleichwohl keinen Augenblick zögerte, ihr „Fiat“ zum weiteren Werdegang ihres Ältesten zu sagen. So sprachen letztlich nicht allein die durchweg hervorragenden Leistungen des jungen Gymnasiasten gegen einen Abbruch der begonnenen Schulausbildung, sondern entscheidend die von den Eltern längst erkannte Berufung ihres Sohnes zum Priestertum. Folgerichtig stellte die Mutter im Sommer 1917 an das bischöfliche Knabenseminar in Eichstätt den vom Heimatpfarrer wärmstens befürworteten Antrag auf Aufnahme ihres Sohnes und erbot sich auch, die anfallenden Internatskosten aufzubringen, obgleich es galt, auch für die vier Töchter eine ihrer Begabung angemessene Schulbildung zu ermöglichen. Denn im Gegensatz zum überkommenen Zeitgeist, der eine eigene Berufsausbildung für Mädchen noch weitgehend für entbehrlich hielt und schon gar keine Notwendigkeit eines Frauenstudiums sah, erachtete es Maria Schröffer für selbstverständlich, ihre begabten Töchter höhere Schulen besuchen und studieren zu lassen. Und dies zu einer Zeit, da es weder Ausbildungsbeihilfen noch Hörgeldermäßigungen gab, sondern noch Schulgeld zu entrichten war. So konnte sich die älteste Tochter Maria zur Zeichenlehrerin ausbilden lassen, ehe sie später in den Orden der Salesianerinnen eintrat, und ermöglichte es die Mutter, daß Tochter Hildegard Medizin studierte und Ärztin wurde. Anna war sehr tüchtig und beliebt im Geschäft der Mutter, heiratete dann einen Studienrat und wurde eine treubesorgte Mutter ihrer fünf Kinder. Die jüngste Tochter Elisabeth, ähnlich wie ihre älteren Schwestern eine talentierte Schülerin und musisch sehr begabt, verzichtete auf eine akademische Ausbildung und bereitete sich nach Abschluß der Lyceumsjahre auf die Übernahme und Fortführung des elterlichen Geschäftes vor. Sie trat damit gleichsam in die Stellvertretung ihres Bruders Joseph, ohne sich als Ersatz oder Opfer einer Bevorzugung zu fühlen. Vielmehr war in der Familie Schröffer gelebte Praxis, daß einer freudig und freiwillig des anderen Last mittrage, ohne sich deswegen zurückgesetzt oder gar benachteiligt zu finden. Geschwisterliche Verbundenheit und familiäre Harmonie waren dort keine Ausnahmeerscheinungen, sondern verwirklichter Alltag – wie im Glaubensleben das tägliche Meßopfer und die intensive Teilnahme am Kirchenjahr zu den Selbstverständlichkeiten der Familie gehörte. Der Satz aus dem „Pfarramtlichen Bericht zum Aufnahmegesuch des Joseph Schröffer“ vom 12. Juli 1917: „Joseph Schröffer stammt aus einer sehr guten, tief religiösen Familie dahier“, war daher keine bloße gängige Empfehlungsformel, sondern eine ebenso zutreffende Feststellung wie die im gleichen Bericht ausgedrückte Erwartung, daß der damals vierzehnjährige Joseph Schröffer „die beste Aussicht für den priesterlichen Beruf bietet“, in vollem Maße in Erfüllung gegangen ist.

Mitten in den Vorbereitungsarbeiten zum Eintritt in das Priesterseminar in Eichstätt traf die schmerzliche Nachricht von der Ostfront ein, daß der Vater bei Kudrynce im östlichen Polen gefallen sei. Allzu verständlich wäre es gewesen, hätte die Mutter für den Sohn jetzt eine andere Lebensbahn für erforderlich gehalten und auf seinen mittragenden Beistand in der Meisterung der nun vervielfachten Sorgen und Nöte gebaut.

Mochte sich Joseph als Sohn und ältestes Kind aus seiner Verantwortung in dieser Lage innerlich vor die Frage gestellt fühlen, der erkannten Berufung treu zu bleiben oder der schwer geprüften Mutter zu Hause beizustehen und im Geschäft, der einzig verbliebenen wirtschaftlichen Existenzgrundlage, eine Stütze zu sein, so durfte er dieser möglichen Zweifel sogleich enthoben sein. Maria Schröffer begleitete in ihrer christlichen Seelenstärke ihren Erstgeborenen weiterhin mit ihrer mütterlichen Fürsorge auf dem eingeschlagenen Weg zum Priestertum. Sie wußte sich in ihrem Ja zur Berufung ihres Sohnes trotz mannigfacher Nöte und Entbehrungen in der Gewißheit der richtigen Entscheidung und nicht zuletzt auch verstanden und gestützt vom selbstlosen Familiensinn der Töchter. In ihrem kindlichen und geschwisterlichen Verbundenheitsgefühl der Mutter auch seelisch verwandt, taten sie ihr Bestes, diese schweren Jahre für Mutter und Familie meistern zu helfen. Ihre späteren eigenen Lebenswege in den Ordensstand, zur fünf- und vierfachen Mutterschaft und zur aufopferungsvollen Praxis einer sich im Dienste der Kranken verzehrenden Ärztin brachten dann auf ihre Weise die in jenen Jahren bewährten Familientugenden und Charaktereigenschaften zur vollen Entfaltung. Zugleich ließen sie trotz mancher Bedrängnisse der schweren politischen Zeitläufe in den bleibenden Früchten ihrer Stationen das segnend-vergeltende Walten der Vorsehung erkennen und die schweren Opfer der Kriegs- und Nachkriegsjahre zu sichtbaren Spuren in die segensreiche Erfüllung des Willens Gottes werden.

Denn das im Juli 1917 gestellte Aufnahmegesuch in das bischöfliche Knabenseminar von Eichstätt wurde nicht nur günstig aufgenommen und umgehend genehmigt, sondern auch vom regierenden Bischof Leo von Mergel OSB mit dem Satz kommentiert: „Endlich kommt wieder einer aus Ingolstadt“.

Mit diesen spontanen Worten drückte der Eichstätter Oberhirte nicht nur seine Freude über diese erweckte Berufung aus der größten Stadt der Diözese aus, sondern übernahm auch zugleich die geistige Vaterschaft für den halbwaisen Gymnasiasten aus Ingolstadt; sozusagen in stellvertretender Erfüllung eines erhörten Gebetes der Mutter, die beim Eintreffen der Nachricht vom Tode ihres Ehemannes sich gläubig an die Schmerzhafte Muttergottes wandte und den Allmächtigen bat: „Lieber Gott, jetzt mußt Du der Vater dieser Kinder sein!“ Eine Angelobung, die in ihrer Religiosität nicht nur über jeder gelehrten Theologie steht und die sogenannten Schicksalsschläge zu Brückenschlägen in die Ewigkeit werden läßt, sondern auch zur sichtbaren Führung des Werdegangs des Sohnes werden sollte.

Das bedeutete nicht, daß der nunmehr bischöfliche Zögling und Eichstätter Gymnasiast einseitig ausgerichtet war, vielmehr entwickelte er sich wie jeder natürliche Junge und ließ im übrigen die seinem Alter gemäßen Interessen erkennen. Für einen bischöflichen Knabenseminaristen jener Jahre mag freilich seine Neigung zum Bergsteigen sowie zum Schwimm- und Skisport etwas ungewöhnlich gewesen sein; zumindest dürften nur wenige seiner Altersgenossen schon als Buben mit 6–7 Jahren über die Donau geschwommen sein oder mit dem Vater, und nach dessen Tod mit dem Priesteronkel Bergtouren im Allgäu unternommen haben. Als „kräftiger und gesunder Junge“, wie er wiederholt in Zeugnissen und Empfehlungsschreiben beschrieben wurde, ging er aber nicht nur diesen ertüchtigenden Sportarten nach, sondern stand in den Ferienwochen auch der Mutter tatkräftig zur Seite und legte im Geschäft fleißig Hand an. Dies besonders nach dem Soldatentod des Vaters und in der großen Not der Nachkriegsjahre, da alle Hände im Hause Schröffer zusammenhalfen, um die schwere Zeit zu meistern. Der zu Ende gegangene aber für Deutschland verlorene Erste Weltkrieg mit den nachfolgenden inneren Umstürzen und Zusammenbrüchen machte sich auch im Geschäfts- und Handelsleben der bayerischen Provinzstadt Ingolstadt nachteilhaft bemerkbar und vergrößerte die wirtschaftliche Last der Kriegerwitwe und ihrer fünf Kinder. Dennoch erfuhr die Schulausbildung des Gymnasiasten Joseph Schröffer keine Unterbrechung; das tatkräftige Mithelfen zu Hause bereicherte vielmehr den hochbegabten Schüler und regelmäßigen Primus seiner Klasse noch mit praktischen Fertigkeiten, die ihn dann später während seiner Studienjahre in Rom in die Lage versetzen sollten, im Ferienheim San Pastore handwerkliche Instandsetzungsarbeit zu leisten. Über die Freude an der eifrigen Mithilfe im elterlichen Geschäft hinaus durfte Mutter Maria Schröffer sich noch mehr durch die in jeder Hinsicht glänzende Entwicklung ihres Sohnes in ihrem Mühen und Arbeiten belohnt sehen. Die schulischen Leistungen wiesen in allen Haupt- und Kernfächern zumeist die Note „sehr gut“ und fielen nie mäßiger als „gut“ aus. Regelmäßig wurden „Betragen und Fleiß des Schülers“ als „musterhaft“ oder „sehr lobenswert“ qualifiziert und den Arbeiten des Primaners „Reife der Auffassung“ und „schwungvolle Darstellung“ des Themas bescheinigt.

Bei aller Gewissenhaftigkeit in der Erfüllung der schulischen Pflichten war Joseph Schröffer kein sich absondernder „Streber“ oder ehrgeiziger „Notenjäger“, sondern wußte die Endlichkeit des schulischen Betriebs durchaus richtig einzuschätzen; etwa wenn er in einem Brief an seine Mutter konstatierte, daß „es in der Schule seinen alten Stiefel weiter geht“.

Gültiger als manche schulische Zensur bezeugt ein Brief an die Mutter oder die Erinnerung eines Klassenkameraden das hilfsbereite und menschliche Wesen des Schülers Joseph Schröffer, das sich dann im Laufe seines späteren Lebens zur Fülle einer vorbildlichen Priesterpersönlichkeit entfalten sollte. Schließlich kann keine noch so pädagogisch gekonnte Charakterbeurteilung eines Lehrers in Bewertungsformeln fassen, was Zeilen eines Briefes wie die des 18jährigen Joseph Schröffer vom 4. September 1921 an Dankbarkeit und Herzensbildung ausdrücken:

„Wenn ich so zurückdenke an meine Jugendjahre von früher Kindheit an, dann kommt's mir manchmal, wie schön und selig doch meine Jugend war und ist, und wie ich diese Schönheit vor allem dem lieben Vater selig und Dir, teuere Mutter, zu verdanken habe. Wir Kinder blieben fern von den verrohenden Vergnügungen der Welt; wie schön und friedlich und fröhlich war es dagegen, wenn wir im Kreise der Familie am Sonntag Nachmittag in den blühenden Garten gingen, wo wir glücklich waren unter uns, wo wir des teuren Vaters gedachten, der im Kriege so fern von uns weilte, mit dem wir aber doch im Geist und in der Liebe vereinigt waren und es jetzt noch sind. Wir hatten es so schön, und Du, liebe Mutter, mußtest für uns Dich mühen und sorgen."

Und anrührender als jede aufgesetzte Erinnerungsrede eines gewandten Ghostwriters schrieb der angehende Abiturient an seine Mutter weiter:

„Als dann die Nachricht kam vom Heldentode des lb. Vaters, da bist Du nicht zusammengebrochen, sondern suchtest in Deinem stillen Schmerze auch noch uns Kinder, die um den toten Vater weinten, zu trösten und uns den Verlust zu erleichtern. Weißt Du, liebe Mutter, ich habe oft gemeint, es müßte Dir das Herz abdrücken und Du hast fast nichts merken lassen", um dann ein Bekenntnis abzulegen, das besser als alle nachrühmenden Beschreibungen das dankbar-innige Verhältnis zwischen Sohn und Eltern ausdrückt:

„Ich danke dem lieben Gott oft, daß er mir eine solche Mutter gegeben hat, und einen solchen Vater, der Gelegenheit gehabt hätte, sich wie soviele andere vom Felde zu drücken und in der Heimat usw. unterzukommen, der aber ein solches Anerbieten zurückwies und seine Pflicht höher achtete als sein Leben. Und ich bin stolz darauf, einen solchen Vater zu haben und nehme ihn mir oft zum Vorbild."

Wie sich der Sohn in teilnehmender Dankbarkeit seiner Familie verbunden fühlte, so selbstverständlich und selbstlos war er auch für seine Schulkameraden da. Da deutet die dankbare Erinnerung eines einstigen Klassengenossen „Du hast mir schon auf der Schulbank in schweren Nöten und später mit Rat und Tat weitergeholfen" den hilfsbereiten kameradschaftlichen Sinn des Mitschülers Joseph Schröffer ebenso an wie die Reminiszenz eines damals kleinen Seminaristen: „ . . . auf buchstäblich 58 Jahre gehen meine Erinnerungen an Sie zurück. 1920 ging ich mit Ihnen als Repetitor und sichtbares Zugpferd, Tag für Tag in schöner Reihe vom Seminar hinüber zum Gymnasium. Sie als Abiturient, alle anführend unterm Arm die kleine Schulmappe, in den Händen manchmal noch den Homer oder Vergil blätternd, ich als kleinster Seminarist an Ihrer rechten Seite . . . " das soziale Mitverantwortungsgefühl des „Oberklasslers"gegenüber den „Kleineren" bezeugt.

Joseph Schröffers soziale Verbundenheit mit seinen Schul- und Klassenkameraden zeigte sich auch in seinem Mitwirken bei Theaterspielen und sonstigen Seminarveranstaltungen. Da brillierte er, der talentierte Sänger, keineswegs nur in musikalisch anspruchsvollen Hauptrollen, denen sich manche Alumnen nicht gewachsen fühlten und daher den jüngeren Seminaristen verpflichteten, sondern war sich auch nicht zu gut, die Kulissen zu malen oder sich als „Maschinist“ hinter der Bühne zu betätigen. Dieses Sich-Bescheiden und die eigene Person ganz in den Dienst der Sache Stellen, ist überhaupt ein bezeichnender Charakterzug Joseph Schröffers gewesen. Er verstand seine Lebensbestimmung nicht zuletzt in seinem Namen ausgedrückt und meinte später einmal „Joseph heißen, bedeutet für andere dasein“. Eine Deutung, die als Motto über seinem ganzen Leben stehen könnte. Diese bescheidene, die eigene Person in den Hintergrund stellende Art war schon dem Religionslehrer in der Volksschule aufgefallen, als dieser einmal in der Pause eine Brezen-Semmel „versteigerte“ und alle Mitschüler sich lebhaft um den Gewinn des feilgebotenen Gebäcks bemühten – bis auf den kleinen Joseph Schröffer, der sich still abseits hielt und den Kameraden wie selbstverständlich den Vortritt ließ. Daß ihm dann der aufmerksame Katechet die allseits begehrte Breze als Lohn für seine Bescheidenheit zuwarf, mag ihn überrascht haben, ihm später aber wohl symbolhaft für das Herrenwort, nach dem die Letzten einst die Ersten sein werden, vorgekommen sein. Abgesehen davon, daß ihm Aufrechnung und jede Art von Guttaten-Buchführung völlig abgingen, stellte er aus allzu großer Selbstkritik sein Licht stets unter den Scheffel und fühlte sich bis zu seinem Tod in großer Leistungsschuld gegenüber Gott. Nie machte er Aufhebens um seine Person, so sehr er sich auch auf Grund seiner Leistungen von seiner Umwelt abhob.

Entsprechend der Neuregelung des Schuljahresbeginns nach dem Ersten Weltkrieg endete der Gymnasialjahrgang 1921/22 im Frühjahr und hatte er im März/April dieses Jahres die Reifeprüfung abzulegen. Wie zu erwarten war, bestand er das Abitur mit Auszeichnung. Während es verdiente Anerkennung für seinen „Eifer für Zeichnen“ gab, mochte der „Zweier“ im Wahlfach Französisch eher die Begrenztheit schulischer Zensuren dokumentieren als das Leistungsvermögen des Abiturienten Joseph Schröffer zukunftweisend beschreiben, sollte doch der so benotete Maturant später der am vollkommensten französisch sprechende deutsche Bischof werden, den die mit ihrer Sprache verwöhnten Franzosen einmal nach einer in ihrer Landessprache gehaltenen Predigt für ihren Landsmann hielten und rätselten, wo er denn Bischof sei. Konnte man dieser schulischen Benotung korrigierend der Schule eigene Lebensweisheit „Non scholae sed vitae discimus“ entgegenhalten, traf die abschließende Charakterisierung des Schülers Joseph Schröffer, der „während seines Aufenthaltes an der Anstalt ein ebenso wohlgesittetes und gesetztes Betragen als einen durchaus musterhaften Fleiß bekundete“, die Wesenszüge des nachmaligen Priesters, Bischofs und Kardinals.

Der musterhafte Fleiß des frischgebackenen Abiturienten hatte sich sogleich zu bewähren, denn der österliche Schuljahrsschluß Mitte April 1922 ließ dem angehenden Priesterstudenten keine drei Wochen Ferien, da das Sommersemester an der heimischen Philosophisch-Theologischen Hochschule in Eichstätt bereits Anfang Mai begann. Freilich wäre für eine heute übliche Abiturreise damals ohnehin kaum eine Möglichkeit gewesen, befand sich die deutsche Mark doch in jenen Jahren in einem galoppierenden Verfall, der schließlich in die Billionen-Inflation des Herbstes 1923 münden sollte. Der mütterliche Haushalt, der mittlerweile auch die schulische Ausbildung der Schwestern zu tragen hatte, hätte eine solche Abiturfahrt, die nach der Sitte der Zeit in erster Linie eine Bildungsreise gewesen wäre, auch bei normalen wirtschaftlichen Verhältnissen kaum finanzieren können. So blieb dem überzeugten Schüler eines humanistischen Gymnasiums, der später als Kardinal seinem Großneffen Matthias noch auf dem Sterbebett die Bedeutung der Sprache Homers und der Evangelien mit den Abschiedsworten „Griechisch, Griechisch!“ ans Herz legte, die klassische Bildungsfahrt nach Griechenland zeitlebens versagt.

Vermutlich hat der Abiturient und angehende Alumnus aber diese entgangene Abiturfahrt gar nicht als Verzicht wahrgenommen, stand doch den jungen Menschen von damals der Sinn noch nicht so sehr nach Abiturgeschenken und aufwendigen Belohnungen für eine bestandene Prüfung, wie er in den „Wirtschaftswunder“-Jahren nach dem Zweiten Weltkrieg verbreitet aufkam.

Der erfolgreiche Reifeprüfling zog Ende April 1922 froh und erwartungsvoll in das altehrwürdige „Collegium Willibaldinum“, und trug nun bei kirchlichen Funktionen als Alumnus den langen Talar mit dem Cingulum und Birett, wie dies vorher nur als Meßdiener bei der Bischofsmesse üblich war.

Freilich waren ihm diese Äußerlichkeiten nur sinnfällige Zeichen auf dem Wege zum Priestertum und nicht erstrebenswerte Bestätigung geistlicher Würden; wie er überhaupt allen attitüdenhaften Formen und Konventionen innerlich distanziert gegenüberstand. Nicht daß er der Form jegliche Existenzberechtigung absprach und einer legeren Bindungslosigkeit das Wort redete, nur mußte die Form mit innerem Sinn und Gehalt erfüllt sein und durfte nicht zur bloßen Hülse verblassen. Wo er diese innere Übereinstimmung erkannte oder wo er in der äußeren Erscheinung beziehungsweise Bezeichnung ein Bekennntnis sah, wie etwa in der Priesterkleidung, hielt er sie für gerechtfertigt und übernahm sie auch in den eigenen Lebensstil.

Wenn sich Joseph Schröffer in diese Konvention einfügte und sie später nicht in die Rumpelkammer überholter Konventionen verwies, so letztlich wohl aus einem gewissen Respekt vor einem überkommenen Umgangsstil, der in seinen Formen auch ein Stück Zivilisationsgeschichte ausdrückte und der auch einen Damm vor der Flut der nivellierenden Form- und Bindungslosigkeit darstellen konnte. Bediente er sich als Bischof und als Kardinal der üblichen Titulaturen und Redewendungen, so in erster Linie, um seinem Brief- oder Gesprächspartner Aufmerksamkeit, Wertschätzung und Hochachtung entgegenzubringen.

Die im Brief bekundete „mitbrüderliche Verbundenheit" war für ihn genauso wenig eine bloße Leerformel wie er seinem Adressaten nie den eigenen Termindruck zu verstehen gab und statt der persönlichen Unterschrift die großmannssüchtige Pseudoangabe „nach Diktat verreist" zumutete. Wenn Joseph Schröffer sich einem Mitmenschen zuwandte, dann nicht in flüchtiger Unverbindlichkeit oder drängender Eile, sondern mit jener Aufmerksamkeit, die jedem Partner das Gefühl des An- und Ernstgenommenwerdens vermittelte. Lediglich zeitvergeudenden Wichtigtuern konnte er schon gelegentlich zu erkennen geben, daß es außer ihnen noch andere Menschen mit Anliegen und schlußendlich auch eine Pünktlichkeit als soziale Tugend gegenüber anderen gibt. Aber auch diese „Abkürzung" einer zeitraubenden Weitschweifigkeit verstand Joseph Schröffer in eine liebenswürdig-menschliche Form zu fassen und so dem gedankenlosen Insistenten das Gefühl der Peinlichkeit seines Verhaltens zu ersparen.

Obgleich noch in keiner engeren Verbindung mit den Söhnen des heiligen Ignatius, lebte Joseph Schröffer in dieser Art schon unbewußt einen Grundsatz der Jesuiten, nach dem man nie durch sich selbst, sondern wenn überhaupt, dann höchstens durch Leistung auffallen soll.

II. Studienzeit in Rom

Beginn der römischen Jahre

Und aufgefallen war Joseph Schröffer mit seinen glänzenden Geistesgaben längst seinem Bischof und geistlichen Vater, Leo von Mergel, der ihn nach einem Semester Philosophie an der heimischen Philosophisch-Theologischen Hochschule zum Studium an der weltberühmten Päpstlichen Universität Gregoriana in Rom bestimmte. Nach Herkommen wurden für ein solches Studium in der ewigen Stadt vor allem besonders talentierte Alumnen und Priesteramtskandidaten aus einem Land ausgewählt, von denen der zuständige Ortsbischof die begründete Hoffnung hegen durfte, daß sie der Kirche einst hervorragende Dienste leisten würden. Die vorwiegend aus dem deutschen bzw. ehemaligen österreichisch-ungarischen Sprachraum stammenden Studenten wohnten während ihres Rom-Aufenthaltes in dem vom heiligen Ignatius, dem Gründer des Jesuitenordens noch selber ins Leben gerufenen „Collegium Germanicum et Hungaricum", dem ältesten aller Nationalkollegien in Rom. Vom Gründer so gedacht und durch die Jahrhunderte so bestätigt, war es eine wahre „Pflanzstätte für Weltpriester aus Deutschland" und seinen Nachbarländern. Denn in der Tat waren viele Bischöfe in den deutschsprachigen Ländern einmal „Germaniker" oder nahmen wichtige Dienste in der Orts- oder Weltkirche wahr. So wurde der aus der Erzdiözese München stammende, gleichfalls im Herbst 1922 nach Rom entsandte Josef Weißthanner später Sekretär von Kardinal Faulhaber, Domkapitular und Caritasdirektor seines Erzbistums oder bezeugte ein anderer, der ebenfalls im Oktober 1922 zusammen mit Joseph Schröffer in die Ewige Stadt fuhr, Georg Werner aus Fulda, durch sein Lebensopfer im zweiten Weltkrieg den Heilsauftrag der Kirche. Er diente als Militärgeistlicher in der Deutschen Wehrmacht und geriet im Winter 1942/43 in den Kessel von Stalingrad. Im echten Verständnis seines Hirtenamtes gegenüber seinen Kameraden lehnte er das Angebot, aus dem Kessel ausgeflogen zu werden ab und ist in der Hölle von Stalingrad verschollen. Man hat niemals wieder von ihm gehört.

Ein großes Problem aber war die Finanzierung dieses Studiums in Rom; denn im Deutschen Reich der Weimarer Republik hatte sich der überzogen harte Versailler Vertrag von 1919 wirtschaftlich immer verhängnisvoller ausgewirkt und zu einer Geldentwertung bislang unerhörten Ausmaßes geführt. Das Elternhaus konnte nicht einmal das Fahrgeld nach Rom aufbringen, geschweige für die Kosten in der Ewigen Stadt aufkommen.

Da fanden sich überraschend in der Gestalt amerikanischer Wohltäter, darunter Familie Hodapp aus Westphalia im Bundesstaat Iowa, wirtschaftliche Wegbereiter an die Gregoriana und ins Germanikum. Wieder wurde das Gebet der Mutter nach Eintreffen der Todesnachricht des Vaters auf augenscheinliche Weise erhört.

Als sich der angehende Germaniker schließlich am 27. Oktober 1922 auf die lange Reise nach Rom begab, konnte er ebensowenig wie seine beiden Reisegenossen Georg Werner und Josef Weißthanner ahnen, daß sie in Italien in eine nachmalig historische Unternehmung geraten würden, in Mussolinis „Marsch auf Rom", der genau mit dem 28. Oktober 1922 zusammenfiel, und erlebten, wie immer mehr bewaffnete Schwarzhemden (Faschisten) zustiegen, um sich in der Hauptstadt dann zu imposanten Kolonnen zu formieren. Waren die regulären Fahrgäste schon vor etwaigen Ausschreitungen der immer zahlreicher in die Waggons einströmenden Mussolini-Revolutionäre nicht sicher, steigerte sich die Spannung noch durch die Alarmstufe der königlichen Armee, deren Truppen sich entlang der Bahn verschanzt hatten und ihre Gewehrläufe auf den fahrenden Zug gerichtet hielten. Jeden Augenblick konnte durch eine Unachtsamkeit oder Unbesonnenheit die Spannung sich in einem Blutbad entladen und die Fahrt in einer Katastrophe enden. Schließlich überstanden sie alle Gefahren und kamen, wenn auch mit großer Verspätung, heil in Rom an.

Freilich hatten sie damit noch nicht alle Schwierigkeiten hinter sich, denn sie fanden sich mit ihren schweren Koffern inmitten der lärmenden und siegessicheren Faschisten auf dem Bahnsteig ziemlich hilflos, da niemand mehr da war, um sie vom Bahnhof abzuholen. Die unerwartet eingetretenen Ereignisse hatten nämlich alle Fahrt- und Ankunftszeiten des Zuges gehörig durcheinandergebracht und den sonst üblichen Empfang der Neuankömmlinge durch Germaniker unmöglich gemacht. So mußten sie sich nach eigenen Kräften den Weg ins Germanikum suchen und kamen schließlich reichlich erschöpft am Ziel ihrer langen Reise an. Zum Ausruhen und Erholen von den Strapazen der Reise blieb allerdings wenig Zeit, stand doch der Semesterbeginn dicht bevor. Zudem wurden die neu eingetretenen Germaniker altem Herkommen entsprechend von einem eigenen Betreuer, genannt „ductor", bald nach ihrer Ankunft in der Ewigen Stadt zu den wichtigsten Stätten des antiken und des frühchristlichen Rom geführt, um die ganze geschichtliche und religiöse Weite und Bedeutsamkeit dieser Stadt zu erfahren. Das Rom der ersten Christen, der Martyrer und der frühen Päpste wurde den jungen Männern aus Deutschland gleichermaßen zum Erlebnis wie das Rom der erdumspannenden Weltkirche mit der größten Kathedrale des Erdkreises und den unzähligen Zeugnissen Stein gewordener Weltgeschichte und weitete ihnen den Blick für ihre wahrhaft katholische Kirche. Joseph Schröffer nahm diese Eindrücke so tief und intensiv auf, daß er am Ende auch körperlich so erschöpft war, daß er sich völlig übermüdet aufs

Bett legte, den Nachmittag und die darauf folgende Nacht durchschlief, ohne aufzuwachen und zu essen. Vermutlich auch eine Folge der in Deutschland durchgestandenen Hungerjahre der schweren Nachkriegszeit.

Außer dem Getrenntsein von Heimat und Angehörigen und einigen äußeren Unbequemlichkeiten, wie das Fehlen einer Heizung im Haus oder die klimatische Umstellung war das Leben im Germanikum für ihn eine tief erfüllende Zeit und wurde ihm Rom bald eine zweite Heimat.

Als er am 28. Oktober 1922 dort ankam, war ihm sehr wohl bewußt, daß er Heimat und Familie erst nach sieben Jahren wiedersehen sollte.

Um so anteilnehmender begleitete er aus der Ferne die Ereignisse in der Familie und die Entwicklung in Deutschland. Die vielen zwischen Ingolstadt und Rom gewechselten Briefe vertieften nicht nur die gegenseitige Verbundenheit, sondern hielten Adressaten und Empfänger auch über alle wichtigen Geschehnisse auf dem laufenden. Den Schwestern gegenüber, von denen die nächst jüngere, Maria, 1928 in den Orden der Salesianerinnen eintrat und als Schwester Claudia Margareta den Schleier nahm, blieb er übrigens auch als rot gewandeter Germaniker weiterhin der zu herzlichen Neckereien aufgelegte Bruder, dem kein Zacken aus der Krone fiel, sich auch einmal als „Dein Bruder Pepi, den wieder einmal der Mutwille kitzelt", zu verabschieden.

Sein Werdegang hat das natürliche Wesen Joseph Schröffers nicht beeinflussen können. Wie er als junger Gymnasiast Mutter und Geschwistern helfend zur Seite stand und im elterlichen Geschäft vielfältige Dienste verrichtete, genauso mitfühlend nahm er später als Bischof und Kardinal an den kleinen und größeren Nöten der Angehörigen teil. Da konnte ihm der durch einen italienischen Eisenbahnstreik in Frage gestellte Heimreiseplan einer Nichte ebensoviel Kopfzerbrechen bereiten wie der mangelnde Hang eines Großneffen zur altgriechischen Sprache. Für ihn gab es keine Rangabstufungen in der Zuwendung zum Mitmenschen, weder in der Familie noch im Umgang mit anderen Menschen. Das bezeugen die engeren und weiteren Verwandten ebenso wie unzählige Zeitgenossen, die ihm im Leben begegnet sind. Ihre Zeugnisse liefern letztlich auch die wesentlichsten Materialien und Hintergründe für die hier entworfene Charakteristik und Wesensbeschreibung, denn zur eigenen Person äußerte er sich nur in Erfüllung aufgetragener Lebensläufe oder auszufertigender Fragebögen, aber nie zur Stoffsammlung für eine spätere Biographie. So tritt er uns außer in seinen Briefen in der Hauptsache in Gestalt von Berichten seiner damaligen Mitstudenten über ihn entgegen. Daß diese nicht aus Höflichkeit oder im verklärenden Erinnerungsglanz blenden, beweist der Blick auf die Wirklichkeit und nicht zuletzt auch in die Beurteilungen des Alumnus durch seine Vorgesetzten im Germanikum. Da nannte ihn der Rektor, Jesuitenpater Michael Hoffmann, „einen der Besten, die im Hause sind" und dankte dem Eichstätter Bischof Leo von Mergel: er habe ihm „eine Perle" geschickt.

Und am 9. Mai 1927 schrieb Pater Hoffmanns Nachfolger, Rektor P. Rimml, an den Eichstätter Oberhirten: „Herr Schröffer ist ein goldener Charakter, fromm, gehorsam und ergeben und ein sehr gutes Talent. Ich zweifle nicht, daß er mit Hilfe der göttlichen Gnade einmal Großes für die Ehre Gottes und die Kirche leisten wird."

Worte, die nicht nur von einem erziehungserfahrenen Rektor niedergeschrieben wurden, sondern die in ihrer ausgesprochenen Erwartung auch alsbald von der Wirklichkeit bestätigt werden sollten; und zwar wiederum ganz im Sinne einer weiteren Erwartung desselben Pater Rektors, nach welcher Joseph Schröffer „mit der Gnade Gottes eine Säule der Kirche" werden dürfte.

Das Leben im Germanikum war durch Besonderheiten geprägt, welche sich durch die Jahrhunderte bewährt und in das Wesen wohl aller Germaniker eingegraben haben: die sowohl gemüthafte wie auch zutiefst intellektuelle Gläubigkeit, die Pflege der brüderlichen Gemeinschaft und die intensive Kultur der lateinischen Sprache. Und dies alles in eine einfache, äußerlich anspruchslose Lebensform gefaßt.

So war die Umgangssprache der Germaniker während der Semesterzeit Latein, wie auch die wöchentlichen Disputationen mit „Angreifern" und „Verteidigern" – in dieser Sprache abgehalten wurden. Eine Einführung, welche den Studenten der Päpstlichen Universität Gregoriana sehr zustatten kam, wurden doch an dieser Hochschule die Vorlesungen in Latein gehalten und auch die Examina in lateinischer Sprache abgenommen. Mit dem Gebrauch des Latein pflegten Hochschule und Germanikum nicht nur das große kulturelle Erbe der Stadt Rom, sondern verstärkten auch ein sprachliches Band, das sich sammelnd und einigend um die ganze Weltkirche legen konnte und nicht von ungefähr „die Muttersprache der Kirche" genannt wird.

Joseph Schröffer, der schon auf dem Gymnasium durchweg sehr gute Leistungen in Latein erbracht hatte, bereitete diese „hauseigene Sprache" des Germanikums und der Gregoriana keine Schwierigkeiten. Man übertreibt nicht, wenn man sagt, daß ihm das Latein zur zweiten Muttersprache überhaupt geworden ist. Zeit seines Lebens konnte er sich in dieser Sprache mühelos ausdrücken, gleichgültig ob es sich um die Wiedergabe eines komplizierten theologischen Textes handelte oder einen launigen Briefwechsel mit einem Verwandten, dem Autor.

Nicht verwunderlich, daß eine seiner größeren wissenschaftlichen Untersuchungen über den Heiligen Geist in meisterhaftem Latein abgefaßt ist. Als lebende Fremdsprache pflegte man im Germanikum sinnvollerweise das Italienische, da man in der italienischen Hauptstadt lebte und auch die interne Umgangssprache in den vatikanischen Ämtern Italienisch war. Die Tischlesung beim Abendessen wurde dagegen auf deutsch gehalten, wie selbstverständlich auch Deutsch die Umgangssprache mit Besuchern aus der deutschen Heimat war. Wenn auch die meisten Germaniker in jenen Jahren kaum auf Besuch aus Deutschland hoffen konnten, da die wirtschaftlichen Verhältnisse der Nachkriegszeit den meisten Deutschen eine Reise nach Rom unmöglich machten, fanden sich in der Person der zum sogenannten „ad-limina"-Besuch beim Papst erscheinenden Bischöfe immer wieder deutsche Gäste im Germanikum ein, zumal viele von ihnen auch selber einmal im Kolleg gewesen waren. Da jeder Bischof einzeln vor der Kurie und dem Heiligen Vater Rechenschaft über sein Bistum ablegte und die Oberhirten nicht in nationalen Gruppen in St. Peter erschienen, konnten die Germaniker heimatlichen Besuch in Rom erwarten. Das 1925 gefeierte „Heilige Jahr" brachte zusätzlich deutsche Rompilger in die Ewige Stadt. So empfing der gleichfalls in jenen Jahren im Germanikum weilende spätere Bischof von Speyer und Erzbischof von München und Freising, Joseph Kardinal Wendel, seinen Bruder Jakob, der als begeisterter Kolpingsohn zum Heiligen Jahr nach Rom gepilgert war und dort nach vier Jahren ein Wiedersehen mit seinem Bruder Joseph hatte. Bei den engen persönlichen Beziehungen, die Joseph Wendel und Joseph Schröffer miteinander verbanden und im übrigen bis zum frühen Tode des nachmaligen Münchener Erzbischofs am 31. Dezember 1960 verbinden sollten, war es selbstverständlich, daß man gemeinsam Anteil am Besuch des Mitbruders nahm, wie man sich auch gegenseitig über die Entwicklung und Neuigkeiten aus Deutschland auf dem laufenden hielt, wenn Post aus der Heimat eintraf. In einer Ansprache auf einem Empfang, den die Deutsche Botschaft beim Heiligen Stuhl zu Ehren seines 75. Geburtstages am 21. Februar 1978 gab, erinnerte sich Kardinal Schröffer: „Es war eine bewegte Zeit. In Deutschland die Zeit der Inflation. Meine Klassenfreunde haben mir Briefe geschickt, die auf Banknoten von unvorstellbaren Werten geschrieben waren, Millionen und Milliarden."

Bei gleicher Gelegenheit beschrieb er auch seine Fahrt am 27./28. Oktober 1922 von München nach Rom und meinte mit milder Ironie: „So bin ich an einem historisch denkwürdigen Tag nach Rom gekommen, dem Tag der faschischtischen Revolution, dem berühmt gewordenen 28. Oktober 1922, habe die ‚Marcia su Roma' mitgemacht und habe Rom glorreich miterobert, bin also ‚fascista della prima ora'. Es war mir allerdings nicht so glorios zumute mitten unter den schwerbewaffneten Faschisten, bei dem Aufmarsch mit Geschützen und anderem Kriegsmaterial . . . Jeden Augenblick konnte die Schießerei beginnen. . ."

Nicht nur auf Grund dieser Erlebnisse interessierte sich Joseph Schröffer für Politik, sondern nahm schon von Jugend an lebhaften Anteil an der politischen Entwicklung in der Heimat und in der Welt. Die allabendlich im Germanikum in der Rekreationszeit verteilten Zeitungen fanden in ihm stets einen interessierten Leser; und die in den Ferienkursen im Landheim ‚San

Pastore' abgehandelten Themen waren nicht selten Problemen der Heimat gewidmet, so daß die Germaniker die Verbindung zu ihrem Heimatland nie verloren. Schließlich sollten sie nach Beendigung ihrer römischen Studien nicht wie ahnungslose Wesen von einem anderen Stern in ihre Heimatdiözesen zurückkehren, sondern auch als staatsbürgerlich gebildete Priester ihrem Bischof zur Verfügung stehen.

Daß sich die deutschen Bischöfe während der schwierigen Jahre der NS-Herrschaft und der anschließenden Nachkriegszeit ein im großen und ganzen zutreffendes Urteil über die politische Entwicklung bilden und ihre Gläubigen in der richtigen Form führen konnten, dürfte zum wesentlichen Teil auch auf die einschlägig erfahrene Erziehung im Germanikum zurückzuführen sein. Das „langjährige Erleben der Roma Aeterna, Roms als des Mittelpunktes der katholischen Kirche", wie es Papst Pius XII. in seiner Ansprache zum vierhundertjährigen Jubiläum des Germanikums im Oktober 1952 ausdrückte, bot auch die Voraussetzung, eine abgewogene und distanzierte Sicht zu den politischen Zeitläufen zu gewinnen und über den Tellerrand national begrenzter Entwicklungen hinauszublicken. Entsprechend heben sich die Stellungnahmen der deutschen katholischen Kirchenführer, die in ihrer Mehrheit Alumnen des Germanikums gewesen waren, zu wichtigen Zeit- und Schicksalsfragen ihres Volkes wie der Kollektiv- und Alleinschuld der Deutschen an den Vorgängen der letzten siebzig Jahre von den zeitverhafteten bis opportunistischen Verlautbarungen anderer Kreise wohltuend ab und können auch heute noch vor der Geschichte bestehen.

Und dies, obwohl die Heranbildung eines wissenschaftlich und aszetisch hochstehenden Priestertums das naturgemäß primäre Bildungsziel des Germanikums und der Gregoriana ist und nicht ein politisch versierter Klerus.

Philosophische und theologische Studien

An Joseph Schröffers römischen Studienjahren und den ihm dabei zuteil gewordenen Aufgaben lassen sich geradezu exemplarisch Anliegen und Erwartungen des Germanikums und der Gregoriana ablesen. Der Alumnus und Student soll „den katholischen Glauben und die ganze katholische Weltanschauung" sich als „persönliches und geistiges Eigentum" verinnerlichen und „eine echte, priesterliche Frömmigkeit" entwickeln, wie es Papst Pius XII. anläßlich des 400jährigen Jubiläums des Germanikums formulierte.

Sieht man die Beurteilungen Joseph Schröffers durch Pater Rektor Rochus Rimml SJ durch und überblickt die akademischen Graduierungen des Eichstätter Alumnus, findet man fast wortwörtlich diese Ziele als Charakteristik seiner Person bestätigt. An der Hochschule bestand er Jahr für Jahr die

Examina mit Auszeichnung. So erwarb er am 11. Juni 1925 mit dem Prädikat „Summa cum laude“ den Doktorgrad in Philosophie und wurde 4 Jahre später, am 17. Juli 1929, für das öffentliche Doktorat in Theologie bestimmt. Wie der Mit-Germaniker und spätere Bischof von Speyer, Isidor Emanuel, in seinen Erinnerungen berichtet, wurde jedes Jahr an der Gregoriana ein sogenanntes „öffentliches Doktorat“ (‚Examen publicum‘) abgehalten, bei welchem ein Spitzenkandidat in Gegenwart der ganzen Fakultät seine Abschlußprüfung ablegte, um dann festzustellen: „So legten wir Germaniker Ehre ein mit unserem Primus Joseph Schröffer.“ Neben diesen großen akademischen Auszeichnungen gab es noch jedes Jahr für einen Prüfungsabschluß „summa cum laude“ eine Goldmedaille. Sie war vom Papst gestiftet und wurde verlost, wenn mehrere Kandidaten dieses höchste Prädikat erreicht hatten. In diesem Fall traf das Los nie den gleichermaßen erfolgreichen Kandidaten Joseph Schröffer. Nur wenn er als einziger des Jahres die Note „summa cum laude“ errang, war ihm die päpstliche Goldmedaille sicher. Das war während seiner römischen Studienjahre zweimal der Fall. Die erste Medaille mit der Aufschrift „Bene merenti“ erhielt er in Philosophie. In Dankbarkeit schickte er sie seiner Mutter nach Hause und schrieb dazu: „Nicht uns, o Herr, nicht uns – Deinem Namen gib die Ehre!“

Man darf gewiß sein, daß sich die Mutter über die Begleitworte mindestens genauso – wenn nicht noch mehr! – gefreut hat wie über die päpstliche Goldmedaille selbst; war diese Haltung der Bescheidenheit doch charakteristisch für sein ganzes Wesen und bestimmte sein Leben bis zum Tod. Sie dokumentierte zugleich die praktisch gelebte Devise des Jesuitenordens „Omnia ad maiorem Dei gloriam“.

Zu den Dozenten, die er in Rom hörte, zählte die Elite der Theologie und Philosophie. Sie waren durch die Bank Jesuiten und kamen aus den verschiedensten Ländern. Die Vorlesungssprache Latein machte diese internationale Besetzung möglich.

So las der französische Jesuitenpater Paul Gény Philosophie und galt als eine internationale Koryphäe auf seinem Gebiet. Joseph Schröffer hat bei ihm den Doktorgrad in Philosophie erworben und von all den Philosophieprofessoren hat dieser den nachhaltigsten Eindruck auf ihn gemacht. P. Gény ist bald darauf Opfer eines tragischen Schicksals – vermutlich einer Verwechslung – geworden. Ganz in der Nähe des Germanikums sprang auf der Straße ein Soldat auf ihn zu, zog sein Seitengewehr und stieß es ihm zwischen die Rippen. P. Gény wurde tödlich verletzt und starb noch am Tatort. Sein Tod hat alle tief erschüttert. Eine nicht minder angesehene Kapazität in seiner Disziplin war der holländische Moraltheologe Pater Vermeersch, dessen Vorlesungen Joseph Schröffer später einmal „einen Genuß“ nannte, wie er auch in de Guibert, Galtier, de la Taille und anderen, Theologen von Format hören konnte.

Die Gregoriana glänzte aber nicht nur mit internationalen Leuchten auf den Gebieten der Philosophie und der Theologie, sondern hatte in jener Zeit auch einmal einen Rektor, den Physiker P. Gianfranceschi SJ, der sogar an der Nordpolexpedition General Nobiles teilgenommen hatte. Er wurde später Präsident der Päpstlichen Akademie der Wissenschaften und schließlich der erste Direktor von „Radio Vaticana".

Bei dieser Dozentenbesetzung konnte und kann die Gregoriana mit Recht als die Elite-Universität der Kirche bezeichnet werden, deren Ruf sich freilich auch gleichermaßen auf die ausgelesene Qualität ihrer ebenso internationalen Studentenschaft gründet. So zählte man beispielsweise im Jahre 1952 allein in Deutschland 29 Bischöfe, 14 Regenten von Priesterseminaren und 82 Theologieprofessoren, die einst Studenten der Gregoriana gewesen sind; nicht mit einberechnet die sonstigen Führungspersönlichkeiten der Kirche, die einmal Germaniker und „Gregorianer" waren.

Da an der Gregoriana auch Alumnen anderer Nationalkollegien, wie etwa des „Collegium Russicum", studieren und die Professoren ohnehin aus aller Herren Länder kommen, ist die Päpstliche Universität Gregoriana – übrigens nach Papst Gregor XIII., welcher der von Ignatius von Loyola gegründeten Ausbildungsstätte zwischen 1582 und 1584 ihr erstes eigenes Gebäude errichtete, benannt – gleichsam ein Abbild der Universalität der Kirche.

Pius XI., ein großer Förderer der Gregoriana, erbaute der Universität dann zwischen 1924 und 1930 ihr heutiges Gebäude an der Piazza della Pilotta in der Nähe des weltberühmten römischen Trevibrunnens.

Die international zusammengesetzte Studentenschaft begünstigte auch die Begründung nationenübergreifender Freundschaften unter den Alumnen der verschiedenen Nationalkollegien. So trat Joseph Schröffer u. a. in freundschaftliche Beziehungen zu den Theologen des englischen Kollegs und stand auch in persönlicher Fühlungsnahme mit dessen Rektor, dem späteren Erzbischof von Westminister, Kardinal Arthur Hinsley, den er – auch wegen seiner Bemühungen um Überbrückung der nationalen Gegensätze nach dem Ersten Weltkrieg – außerordentlich schätzte. Die Bekanntschaft mit Rektor Hinsley und seinen Bestrebungen zur Überwindung der völkischen Feindschaften mag den späteren Bischof von Eichstätt und Präsidenten der deutschen Sektion von „Pax Christi" neben den starken Versöhnungsimpulsen aus Frankreich mit auf diesen beispielhaften Weg der Völkerverständigung nach dem Zweiten Weltkrieg gebracht haben.

Zu unschätzbarer Wegbereitung für eine Aussöhnung mit den slawischen Nachbarvölkern nach dem Zweiten Weltkrieg wurde für Joseph Schröffer auch das Germanikum, in welches bekanntlich Studenten aus dem gesamten deutschen Sprachraum und dem Gebiet der ehemaligen österreich-ungarischen Monarchie, aus den nordischen Ländern, dem Baltikum, aus Holland,

Belgien, Luxemburg und der Schweiz aufgenommen wurden. So gehörten zu den Germanikern gelegentlich polnische Studenten, Theologen aus der nachmaligen Tschechoslowakei, aus Rumänien und Jugoslawien. Auch wohnte dort während einiger Jahre der hochgeschätzte und verehrte Generalobere der Gesellschaft Jesu, P. Ledóchowski, der aus Polen stammte, und zählte zu Schröffers persönlichen Freunden der Kroate und nachmalige Bekennerbischof von Zagrev Aloys Stepínac, eine damals schon sehr gereifte, edle Persönlichkeit. In seinem Kardinalswappen führte er ein großes, schlichtes Kreuz, darunter die Buchstaben Alpha und Omega und sein Wahlspruch: „In Te, Domine, speravi".

Aufgaben im Collegium Germanicum

Eine Fülle von Briefen und persönlichen Botschaften dokumentiert noch nach Jahrzehnten die brüderliche Verbundenheit dieser Jahre. Ein Mitbruder aus der Germanikumszeit in einem heutigen Ostblockland weist in einem Brief auf verschiedene Funktionen Joseph Schröffers hin, wenn er sich erinnert:

„... Bei dieser Gelegenheit erwachen in mir viele schöne Erinnerungen an Dich ... und insbesondere ist es das Studienjahr 1928/29, als Du mein Präfekt warst.

Noch heute schwebt vor meinen Augen Deine liebe, lächelnde Gestalt, wie Du – unser magister cantus im Kolleg – in der Kirche Al Gesù am Ostersonntag das ‚Ite Missa est Alleluja alleluja' jubelnd wie ein Engel gesungen hast. Ich war ganz ergriffen ..."

Der hier erwähnte Präfektendienst war das wichtigste Amt, das ein Germaniker während seiner Kollegszeit wahrnehmen konnte. Als bereits geweihter Priester betreute er die Philosophiestudenten nach dem Vorbild eines Novizenmeisters und trug mit dieser Aufgabe eine hohe Verantwortung. Vor ihm war übrigens der spätere Kardinal Joseph Wendel Präfekt der Philosophen. Und ähnlich wie jener wurde auch Joseph Schröffer von seinen Schützlingen gern angenommen. So bekundete der Salzburger Erzbischof Karl Berg Jahrzehnte später:

„Ich gedenke Deiner in großer Dankbarkeit für die Jahre im Kolleg ..." und der nachmalige Bischof von Limburg, Wilhelm Kempf, am 15. Februar 1978 in einem Brief:

„Seitdem ich im Herbst 1925 in den Kreis der ‚frati rossi' (der wegen ihres damals roten Talars von den Römern so genannten Germaniker) aufgenommen wurde und drei Jahre hindurch unter Deiner Leitung benediktinisch gepflegten Choral sang, hat sich mir Dein Bild als Mitbruder, Choralmagister und Theologe wie von selbst vervollkommnet und vertieft. Geblieben ist in diesem Bild der Grundzug eines gütigen und verständnisvollen priesterlichen Mitbruders, der in allem Wandel offenblieb für die Probleme der jeweiligen Situation."

Den Choralmagister Joseph Schröffer behielt auch der spätere Bischof von Münster und nachmalige Erzbischof von Köln, Kardinal Joseph Höffner, in bester Erinnerung, wenn er am 18. Februar 1963 in einem Brief schrieb:

„... Als ich 1926 ins Germanicum eintrat, habe ich bei Dir das Singen gelernt, und nicht zuletzt dadurch ist durch all die Jahrzehnte eine dankbare Verbindung mit Dir geblieben ..."

Zahlreich sind die Berichte früherer Germaniker über die von Joseph Schröffer musikalisch gestalteten Gottesdienste in Rom, besonders bei den Hochfesten des Kirchenjahres und der Priesterweihe, die den Germanikern Jahr für Jahr am Fest Christkönig, also Ende Oktober erteilt wurde.

Über die Primizmesse Joseph Wendels im November 1927, bei welcher Joseph Schröffer als Choralmagister fungierte, wird in einer Lebensbeschreibung Wendels überliefert: „... Es wurde ein Hochfest für das Kolleg, das mit aller Sorgfalt und Liebe gefeiert wurde – und die Germaniker sind berühmt ob ihres mustergültigen Chorals und ihrer herrlichen Chöre ..."

Eine Feststellung, die Erzbischof Schäufele von Freiburg am 15. Februar 1973 bestätigte, wenn er an Joseph Schröffer zu dessen 70. Geburtstag schrieb:

„Viele Jahre sind wir den Weg zum Priestertum gemeinsam gegangen. Der Choralmagister jener Zeit blieb mir immer unvergessen ..."

Wie den vielen Alt-Germanikern der talentierte Choralmagister zeit ihres Lebens in Erinnerung blieb, so erinnern sich auch Organisten, Domkapellmeister und Chorregenten an die schöne und weittragende Stimme des Zelebrans, gleichgültig ob er als junger Kaplan, Hochschulprofessor, Bischof oder Kurienkardinal ein Hochamt sang.

Etwa der Chorregent des Liebfrauenmünsters zu Ingolstadt, der den Jungpriester Joseph Schröffer ein Hochamt singen hörte und dann über diese „Stimme wie Glocken" zum Kirchenchor sagte: „So hat in dieser Kirche schon seit langem keiner mehr gesungen."

Oder die geistlichen Schwestern des Provinz-Mutterhauses in Neumarkt, die das letzte Meßopfer des bereits todkranken Kardinals, ein Choralamt, am 24. Juli 1983 mitfeierten und nach der Messe voller Bewunderung und Ergriffenheit über den schönen Gesang und die noch kräftige Stimme meinten: „Fast so wie früher!" Wie Teilnehmer der Eucharistiefeier hernach übereinstimmend bekundeten, hat der schon vom Tode deutlich gezeichnete Kardinal ergreifend besonders beim Gloria und bei der Präfation das Lob Gottes und den Dank seines ganzen Lebens hinaufgesungen zum Herrn, wußte er doch genau, wie es um ihn stand. So begleitete eine wahrhaft begnadete Stimme, mit welcher der junge Eichstätter Seminarist mangels vorhandener Bassisten einen tiefen Baß und von Rom zurückgekommen einen hohen Tenor sang, sein ganzes Leben. Daher glaubt man der Versicherung des früheren Kardinals und Präfekten der Glaubenskongregation, Franjo Šeper, der unter dem Choralmagister Joseph Schröffer im Germanikum den Choralgesang gelernt hatte, gern, daß er im Gedenken daran auch später noch in seiner Hauskapelle in Rom, auch allein, die Vesper oft in Choral gesungen habe.

Neben dem zeitaufwendigen Amt des Choralmagisters, der die einzuübenden Partien nicht nur oft und gewissenhaft probte, sondern auch Einführungsvorträge hielt, um das innere Verständnis des Choralgesanges zu wecken und dessen Schönheit wie auch musikalischen und religiösen Gehalt zu erschließen, und der späteren Präfektentätigkeit für die Philosophiestudenten betreute er auch einen Bibelzirkel. Schon im zweiten Jahr seines Romaufenthaltes war er ‚Ductor' und hatte sich in dieser Funktion um die neu eingetretenen Alumnen zu kümmern; eine Aufgabe, die man besonders geeigneten und romkundigen Germanikern übertrug. Joseph Schröffer hatte sich offenbar schon im ersten Studienjahr das Vertrauen und die Wertschätzung seiner Vorgesetzten erworben, wie er auch an der Gregoriana bereits das erste „Anno accademico 1922/23" als „Summa cum laude probatus" bestanden hatte.

Die ernsten Aufgaben im Kolleg und die akademischen Erfolge an der Universität machten aus ihm jedoch nicht einen frühreifen Gelehrtentyp, sondern dokumentierten viel eher Verantwortungsbewußtsein und seine vielseitige Begabung. Wie schon im Eichstätter Priesterseminar widmete sich Joseph Schröffer auch im Germanikum dem Theaterspiel und der Kulissenmalerei und fand in diesen Betätigungen wohl einen musischen Ausgleich zum intensiven Studium an der Gregoriana.

Als Choralmagister war es seine Aufgabe, prominente Gäste mit einem geistvollen lateinischen Toast zu begrüßen und bei besonders feierlichen Anlässen die Laudes Hincmari anzustimmen und einzuleiten. P. Minister Rauch wird sich noch zwei Jahrzehnte später daran erinnern und würde sie am liebsten dem neugeweihten Bischof von Eichstätt anstimmen.

Auch beim Klappquartett schien Joseph Schröffer schier unentbehrlich, bestach er doch immer wieder durch besonders gelungene Verse mit überraschenden Pointen.

Der Erholung von den Strapazen des Studiums und gleichzeitig als nötiger „Tapetenwechsel" dienten auch die Aufenthalte im Landheim „San Pastore". Diese rund 30 Kilometer von Rom entfernt liegende Ferienvilla gilt den Germanikern schon seit Generationen als ihr „paradiso" und wurde stets gern aufgesucht. Nur waren die über 50 Räume des weitläufigen Hauses damals noch ohne elektrisches Licht und die finanziellen Mittel des Kollegs so knapp, daß an eine Elektrifizierung nicht so bald gedacht werden konnte. Da tat sich der Voraustrupp der Germaniker kurz entschlossen zusammen, entwarf Pläne und beschaffte Material, um dann unter dem „Arbeitskommando“ von Joseph Wendel eigenhändig die fehlenden Lichtleitungen zu legen. Der Alumnus aus Eichstätt konnte dabei auf Grund seiner praktischen Erfahrungen von zu Hause sehr nützlich sein. In einem Bericht über diese Selbsthilfeaktion der Germaniker heißt es:

„Die gesamte Anlage wurde so mustergültig verlegt, daß es später nie eine Schwierigkeit gab. Sind nicht Theologen Licht-Träger und Licht-Bringer?“

Die Theologen des Germanikums waren in „San Pastore“ aber nicht nur „Licht-Bringer“, sondern oft auch „Laien-Gärtner“, „Raumpfleger“, „Maler“ und „Küchenhilfen“, kurzum Mädchen für alles, da das Kolleg damals die Mittel nicht aufbrachte, eigene Bedienstete anzustellen; wie es überhaupt schwer war, das Landheim so schnell wieder in volle Funktion zu bringen. Schließlich hatte es der italienische Staat, während er im Ersten Weltkrieg mit Deutschland im Kriege stand, als „Feindeigentum“ beschlagnahmt und dann beim Rückerwerb in recht verwahrlostem Zustand übergeben. Die Germaniker klagten jedoch nicht über diese Unzulänglichkeiten, sondern sorgten selber für Abhilfe. Für manche, die in den vierziger Jahren der Nachkriegszeit dann ins Bischofsamt gerufen wurden, mag die Aufbauarbeit in „San Pastore“ eine Art Vorübung für ihr späteres Wirken im total besiegten Deutschland gewesen sein, als es gleichfalls galt, aus den Ruinen des Krieges und des Zusammenbruchs neues Glaubensleben erstehen zu lassen und dabei auch die große materielle Not überwinden zu helfen.

In „San Pastore“ haben die jungen Theologen ihre „Ferienarbeit“ sicher in erster Linie auch als körperlichen Ausgleich zu ihren intensiven Studienarbeiten während des Semesters empfunden und daher gern Hand angelegt. Zudem kamen sie auch in Mehrzahl nicht aus Elternhäusern, in denen die körperliche Arbeit fremd ist oder gar als unfein galt. Schließlich waren die Apostel auch keine Fürstensöhne oder bloßen Geistesarbeiter, sondern überwiegend Männer aus dem Volke.

Natürlich verbrachte man nicht die ganze Ferienzeit in „San Pastore“ nur mit Bäume-Schaben, Kartoffel-Schälen oder Fenster-Putzen, sondern betätigte sich auch sportlich beim beliebten Boccia-Spiel, Handball und Schwimmen oder unternahm Ausflüge. Daß diese oft religiöse oder Bildungsziele als Endpunkte der Wanderungen hatten, mag nicht überraschen. Immerhin wurden bei diesen Ausflügen und Fußwallfahrten nicht selten recht respektable Strecken zurückgelegt. In einem Brief an seinen Eichstätter Regens, Dr. Michael Rackl, vom 24. September 1926 berichtet Joseph Schröffer von solchen Wanderungen und Märschen:

„. . . Die Ferien, die dieses Jahr besonders durch größere Tagesausflüge viel zur Erholung beigetragen haben, gehen nun bald zu Ende. Wir besuchten die Sommervilla des Horaz, sein Sabinum, in einem landschaftlich schönen Winkel der Sabinerberge, und hatten alte Erinnerungen aus der Gymnasialzeit.

Ein andermal zogen wir nach Carpineto, dem Geburtsstädtchen Leos XIII. in den Volskerbergen. Leo XIII. war in seinen jungen Priesterjahren Repetitor für Naturwissenschaften in unserem Kolleg gewesen. 1893 hatte er die Germaniker zu einem Besuch seines Vaterhauses in Carpineto von San Pastore aus eingeladen. Ein dritter Ausflug war fast eine Hochgebirgstour; er führte uns auf die nahezu 2000 m hohe Monna in den Sabinerbergen . . ."

Die italienischen Bauern, denen sie bei dieser Tour am Wegrand begegneten, konnten es kaum fassen, daß sie nur um des Wanderns und Bergsteigens willen auf diesen Berg gingen und fragten, was denn auf der Monna Besonderes sei, daß sie hinauf wollten. So wenig war damals das Bergsteigen verbreitet und geschätzt.

Ein beliebtes Ziel war auch die Mentorella in den Prenestiner Bergen, etwa 40 km von Rom entfernt, einer der ältesten Wallfahrtsorte Italiens. Schon im 4. Jahrhundert sei da eine Kirche des heiligen Eustachius gestanden. Benediktiner gründeten hier ein Kloster; auch Benedikt soll 2 Jahre als Einsiedler da oben auf der Felsplatte gelebt haben. Seit 1857 betreuen polnische Resurrektionisten die Wallfahrtsstätte.

Natürlich kam in San Pastore auch der Spaß zu seinem Recht. Bei der sogenannten ‚Muftikwahl' galt es, den Muftik-Rex und seine zwei Prinzen zu küren, die für den Frohsinn im Haus zu sorgen hatten. Und zwar nach einem 14tägigen Wahlkampf, in welchem für die Kandidaten mit heiteren, witzigen Plakaten im Philosophensaal mit Karikaturen und lustigen Zeichnungen sowie Gemälden von drolligen Episoden um die Würde des Muftikrex geworben wurde.

Da gab es für ihn auch einiges zu tun, machte es ihm doch Freude, zur geselligen Unterhaltung seiner Mitbrüder beizutragen. So zog man zur Wahlstätte, einer tiefen Felsenschlucht der Campagna, und begleitete dann den Erkorenen bei seinem Einzug in San Pastore auf einem Esel mit Musik und Fröhlichkeit.

Aktivitäten, die einer einseitig intelektuellen Ausrichtung vorbeugten und der Entfaltung der sensitiven Anlagen des Menschen zugute kamen, getreu der Forderung des Gründers Ignatius, in der Erziehung stets den ganzen Menschen im Auge zu behalten und nicht der Förderung einseitiger Talente zu verfallen.

Bevor der Landaufenthalt zu Ende ging, unternahm man für gewöhnlich noch eine Fußwallfahrt von 7 Stunden nach Genazzano zur „Mutter vom Guten Rat". Der Eichstätter Alumnus konnte dabei gut mithalten und mußte sich nicht vom Lastwagen mitnehmen lassen.

Den Wochen der Erholung in San Pastore folgten vor Semesterbeginn an der Gregoriana jeweils die achttägigen Exerzitien, wiederum eine Übung, welche auf Ignatius von Loyola zurückging und den Menschen als Seele-Geist-Wesen im Blick hat. Der in viele Zwänge und Verpflichtungen hineingebundene Mensch unserer Zeit sollte in diesen Tagen der Stille Gelegenheit zu innerer Sammlung und Ruhe finden und dabei gleichzeitig Abstand zur Hektik des Alltags gewinnen und neue Kräfte für die Meisterung der anstehenden Aufgaben sammeln. Joseph Schröffer schätzte auch in seinen späteren Tätigkeitsbereichen als Professor und Generalvikar seiner Heimatdiözese Eichstätt diesen inneren Kraftquell der Exerzitien und suchte dafür Zeit zu finden so gut es ging. Manch modische ‚Meditationen' unserer Tage erscheinen wie ein Ersatz für die weitgehend außer Wertschätzung geratenen „Geistlichen Übungen" und vermögen den Verlust der Exerzitien doch wohl nur sehr unzureichend auszugleichen. Eine geistig-seelische Verarmung, die auch dem späteren Bischof und Kardinal Sorgen bereitete.

In den zwanziger Jahren, da er sich im Kolleg auf das Priestertum vorbereitete, schöpfte man noch wie selbstverständlich aus diesem Seelenkräfte spendenden Quell, in Rom wie auch anderswo in den Priesterseminarien der Welt.

So war es wohl auch eher möglich, daß der neben seinem Studium noch in weiteren Funktionen beanspruchte Dr. phil. Joseph Schröffer die Kraft aufbrachte, alle die ihm übertragenen Aufgaben zur vollsten Zufriedenheit seiner Vorgesetzten wie auch seiner Mitbrüder zu meistern, ohne sich überfordert zu fühlen. Daß er oft ein dicht gedrängtes Pensum, besonders als Choralmagister, zu bewältigen hatte, wird aus einem Brief deutlich, den er am 17. April 1928 nach Hause schrieb. Darin berichtete er:

„. . . Donnerstag vor Palmsonntag war unser Moralexamen, für das ich jede entbehrliche Minute hatte verwenden müssen, da der Stoff ungeheuer war. Dann ging es mit allen Kräften auf die Vorbereitung der Karwoche, es war ja sowieso schon reichlich spät geworden. Die Arbeit dafür mußte ich dieses Jahr zum ersten Mal als Choralmagister allein bewältigen – es war viel zu tun. Alle Lektions- und Passionsgesänge etc. mußten bestimmt und einzeln eingeübt werden; dazu war eine ganz komplizierte Chorordnung auszuarbeiten, da ich dieses Jahr eine vorteilhafte Änderung einführen wollte. Außerdem mußte ich in Gesù, wo wir ja unsere Karwochenliturgie feiern, die Aufstellung der Chorbänke leiten; vor allem dann noch Proben halten; kurz und gut, in der Karwoche fand ich kaum eine ruhige Minute für mich . . ."

Eine Schilderung, die eine plastische Vorstellung von der vielfältigen Inanspruchnahme des Choralmagisters vermittelt, jedoch mit keiner Silbe eine Klage oder Selbstmitleid andeutet. Im Gegenteil; liest man den Brief weiter, dann merkt man schnell den Humor und die innere Heiterkeit des Schreibers, der munter erzählt:

„Am Karsamstag abends konnte ich gerade noch meine Bude putzen – und dann, am Ostermontag wurde ich zu der Gruppe der sogenannten ‚Erholungsbedürftigen im weiteren Sinn‘ (!) gesteckt und nach San Pastore abgeschoben . . . Aber zu einer privaten Betätigung kam es nicht, da uns P. Minister statt des Federhalters einen ‚Schaber‘ in die Hand drückte und uns aus den Zimmern auf die blühenden Wiesen hinausstamperte, wo wir die Ölbäume von den Flechten reinigten. Jeden Morgen beim gemeinsamen (lustigen) Frühstück fragte P. Minister: ‚Nun Kinder, was machen wir heut'? Dann erscholls im Chor: ‚Kratzen‘!“

Wiederum bezeichnend, daß er erst am Schluß auf den Erfolg seiner anstrengenden Vorbereitungen auf die Karwoche zu sprechen kommt und knapp vermerkt:

„. . . Die Karwoche verlief übrigens glänzend. Da das Lob nicht den Dirigenten, sondern die Sänger trifft, so darf ich anfügen, daß ich von verschiedenen Seiten hörte, dieses Jahr sei der Gesang besser gegangen als je seit dem Krieg . . .“

Was Joseph Schröffer nur leise andeutet, bezeugt sein damaliger Kommilitone Isidor Emanuel, der spätere Bischof von Speyer, in seinen Erinnerungen „Sieben Jahre im roten Talar“ mit den Worten: „Wir hatten jede Woche mehrere Choralproben zur Vorbereitung des feierlichen Gottesdienstes am Sonntag. Hochamt und Vesper waren immer die Höhepunkte unseres Kollegslebens. Unser langjähriger Choralmagister Joseph Schröffer war nicht nur ein musterhafter Vorsänger, sondern er verstand es auch meisterhaft, uns in den inneren Reichtum des liturgischen Gesanges einzuführen . . . Während der ganzen Fastenzeit waren abends Proben für die große Liturgie der Karwoche . . . dieser vorbildliche Eifer in der Vorbereitung der Osterfeier war schon vor der Liturgischen Bewegung im Germanikum gute Tradition gewesen . . .“

Und wenn Joseph Schröffer in seinem Brief die Kirche ‚Al Gesù‘ zwar erwähnte und von der Aufstellung der Chorbände schrieb, dann erfährt man erst aus Bischof Emanuels Darstellung, was es mit diesen Gottesdiensten in Wahrheit auf sich hatte. Er berichtet: „Wir feierten die ganze Liturgie von der Palmweihe bis zum Auferstehungsamt am Karsamstag in der großen Jesuitenkirche Al Gesù, die, im Zentrum der Stadt gelegen, besonders stark besucht war. Im Heiligen Jahr (1925) konnte man sogar auf Plakaten für die Pilger den Hinweis lesen, am schönsten würde die österliche Liturgie in Al Gesù gefeiert.“

Bei einem solchen Ruf konnte auch die im Jahre 1926 erfolgte Visitation des Germanikums durch den Abt des römischen Benediktinerklosters St. Paul vor den Mauern, Ildefonso Schuster, den späteren Erzbischof und Kardinal von Mailand, einen großen Liturgiekenner, für den Choralmagister nur günstig ausfallen. Folgerichtig meldet Bischof Emanuel auch:

„Unser Zeremoniar und unser Choralmagister konnten ordentlich stolz sein auf das hohe Lob aus berufenstem Mund."

Das große musikalische und poetische Können des Choralmagisters kam auch den dem Germanikum eigenen Bräuchen, prominente Besucher willkommen zu heißen, zugute, wenn es galt, auf diese lateinische Toasts auszubringen oder mit den alten feierlichen „Laudes Hincmari" zu ehren.

Wie Bischof Emanuel berichtet, erhielten die Germaniker durch diese Besuche prominenter Gäste, vornehmlich der Kardinäle, Erzbischöfe und Bischöfe aus dem deutschsprachigen und ehemals österreichisch-ungarischen Raum aufschlußreiche Einblicke in die Lage der Kirche von Luxemburg bis Ermland und von Trier bis Zagreb und Lugano und lernten auch gleichzeitig die Charakteristika der verschiedenen Männer der Kirche kennen.

So fiel der Erzbischof von Breslau, Kardinal Adolf Bertram, durch seine grazile Erscheinung und sein zurückhaltendes Wesen auf, wirkte sein Mitbruder von Köln, Kardinal Schulte, kraftvoll und energisch, merkte man dem Primas von Ungarn, Kardinal Séredy, den ehemaligen Kirchenrechtler und Professor an der Benediktiner-Hochschule Sant Anselmo an und registrierte beim Primas von Polen, Kardinal Augustyn Hlond, das korrekte Deutsch.

Begegnungen und Beobachtungen, die in dieser Fülle und Intensität wohl nur in Rom möglich waren und welche wie von selbst den Blick über den eigenen Lebensraum hinaus auf die Weltweite der katholischen Kirche erweiterte.

Da die Germaniker während ihrer sieben Studienjahre nicht nach Hause kamen, sondern auch die Semesterferien miteinander verbrachten, wuchs das persönliche und menschliche Zusammengehörigkeitsgefühl unter ihnen noch ungleich mehr. Um den jungen Männern bei der Länge der Zeit, die sie fernab von ihren Familien und der Heimat zu verbringen hatten, von vornherein das Gefühl einer Kasernierung zu nehmen, gestalteten die jesuitischen Erzieher in ihrer klugen Menschenführung das Leben im Kolleg so abwechslungsreich und erfüllt wie möglich. Der Aufenthalt in „San Pastore", wo sich alle sichtlich wohlfühlten, war ein Teil davon. Die hausinternen Feste und Feiern waren andere Beispiele.

Der vorlesungsfreie Donnerstag gehörte gleichfalls zu den Besonderheiten der jesuitischen Pädagogik – übrigens bis zu den unterrichtsfreien Donnerstagnachmittagen in den Jesuitengymnasien in aller Welt.

In Rom nutzte man den vorlesungsfreien Donnerstag in aller Regel für einen Aufenthalt in San Saba, der „Stadtvilla" des Germanikums. Von Papst Gregor XIII. dem Germanikum gestiftet, diente dieses auf dem „kleinen Aventin"gelegene Heim der Erholung und individuellen Freizeitgestaltung.

Wie Bischof Emanuel berichtet, fand man sich dort „wie im Frieden einer

Insel“, wo alles noch „die klösterliche Stille der großen Vergangenheit atmete“. Vor dem Mittagessen konnte jeder seiner Lieblingsbeschäftigung nachgehen; sei es im beschaulichen Garten sitzen und ein Buch lesen oder auf die Loggia hinaufsteigen und den reizvollen Ausblick auf den gegenüberliegenden „großen Aventin“ mit der berühmten Benediktinerhochschule „Sant Anselmo“ genießen. „Nach dem Essen“, so erzählt der ehemalige Germaniker Emanuel weiter, „erholte man sich im großen Hof westlich der Kirche, wo sich ehemals der zweite Kreuzgang hinzog. Die einen plauderten in kleinen Gruppen, die anderen spielten Boccia oder noch lieber Faustball . . . Den Rest des Nachmittags nützten wir oft zu Ausflügen in die näher gerückte Campagna. Wer aber von hier aus gleich den Heimweg antrat, hatte noch gute Gelegenheit zum Besuch eines Heiligtums oder anderer Denkwürdigkeiten, an denen Rom so reich ist.“ Solche Stationen boten sich schon beim knapp einstündigen Anmarsch auf San Saba. Da lag die große Jesuitenkirche Al Gesù am Weg, das Kapitol, die Riesentreppe von S. Maria in Ara coeli, kam man am Zwinger der römischen Wölfin vorbei und hatte hinter dem Senatorenpalast den herrlichen Blick auf das Forum Romanum und den Palatin. Eine Wegstrecke, die geradezu in idealer Form das antike und das christliche Rom vorstellte.

Für Joseph Schröffer sollte die „Donnerstag-Villa“ San Saba nicht nur ein bald liebgewordener Ort der Erholung und der Entspannung sein, sondern knapp fünfzig Jahre später eine Station besonderer Art werden. Da verlieh ihm Papst Paul VI. bei der Erhebung zum Kardinal die altehrwürdige Kirche „San Saba“ als Titelkirche.

Mit dem Erwerb des philosophischen Doktorgrades im Juli 1925 hatte Joseph Schröffer den ersten Teil seines Studiums an der „Gregoriana“ erfolgreich abgeschlossen. Das „Anno accademico“ 1925/26 führte ihn in das Theologiestudium und damit in den letzten Abschnitt seiner Priesterausbildung. Neben den Disziplinen wie Fundamentaltheologie, Dogmatik und Moraltheologie hörte Dr. phil. Joseph Schröffer auch Kirchengeschichte, Archäologie und Hebräisch sowie Exegese, Kirchenrecht und Dogmengeschichte. Die „praktischen Fächer“ Pastoral, Homiletik und Katechetik wurden im Germanikum selber vermittelt, was den Vorteil hatte, daß dabei die konkreten Verhältnisse in Deutschland mehr berücksichtigt werden und die Vorlesungen sowie Übungen auch in der Muttersprache abgehalten werden konnten. Besonderes Gewicht wurde auf die Vorbereitung zum Predigtamt gelegt. So hatten die Germaniker bereits im ersten Jahr ihres Philosophiestudiums einen Rhetorikkurs mit gründlicher Theorie und praktischen Übungen zu absolvieren. Das bedeutete, daß alle sieben Jahre hindurch von jedem Alumnus zwei Übungspredigten im Speisesaal des Kollegs zu halten waren. Lediglich in den Studienjahren, da man sich auf das Doktorat vorbereitete, war eine Übungspredigt erlassen. Wie es der jesuitischen „Correctio fraterna“ („brüderliche Kritik“) entspricht, wurde jede Übungspredigt danach unter der Leitung des Dozenten offen und ehrlich besprochen, um bemerkte Schwächen und Mängel des „Predigers“ für später abzustellen. Nicht von ungefähr waren daher die meisten ehemaligen Germaniker nachmalig gute Prediger und vermochten mit dieser Fähigkeit dem Evangelium später Verbreitung und Beachtung zu verschaffen.

Zu ihnen gehörte auch Joseph Schröffer, dessen Predigten und Ansprachen von den Zuhörern stets aufmerksam aufgenommen wurden, gleichgültig, ob sie an ein kleinstädtisches Publikum in Mittelfranken oder eine hohe diplomatische Runde in Rom gerichtet waren. Der Sprecher wußte mit jedem Satz nicht nur Wesentliches zu sagen, sondern seine Botschaft auch in ein gepflegtes Deutsch zu fassen, so daß man ihm auch aus stilistischem Vergnügen gern zuhören mochte. Nicht zufällig sind einige seiner Ingolstädter Ansprachen und Predigten bereits von seiner Heimatstadt in einem eigenen Band herausgegeben und ist eine Auswahl seiner zahlreichen Ansprachen und Referate im Dienst an Friede und Völkerversöhnung im Druck erschienen.

Außer Pastoral, Katechetik und Homiletik und ihren praktischen Übungen im Kolleg widmeten sich die Alumnen im Germanikum auch zusätzlich zu den Vorlesungen an der Gregoriana dem Studium der Heiligen Schrift. Mittelpunkt dieser Studien war damals Joseph Schröffer, wie Bischof Emanuel in seinen Erinnerungen „Sieben Jahre im roten Talar“ überliefert:

„Angeregt durch die biblischen Ferienkurse von P. Bea, dem späteren Kardinal, und P. Kronseder, langjähriger Akademiker- und Studentenseelsorger in Wien und München, sammelte sich um unseren Mitalumnus Joseph Schröffer ein Bibelkreis, der sich in regelmäßigen Zusammenkünften um ein tieferes Eindringen in den Reichtum des Gotteswortes bemühte.“

Joseph Schröffer gibt in einem Brief an seine in München Medizin studierende Schwester vom 19. Januar 1930 einigen Einblick in die Arbeit dieses Bibelkreises, wenn er aus Rom schreibt:

„. . . Im Bibelkreis zuhause geht es gut voran; d. h. langsam zwar: wir haben ja erst einen Paulusbrief durchbesprochen, den 1. Thessalonicher, aber wir haben nun nach anfänglichen Tastversuchen doch eine recht fruchtbare Methode gefunden. Es war bisher sehr anregend; das kannst Du, mit besten Wünschen, gelegentlich auch P. Kronseder sagen. An Weihnachten haben wir ein Intermezzo eingeschoben, Weihnachten in der Heiligen Schrift, nach Isaias (die Stellen von der Wurzel Jesse, von der Jungfrau, von dem Königskind), Matthaeus, Lucas, Paulus und Johannes: das letztere hatte ich übernommen. Es war das ganze unter der Rücksicht gedacht: Was bedeutet Weihnachten den Schriftstellern des Neuen Testamentes . . .“

Mit dem Hinweis, daß er selber das Weihnachtsthema nach Johannes übernommen habe, ist angedeutet, daß diesem Evangelisten nach Abschluß seiner theologischen Studien sein wissenschaftliches Hauptaugenmerk galt. In Anerkennung seiner hervorragenden akademischen Leistungen hatte die Leitung der Gregoriana seinem Heimatbischof Leo von Mergel empfohlen, den 1929 auch zum Dr. theol. promovierten Joseph Schröffer für weitere zwei Jahre an die Gregoriana zu beurlauben. Er sollte den durch Pius XI. für besonders Begabte gegründeten sogenannten „Cursus magisterii“ an der Päpstlichen Universität absolvieren und sich durch methodische Weiterbildung und spezielle Ausbildung für wissenschaftliches Arbeiten für eine spätere akademische Lehrtätigkeit befähigen lassen. Im Zuge dieser vertiefenden Studien kam Joseph Schröffer auch zu einem noch engeren Kontakt zu P. Augustin Bea, der einen Überblick über die Pneumalehre des Neuen Testamentes gab. Diese Thematik der Rolle des Heiligen Geistes im Neuen Testament konkretisierte sich dann in der wissenschaftlichen Arbeit Joseph Schröffers zu einer Untersuchung der Pneumalehre des Evangeliums und der Briefe des heiligen Johannes. Diese theologische Erörterung ist gemeint, die er im erwähnten Brief mit den Worten anführt:

„Anfangs hatte ich geglaubt, die Arbeit würde gar nicht groß werden, habe diese Ansicht bereits aufgegeben. Ich werde mich tüchtig dahintersetzen müssen, um bis zum 1. April nächsten Jahres damit fertig zu sein. Am 1. April (schlechte Vorbedeutung!) müssen die (maschinengeschriebenen) Arbeiten nämlich abgegeben werden. Mein Studium dauert natürlich nur 2 Jahre, da ich das Magisterium an der Gregoriana, und nicht den Kurs des Bibelinstituts mache . . .“

Zusammen mit den Probevorlesungen am Ende des akademischen Jahres war dieser „Cursus magisterii“ einem Habilitationsverfahren an einer staatlichen Universität vergleichbar. Joseph Schröffer legte im Juli 1931 eine über 200 Schreibmaschinenseiten umfassende wissenschaftliche Untersuchung über das von ihm gewählte Thema („Die Pneumalehre des Evangeliums und der Briefe des heiligen Johannes“) in lateinischer Sprache vor und zugleich die als mündliche Prüfung geltenden Probevorlesungen mit großem Erfolg ab, so daß er im Sommer 1931 die „Venia legendi“, die Befähigung an einer Hochschule zu lehren, erwarb. Im Sprachgebrauch der Gregoriana hieß der von Joseph Schröffer erreichte akademische Grad „Magister Aggregatus“, was soviel wie „beigeordneter“ akademischer „Lehrer“ ausdrückt – oder wie es in der Urkunde wörtlich heißt:

„R. D. Joseph Schröffer sacerdos et in Theologia doctor, Magisterii, seu altiorum studiorum, cursus in Pontifica Universitate Gregoriana biennium integrum frequentavit. Cumque, post scholae exercitationes rite peractas, ingenii atque doctrinae specimen aptis experimentis, idest periculis verbo factis et scriptione ad scientiae rationem exacta, exhibuerit, idoneumque se ad docendum comprobaverit, dignus est habitus qui eiusdem Universitatis Gregorianae Theologicae Facultatis Professoribus aggregetur.“ Er ist also auf

Grund der nachgewiesenen wissenschaftlichen Leistungen für würdig befunden worden, „den Professoren der Theologischen Fakultät der Gregorianischen Universität hinzugesellt zu werden", wie man den lateinischen Text übersetzen könnte. Die am 23. Juni 1931 ausgefertigte und vom Jesuitengeneral, P. W. Ledochowski, unterschriebene Urkunde stellt Joseph Schröffer als „Priester und Doktor der Theologie" vor und bezeichnet zwei wichtige Lebenssituationen im Werdegang des mittlerweile 28jährigen theologischen Magisters. Von ihnen ist die Priesterweihe die ungleich bedeutsamere, markierte sie doch die Erfüllung einer schon früh verspürten Berufung.

Priesterweihe

Nach alter Germaniker-Tradition wurde Joseph Schröffer am Christkönigfest des Jahres 1928 zum Priester geweiht, nachdem ihm am 7. Mai und am 4. Juni 1928 Subdiakonats- und die Diakonatsweihe erteilt worden war.

Die sich an den Aufenthalt in „San Pastore" alljährlich anschließenden Exerzitien vermochten die innere Vorbereitung auf den großen Tag noch zusätzlich zu vertiefen und ließen die Weihekandidaten sich ganz auf das große Geschehen einstellen. Der Tag der Priesterweihe war für ihn und seine Mitbrüder im Germanikum zugleich der Tag des Wiedersehens mit den Angehörigen nach langjähriger Trennung. Um so herzlicher war die Freude, die Mutter und die Schwestern Maria und Anna sowie einen Bruder der Mutter begrüßen zu können.

Die Mutter mag dankbar der Stunde gedacht haben, da sie zusammen mit ihrem Gatten vor zwölf Jahren den Entschluß faßte, der priesterlichen Berufung des Sohnes alle Wege zu ebnen, als sie ihn vor dem Altar sein „Adsum" sprechen hörte und wenige Tage später seinen Primizsegen empfangen durfte. Der Herr hatte in Gestalt der Wegbegleiter des jungen Joseph, vom Heimatbischof über die amerikanischen Wohltäter bis zu den verschiedenen Priester- und Erzieherpersönlichkeiten, spürbar die schirmende Hand über der priesterlichen Berufung gehalten und den Weg vom Vaterhaus in Ingolstadt über das bischöfliche Seminar in Eichstätt in das Germanikum in Rom sichtbar gesegnet. Die letztlich tiefste menschliche Stütze fand der Jungpriester dabei immer wieder in seiner Mutter und seinen Schwestern, die ihm jene familiäre Umwelt schufen, in welcher der priesterliche Berufswunsch sich entfalten und schließlich erfüllen konnte. Er wußte um dieses Geschenk einer harmonischen Familie, wie viele Briefe aus der damaligen Zeit bezeugen und wie er auch später als Priester und Bischof in Predigten und Hirtenbriefen immer wieder bekundete, wenn er sich zu Fragen von Ehe und Familie äußerte und diese Gemeinschaften stets gegen alle modischen Strömungen oder direkten Angriffe entschieden in Schutz nahm.

Als ihr Bruder Joseph am Christkönigsfest 1928 in Rom die Hände aufgelegt bekam und zum Priester geweiht wurde, konnten die beiden jüngeren Schwestern nicht persönlich dabei sein, nahmen jedoch im Geiste intensiv daran teil.

Im Schreiben vom 6. Dezember 1928 an sie würdigte der Neupriester ihre Auffassung „vom Opfer des Fernseins“ und zeigte sich darüber gerührt, um dann die Priesterweihe mit den Worten zu deuten: „. . . die Kraft des Geistes Gottes hat ein unvermögendes Menschenkind überschattet und mit heiligen Gewalten gerüstet. Wir vermögen das gar nicht zu erfassen“
und das Wesen des Priestertums zeitlos gültig zu beschreiben. „. . . der Priester ist nicht Priester geworden seinetwillen. Er ist nun Gott eigen – und den Menschen, für ihre lebenswichtigsten Anliegen, ihr Verhältnis zu Gott. Priester ist Mittler zwischen Menschen und Gott.“

Über seine eigenen Empfindungen als neugeweihter Priester und seine Vorstellungen vom künftigen priesterlichen Dienst schreibt er:

„Nun beginnt mein Priesterleben. Es ist herrlich ganz auf Gott gestellt zu sein, die Sorgen Gottes sorgen zu dürfen; Gottes Erntesorgen um die Welt . . . Und herrlich ist auch ein anderes: allen alles zu werden; ganz klein zu werden und zurückzutreten, wenn nur Brüder und Schwestern den Weg finden zu Gott. Es hat einer gesagt: Apostel sein heißt sein ein Licht von Gott entfacht, das, andern leuchtend nur, sich selbst verzehrt. Heißt sein ein Stein im Boden seiner heiligen Kirche, auf den die Menschen treten, um zu Gott zu gehn . . .“

Knapper und zugleich tiefer kann das Selbstverständnis eines Priesters kaum ausgedrückt werden. Und für den Neupriester Joseph Schröffer waren diese Worte und Sätze keine bloßen verbalen Überschwänge, sondern bestätigten sich eindrucksvoll in einem über fünfzigjährigen Priester- und Bischofsleben.

Der Priesterweihe durch den Generalvikar der Diözese Rom, Kardinal Pompili, in der Kirche des Kollegs am 28. Oktober 1928 folgte am Allerheiligentag im gleichen Gotteshaus sein erstes heiliges Meßopfer. Auf dem Primizbildchen steht das Wort aus dem Hohepriesterlichen Gebet Jesu: „Das ist das Leben, dich erkennen, den allein wahren Gott, und den du gesandt hast, Jesus Christus“ (Jo 17,3), und auf den Holzschnitt mit Johannes dem Täufer, den Thomas Wendling für ihn angefertigt hat, schrieb er: „Er muß wachsen, ich aber schwinden“ (Jo 3,30), womit er programmatisch seine priesterliche Lebensaufgabe beschrieb, der er bis zum Tode treu blieb. Nach altem Herkommen des Germanikums durfte Joseph Schröffer als Philosophenpräfekt seine Primiz als Hochamt in der Kollegskirche um 10 Uhr vormittags feiern und sich dabei über die besonders festlich gestaltete Messe freuen, welche die Alumnen ihrem langjährigen Choralmagister bereiteten.

Und wie er über ein halbes Jahrhundert später, im Juli 1983, als schon vom Tode Gezeichneter bei seinem letzten heiligen Meßopfer seinen tief empfundenen Dank für die ihm geschenkten Priesterjahre in einem festlichen Hochamt Gott entgegen singen sollte, so sang er bei seinem Primizopfer seinen freudigen Dank für die Gnade der Berufung Gott von der Seele, war doch „das Große nach langem wahr geworden", wie er in einem Brief an seinen Eichstätter Regens schrieb.

Seine im August 1928 bekundete Freude, beim Primizamt dann seiner Mutter und anwesenden Familienangehörigen „die erste heilige Kommunion, die ich austeilen werde", zu spenden, mag noch gesteigert worden sein, als er das Primizgeschenk der Mutter, einen Meßkelch, gestaltet nach dem Lied ‚Es ist ein Ros entsprungen', dem Lied, das er zeitlebens als das schönste Weihnachtslied betrachtete, bei der Wandlung Gott entgegenhalten konnte.

Welche Gedanken und Empfindungen den Neupriester in jenen Stunden und Tagen beseelt haben, deutet ein Schreiben vom 13. Februar 1929 an Regens Dr. Michael Rackl, in welchem es heißt:

„. . . Gebe Gott, daß mein Priesterleben so fruchtbar werde, wie sein Morgen schön war. Die Berufung ist ungeheuer – aber auch herrlich. Wenn je in einem Leben, dann ist doch in dem des Priesters Gott die große Wirklichkeit, die jeden Tag durchschüttert und beglückt. Und das Schönste ist wohl die Gemeinschaft mit Christus, die Hingabe an ihn. Auch einem Paulusleben ist aus ihr Glück und Kraft erwachsen, und der stille Jubel, der auch im Leiden über ihm lag.

Christus ist edelster Seelen und hohen Strebens einzig wert. Diesen einen Wunsch habe ich für meine Zukunft, ihn Vielen bringen zu können. Freilich steht der Größe der Sendung ein großes Unvermögen gegenüber, das – wie mich bedrückt – nicht genug gewürdigt wird . . ."

Joseph Schröffers Bitte an den Allmächtigen, sein Priesterleben so fruchtbar werden zu lassen, „wie sein Morgen schön war", ist augenscheinlich erhört worden, denn die nachfolgenden Jahrzehnte priesterlichen und bischöflichen Dienstes haben der Kirche von Eichstätt und der römischen Weltkirche reiche Frucht gebracht. Das dokumentiert sich nicht nur in den vielfältigen Aufgaben, die der Priester, Bischof und Kurienkardinal zu meistern hatte und stets mustergültig bewältigt hat, sondern kam auch in zahllosen Zeugnissen und Bekundungen von Vorgesetzten und Mitbrüdern zum Ausdruck.

Etwa anläßlich der Festfeier seines Goldenen Priesterjubiläums am 26. November 1978 im Germanikum. In seiner Bescheidenheit mochte er aber diese Anerkennung nicht auf seine Person und Leistung beziehen, sondern in erster Linie als eine Dankesverpflichtung gegenüber Gott „für die Berufung und für die gnadenvolle Führung während dieser Jahre" und gegenüber den Menschen, „die den Dienst dieser Jahre, der bescheiden genug gewesen ist, in Anspruch genommen haben", verstanden wissen. In einer Rückschau auf seinen Weg zum Priestertum nannte er das Elternhaus, „das man als das erste Seminar bezeichnet hat", gute Lehrer, „Religionslehrer vor allem, die einen ausgezeichneten Bibel- und Religionsunterricht erteilt haben, von dem etwas ausgegangen ist", Kapläne und Pfarrer, die ihm Vorbild waren oder Wegweisung gaben. Er gedachte auch dankbar seiner Heimatpfarrgemeinde St. Moritz in Ingolstadt und ihrer religiösen Lebendigkeit, um dann wörtlich fortzufahren:

„In diesem Kreis der Förderer meiner Berufung nimmt das Germanikum eine besondere Stellung ein, sowohl die Vorgesetzten wie die Mitbrüder. Ihnen allen habe ich einiges zu verdanken: unseren beiden Rektoren P. Michael Hoffmann und P. Rimml, auch P. Minister Rauch, der seinem Namen Ehre gemacht hat und die besondere Genehmigung hatte, an einem unauffindbaren Ort sein ‚Rauchopfer' darzubringen, was ihm den Vers und Refrain eingetragen hat:

‚Gut ist ein Minister, wenn man weiß, wo er ist'. Viel hat uns der Spiritual gegeben, der uns gefordert und uns nichts geschenkt hat, aber dies mit großer Güte zu verbinden wußte. Gegen sich war er von großer Strenge, gegen uns von großer Liebenswürdigkeit."

Hohes Lob zollte Joseph Schröffer bei dieser Gelegenheit auch dem Geist der Kollegsgemeinschaft, die von einer „warmen Atmosphäre herzlicher Brüderlichkeit" geprägt gewesen sei und geradezu „wie eine Familie" auf die Germaniker gewirkt habe. Er schloß mit einer Erinnerung an seine Kursgenossen:

„Wir standen zu 6 am Weihealtar, drei davon sind schon in der Ewigkeit. Einer ist darunter, der vielleicht am besten von uns abgeschnitten hat, Georg Werner von Fulda. Er ist in Stalingrad geblieben" und ließ in diesen Worten erkennen, wie stark er alles ‚sub specie aeternitatis' sah und die Stufenleiter weltlicher und kirchlicher Ehren durchaus zu relativieren wußte. Ein Merkmal, das, wäre es ihm nicht angeboren gewesen, zutiefst jesuitisch hätte sein können, ebenso wie die Bitte, „daß die Barmherzigkeit Gottes die Mängel dieser 50 Jahre gnädig bedecken wolle".

Gleichsam als Vermächtnis an seine Mitbrüder im Priester- und im Bischofsdienste richtete er die Aufforderung:

„Wir wollen im übrigen an unsere Verpflichtung denken, um das Priestertum der Zukunft uns zu bemühen. Die wesentlichste Werbung ist die Strahlungskraft, die das eigene erfüllte Priesterleben und -wirken entfaltet. Wenn eine solche von uns ausgeht, braucht uns um die Zukunft nicht bange zu sein."

III. Pastoraler Dienst in schwerer Zeit

In der Seelsorge als Kaplan in Weißenburg

Nach erfolgreich abgeschlossenem Magisterium an der Gregoriana kehrte Joseph Schröffer im Sommer 1931 in seine Heimatdiözese Eichstätt zurück. Dort hatten Bischof Leo von Mergel und sein Generalvikar, Dr. Klemens Wagner, schon eine Seelsorgestelle für ihn ausgewählt. Sie schickten ihn als Kaplan in die mittelfränkische Diasporapfarrei Weißenburg, wo er bereits am 1. September 1931 seinen Dienst antrat. Für Erholung nach dem anstrengenden Abschlußstudium in Rom blieb wenig Zeit. Eine Muße, die Joseph Schröffer freilich auch gar nicht erwartet hat, freute er sich doch schon lange auf den seelsorglichen Dienst, den er als Erfüllung seines Priesterlebens betrachtete. Daß er ihn „in den Steinbrüchen der Diaspora", wie ein mitfühlender Mitbruder schrieb, zu leisten hatte, schreckte ihn nicht ab, zumal er in Ortspfarrer Schindler einen eifrigen und guten Pfarrherrn erhielt. Er führte seinen neuen Kooperator voller Erwartung bei den Gläubigen und den kirchlichen Einrichtungen ein und durfte bald erleben, welch' große Stütze ihm mit dem neuen Kaplan gegeben war und wie dieser auch gern von der Bevölkerung angenommen wurde. Die Schulkinder gewann er durch seinen sehr interessanten und stets gut vorbereiteten Religionsunterricht, die Jugendlichen durch zeitgemäße Gruppenarbeit und attraktives Freizeitangebot und die Erwachsenen durch seinen unermüdlichen Dienst in Kirche und Vereinen. Keine Woche verging, ohne daß der neue Kaplan nicht mindestens eine Gruppenstunde der katholischen Jugend gehalten, einen Vortragsabend des Frauenbundes mitgestaltet hat oder mit der Kolpingsfamilie zusammengetroffen war. Und stets hatte er sich sorgfältig auf alle Zusammenkünfte vorbereitet, so daß ihm neben all' den anderen seelsorglichen Pflichten keine private Freizeit blieb; vielmehr hat er oft bis in die frühen Morgenstunden hinein gearbeitet, wenn überraschende Hausbesuche oder unerwartete Versehgänge das Tagesprogramm verlängerten oder zusätzliche Aufgaben wie das Abhalten von Chorproben oder das Zeichnen der Programme für die Weihnachtsfeiern zu erledigen waren. Auch bei Tisch war man zumeist in Zeitdruck und nahm daher die Mahlzeiten in fast dauernder Eile ein mit der Folge, daß sich der junge Kaplan ein Magenleiden zuzog. Gleichwohl gönnte er sich keine Rast, sondern setzte seinen Dienst mit gleichem Einsatz fort. Dies um so mehr, als in jenen Jahren mit dem Ansteigen der Arbeitslosigkeit der Zulauf zur antikirchlichen Hitler-Bewegung immer mehr wuchs und die „fränkischen Gaue" als besonders gefährdet galten. Erstes Ziel der Nationalsozialisten war damals die Abschaffung der katholischen Bekenntnisschule, da sich diese in einem weitgehend protestantischen Gebiet ohnehin nur schwer erhalten ließ; waren doch für das Weiterbestehen einer solchen Schule bestimmte Vorschriften über die Mindestzahl von Schülern und Klassen einzuhalten und damit auch die Eltern um ihre Entscheidung gefragt.

Kaplan Schröffer suchte daher nicht nur die katholischen Eltern in ihrer bisherigen Treue zur Bekenntnisschule zu bestärken, sondern machte auch bei allen konfessionell gemischten Familien Hausbesuche, um deren Kinder für die katholische Schule zu gewinnen. Eine Mühe, die nicht nur Zeit, sondern auch viel Überzeugungskraft kostete, da die öffentliche Meinung zunehmend die sogenannte „Gemeinschaftsschule" propagierte und die Bekenntnisschule als Überbleibsel der früheren Glaubenskämpfe hinzustellen suchte.

Joseph Schröffer, ein überzeugter Befürworter einer wohlverstandenen Ökumene, verteidigte in der Bekenntnisschule nicht etwa eine überholte Bastion der Gegenreformation, sondern einen Schutzwall der Kirche gegen die steigende Flut der braunen Ideologie. Er erkannte, daß die Abschaffung der katholischen Schule nur ein erster Schritt zur nationalsozialistischen „Weltanschauungsschule" sein sollte und wollte mit seinem unermüdlichen Einsatz diesen Anfängen wehren. Die nationalsozialistischen Funktionäre spürten bald, wie richtig der neue Kaplan ihre Strategie und Ideologie durchschaut hatte und suchten ihn in der Öffentlichkeit anzuschwärzen. So bezeichneten sie ihn in der Ortszeitung einmal als „ultramontanen Kaplan von Weißenburg", womit sie nicht nur auf seine römische Ausbildung anspielen, sondern ihn als spalterischen Kulturkämpfer anprangern wollten. Ein Unterfangen, das bei den unbefangenen Protestanten des mittelfränkischen Städtchens freilich fehlschlug. Statt sich vom römisch-katholischen Kooperator abzuwenden und ein nationales Deutschtum herauszukehren, wandten sich über die Konfessionsgrenzen hinaus viele Weißenburger gerade demonstrativ diesem jungen Geistlichen zu und bekundeten oft eine Anhänglichkeit, die über Jahrzehnte währte. Dies erfuhr Joseph Schröffer bei seiner Berufung zum Bischof von Eichstätt im Jahre 1948 ebenso wie bei hohen persönlichen Festtagen oder Jubiläen in Rom. Immer fanden sich Stimmen und Gratulanten aus dem mittelfränkischen Weißenburg unter den Glückwunschadressen und Festbesuchern. Und nicht ohne innere Bewegung gestand Kardinal Joseph Schröffer in einem persönlichen Rückblick an seinem 80. Geburtstag in Rom:

„Wenn ich gefragt würde, an welche Abschnitte und Tätigkeiten ich besonders gerne zurückdenke, so müßte ich sagen: an die unmittelbare Reichgottesarbeit als Kaplan und als Diözesanbischof."

In ähnlicher Anhänglichkeit blieben ihm viele ehemalige Pfarrangehörige aus Weißenburg verbunden, wie Oberlehrer Hanns Dallinger später in einem Brief nach Rom bezeugte, wenn er schrieb:

„. . . Spricht man doch heute noch von den tiefschürfenden Predigten, die E. E. als Stadtkaplan hierselbst der gläubigen Schar für Geist, Herz und Gemüt in so edler Form und Sprache innerlich nahezubringen wußten . . ."

Und was schon seine Mitbrüder im Germanikum immer wieder anerkennend vermerkten, rief auch der musikkundige Lehrer aus Weißenburg mit den Worten in Erinnerung:

„. . . als Tenorsänger an Festtagen im Kirchenchor gesungen. Als Meister aller Sparten zeugen im Notenschrank-Inventar mustergültige, mühsame und Geduld erfordernde Abschriften von Marienliedern, Hymnen sowie kunstvoll stilisierte Programme für kirchliche Feiern und weltliche Hospizakte als lokale Dauerandenken Ew. Exzellenz in hiesiger Diaspora . . ., dessen Verhältnisse Exzellenz schon bekannt, ja mit dessen Verhältnissen fast familiär vertraut sind . . ."

Und sein Weißenburger Pfarrherr, Johann Schindler, bekannte sechzehn Jahre später über seinen einstigen Kaplan:

„. . . Hoch über meiner Armseligkeit stehend, haben Sie mir einst bei Zusammenarbeit in der Seelsorge viel gegeben",
um dann zu versprechen:

„. . . viel möchte ich nun auch dem Bischof geben, durch mein Gebet. Im Kanon der heiligen Messe bete ich mit vertrauensvoller Innigkeit: ‚Te igitur, clementissime Pater . . . pro antistite nostro Josepho'."

In der Priesterausbildung als akademischer Lehrer

Nach rund anderthalbjähriger Seelsorgstätigkeit in Weißenburg rief ihn Bischof Konrad Graf Preysing nach Eichstätt und ernannte ihn mit Wirkung vom 1. Februar 1933 zum außerordentlichen Hochschulprofessor für Moraltheologie an der Philosophisch-Theologischen Hochschule Eichstätt. Joseph Schröffer ging nur schweren Herzens aus der ihm mittlerweile ans Herz gewachsenen Diasporapfarrei weg, hatte er doch zu den Gläubigen, den Mitbrüdern der Umgebung und zu den Lehrern schnell ein gutes und vertrauensvolles Verhältnis gefunden. Diese bedauerten in gleicher Weise die Abberufung des von ihnen geschätzten Kaplans, so sehr sie es auch für sich als Ehre empfanden, daß „ihr Kooperator" zum Hochschulprofessor ernannt wurde.

Bischof Preysing fürchtete eine verhältnismäßig lange Herrschaft der NSDAP über Deutschland. Als der am meisten politisch vorgebildete Kirchenführer des Reiches erkannte er frühzeitig die Mächtigkeit der Hitlerbewegung und die von ihr propagierte heidnische Weltanschauung.

Von Anfang an trat er mit Entschiedenheit für die Forderungen Gottes und ein unverfälschtes Christentum ein. Sein überlieferter Kommentar zur Ernennung Hitlers zum Reichskanzler: „Ich fürchte, wir sind jetzt in die Hände von Verbrechern oder Narren gefallen" dokumentierte seine politische Scharfsicht, wie er auch beim Abschied von Eichstätt nach seiner Berufung zum Bischof von Berlin äußerte: „Ich hinterlasse euch eine schwere Zeit. Es werden Wölfe kommen, die in die Herde einreißen."

Entsprechend richtete sich Bischof Preysing, ehemaliger Sekretär des Nuntius und persönlicher Freund des damaligen Staatssekretärs und späteren Papstes, Eugenio Pacelli, auf eine harte und lange Auseinandersetzung der Kirche mit dem Nationalsozialismus ein. Da wollte er die wichtigsten und sensibelsten Stellen innerhalb der Kirche mit den besten und geeignetsten Männern besetzen, um den heraufziehenden Kampf auch erfolgreich bestehen zu können. Die Hochschuldozentur für Moraltheologie war ohne Zweifel eine solche Position, welche in den bestmöglichen Händen sein sollte, wirkte sie doch tief in die Priesterausbildung hinein und war sie gleichfalls in Abwehr des nationalsozialistischen Neuheidentums gefordert.

Joseph Schröffer brachte in den Augen Bischof Preysings die besten Voraussetzungen für das moraltheologische Lehramt mit, hatte er doch die denkbar beste theologische und philosophische Ausbildung durchlaufen. Darüber hinaus wußte sich Bischof Preysing mit dem jungen Moraltheologieprofessor Schröffer über den gemeinsamen Lehrer und Erzieher, Pater Hoffmann SJ, verbunden. Dieser war einst Graf Preysings akademischer Lehrer an der Universität Innsbruck und später bekanntlich Rektor des Germanikums. In dieser Eigenschaft hatte er 1922 Joseph Schröffer kennengelernt und dem Regens in Eichstätt Persönlichkeitsbeurteilungen geschickt, die dem Bischof nicht unbekannt geblieben waren. So wußte sich Bischof Preysing gut beraten, als er den neunundzwanzigjährigen Kaplan aus Weißenburg nach Eichstätt rief, zumal dieser während seines annähernd neunjährigen Rom-Aufenthaltes auch die Machtübernahme des Faschismus miterlebte und die Auswirkungen einer totalitären Herrschaft aus nächster Nähe hatte beobachten können. Eine Erfahrung, die der politisch besorgte und umsichtige Eichstätter Oberhirte nutzen wollte, als er am 30. Dezember 1932 das Dekret über die Ernennung Schröffers zum außerordentlichen Hochschulprofessor für Moraltheologie unterzeichnete.

Der nur bedauernd aus dem Seelsorgsdienst scheidende Jungpriester hatte gehofft, die in Rom angefertigte Abhandlung über den Heiligen Geist bei Johannes aus dem Lateinischen ins Deutsche übertragen zu können. Dem unermüdlich bis tief in die Nacht hinein wirkenden Kaplan war in Weißenburg keine Muße geblieben, diese Übersetzung vorzunehmen. Eine Unterlassung, die nicht nur den Autor schmerzen mußte, sondern auch der Wissenschaft eine Lücke hinterließ, war doch die Arbeit Schröffers eine der ganz wenigen, die von katholischer Seite über dieses Thema bislang vorgelegt worden waren. Denn auch der spätere Hochschulprofessor, Generalvikar, Bischof und Kurienkardinal Joseph Schröffer sollte nicht mehr die Zeit finden, diese rund 200 Seiten umfassende Abhandlung zu übersetzen.

Kaum hatte er jedoch seine Lehrtätigkeit an der Philosophisch-Theologischen Hochschule aufgenommen, sah er sich nicht nur von seinen Studenten gern angenommen, sondern auch sehr schnell mit ihren persönlichen Anliegen und Problemen konfrontiert. Als priesterlicher Lehrer wollte er nicht bloßer Wissensvermittler oder Stubengelehrter sein, sondern den jungen Menschen auch bei der Bewältigung ihrer persönlichen Schwierigkeiten als Freund zur Seite stehen.

Über diesem Dienst am Nächsten ging so mancher Nachmittag oder Abend hin, der sonst der eigenen Arbeit zugute gekommen wäre. Für den Moraltheologieprofessor Schröffer jedoch keine Frage, sondern eine Selbstverständlichkeit, immer erst dem Menschen zur Verfügung zu stehen und eigene Interessen hintanzustellen.

Wie richtig er mit dieser Prioritätensetzung gehandelt hat, beweisen nicht zuletzt die unzähligen Briefe und Dankesschreiben ehemaliger Studenten, die sich in späteren Jahren beim nachmaligen Bischof oder Kardinal meldeten und dabei ihrer Studienjahre gedachten. Da wurde ihm beispielsweise von einem promovierten Laientheologen bestätigt, „tragfähige Grundsätze“ in sein Glaubensleben gelegt zu haben, oder von einem Ordenspriester versichert: „. . . Gerne und dankbarst denke ich dabei an die vielen Stunden in der Moral- und Pastoraltheologie während dreier Jahre zurück, in denen ich unter Anleitung Ew. Bischöflichen Gnaden den Priesterberuf, namentlich auch den Beichtstuhl, immer mehr schätzen lernte . . .“

Aber nicht nur im Abstand verflossener Jahre oder aus Anlaß bestimmter Ereignisse erreichten Joseph Schröffer dankbare Stimmen, sondern auch schon während seiner Lehrtätigkeit von Studenten Karten- und Urlaubsgrüße als Zeichen persönlicher Verbundenheit. Eine stattliche Sammlung aufbewahrter Post- und Ansichtskarten gibt davon Zeugnis.

Bei diesem engen Vertrauensverhältnis zwischen akademischem Lehrer und Priesterstudenten war es fast selbstverständlich, daß der Bischof den so von den jungen Menschen angenommenen Moraltheologieprofessor zum Spiritual des Diözesanseminars ernannte, wie es Bischof Michael Rackl, der Nachfolger des 1935 nach Berlin berufenen Bischof Konrad Graf Preysing, schon wenige Monate nach Übernahme seines Oberhirtenamtes verfügte. Anderthalb Jahre später erfolgte die Ernennung Joseph Schröffers zum ordentlichen Professor der Moraltheologie und am 8. Oktober 1938 auch noch ein Lehrauftrag für Pastoraltheologie.

Gleichsam Folge seiner ebenso einsatzfreudigen wie erfolgreichen „Nebentätigkeiten“ als „Aushilfspfarrer“ an den vorlesungsfreien Tagen.

Es war für ihn selbstverständlich, an den Wochenenden und Sonntagen in der Pfarrseelsorge auszuhelfen und den Mitbrüdern in ihren vielfältigen Schwierigkeiten und Gefahren beizustehen; hatte sich doch die nationalsozialistische Herrschaft von Jahr zu Jahr verfestigt und immer weiterer kirchlicher Bereiche bemächtigt. Aus seiner Weißenburger Kaplanszeit wußte er, mit welchen Mitteln die braunen Ideologen arbeiteten und wie sie die Kirche zu zerstören trachteten, und daß jeder Pfarrer für mitbrüderliche Hilfe dankbar ist. Vor allem in den Jahren 1936–1938, da der nationalsozialistische Kirchenkampf mit besonderer Härte tobte. Da hatte bekanntlich Papst Pius XI. in der Enziklika „Mit brennender Sorge" die nationalsozialistische „Weltanschauung" mit ihrem Rassismus und altgermanischen Atheismus sowie ihrer „Blut- und Boden-Ideologie" als kirchen- und christentumsfeindlich entlarvt und die Welt auf die Verfolgung der Gläubigen in Deutschland aufmerksam gemacht. Die sich solchermaßen getroffen gefühlten NS-Machthaber taten alles, um die Veröffentlichung der Enzyklika zu verhindern und setzten Tausende von Geheimpolizisten ein, welche Jagd auf den Text des päpstlichen Weltrundschreibens machten.

Entsprechend gefährlich war es, Exemplare der heimlich vervielfältigten Enzyklika an die richtigen Adressaten zu bringen, damit sie am vorgesehenen Sonntag, dem 21. März 1937, auch in allen Gottesdiensten verlesen werden konnte. Hochschulprofessor Dr. Joseph Schröffer trug das Seine dazu bei, daß die Texte des päpstlichen Schreibens rechtzeitig eintrafen und war sich nicht zu gut, nachts mit dem Fahrrad die heimliche Zustellung zu unterstützen, wobei er auch auf die praktische Hilfe seiner jüngsten Schwester zählen durfte, die einen Teil des „Verteilens" übernahm. Seine gute gesundheitliche Konstitution, nicht zuletzt auf Grund sportlicher Aktivitäten während der Urlaubszeit, kamen ihm dabei zustatten. Immerhin gehörte er, gemeinsam mit Prof. Joseph Kürzinger und Musikpräfekt Johannes Schlick, zu den ersten Theologieprofessoren, die sich in jenen Jahren bereits dem Skifahren und anderen sportlichen Ertüchtigungen widmeten – nicht immer zur reinen Freude des Regens Dr. Rackl, der solcherlei Betätigungen als nicht unbedingt angemessen erachtete, wie er in einer leicht ironischen Bemerkung einmal durchblicken ließ.

Als die drei Eichstätter „Skipioniere", wie Pfarrer Eichenseer, der nachmalige unbestrittene jährliche Sieger bei den Ski-Wettkämpfen der Bistumsgeistlichen sie einmal nannte, zu Bischof Konrad Graf von Preysing kamen, um sich seines Einverständnisses für das Skifahren zu versichern, war die spontane Antwort:

„Am liebsten ginge ich mit euch!"

Bischof Konrad, seiner Veranlagung nach eher zurückhaltend, ein Mann nicht vieler Worte, mehr nach innen gekehrt, hat doch Kontakte zu den Menschen gesucht und gefunden. Seine adelige Abstammung hat ihn nicht in eine reservierte Distanz geführt. Er war völlig natürlich, herzlich und ungezwungen allen gegenüber. Mit der ‚Professorenjugend' im Seminar verstand er sich bestens; auch pflegte er mit Joseph Schröffer zum Schwimmen zu gehen, was damals jedenfalls noch nicht etwas Alltägliches war.

Der Abschied nach knapp drei Jahren seiner Zeit als Bischof von Eichstätt ist ihm schwergefallen. Er hatte sich in dieser Diözese ungemein wohl gefühlt und hat in einem Hirtenbrief diese Jahre als die wohl glücklichsten seines Lebens bezeichnet. In dieser Zeit der Bedrängnis wurde sein Nachfolger auf dem bischöflichen Stuhl Dr. Michael Rackl. Selber mutig und furchtlos in seinen Predigten, erwartete er letztlich auch von seinen Priestern Tapferkeit und Unerschrockenheit in der Verteidigung der Kirche gegen die Angriffe des nationalsozialistischen Regimes und fand in Joseph Schröffer einen solchen unerschrockenen und besonnenen Mann, den er am 1. Juni 1941 mit der Ernennung zum Generalvikar zu seinem engsten Mitarbeiter bestellte, in einer Zeit, da die Nationalsozialisten nach den triumphalen Siegen über Polen und Frankreich auf dem Gipfel ihrer Macht standen und vor einer noch langen Herrschaft in Deutschland zu stehen schienen, was sie die Kirche auch immer deutlicher spüren ließen. Da bedurfte es furchtloser Gottesmänner mit starken Nerven gleichermaßen wie umsichtiger und erfahrener Priester, die Kontakt zu möglichst vielen Pfarreien und Gläubigen hatten.

Professor Schröffer brachte in den Augen Bichof Rackls diese Voraussetzungen mit, stand er doch durch seine Urlaubs- und Wochenendaushilfen in dauernder Verbindung mit dem Volk. So erinnern sich die älteren Einwohner der Pfarrgemeinden von Kinding, Altdorf oder Ellingen u. a. noch gut an „ihren Professor aus Eichstätt", der an den Samstagen Beichte hörte, sonntags das Meßopfer feierte „und immer eine gute verständliche Predigt hielt", wie es eine heute über siebzigjährige Frau aus Altdorf formulierte.

In gleicher Weise verstand er es auch, die Oberschüler, Abiturienten und Studenten anzusprechen und sie durch Exerzitienkurse in ihrem Glauben zu bestärken. Ebenso stellte er sich für die geistlichen Übungen verschiedener Berufsgruppen zur Verfügung oder sprach auf „Bekenntnistagen der Jugend".

Einsätze, die in jenen Jahren gleichermaßen wichtig wie riskant waren, kämpften doch die nationalsozialistischen Machthaber mit schier allen Mitteln gegen die katholische Kirche und suchte der für Franken zuständige gefürchtete Gauleiter Julius Streicher, der Herausgeber des berüchtigten Judenhetzblattes „Der Stürmer", das Gebiet um die „Stadt der Reichsparteitage" (Nürnberg) möglichst bald dem Nationalsozialismus „gleichzuschalten". Und das Bistum Eichstätt lag mit seinen Diasporapfarreien zum großen Teil in diesem fränkischen Gau. Joseph Schröffer hatte diese exponierte Lage während seiner Kaplansjahre im mittelfränkischen Weißenburg unmittelbar kennengelernt und erlebte auch aus nächster Nähe die wiederholten Versu-

che der braunen Machthaber, mißliebige Geistliche aus ihren Pfarreien zu vertreiben. So hatten sie u. a. über den Pfarrer von Pollenfeld ein Aufenthaltsverbot verhängt, weil dieser sich nicht den Mund von der geheimen Staatspolizei verbieten lassen wollte, und zur gleichen Zeit eine Kampagne gegen den Dompfarrer Johann Kraus entfacht. Dieser hatte sich in seinen Predigten gegen gehässige und diffamierende Pressemeldungen über angeblich weit verbreitete Verfehlungen von Ordensleuten verwahrt und diese als „schmutzige Verleumdungen" zurückgewiesen. Als sich die Gläubigen geschlossen hinter ihren Pfarrer stellten und spontan eine Unterschriftenaktion für seinen Verbleib in der Bischofsstadt durchführten, ließen die NS-Behörden zunächst das bereits ausgesprochene Aufenthaltsverbot außer Vollzug, weil sie „Stadt und Bezirk Eichstätt" als „Brennpunkt des Kampfes des politischen Katholizismus" betrachteten, wie sie im „Monatsbericht der Regierung von Ober- und Mittelfranken" vom 5. Mai 1937 vermerkten. Und wenn Bischof Michael Rackl in jenen Wochen feststellte: „In dieser Auseinandersetzung handelt es sich um einen Kampf zweier Weltanschauungen, die einander gegenüberstehen wie Wasser und Feuer. In diesem Kampfe merkt nun unsere Kirche, welch furchtbare Gegner sie hat",
dann bewegte er sich mit dieser Lagebeurteilung nicht nur völlig auf der Linie seines Vorgängers Konrad Graf Preysing, sondern sprach auch seinem nachmaligen Generalvikar Joseph Schröffer aus dem Herzen. Dieser verfolgte die politische Entwicklung in Deutschland seit Jahren mit zunehmender Sorge und bekannte später, daß „die deutschen Rundfunksendungen während der NS-Zeit in politischer und kultureller Hinsicht" für ihn „zu den drückendsten seelischen Belastungen gehörten". Nur mochte er es nicht beim bloßen Bedauern belassen, sondern suchte nach Kräften den nationalsozialistischen Einflüssen entgegenzuwirken.

In diesem Anliegen stand er auch als geistlicher Berater der Äbtissin des Benediktinerinnenklosters St. Walburg in Eichstätt, Benedikta von Spiegel – einer hochgebildeten Frau, sie las die Schriften der Kirchenväter in ihrer Sprache, schrieb und dichtete in Latein – helfend zur Seite, als diese sich gegen schikanöse Maßnahmen der NS-Kulturbehörden gegen ihre Abtei zur Wehr setzte, für den Erhalt ihrer Schule kämpfte und einer ihrer Ordensfrauen, der begabten Künstlerin jüdischer Abstammung, Dorothea Brockmann, nach Überwindung vieler Schwierigkeiten die Ausreise erwirkte.

Als akademischer Lehrer, Exerzitienmeister, Spiritual und Aushilfsseelsorger sprach er sich in Vorlesungen, Vorträgen und Predigten stets entschieden gegen übersteigerten Nationalismus, Rassen- und Völkerhaß aus und warnte vor dem Neuheidentum des Nationalsozialismus. Während seiner Lehrtätigkeit hielt er Sondervorlesungen gegen die nationalsozialistische Ideologie und Alfred Rosenbergs Buch „Der Mythus des 20. Jahrhunderts", um die jungen Menschen vor den geistig-sittlichen Gefahren der braunen

Weltanschauung zu bewahren. Er erachtete es als seine vornehmste Aufgabe, die jungen Theologen „nach dem Geist der sozialen Rundschreiben sowohl Leos XIII. wie Pius XI. zu bilden, sie nach den Grundsätzen des Christentums von dem Wert der Einzelpersönlichkeit zu überzeugen und den Kastengeist und Rassendünkel überwinden zu lehren", wie er später einmal niederschrieb.

Es erschien ihm stets als eine dringende Pflicht, „mit stärkstem Nachdruck auf das Widerchristliche der Rasse-Überheblichkeit, des Völkerhasses, des rücksichtslosen Willens zur Macht und der gewaltsamen Lösung von zwischenstaatlichen Fragen hinzuweisen."

In seinem Verständnis vom Priester als Staatsbürger war bei den Theologen darauf hinzuwirken, daß sie sich persönlich als Priester und Seelsorger jeder Einmischung in politische oder gar parteipolitische Angelegenheiten enthalten, „jedoch die Hinführung des Volkes zu Gewissenhaftigkeit und ernstem Verantwortungsbewußtsein bei jeder politischen Betätigung, wie Wahlen, angelegen sein lassen", wie er einmal wörtlich formulierte.

Die ablehnende Haltung gegenüber dem Nationalsozialismus leitete sich nicht nur von seinem Studium und seiner Aufgabe in der Kirche ab, sondern hatte auch ihren Hintergrund in der Einstellung seiner Familie. Diese war über Ingolstadt hinaus als zutiefst christlich-sozial bekannt und war in der Person seiner Mutter auch politisch tätig. Als Mitglied der lokalen katholischen Kasino-Partei gehörte sie bis zur Machtübernahme durch die Nationalsozialisten und deren Gleichschaltungsaktionen dem Ingolstädter Stadtrat an und galt als eine entschiedene Gegnerin der braunen Ideologie. Die neuen NS-Machthaber der Stadt suchten ihre wirtschaftliche Existenz zu zerstören, indem sie einen Stadtratsbeschluß herbeiführten, der das Farb- und Seilerwarengeschäft Maria Schröffers amtlicherseits unter Boykott stellte. Eine Maßnahme, die die Nationalsozialisten ansonsten mit Vorzug gegen jüdische Geschäfte ergriffen.

So hatte Joseph Schröffer nicht nur die angehenden Priester und Gläubigen in den Pfarreien gegen die vielfältigen geistig-politischen Gefahren seitens der nationalsozialistischen Machthaber zu stärken, sondern auch die Not des Elternhauses innerlich mitzutragen.

In der Bistumsleitung als Generalvikar

Zu all diesen Belastungen war dann am Pfingstfest, dem 1. Juni 1941, noch seine Berufung zum Generalvikar der Diözese Eichstätt gekommen, nachdem sich der bisherige Amtsinhaber nicht mehr in der Lage fühlte, den zunehmenden Anfeindungen und Bedrückungen durch die NS-Behörden gewachsen zu sein.

In treffender Einschätzung der Lage und seiner Entscheidung schrieb Bischof Rackl seinem neuen Generalvikar: „. . . Nunmehr legen wir das in unserer schweren Zeit doppelt schwere Amt auf Ihre Schultern" und war sich vermutlich bewußt, daß er mit seiner Berufung den jüngsten Generalvikar der deutschen Diözesen ernannt hatte, war Joseph Schröffer doch erst 38 Jahre alt.

Seit der Übernahme des nach dem Bischofsamt schwersten Dienstes in einer Diözese stand Joseph Schröffer nunmehr buchstäblich an vorderster Front des Abwehrkampfes der Kirche gegen den zunehmend aggressiven Atheismus des Nationalsozialismus. Dieser glaubte schon eine kritische Stellungnahme gegen das staatliche Verbot kirchlicher Feiertage mit einem Strafverfahren verfolgen zu dürfen, wie dies Generalvikar Schröffer erleben mußte. Nicht auszudenken, zu welchen Maßnahmen die braunen Machthaber gegriffen hätten, wäre ihnen bekannt geworden, daß sich die Generalvikare von Zeit zu Zeit vertraulich trafen, um sich zu informieren und bestimmte Aktionen zu koordiniern, damit nicht die eine Diözese gegen die andere ausgespielt werden konnte, wie dies die Geheime Staatspolizeit (Gestapo) gern praktizierte. Sie haben einmal P. Delp zu einem Referat eingeladen. Er hat damals schon mit staunenswerter Treffsicherheit die weitere politische Entwicklung gezeichnet, und hat ihnen Zukunftsvisionen gegeben, die mehr oder minder alle in Erfüllung gegangen sind. Er hat auch deutlich gesehen, daß der Mensch von heute daran ist, immer mehr glaubensunfähig, zur gebetslosen Masse zu werden. Solche Konferenzen standen im übrigen nicht nur in der ständigen Gefahr, von den nationalsozialistischen Überwachungsorganen beschattet zu werden oder gar in Gestapohaft zu führen, sondern ab 1942 auch durch alliierte Luftangriffe lebensgefährlich zu werden.

Von weitaus größerer Gefährlichkeit war z. B. Joseph Schröffers Rettungsaktion für die von der Gestapo inhaftierte Pfarrschwester des von den Nationalsozialisten verfolgten Dompfarrers Johannes Kraus, Maria Hofmann. Da sich die NS-Polizei zunächst nicht an die Person des von Bischof und Pfarrgemeinde bestärkten Dompfarrers wagte, suchte sie sich an dessen Pfarrschwester zu rächen und nahm sie „wegen Verdachtes der Verbreitung der Hetzschrift ‚Offener Brief an den Herrn Reichsminister Dr. Goebbels'" fest. Der erwähnte Offene Brief an Goebbels, der mit schonungsloser Offenheit die Verlogenheit der nationalsozialistischen Propaganda entlarvte und anprangerte, war im übrigen von einem Eichstätter Professoren-Kollegen Schröffers verfaßt und machte bald im ganzen Deutschen Reich die Runde. Selten wurde den braunen Machthabern so unverblümt die Wahrheit ins Gesicht gesagt wie in diesem vom Pseudonym „Michael Germanicus" unterzeichneten Brief. Da die NS-Behörden offenbar Eichstätt als „Verfasser"- und „Erscheinungs"-Ort des Briefes ausgemacht hatten, konzentrier-

Mit Paul VI.

Beim öffentlichen Konsistorium am 24. Mai 1976: Überreichung von Ring und Birett durch Papst Paul VI.

11. VII. 1976, nach dem Pontifikalamt im Dom zu Eichstätt. Von links: die Bischöfe Stangl, Würzburg, und Graber, Regensburg, die Kardinäle Döpfner, Schröffer und Volk, Bischof Brems.

Beim Gottesdienst in St. Josef, Ingolstadt: Domvikar Oechsel, Kardinal Schröffer und Kaplan Albert Beyer.

29. III. 1981, Papstbesuch in San Saba.

Bischofskonsekration von ern. Erzbischof Myroslav Ivan Lubachivski für die Ukrainer, im Exil in Philadelphia, nachmaliger Kardinal und Höchster Bischof der Ukrainer in Lviv. 12. 11. 1979.

ten sie auch alle ihre Nachforschungs- und Überwachungsaktionen auf die Bischofsstadt. Dabei hielten sie den Dompfarrer und seine nähere Umgebung für einen ganz besonderen Widerstandskern und vergriffen sich in ihren Verfolgungsmaßnahmen zunächst an der Pfarrschwester, um über diese offenbar zu weiteren Erkenntnissen zu kommen. In Stuttgart, wohin u. a. die Pfarrschwester einen Koffer mit Vervielfältigungen davon gebracht hatte, hat ein Vertrauensmann ihren Namen preisgegeben. Wie mußte die Geheime Staatspolizei ihm zugesetzt haben, daß es zu diesem Verrat kommen konnte! Sie wurde sogleich verhaftet.

Da wagte es Generalvikar Schröffer, zusammen mit seinen beiden jüngeren Schwestern, unter eigener Lebensgefahr sie aus der Gestapohaft zu befreien und zu verstecken. Wiederholt mußte sie dann auf abenteuerlichen Fahrten von einem Unterschlupf zum anderen gebracht werden.

Maria Hofmann gedachte dieser Rettungsaktion in einem Brief vom 1. September 1948 an den gerade wenige Wochen vorher ernannten Bischof von Eichstätt:

„Hochwürdiger Herr Bischof!

Was mich alles bewegt, da ich diese Anrede zum erstenmal an Sie richte. In der dunkelsten und leidvollsten Zeit meines Lebens, die aber auch voll Gnade war, tröstete mich Ihre Güte einstens mit umstehenden Segensworten ... Seit damals bewahre ich mit Ihrer Karte diese auf, weil ich ahnte, daß der Tag käme, da ich Ihnen jenen mir so trostvollen Segen zurückgeben dürfte und er soll nun mein tägliches Gebet für Sie sein in Dank und Treue. Daß Sie mich einstens aus den Klauen der Gestapo befreiten, möge Ihnen Schutz und Bewahrung sein in künftigen Tagen ..."

Eine überaus schwere Belastung bedeuteten die „Besuche" der Gestapo, die gefürchteten Verhöre und die Durchsuchungen der Akten und Amtsräume.

Aber auch die vielen kleineren Schikanen des Alltags erforderten viel Kraft und Mühe. Da hatte z. B. die Stadtverwaltung seines Heimatortes Ingolstadt willkürlich die Wohnung des Spitalpfarrers konfisziert. Durch eine penible historisch-juristische Untersuchung und ein durch viele Urkunden belegtes Gutachten des Generalvikars konnte er die Rechtswidrigkeit der Beschlagnahme nachweisen. Der amtierende Oberbürgermeister, ein Jurist, mußte sich von den dargelegten Argumenten und Dokumenten überzeugen lassen und die Beschlagnahme zurücknehmen. Nicht auszuschließen, daß er insgeheim um diese hieb- und stichfeste Expertise selber froh war, konnte er diese doch seinen Auftraggebern wiederum als Begründung für die unterlassene Konfiszierung vorlegen. Auf alle Fälle war Bischof Rackl selbst stark von der gründlichen Arbeit seines Generalvikars beeindruckt und fand sich durch diesen und viele andere Vorgänge aufs neue von der Richtigkeit seiner Entscheidung, den jugendlichen Professor zum Generalvikar zu berufen, bestätigt. Er hatte in ihm einen Mann mit starken Nerven, der den gefürchteten Gestapo-„Besuchen“ gewachsen war, und zugleich einen brillant die Rechte der Kirche verteidigenden ersten Mitarbeiter an seiner Seite. Fähigkeiten, die gerade in dieser Zeit für einen Generalvikar unerläßlich erschienen.

Die Priester des Bistums wiederum begrüßten aus ihrer Sicht die Berufung Schröffers zum Generalvikar, wenn sie daran erinnerten, daß sie schon seine Mitschüler, Seminaristen oder Hörer waren und ihn aus diesen Jahren kannten und schätzten. Gleichsam stellvertretend für diese vielen Geistlichen kann der Feldpostbrief des damaligen Kaplans Josef Herteis gelten, der vierzehn Tage nach der Ernennung Schröffers zum Generalvikar, am 15. Juni 1941, schrieb:

„Mit großer Freude las ich im Pastoralblatt Ihre Ernennung zum Generalvikar. Ich glaube, daß der junge Klerus mit besonderer Freude diese Nachricht las; denn wir kennen Sie ja als den klugen und gütigen Professor der Moral und noch mehr als den Priester, der ein Herz und ein Verständnis hat für die Sorgen und Anliegen des jungen Klerus. Wir versprechen Ihnen gerne Treue und Mitarbeit und schließen Sie besonders in unser Gebet, damit Sie voller Kraft dieses schwere Amt verwalten können . . .“

Daß sich diese Verbundenheit der Priesterschaft des Bistums nicht nur auf die jungen Geistlichen beschränkte, bezeugte der Brief des Dekans Johann Waldmüller aus Flotzheim, der dem Generalvikar eine „umfassende Kenntnis“ der Sorgen und Nöte der Geistlichen in der praktischen Seelsorgearbeit bescheinigte und hinzufügte, daß er (Schröffer) „auch die Liebe und das Vertrauen des Klerus gewann und das in persönlichem Kontakt wie auch, wenn er unter persönlicher Hinopferung die Pastoralkonferenzen leitete, in brüderlicher Rund“.

Daß diese Stimmen die Lage der damaligen Zeit wahrheitsgetreu beschrieben, geht aus erhaltenen Unterlagen und Dokumenten der vierziger Jahre hervor.

So bezeugen archivierte Arbeitspapiere die intensive Betreuung des Diözesanklerus durch den Generalvikar auf den regelmäßigen Pastoralkonferenzen.

Die Tiefe der vorgetragenen Gedanken wie die Reichhaltigkeit der wissenschaftlichen Belegstellen weisen die vom Generalvikar dabei vorgelegten Arbeitspapiere und Schriftexegesen als hochgradige Bibel-Interpretationen und Meditationsanleitungen aus und haben auch heute noch ihre Gültigkeit. Etwa die 22 Seiten umfassende Pastoralkonferenz-Unterlage aus dem Jahre 1942 über das Thema „Der Tod in christlicher Sicht. Eine Zusammenstellung der Todesgedanken aus der Offenbarung des Neuen Testamentes“. Darin findet sich u. a. im 2. Abschnitt „Die tröstlichen Bilder und Begriffe im einzelnen“ unter dem Stichwort „Heimgang“ die Überlegung:

„Es gibt kaum ein trauteres und versöhnlicheres Wort für das Sterben eines Menschen, als wenn wir von seinem ‚Heimgang' sprechen. Dieses Wort und die Wirklichkeit, die es umschließt, verdanken wir dem Heiland. Und den Aposteln ist es vertraut geworden. Das Sterben ist nun nicht mehr schwer. Wer ginge nicht gerne heim? Heim geht es in das Vaterhaus, in die Heimat, in das himmlische Vaterland."

Diesen innerlich berührenden Gedanken folgten sodann zahlreiche Belegstellen aus der Heiligen Schrift, die der Generalvikar akribisch zusammengetragen und oft in Latein bzw. Griechisch zitiert hat. Eine Arbeit, die manche Nachtstunde gekostet hat, die aber den Pfarrern in den Gemeinden eine willkommene Hilfe war. Nicht verwunderlich, daß sie einen so brüderlichen und hilfreichen Generalvikar entsprechend zu schätzen wußten und der Dekan von Lauterhofen, Josef Zirngibl, in einem Brief vom 6. August 1948 einmal resümierte:

„In lebhafter Erinnerung sind uns noch die schönen, unvergeßlichen Stunden, wenn Sie in den vergangenen Jahren bei den Dekanatskonferenzen unter uns weilten und dieselben so anregend zu gestalten wußten, . . . und es ist damals, als Sie wegen schwerer Erkrankung an der Teilnahme verhindert waren – ich erinnere mich noch ganz genau – ein aufrichtiges Bedauern aus unseren Herzen laut geworden mit dem aufrichtigen Wunsche und der festen Hoffnung auf volle Wiederherstellung Ihrer Gesundheit . . ."

Und Dr. Ludwig aus Velburg beteuerte in einem Brief dem neu ernannten Bischof:

„. . . Nehmen Sie die Versicherung entgegen, daß Sie sich die vielen geistlichen Herren, denen Sie als Generalvikar so nahe gekommen sind, zu Freunden gemacht haben, die zu Ihnen stehen in den Stürmen der Zeit . . ."

In der Tat konnte man sich die letzten vier Jahre der NS-Herrschaft mit den immer drückender werdenden Kriegslasten kaum stürmischer vorstellen, als sie in Wirklichkeit gewesen sind. Da suchte der amtierende NS-Kreisleiter der Bischofsstadt, Krankenhaus-Chefarzt Dr. Krauss, seinen Parteioberen durch besonderen Fanatismus in Ablehnung und Bedrückung der Kirche zu imponieren und führte in der nächstgelegenen Großstadt Nürnberg der sattsam bekannte Gauleiter Julius Streicher sein berüchtigtes Regiment, das er durch Parteiveranstaltungen auch auf Eichstätt auszudehnen versuchte.

Dazu kamen die allgemeine Pressezensur im Reich und die konkordatswidrige Überwachung der kirchlichen Verlautbarungen. So mußten wiederholt Hirtenbriefe des Bischofs und bestimmte Anweisungen des Generalvikars – etwa für die Gestaltung der vom Staat verbotenen kirchlichen Feiertage – mit Hilfe besonders vertrauenswürdiger Geheimboten zu den Pfarreien und Seelsorgestellen gebracht und dabei bestimmte Schleichwege eingeschlagen werden. Mehr als ein Mal war Joseph Schröffer zusammen mit seiner jüngeren Schwester Elisabeth mit solcher Post zu den Pfarrhäusern unterwegs und überbrachte persönlich den von der Beschlagnahme bedrohten Hirtenbrief seines Bischofs.

Neben diesen außergewöhnlichen „Besorgungen" eines Generalvikars besuchte Joseph Schröffer auch wiederholt den mittlerweile in Gestapohaft gehaltenen Dompfarrer Johannes Kraus im Polizeigefängnis in Nürnberg und brachte ihm dabei, immer unter strenger Kontrolle, mit dem Meßwein geheime Botschaften unter den Augen der SS-Wachen. Ein Bekenntniszeichen, das für den Priester Joseph Schröffer selbstverständlich war, das den Generalvikar Schröffer aber dem Konzentrationslager einen Schritt näher bringen konnte. Schließlich hatte er sich schon mehrmals Verhören durch die geheime Staatspolizei in seinem Amt unterwerfen müssen und wurde u. a. wegen Nichtbeachtung des Feiertagsverbots vom Oberlandesgericht in Eichstätt bereits „streng verwarnt". Beim „Reichssicherheitshauptamt SS Heinrich Himmler" in Berlin angeklagt, stand Schröffer sogar auf der Fahndungsliste der Gestapo und konnte sich der drohenden Verhaftung zunächst nur durch die Hilfe der Angehörigen entziehen. Er fiel dann unter die damalige Amnestie. Es entsprach nämlich der Vorgehensweise der nationalsozialistischen Polizeiorgane und der Strategie ihrer obersten Führer in Berlin, die Bischöfe von direkten Angriffen und Verfolgungen zu verschonen, um die glaubenstreue Bevölkerung nicht zu brüskieren und gegen sich herauszufordern. Dafür gedachten sie sich an anderen Geistlichen schadlos zu halten und sie als Staatsfeinde hinzustellen.

Besonderen Erfolg versprachen sich die braunen Machthaber dabei, wenn sie unter der Priesterschaft einige Sympathisanten finden oder sie sogar für ihre Dienste gewinnen konnten, wie ihnen dies in der Person eines Geistlichen der Erzdiözese München und Freising gelungen ist, der dann in das nationalsozialistische Reichskirchenministerium nach Berlin berufen wurde und von dieser Position aus der Kirche großen Schaden zufügte. Er starb dann eines unnatürlichen Todes. Im Bistum Eichstätt konnten die Nationalsozialisten einen solchen Abtrünnigen nicht ausmachen, sondern lediglich auf einen Geistlichen verweisen, der eine Verbindung von Nationalsozialismus und Christentum für denkbar hielt, aber dann von diesem Irrtum wieder abgegangen ist.

Diese weitgehende Geschlossenheit der Priesterschaft der Diözese Eichstätt und ihre treu kirchliche Gesinnung lag nicht nur an der relativen Überschaubarkeit des Bistums, sondern in ganz entscheidender Weise an der festen Verbundenheit der Geistlichen mit der Diözesanführung, welche durch die unermüdlichen Pfarreibesuche und Pastoralkonferenzen immer wieder neu gestärkt wurde. Diese Zusammenkünfte mit den Pfarrern und Seelsorgern erforderten vom Generalvikar nicht nur eine gründliche Vorbereitung, sondern in den meisten Fällen auch viel physische Kraft, stand ihm doch in jener Zeit nur bei den seltensten Gelegenheiten ein motorisiertes Fahrzeug zur Verfügung; vielmehr waren die meisten Wege mit dem Fahrrad zurückzulegen und dabei auch manche Witterungsunbill in Kauf zu nehmen. Da kam dem so geforderten Generalvikar zugute, daß er sich früher durch sportliche Freizeitbeschäftigung wie Bergsteigen, Paddeln und Skifahren konditionsstark erhalten hatte und über eine stabile Gesundheit verfügte. Ohne diese gute körperliche Verfassung wäre es Joseph Schröffer wohl kaum möglich gewesen, neben den vielfältigen Inanspruchnahmen durch das Amt des Generalvikars auch noch weiterhin die akademischen Lehrverpflichtungen wahrzunehmen, zumal er im Oktober 1938 zu seiner Professur für Moraltheologie noch den Lehrauftrag für Pastoraltheologie erhalten hatte und von seiner Hauptdozentur (Moral) erst mit Ende des Sommersemesters 1942 entpflichtet wurde. Mit Recht war es seinem Bischof, wie Michael Rackl schrieb, „ein Bedürfnis, nochmals herzlichsten und aufrichtigsten Dank zu sagen, weil Sie in so selbstloser und opferbereiter Weise im ablaufenden Studienjahr (1941/42) Ihre Vorlesungen fortgesetzt haben unter zum Teil besonders schwierigen Verhältnissen."

Den Lehrauftrag für Pastoraltheologie hatte Schröffer aber weiter auszuführen, damit sich sein Nachfolger, Prof. Dr. Alfons Fleischmann, entsprechend einarbeiten konnte.

Mit der Entpflichtung von der Professur für Moraltheologie war dem seit rund einem Jahr amtierenden Generalvikar zwar eine Aufgabe erlassen, aber mit der Berufung zum Ordinariatsdirektor und der am 19. Mai 1942 erfolgten Wahl in das Eichstätter Domkapitel sogleich ein neues und weites Wirkungsfeld übertragen. Die von den Domherren vorgenommene Wahl in das Kollegium des Domkapitels machte deutlich, daß Deutschlands jüngster Generalvikar nicht nur das Vertrauen seines Bischofs besaß, sondern in gleicher Weise auch von seinen geistlichen Mitbrüdern geschätzt wurde.

Joseph Schröffer pflegte neben den engen Verbindungen zu den in den Pfarrgemeinden wirkenden Geistlichen auch noch besonders regen Briefverkehr mit den zum Militär eingezogenen Theologiestudenten und Feldkaplänen, wie die überlieferte Korrespondenz eindrücklich beweist. Mit besonderer Anteilnahme verfolgte er ihr Schicksal und war stets zutiefst betroffen, wenn er im Pastoralblatt den Tod eines jungen Theologen oder Mitbruders anzeigen mußte.

Neben den gedruckten offiziellen Informationsblättern führte Generalvikar Schröffer auch einen hektographierten Informationsdienst ein, um dem „Hochwürdigen Klerus Mitteilungen aus dem kirchlichen Leben" zukommen zu lassen.

So berichtete er am 12. März 1942 in drei Rubriken („Aus der Weltkirche", „Aus der Kirche Deutschlands" und „Aus der Diözese") über die wichtigsten kirchlichen Ereignisse in und außerhalb Deutschlands und eröffnete auf diese Weise dem Diözesanklerus Zugang zu Informationen, von welchem die deutschen Durchschnittsbürger durch die Pressezensur und das Informationsmonopol der Nationalsozialisten im allgemeinen ausgeschlossen waren, die aber mit zunehmender Dauer des Krieges vielen Hunderttausenden von Deutschen immer dringlicher erschienen; etwa Nachrichten über das Schicksal deutscher Kriegsgefangener im Gewahrsam der Westmächte. Darüber konnte man in den vom Generalvikar am 12. Mai 1942 herausgegebenen „Mitteilungen" lesen:

„Prälat Testa, aus seiner Tätigkeit an der Ruhr und an der Saar in bestem Andenken, nimmt sich auch jetzt wieder von seinem Amtssitz als Apostolischer Delegat in Kairo der deutschen . . . Gefangenen an. Wiederholt konnte er sich persönlich von dem befriedigenden Stande der Versorgung und der seelsorgerlichen Betreuung überzeugen. Einer Anzahl dieser Gefangenen ist die Gelegenheit geboten worden, die Stätten des Heiligen Landes zu besuchen . . . Wo den Vertretern des Heiligen Vaters dazu die Möglichkeit gegeben wird, bemühen sie sich persönlich um die Gefangenen dieses Krieges. So nahm der Apostolische Delegat von Kanada das hochheilige Weihnachtsfest wahr, um 3 deutsche und ein italienisches Gefangenenlager aufzusuchen. In allen 3 Lagern verteilte er Geschenke . . ."

Da in jenen Jahren immer mehr Kirchen- und Bistumszeitungen wegen angeblicher Papierknappheit ihr Erscheinen reduzieren oder gar ganz einstellen mußten, konnten auch manch böswillige Behauptungen und Verdrehungen der NS-Blätter nicht gebührend richtiggestellt oder widerlegt werden; wie etwa das von Berlin in Umlauf gesetzte Gerücht, der Heilige Stuhl habe „militärische Geheimnisse zum Nachteil der Deutschen Wehrmacht in Nordafrika verraten". In den Eichstätter Mitteilungen vom 12. März 1942 werden diese Behauptungen mit Hinweis auf eine Erklärung im „Osservatore Romano" als „tendenziöses Geschwätz" bezeichnet. Eine Zurückweisung, die in der NS-Diktatur schon als waghalsig gelten mußte.

In der Formulierung etwas zurückhaltender, in der Aussage gleichwohl von ähnlicher Bestimmtheit las sich die Meldung über die anerkannte Stellung des Papstes in der Welt:

„Wohl bei keinem anderen Souverän der Welt werden zur diesmaligen Jahreswende so viele Diplomaten vorgesprochen haben wie beim römischen Papst . . . Je mehr die Welt in Streit und Leid versinkt, umso deutlicher tritt die Bedeutung jener moralischen Großmacht hervor, die sich nicht auf das Schwert, sondern auf das Gewissen und die Verheissungen Christi stützt . . ."

Feststellungen, die ganz und gar nicht in den verbreiteten Führerkult paßten und Adolf Hitler gleichsam in die zweite Reihe der bedeutenden Männer wiesen, was in einem „Führerstaat" schier unerhört sein mußte.

In psychologisch richtiger Erkenntnis, daß man die bedrängten Brüder und Gläubigen auch durch ermunternde Nachrichten bestärken muß, um ihnen das Gefühl der Unterlegenheit oder des Alleingelassenseins zu nehmen und damit vor einer gewissen Resignation zu bewahren, vermittelten die Informationsblätter auch Meldungen „Aus der Kirche Deutschlands" wie:

„In der Abendpredigt legte Bischof Michael Rackl von Eichstätt seinen Zuhörern die unverbrüchliche Treue zur katholischen Kirche ans Herz. Das Echo der Predigt war eine spontane Huldigung der Festteilnehmer vor dem Bischöflichen Haus . . ."

oder – über das Würzburger Jubiläumsjahr –

„Die Schlußpredigt hielt der Bischof von Mainz, Albert Stohr, im überfüllten Dom . . . über 6000 Menschen beteten nach der Predigt mit dem Prediger und den anderen Bischöfen das Apostolische Glaubensbekenntnis und sangen das Tedeum. Nach der Feier wiederholten sich die Kundgebungen des 13. Juli. Die Jugend überschüttete die Bischöfe mit Blumen, Zurufen und begeisterten Liedern. Wiederholt mußten die Bischöfe an den Fenstern des Bischöflichen Hauses erscheinen und den Segen spenden . . ."

Nach der Mitteilung, daß der Würzburger Bischof ein Elternpaar empfangen habe, „das den Soldatentod seiner 3 Söhne zu beklagen hatte", wurde der Leser über eine Broschüre informiert, die mit einer Auflage von 500 000 Exemplaren vertrieben wurde, und die das Christentum als eine zu überwindende Geisteshaltung hinstellte, deren weltfremdes Ideengut von der Kirche „in das germanische Reich hineingetragen" worden sei. Die Leser sollten mit diesen Hinweisen darauf aufmerksam gemacht werden, daß die Nationalsozialisten trotz gegenteiliger Beteuerungen nach wie vor auf die Austilgung der Kirche aus dem Volksleben hinwirkten und es mithin kein Nebeneinander, geschweige ein Miteinander von Christentum und NS-Ideologie geben könne.

Im lokalen Teil der „Mitteilungen" informierte der Generalvikar die Geistlichen über die Entwicklungen um den verfolgten Dompfarrer Johann Kraus und zitierte dessen Bittgesuch um Entpflichtung von der Dompfarrerstelle sowie die Stellungnahme Bischof Rackls. Immerhin fanden sich in der Verlautbarung des Bischofs Sätze wie:

„. . . Wir müssen schließlich alle mit dem heiligen Paulus sagen können: ‚Ich habe den guten Kampf gekämpft'. Es hat mich gefreut, daß ein Hauptmann, der mit dieser Sache befaßt war, erklärte: ‚Ich habe ein Verständnis dafür, daß eine Kämpfernatur kein Fischblut hat'. Und so danke ich dem scheidenden Dompfarrer von ganzem Herzen für alles, was er in den Jahren seines Hierseins gearbeitet, gesorgt und gebetet hat . . ."

Eine klare Rückendeckung des von den Nationalsozialisten so erbittert verfolgten Eichstätter Dompfarrers, welche durch diese „Mitteilungen" des Generalvikars noch über den Zuhörerkreis im Dom hinaus in die ganze Diözese verbreitet wurde.

Bestärkung und Ermunterung vermochte auch die nachfolgende Nachricht bei den Lesern zu erzeugen, welche über den ebenso tapferen wie erfolgreichen Widerstand der Gläubigen gegen die Entfernung der Kreuze aus den Schulstuben handelte. Unter dem Stichwort „Schulkreuze" war zu lesen:

„In den meisten Schulen unserer Diözese verblieb das Kreuz in der Schule und zwar an seinem Ehrenplatz. Wo man versuchte, es zu entfernen oder wo es wirklich entfernt wurde, wie in den Landkreisen Ingolstadt und Parsberg, haben sich die Gläubigen, vor allem die Frauen und Mütter, fast überall mit aller Entschiedenheit für die Belassung des Kreuzes eingesetzt. So haben sie dadurch meistens erreicht, daß das Kreuz nicht entfernt oder nach der Entfernung wieder angebracht wurde. So hat sich bei diesem Anlasse die Glaubenstreue der Diözesanen in ergreifender Weise gezeigt."

Die Geistlichen waren durch diese Informationen über die wichtigsten Ereignisse in der Kirche und im eigenen Heimatbistum ins Bild gesetzt und konnten manchen Hinweis für ihre tägliche Seelsorgsarbeit verwerten, ohne völlig auf das staatliche Nachrichtenmonopol angewiesen zu sein oder immer um die von der behördlichen Zensur bedrohte Kirchenzeitung bangen zu müssen. Soweit dies möglich war, sorgte der Generalvikar dafür, daß diese Mitteilungen auch den zum Militär eingezogenen Diözesanpriestern und Alumnen zugingen. Das waren im Frühjahr 1942 immerhin über hundert, zu welchen dann noch 21 Seminaristen hinzukamen.

Unabhängig davon stand der Generalvikar auch noch durch persönliche Korrespondenz mit vielen Mitbrüdern und Alumnen im Felde in Verbindung, wie erhalten gebliebene Briefwechsel bezeugen. Immerhin kannte er viele von ihnen von seiner Lehrtätigkeit an der Philosophisch-Theologischen Hochschule her und war ihnen mehr als nur ein akademischer Lehrer. Nicht von ungefähr wünschte sich mancher Neupriester Professor Schröffer als Primizprediger. Dabei mag auch eine Rolle gespielt haben, daß der gesuchte Prediger als ein Mann des theologischen Widerstandes gegen die totalitäre Zeitströmung bekannt war.

Widerstandshandlungen, von denen Schröffer – ähnlich wie seine Mitbrüder – nach dem Krieg kein Aufhebens machte, ging es doch nicht um das Sammeln von zeitgeschichtlichem Nachruhm, sondern schlicht um das Zeugnis für die Lehre und Kirche Christi, dem sich ein Professor in des Wortes ureigenster Bedeutung als „Bekenner" noch zusätzlich verpflichtet wußte.

Auch nach Beendigung seiner akademischen Lehrtätigkeit hielt Generalvikar Schröffer weiterhin engen Kontakt zur Wissenschaft und versorgte seine Mitbrüder mit theologischer Literatur, wofür ihm besonders die zum Militärdienst eingezogenen Geistlichen und Alumnen dankbar waren.

Zu den vermittelten Materialien gehörten auch seelsorgliche Handreichungen wie die „Predigt-Skizzen für die religiöse Woche über das Gebetsleben", die sein Bischof, Michael Rackl, herausgegeben hatte, und die in ihren aktualisierten Literaturangaben die enge Beziehung zur theologischen Wissenschaft erkennen ließ.

Als Generalvikar, dem die Verwaltung und Organisation einer Diözese in besonderer Weise anvertraut ist, hatte Joseph Schröffer neben der persönlichen Betreuung der Pfarrer und Seelsorger und der Wahrnehmung der Pflichten eines Ordinariatsdirektors auch noch die durch den Krieg bedingten Schwierigkeiten zu meistern. Sie reichten von den Bemühungen um die Freistellung der für die Seelsorge dringend benötigten Priester vom Frontdienst über den Einsatz für die Rettung mancher besonders wertvoller alter Kirchenglocken vor der Konfiszierung für die Rüstungsindustrie bis zur Sicherstellung des Allerheiligsten bei Fliegeralarm und der seelsorglichen Betreuung der zunehmend stärker einströmenden Flüchtlinge und Evakuierten.

In einer Notiz des „Pastoralblatts des Bistums Eichstätt" vom 10. März 1945 machte Generalvikar Schröffer auf die „Wandernde Kirche" aufmerksam und teilte dem Diözesanklerus mit:

„Tausende unserer Brüder und Schwestern sind heute auf dem Wege. Auch viele unserer Mädchen sind gezwungen, fern der Heimat, oft ohne jede religiöse Betreuung vielfach ungewohnten und schwersten Dienst zu tun. Der Hochwürdige Seelsorgsklerus wird gebeten, die Anschriften der aus ihrer Pfarrgemeinde wegwandernden Mädchen sofort nach ihrem Weggang an die Betreuerin der „Wandernden Kirche" der Diözese, an M. Blanka Forster, Ingolstadt, Eichendorffstraße 31, zu senden, damit sie an die zuständigen Caritasstellen weitergegeben und von diesen erfaßt werden können. Auch die zugewanderten, ortsfremden Mädchen werden der Sorge des Pfarrherrn wärmstens empfohlen".

Eine „Wandernde Kirche" besonderer Art war die von der Reichshauptstadt Berlin bzw. ihrem Ausweichquartier auf Schloß Prölitz, 55 Kilometer östlich von Berlin, nach Eichstätt umgezogene Apostolische Nuntiatur. Ihr Leiter, Nuntius Erzbischof Cesare Orsenigo, hatte – zweimal ausgebombt – unter dem Eindruck der herannahenden Roten Armee und der fortdauernden Bombardierungen den Entschluß gefaßt, die päpstliche diplomatische Vertretung nach Österreich oder Süddeutschland zu verlegen und war Anfang Februar 1945 in Eichstätt eingetroffen. Dort wurde er – nach eigenem Bekunden – „mit herzlichem Willkommen" aufgenommen und mit „allen möglichen Bequemlichkeiten"versorgt, die freilich der Not der Zeit entsprechend dürftig waren. Das bedeutete jedoch für die Diözesan- und Ordinariatsleitung zusätzliche Verpflichtungen, um den Vertreter des Papstes entsprechend unterzubringen und auszustatten und seinem Stab angemessene Arbeitsmöglichkeiten zu bereiten. Obliegenheiten, denen sich in erster Linie der Generalvikar und Ordinariatsdirektor zu widmen hatte; sein neunjähriger Studienaufenthalt in Rom kam ihm dabei hilfreich zustatten. Und dies nicht nur für eine kurze Übergangszeit, wie man zunächst vermutet hatte, sondern noch mehrere Jahre danach. Im Zuge der nach der deutschen Kapitulation eingetretenen politischen Entwicklung verblieb die Nuntiatur über den Tod des Nuntius am 4. April 1946 hinaus in Eichstätt. Seine Beisetzungsfeier brachte der Bischofsstadt an der Altmühl, die seit ihrer Einnahme durch amerikanische Truppen am 25. April 1945 unter alliierter Militärregierung stand und damit zusätzliche Einschränkungen auf sich zu nehmen hatte, große organisatorische Probleme, galt es doch, eine stattliche Anzahl weltlicher und kirchlicher Würdenträger standesgemäß zu empfangen und zu betreuen. Immerhin hatte der Apostolische Nuntius in Deutschland den Rang eines Doyens des Diplomatischen Korps und damit eine Stellung, die Beachtung verdiente. Die bayerischen Bischöfe gedachten auf ihrer Jahreskonferenz in Eichstätt am 9. April 1946 des Heimgangs Erzbischof Orsenigos und würdigten ihn in ihrem gemeinsamen Hirtenbrief mit den Worten:

„Neben dem Grab des heiligen Glaubensboten Willibald hat sich diesmal am 4. April ein frisches Grab geöffnet, um die sterbliche Hülle des Erzbischofs und Nuntius Cesare Orsenigo aufzunehmen. Er war der Vertreter des Papstes bei der deutschen Regierung und als Nuntius der Nachfolger unseres jetzigen Heiligen Vaters. Seine Amtszeit fiel in eine Periode, wie sie für seine Stellung und sein Wirken kaum hätte schwieriger und dornenvoller sein können. Unermüdlich hat er gearbeitet und große Opfer gebracht für die katholische Kirche Deutschlands . . . Durch sein opferreiches Wirken und geduldiges Leiden hat er sich einen Anspruch auf den tiefen und dauernden Dank der deutschen Katholiken erworben. Sein Grab und sein Andenken werden uns ehrwürdig bleiben."

Daß sich die bayerischen Bischöfe schon zum wiederholten Male in Eichstätt zur gemeinsamen Konferenz zusammenfanden, war im übrigen nicht nur eine Folge der Kriegszerstörungen in den anderen Bischofsstädten, sondern auch eine Reverenz gegenüber der gastgebenden Stadt des heiligen Willibald, wo sich die Oberhirten gut aufgehoben fühlten.

Neben der Vorbereitung und Organisation solcher außergewöhnlicher Begegnungen und Feierlichkeiten hatte der Bischof noch andere zusätzliche Aufträge für seinen Generalvikar. Da stand 1945 das zwölfhundertjährige Jubiläum des Bistums Eichstätt an und hatte Joseph Schröffer auf Wunsch Bischof Michael Rackls die Triduums-Predigten zu halten. Im Hirtenbrief vom 24. Januar 1945 hatte Bischof Rackl seine Diözesanen eingeladen, „die zwölfte Jahrhundertfeier unseres Bistums zwar schlicht und einfach zu begehen" – immerhin stand man im sechsten Kriegsjahr und war das Einrücken der siegreichen Alliierten nur noch eine Frage von Wochen –

„aber doch so“, wie er fortfuhr, „daß kein Katholik unserer Diözese achtlos bei dieser Feier zur Seite stehe“. Zuerst soll „in diesem Jubeljahre das Fest unseres Diözesanvaters, des heiligen Richard, am 7. Februar und am darauffolgenden Sonntag besonders gefeiert werden.“

Im Sinne dieser Erwartungen hatte der Generalvikar seinen Beitrag zum Gelingen der Zwölfhundertjahrfeier zu leisten. Und dies inmitten unübersehbarer äußerer Wirren, die die bevorstehende Niederlage vor sich hertrieb. Zu einer Zeit, da nicht nur der übermächtige Kriegsgegner bereits an den Grenzen des Eichstätter Bistums stand und seine Heeresmacht für die Erstürmung der „Alpenfestung“ Adolf Hitlers sammelte, sondern auch die Gefahr einer zwangsweisen Evakuierung der Zivilbevölkerung nicht völlig ausgeschlossen, auf jeden Fall aber mit handstreichartigen Einfällen versprengter SS-Trupps zu rechnen war; ganz zu schweigen von der Möglichkeit, daß die Bischofsstadt in die Kriegshandlungen einbezogen und am Ende gar noch, wie schon im 30jährigen Krieg, zerstört würde, wenn sie in die Hände fanatisierter Durchhalte-Einheiten geriete.

In einem Bischofswort jener Tage ist zu lesen: „Wir Priester selber wollen uns in der kommenden gewiß nicht leichten Zeit unserer erhabenen Aufgabe besonders bewußt werden, ‚gute Hirten‘ im Sinn des Evangeliums zu sein. . . . Sollte auch unsere Diözese das Los treffen, Kriegsgebiet zu werden, so muß es unser Grundsatz sein, daß der Hirte bei der Herde zu bleiben hat. . . Wir wollen in wahrer Hirtenliebe mit den Unsrigen alle Prüfungen tragen und dadurch ihnen Trost und Mut und Kraft geben . . .“

Eine unmittelbare Gefahr stellte sich schlagartig ein, als in das bereits übergabebereite Eichstätt am 25. April 1945 nochmals ein SS-Trupp hereinbrach, die schon vereinzelt gehißten weißen Fahnen umgehend wieder einziehen ließ und die deutschen Volkssturmmänner, welche die Kabel der Sprengladungen unter der Altmühlbrücke durchschnitten hatten, vor der Schutzengelkirche, beim Eingang in das bischöfliche Seminar an den Bäumen erhängte. Eine Tat, die nicht nur die deutschen Bewohner mit Schrecken und Abscheu erfüllte und die vermutlich nicht ohne Absicht im Angesichts des Bischofshauses und der Päpstlichen Nuntiatur begangen wurde; die zugleich auch eine insgeheime Rettungsaktion für die Bischofsstadt in letzter Minute zum Scheitern bringen konnte, als den amerikanischen Kampfspitzen auf abenteuerlichen Umwegen eine Petition zugespielt wurde, in welcher auf die kulturelle und religionsgeschichtliche Bedeutung Eichstätts hingewiesen und eine kampflose Übergabe der Stadt vorgeschlagen wurde. Ein Racheakt, der auch die am 26. April 1945 einziehenden amerikanischen Truppen unangenehm berühren mußte und gegen die Deutschen einnehmen konnte. Daß die Gefahr entsprechender Reaktionen und überzogener Vorsichtsmaßnahmen der Amerikaner bald bedrohliche Wirklichkeit wurde, mußten Salesianer in ihrer Eichstätter Niederlassung „Rosenthal“ erfahren, als sie in ihrem schwarzen Ordenskleid für SS-Männer gehalten wurden und fast zu Schaden gekommen wären, zumal sich in ihrem Ordenshaus tatsächlich vorübergehend ein Trupp Waffen-SS-Männer eingerichtet hatte.

Der Bistumsleitung oblag nunmehr die Aufgabe, ihre deutschen Landsleute vor den siegreichen Eroberern zu vertreten und vermeidbaren Schaden von ihnen zu wenden, nachdem die bisherigen braunen Herren geflohen oder ihrer Funktionen entkleidet worden waren. Die Kirche, von manchen bis vor kurzem noch geschmäht und beargwöhnt, war nunmehr Schutz und Zuflucht für viele Deutsche geworden und konnte manche Siegerwillkür durch ihre Interventionen verhindern. Die Fürbitten und Eingaben des Bischofs zugunsten gefährdeter Deutscher füllen im Washingtoner Militär- und Besatzungsarchiv ganze Leitz-Ordner.

In das unmittelbare Zuständigkeitsfeld des Generalvikars fiel in jenen Monaten die Aufnahme und Eingliederung von Priestern aus anderen Diözesen, bei denen es sich in der Mehrzahl um Geistliche aus ostdeutschen und osteuropäischen Bistümern handelte. In gleicher Brüderlichkeit wurden in Eichstätt auch Theologen und Alumnen aus anderen Kirchensprengeln aufgenommen und wurde ihnen im Priesterseminar eine neue Heimat gegeben. Ein Entgegenkommen, das die damals Heimatlosen und heute längst als Pfarrer ordinierten ost- und volksdeutschen Theologen und Priester der Bistumsleitung von Eichstätt in dankbarer Erinnerung bewahren, wie vom Moritzpfarrer in Ingolstadt bis zum Pfarrer von Nürnberg-Langwasser zu hören ist.

Wiederholt schon im Lauf der Geschichte waren Seminar und Hochschule über die eigene Diözese hinaus, besonders in Zeiten der Bedrängnis, wirksam geworden und in den Dienst der Gesamtkirche getreten.

„Eine Reihe auswärtiger Theologiestudenten hat hier Form und Prägung erhalten", über 1000 nicht bayerische Theologiestudenten in den 50 Jahren von 1843–1893, darunter Hunderte von Schweizern während ihres Kulturkampfes und Studenten aus norddeutschen Diözesen, wo in der Zeit des Kulturkampfes unter Bismarck bekanntlich der Erzbischof von Köln, die Bischöfe von Breslau, Münster, Paderborn und Limburg ihres Amtes enthoben, zahlreiche Priesterseminare geschlossen und ein Viertel der Pfarreien in Preußen ohne Seelsorger waren, da viele Geistliche abgesetzt und zu hohen Gefängnisstrafen verurteilt worden waren. Aus allen deutschen Diözesen fanden sich Theologen im Collegium Willibaldinum ein, der einzigen rein kirchlichen Priesterbildungsstätte in Deutschland, das bekannt war durch seinen echt kirchlichen Geist und die gediegene Wissensvermittlung seiner akademischen Lehrer von hohem Ansehen.

Wie den „Diözesan-Nachrichten" des „Pastoralblatts" aus den Jahren 1944 und 1945 immer wieder zu entnehmen war, kamen mit dem Vorrücken der Roten Armee im Baltikum zunehmend mehr Flüchtlinge aus Litauen nach Eichstätt, wo sich im Lager Rebdorf schließlich rund eintausend Litauer sammelten. Unter diesen Flüchtlingen befanden sich auch Priesteramtskandidaten, die umgehend in die Gemeinschaft des Eichstätter Priesterseminars aufgenommen wurden und ihre Ausbildung fortsetzen konnten. So stand wiederholt in erwähnten „Diözesan-Nachrichten“ zu lesen, daß der „Hochwürdigste Herr Bischof in der Alumnatskapelle des Bischöflichen Seminars“ die Diakonats- oder Priesterweihe erteilt habe.

Im Seminar rückte man immer noch näher zusammen, um alle aufnehmen zu können. Immerhin war seit Ausbruch des Krieges ein Seminartrakt nach dem anderen beschlagnahmt worden für Zwecke der Wehrmacht, der Polizei und als NS-Kindererholungslager mit den HJ-Führern. Bis Ende 1944 waren 90 litauische Alumnen angekommen, bis 1949 waren 161 Litauer und 9 Letten an der Hochschule immatrikuliert. Ihre religiöse Betreuung lag in den Händen von Regens Dr. Tulaba und Professor Dr. Manelis Franz.

Generalvikar Schröffer suchte über die organisatorische Eingliederung der Ostflüchtlinge hinaus auch den einzelnen Bedürftigen persönlich zu helfen, indem er ihnen Kleidungsstücke, Schuhwerk oder Geld zukommen ließ, was die Empfänger noch Jahre später in Briefen dankbar vermerkten und auf diese Weise erst bekannt machten.

So schrieb der am 21. Juli 1946 in Eichstätt zum Priester geweihte litauische Geistliche und spätere Dekan, Venceslaus Sarka, am 1. November 1978 dem Kurienkardinal Schröffer: „Herzlichen Dank für Ihre großartige Hilfe für die litauischen Theologen in der schweren Kriegs- und Nachkriegszeit in Eichstätt ...“

Nicht von ungefähr findet sich in dem persönlichen Nachlaß Kardinal Schröffers eine Anzahl von Weihe- und Primizbildchen, unter ihnen auch jenes des Sac(erdos) Venceslaus Sarka aus Kaniukai, Erzbistum Wilna, der heute in Hamburg lebt.

Als die Front verhältnismäßig schnell über Eichstätt hinwegging und der Krieg am 9. Mai 1945 zu Ende war, bedeutete dies freilich noch keineswegs das Ende der Not und Entbehrungen. Vielmehr war das Land durch den Zusammenbruch in Schutzlosigkeit und Unsicherheit gefallen. Es gab weder Postverbindung noch regelmäßigen Bahnverkehr; stattdessen Straßensperren und Personalkontrollen sowie vielerorts Übergriffe von ehemaligen Kriegsgefangenen und zwangsverpflichteten Ostarbeitern, denen die einheimische Bevölkerung weitgehend hilflos gegenüberstand. Da die Männer einberufen bzw. nunmehr in Kriegsgefangenschaft waren und somit ihren Familien nicht beistehen konnten, waren oft die Pfarrer und Kapläne die einzigen Schutzherren der von Plünderungen und Überfällen heimgesuchten Ortschaften. Ihre Sprachkenntnisse machten sie noch zusätzlich zu hilfreichen Vermittlern mit der Besatzungsmacht. Und wo sie noch vereinzelt einen kleinen bäuerlichen Nebenerwerb betrieben oder Bienenstöcke unterhielten, halfen sie nach Kräften, die große Versorgungsnot zu lindern, war doch seit langem kaum noch das Nötigste in den Geschäften erhältlich und herrschte im ganzen Land große Lebensmittelknappheit. Dazu kam die Obdachlosigkeit vieler Tausender infolge des Bombenkrieges und der Flucht vor der Roten Armee.

Schwierigkeiten, die durch Auflagen und Behinderungen seitens der Besatzungsmacht noch vergrößert wurden und den kirchlichen Hilfskräften das Äußerste abverlangten.

Bischof und Generalvikar ließen sich aber nicht entmutigen, sondern gingen im Helfen und brüderlichen Teilen ihren Priestern und Gläubigen mit gutem Beispiel voran. Was ihnen entbehrlich schien, ob ein paar Schuhe oder ein nicht dringend benötigter Raum, wurde Flüchtlingen und Obdachlosen zur Verfügung gestellt. Erst die Dankesbriefe und persönlichen Erinnerungen der Beschenkten gaben manchmal davon Kunde.

So schrieb ein heimatloser Mann und Familienvater dem späteren Bischof Schröffer am 4. August 1948 in seiner Gratulation zur Bischofsernennung:

„Diese Wünsche kommen vom ganzen Herzen. Nie werde ich vergessen, wie Eure Exzellenz mich, den Flüchtling, vor beinahe zwei Jahren liebenswürdig empfangen und sich meiner angenommen haben . . .“ oder ein ehemaliger Diözesan aus Weißenburg, der später in Erlangen lebte:

„. . . kam ich als mittel- und heimatloser Soldat zu Ihnen und bat um eine kleine Unterstützung. Sie übergaben mir persönlich 100 DM, die mir damals sehr geholfen haben. Da ich mich heute in guten Verhältnissen befinde, hätte ich gern die Schuld beglichen . . .“

Diese Freigiebigkeit charakterisierte überhaupt das soziale Wesen Joseph Schröffers; so stiftete er bei seiner Ernennung zum Hochschulprofessor in Not geratenen Arbeitslosen von seinem ersten Salär ein warmes Essen und stellte auch später sein erstes Bischofsgehalt sozialen Zwecken zur Verfügung.

Damit nicht genug. Er trennte sich auch von kostbar gewordenen persönlichen Andenken, wenn er damit einem Mitbruder helfen konnte.

So bezeugte ein heimatvertriebener Geistlicher aus Lichtenau bei Ansbach in einem Brief vom 19. September 1948:

„. . . Und ich werde nie Ihre freundliche Frage vergessen: ‚Und was brauchen Sie denn in Lichtenau am dringendsten?‘ Noch weniger aber, als Sie nach meiner Antwort ans Telefon gingen und mir Ihre Versehburse samt Patene – ein Primizgeschenk – bereitstellen ließen . . . Exzellenz ahnen wohl, was diese Haltung damals für mich und meine Mitbrüder bedeutete und was sie uns heute noch sagt! . . . Nun tut mir's doppelt leid, nicht mehr in der Diözese Eichstätt, die mir erste liebe Heimat geworden, wie Exzellenz mir bei meinem Antrittsbesuche gewünscht, arbeiten zu können . . .“

Diese besondere Fürsorge und väterliche Güte gegenüber den heimatvertriebenen Priestern war nach dem Zeugnis der Betroffenen geradezu beispielhaft in Westdeutschland, war doch der Generalvikar – wie sein Bischof – ganz persönlich um jeden einzelnen von ihnen besorgt und nahm sie sofort in herzlicher Brüderlichkeit in Eichstätt auf. Und zwar nicht nur mit freundlichen Worten, sondern auch in sofortiger Gleichstellung mit dem einheimischen Klerus in Amtsvergabe und Besoldung. Die heimatvertriebenen Priester wußten dies jedenfalls zu würdigen, wenn sie später in Briefen schrieben:

„Sie, hochwürdigster Herr Erzbischof, haben mich Ihren Diözesanen ganz und gar gleichgestellt! Sie haben mir immer Ihr Wohlwollen erwiesen", wie der nachmalige Pfarrer von Möning – oder der Seelsorger von Pyrbaum, welcher am 21. Oktober 1953 dem damaligen Bischof Joseph in Erinnerung an die notvolle Nachkriegszeit versicherte: „Ich persönlich werde es nie vergessen, mit welchem Entgegenkommen und mit welcher Hilfsbereitschaft Sie mir bei meiner Ausweisung begegnet sind. Desgleichen spreche ich auch für Ihr stetes väterliches Wohlwollen herzlichstes Vergelt's Gott aus." Ein Geistlicher aus der Tschechoslowakei bekundete im September 1948 stellvertretend für seine heimatvertriebenen Mitbrüder: „... Gerade uns Heimatvertriebenen haben Exzellenz immer soviel Wohlwollen entgegengebracht, daß wir nur versprechen können, wir wollen das alles durch desto größere Treue und Arbeitseifer erwidern ..."

Wie der für die Seelsorgestellen im Einvernehmen mit seinem Bischof zuständige Generalvikar den ostvertriebenen Priestern brüderlich entgegenkam und ihnen umgehend zu neuen geistlichen Aufgaben verhalf, berichtete der frühere Leitmeritzer Kanonikus und Domkapitular, Msgr. Georg Zischek, im Juli 1964:

„... Ich kam am 26. Mai des Jahres 1946 zum ersten Mal nach Eichstätt. Zuvor war ich wohlbestallter, wie soll ich sagen, ‚Beamter' in der Erzbischöflichen Finanzkammer in München. Aber ich habe dann erfahren, daß der Bischof von Eichstätt einen Diözesanseelsorger sucht. Da habe ich in München meinen Posten aufgegeben und bin am 1. Juni 1946 hierher in die Eichstätter Diözese gekommen. Und ich bereue es nicht! Das bekenne ich vor der ganzen Öffentlichkeit, daß ich gerne in diese Diözese gekommen bin. Denn ich selber habe eine freundliche Aufnahme gefunden, aber auch alle meine Mitbrüder.

Da kamen zum Beispiel im Oktober 1946 drei Geistliche. Sie hatten in einer anderen Diözese angeklopft. Sie waren dort nicht angenommen worden. Sie seien zu sehr vom Josephinischen Geist durchsetzt. Sie haben nach Eichstätt telegrafiert. Ich habe sie am Bahnhof abgeholt. Schon abends um 6 Uhr hatten alle einen Posten in der Diözese erhalten. Wenn wir heute manchmal darauf zu sprechen kommen, dann stehen einem von diesen die Tränen vor Rührung in den Augen.

So blieb es auch später. Ich konnte eigentlich nicht genug Geistliche bringen.“

Und wie pfiffig der Leitmeritzer Domherr und nachmalige Diözesanbeauftragte für die heimatvertriebenen Priester die Aufnahmebereitschaft der Eichstätter Bistumsleitung zum beiderseitigen Vorteil zu nutzen wußte, bekannte er bei gleicher Gelegenheit:

„Ich habe damals zwei Posten an der Grenze aufgestellt, einen in Wiesau und einen in Furth. Und denen habe ich gesagt: Wenn Priester von drüben kommen und nicht wissen wohin, so schickt sie nur nach Eichstätt . . . Diese Aufnahme der Priester war eine glänzende in dieser Diözese!

Ähnlich war es auch mit der Aufnahme der Theologen. Es sind nicht wenige Theologen hierher gekommen, die in anderen Diözesen abgewiesen wurden. In Eichstätt hat man sie aufgenommen. Und einige von diesen haben heute wichtige Posten inne . . .

Ähnlich war es auch mit Gläubigen. Ich will nur erwähnen: die meisten Sudetendeutschen waren Katholiken. Viele kamen in die Gegend von Nürnberg. Keine Kirchen waren da. Deswegen sind von der Diözese viele Gotteshäuser gebaut worden.

Aus all diesen Gründen wollte ich meinen Dank für die Aufnahme, die uns heimatvertriebenen Geistlichen und Katholiken hier zuteil wurde, zum Ausdruck bringen . . .“

Diese Worte bestätigte auch aus seiner Sicht und Erfahrung der langjährige Geschäftsführer und Generalsekretär der Ackermann-Gemeinde, der Gesinnungsgemeinschaft der katholischen Sudetendeutschen, Adolf Kunzmann, der darauf hinwies, daß nicht ohne Grund die ersten entscheidenden Zusammenkünfte dieser wichtigen Vertriebenenorganisationen im Bistum Eichstätt stattfanden. Ein Zeugnis, das Adolf Kunzmanns Nachfolger, Franz Olbert, bekräftigte.

Denselben Gewährsmännern zufolge sorgte sich die Kirche von Eichstätt auch beispielhaft um eine menschenwürdige Aufnahme aller anderen deutschen Ostvertriebenen. Der Generalvikar rief in jenen schweren Nachkriegsjahren die einheimische Bevölkerung wiederholt zu Sammlungen und Spendenaktionen auf, um den Vertriebenen, die mit nicht mehr als fünfzig Kilogramm Gepäck ins Land kamen und die ihre Habseligkeiten zumeist in einfachen Kartoffel- oder Getreidesäcken bei sich trugen, die notwendigsten Dinge zum Lebensunterhalt zur Verfügung zu stellen. Gleichzeitig sollten durch diese Gesten und Gaben der Einheimischen aufgetretene Spannungen zwischen den Ausgewiesenen und den Heimatvertriebenen abgebaut und ein menschliches Sich-kennen-lernen ermöglicht werden.

Die Pfarrer und Seelsorger wurden aufgerufen, dafür zu sorgen, daß jeder Vertriebene, besonders die Kinder, am Weihnachtstage mit einem Geschenk bedacht und auch in den Lagern Weihnachtsfeiern abgehalten wurden.

Die Berichte über diese Veranstaltungen bestätigten, daß sich bei diesen Begegnungen in der Tat Einheimische und Vertriebene menschlich näher kamen und viele Voreingenommenheiten überwunden werden konnten.

Um die ebenfalls von Flucht und Heimatlosigkeit heimgesuchten Ungarn, die sich in Eichstätt einfanden, sorgte sich der Generalvikar mit gleicher Anteilnahme. In aufmerksamer Würdigung ihrer ausgeprägten nationalen Gefühle feierte er am 20. August 1946, dem Festtag des Königs Stephan, des Nationalheiligen der Magyaren, eine heilige Messe und bekundete ihnen sein brüderliches Mitgefühl. Ein Teilnehmer des Gottesdienstes, ein ungarischer General aus adeligem Hause, der als Sprecher der Ungarnflüchtlinge eine Dankadresse an den Generalvikar richten wollte, aber aus Ergriffenheit sich dazu nicht in der Lage fühlte, schrieb dann am Nachmittag diese Zeilen:

„Vormittag konnte ich in meiner schweren seelischen Lage keine Worte finden, um im Namen aller mich zu bedanken für die heilige Messe und für die besonders tief gehenden Worte Ihres Herzens. Mit inniger Ergebenheit Ihr O. von S."

Zwei Jahre später, am 20. August 1948, fügen Generalmajor von S., der Caritasdirektor Elmer von G. und der Administrator Dr. Zoltan von Mezaros ihrem Glückwunsch zur Bischofsernennung noch die dankbare Erinnerung an:

„. . . Wir erinnern uns auf die edlen Worte, die Eure Exzellenz am Sankt Stephanstage in 1946 vom Altar an uns richteten, die uns, von der schwerleidenden, geliebten Heimat fern Lebenden, tief in unseren Herzen berührten. Damals empfanden wir, daß in diesen Worten väterliches Herz, seltenes Verständnis und tiefes Mitgefühl für unser schwergeprüftes Vaterland zum Ausdruck kamen . . ."

Um die vielfältigen Bedürfnisse der Heimatvertriebenen, Flüchtlinge, Evakuierten und sonst in Not geratenen Menschen sachkundig und auf breiter Ebene stillen zu helfen, rief der Generalvikar zur Teilnahme an der Schulung der Mitarbeiter in der Caritas-Flüchtlingshilfe in der Schulungsstätte des Deutschen Caritasverbandes in Greding auf. Er sah in diesen Kursen den Vorzug, daß sie auch eine religiöse Ausrichtung hatten sowie „Orientierung und die notwendige persönliche Ermutigung zu diesem nicht leichten Caritasdienst" boten, wie er im „Pastoralblatt" vom 27. Juni 1946 den Pfarrern und Seelsorgern des Bistums schrieb.

Neben all' diesen menschlich vordringlichen Aufgaben, welche die Nachkriegsnot noch zusätzlich gebracht hatte und für welche in normalen Zeiten eigene „Sonderbeauftragte" eingesetzt würden, hatte Joseph Schröffer ja auch die üblichen Amtsgeschäfte eines Generalvikars zu erledigen. Besonders ernst genommen wurden von ihm auch die Pastoralkonferenzen.

So benachrichtigte er die Seelsorgestellen wenige Wochen nach Kriegsende und schrieb die Geistlichen am 25. Juni 1945 mit den Worten an:

„Die gewandelten Zeitverhältnisse legen es nahe, in den Pastoralkonferenzen dieses Sommers wichtige Zeitfragen und -aufgaben der Seelsorge zu besprechen. Die Konferenzen sollen in der gewohnten Form der persönlichen Fühlungnahme von Seelsorgeklerus und Generalvikar durchgeführt werden.

Die Schwierigkeit der Verkehrsverhältnisse machte es leider unmöglich, in vorhergehender Vereinbarung mit den H. H. Dekanen einen für beide Teile günstigen Termin festzulegen.

So sehe ich mich gezwungen, eine fertige Liste mit den Terminen hinauszugeben. Ich bitte, nur in einem Falle gänzlicher Unmöglichkeit eine Änderung vorzuschlagen . . ."

Dieses Schreiben dokumentiert ein weiteres Mal sein ständiges Bemühen um den persönlichen Kontakt mit den Seelsorgern und seine geradezu schon selbstverständliche Bereitschaft, für diese unmittelbare Verbindung auch persönliche Opfer und Unbequemlichkeiten nicht zu scheuen. Denn die von ihm anberaumten Pastoralkonferenzen sollten nicht an seinem Amtssitz in Eichstätt stattfinden, sondern – wie schon früher von ihm praktiziert – in den Pfarrgemeinden der Dekanate.

So mutete sich der Generalvikar zu, zwischen dem 11. Juli und 10. August 1945 zu Pastoralkonferenzen in Monheim, Wemding, Nassenfels, Neumarkt und Beilngries bis Weißenburg, Hilpoltstein, Schwabach und Spalt zu fahren, und das nicht selten mit dem Fahrrad oder unter schwersten äußeren Reisebedingugen der scharf kontrollierenden Besatzungsmacht.

Zu den vom Generalvikar erwähnten „wichtigen Zeitfragen und -aufgaben" zählte auch der Aufbau und die Organisierung eines kirchlichen Suchdienstes, um die durch Flucht und Verschleppung voneinander getrennten Familienmitglieder wieder zusammenzuführen. Dieser dann von Bischof Kaller koordinierte Suchdienst konnte mit Hilfe des den Deutschen besonders verbundenen Papstes Pius' XII. auch viele Kinder wieder mit ihren Eltern zusammenbringen und damit zahlreiche Schicksale günstig wenden.

Eine andere Zeitaufgabe jener Jahre war die Wiederbeschaffung der Kirchenglocken. Über 800 Glocken waren während des Krieges in der Diözese Eichstätt für Rüstungszwecke eingezogen und nach Lünen bzw. Hamburg transportiert worden. Dabei kamen aber bereits auf dem Transport viele Glocken durch Diebstahl abhanden oder wurden durch Bombenangriffe zerstört. Andere landeten auf Abstellgleisen und verrotteten oder wurden an ihren Bestimmungsorten unsachgemäß gelagert und wurden auf diese Weise unbrauchbar. Jene, die Transport und Krieg überlebten, mußten nunmehr ermittelt und identifiziert werden, um sie wieder ihrer Heimatkirche zuzuführen. Zu diesem Zwecke hatten die Pfarrer und Bistumsleitungen Angaben über die Art und die Größe der Glocke sowie ihr Gewicht und ihren Sinnspruch zu machen und einzusenden. Erhebungen, die oft langwierig und zeitraubend waren und die schließlich am Mangel der erforderlichen Rücktransportkosten scheitern konnten. Die im Juni 1948 durchgeführte Währungsreform mit der Zuteilung von 40 Mark je Person und Monat verhinderte in vielen Fällen die Bereitstellung größerer Geldsummen und zögerte auf diese Weise die Rückkehr der Kirchenglocken weiter hinaus. Die Sorge um die Wiederbeschaffung der Glocken wird daher Generalvikar Joseph Schröffer auch in sein späteres Bischofsamt begleiten.

Weitere „Zeit-Themen" jener Kirche waren die Beschaffung von Glas für beschädigte Kirchenfenster und die Bereitstellung von Kerzen für Altar und Gottesdienst sowie die Zuteilung von Meßwein. Gemäß behördlicher Verfügung konnten 15 Liter Meßwein auf Lieferschein einem Priester im Jahr zur Verfügung gestellt werden. Noch am 15. April 1948 mußte Generalvikar Schröffer im „Pastoralblatt" mitteilen, „daß Material zur Herstellung von Altarkerzen noch nicht zur Verfügung gestellt wurde. Sollte eine Zuteilung erfolgen, so werden alle Diözesanpriester vom Bischöflichen Ordinariate aus versorgt werden."

Angesichts dieser landesweiten Rationierungen, auf welche die Kirche keinen Einfluß hatte, bemühte sich Generalvikar Schröffer um so intensiver um diözesane Hilfsaktionen und pfarrliche Sozialmaßnahmen. Immer wieder rief er zu Spenden für die Caritas auf, um mit Hilfe dieser großen kirchlichen Wohlfahrtsorganisation die Not der Menschen zu lindern. Dabei wandte er sich stets mit fürsorglicher Aufmerksamkeit den Flüchtlingen und Heimatvertriebenen im Bistum Eichstätt zu. Wie kaum ein anderer wußte er wohl um die innere und äußere Not dieser um Heimat und Gut gebrachten Menschen, die oft auch den Tod eines Angehörigen zu beklagen hatten oder selbst nur mit Mühe blutigen Racheaktionen der Vertreiber entgangen waren.

So rief er bei jeder sich bietenden Gelegenheit den Diözesanklerus auf, den Heimatvertriebenen mit besonderer Anteilnahme entgegenzugehen und sie in das Pfarrgemeindeleben einzuschließen. Beispielhaft für diesen seinen unermüdlichen Einsatz im Sinne einer echten inneren Integration dieser heimatlosen Menschen, die oft in schier entwürdigenden Behausungen oder noch in primitiven Lagern leben mußten, mag sein Aufruf vom 14. November 1947 sein. Darin beauftragte er „die Inhaber aller Seelsorgestellen, auch in diesem Jahr an Weihnachten in christlicher Liebe sich der Flüchtlinge anzunehmen", da sich ihre Lage ja seit einem Jahr „nicht wesentlich gebessert" habe. Als praktische Anleitung nannte er seinen Geistlichen:

„1. Jeder Flüchtling soll eine wenn auch noch so bescheidene Gabe, wo möglich in praktischen und notwendigen Gebrauchsgegenständen oder Lebensmitteln, andernfalls in Geld, erhalten; 2. eine eigene Weihnachtsfeier soll den Flüchtlingen das Leid der Heimatlosigkeit zu lindern suchen. Diese Feier soll möglichst nahe dem heiligen Feste liegen, wo möglich am heiligen

Abend (Kinder!) oder Weihnachtstage selbst stattfinden (Weihnachtsspiel, Christbescherung, kleine Bewirtung). Weihnachtsfeiern in den Lagern sollen besonders sorgfältig vorbereitet werden."

Man hätte meinen können, diese Anleitungen und Empfehlungen kämen von einem langjährigen berufsmäßigen Flüchtlingsbetreuer oder erfahrenen Lagerpfarrer und nicht von einem einheimischen Domkapitular, soviel psychologisches Gespür und einfühlsame Vorstellungskraft bringen sie zum Ausdruck.

Abschließend gab Generalvikar Schröffer den Seelsorgern den Rat: „Die ganze Veranstaltung wird am besten mit den Herren Bürgermeistern besprochen und gemeinsam mit ihnen durchgeführt.

Die alteingesessenen Pfarrangehörigen mögen dazu ermahnt werden, ihre Liebespflicht den Flüchtlingen gegenüber in der weihnachtlichen Zeit besonders gewissenhaft zu erfüllen"

um dann mit dem Ersuchen zu schließen:

„Ein Bericht über die Betreuung der Flüchtlinge an Weihnachten wolle von allen Seelsorgestellen bis 20. Januar 1948 an das Generalvikariat erstattet werden."

Die Auflage, über die abgehaltenen Weihnachtsfeiern dem Ordinariat zu berichten, gab dem Aufruf einen gewissen Nachdruck und ließ zugleich neue Erfahrungen sammeln. Generalvikar Schröffer hatte wohl beides im Sinn. Nutznießer waren in jedem Falle die Flüchtlinge und Heimatvertriebenen, denen die Anweisungen wie auch die neu gemachten Erfahrungen zugute kamen.

Joseph Schröffer nahm am Los der heimatvertriebenen Ost- und Sudetendeutschen aus innerer Verbundenheit mit diesen vom Krieg besonders heimgesuchten Menschen teil. Das zeigte sich an seinem großen Interesse und Wohlwollen gegenüber den Bestrebungen der Heimatvertriebenen, sich in Gruppen und religiösen Gesinnungsgemeinschaften zu organisieren. Bemühungen, die die Besatzungsmächte mit Argwohn verfolgten, waren doch Gründungen von landsmannschaftlichen Vereinigungen bei den Siegern nicht gern gesehen. Die durch Vertreibung heimatlos gewordenen Menschen sollten schnellstmöglich eingegliedert und damit diese bislang unerhörte Menschenrechtsverletzung alsbald aus dem Bewußtsein der Zeitgenossen verdrängt werden. Nicht von ungefähr war in der sowjetisch besetzten Zone das Wort „Heimatvertriebene" amtlich untersagt und dafür die Bezeichnung „Neubürger" eingeführt worden. Die katholische Kirche, an der Spitze Papst Pius XII., stellte sich diesen Verharmlosungstendenzen mit Entschiedenheit entgegen und prangerte die Vertreibung als eine „Verletzung göttlichen und menschlichen Rechtes" an.

Die bayerischen Bischöfe brachten dies sehr deutlich in ihrem Aufruf vom 22. April 1947 zum Ausdruck. Darin stellten sie fest: „. . . Niemand darf dem

Menschen das nehmen oder vorenthalten, was er zum Leben unbedingt braucht. Die Anerkennung und Achtung dieses Rechtes muß die Grundlage bilden für alle Verhandlungen, die den Frieden unter den Menschen und Völkern herstellen wollen. Wenn dieses gottgewollte, heilige und unverletzliche Recht auf unsere jetzige Lage angewendet wird, dann kann kein Zweifel sein, daß den aus ihrer Heimat verstoßenen Menschen wenigstens soviel Heimat zurückgegeben werden muß als das Naturrecht verlangt. Jedem muß klar sein und ist es auch klar, daß ein um mehr als ein Fünftel verkleinertes, ohnehin übervölkertes Deutschland nicht weiteren 13 Millionen Menschen Wohnung, Brot und Arbeit geben kann, zumal wenn die wirtschaftliche Basis immer mehr verkleinert und die zum wirtschaftlichen Leben unbedingt notwendigen Bodenschätze und Rohstoffe weggenommen werden. Das bedeutet nichts anderes als die Menschenrechte aufheben, die Möglichkeit zur Erhaltung des Lebens nehmen und Millionen Deutsche zur Verelendung, zum Siechtum und Tod verurteilen. Das bedeutet einen Frevel gegen das heilige Gebot Gottes: Du sollst nicht töten!

So werden die Grundlagen des menschlichen Einzellebens und Gemeinschaftsleben zerstört . . ."

Worte, wie sie in jener Zeit, da alle Welt voller Ingrimm und Verachtung auf das deutsche Volk schaute, kaum von Politikern oder Repräsentanten der Öffentlichkeit zugunsten der besiegten Deutschen und ihrer Vertriebenen gesprochen wurden. Mahnungen, hinter denen nicht nur die bittere Realität der Not stand, sondern auch die moralische Autorität von Männern, die auch zur Zeit der nationalsozialistischen Diktatur ihre Stimme gegen Unrecht und Tyrannei erhoben haben. Während andere Zeitgenossen von Allein- und Kollektivschuld der Deutschen redeten und den Untaten an ihren Landsleuten schier den Unrechtscharakter nahmen, stellten sich die katholischen Bischöfe mannhaft vor ihr geschlagenes Volk und verteidigten seine elementarsten Lebensinteressen.

Hielt sich die nachmalig so kritiklustige Presse in jenen Jahren geflissentlich an das Gebot der Besatzer, ihre Politik nicht in Zweifel zu ziehen, redeten die Kirchenführer den Siegermächten furchtlos ins Gewissen. Die Bischöfe waren in jener Zeit auch die einzigen, welche ihren deutschen Landsleuten Stimmen des Auslands zur Kenntnis gaben, von denen sie sonst nichts oder kaum etwas erfahren hätten.

In diesem Falle zitierten die bayerischen Oberhirten eine Stellungnahme der amerikanischen Bischöfe zu den Vertreibungsbeschlüssen der Alliierten von Potsdam. Danach stellten die katholischen Kirchenführer der Vereinigten Staaten in ihrem Rundschreiben vom 17. November 1946 u. a. fest:

„In Europa ist etwas geschehen, was die Geschichte noch nicht kannte. Auf Grund eines Abkommens zwischen den Siegerstaaten wurden Millionen von deutschen Menschen, die seit Jahrhunderten in Osteuropa ansässig waren, von ihrer Heimatscholle vertrieben und mittellos ins Herz Deutschlands gestoßen. Die Leiden dieser Menschen auf ihren harten Wanderwegen, ihre Heimatlosigkeit und Hoffnungslosigkeit erzählen uns eine traurige Geschichte von der Unmenschlichkeit solcher Vertreibung . . . Wir rühmen uns unserer Demokratie. Aber bei diesen Menschenverschiebungen haben wir uns, ohne es zu merken, in das Schlepptau der grausamen Theorie einer herzlosen totalitären Staatsauffassung zerren lassen."

In diesen Stimmen der amerikanischen und der bayerischen Bischöfe kam genau die Überzeugung zum Ausdruck, von welcher der Generalvikar und nachmalige Bischof sich gegenüber den Heimatvertriebenen und ihrem Schicksal zeit seines Lebens hat leiten lassen. Bezeichnendes Zeugnis dafür auch die Fülle einschlägiger Literatur über die Ost- und Sudentendeutschen und ihre Geschichte, die sich in seiner Bibliothek fand und nach der man heute in mancher öffentlichen Bücherei vergeblich suchen würde. Im übrigen ein solider Grundstock für Schröffers spätere Bemühungen um eine Aussöhnung zwischen den Deutschen und ihren östlichen Nachbarn, die ihn vor modischen Verzichterklärungen oder Alleinschuldbeteuerungen bewahrte und stets die geschichtliche Wahrheit im Auge behalten ließ. Nicht von ungefähr wurde der nachmalige Bischof von Eichstätt jenseits der Oder als einer der ersten aufrechten Wegbereiter der deutsch-polnischen Verständigung ernst genommen und Gesprächspartner so wichtiger polnischer Kirchenführer wie Erzbischof Kominek von Breslau und Erzbischof Carol Wojtyla von Krakau. Joseph Schröffer und der Metropolit von Krakau fanden sich – neben vielen anderen geistigen Gemeinsamkeiten – in der Überzeugung einig, die Papst Johannes Paul II. dann einmal im Herbst 1978 in die Worte faßte:

„Die Vaterlandsliebe einigt und muß uns einigen über alle Meinungsverschiedenheiten hinweg. Sie hat nichts gemein mit einem engen Nationalismus oder Chauvinismus, sondern geht aus dem Gesetz des menschlichen Herzens hervor. Sie ist das Maß für den Adel des Menschen."

Folgerichtig, daß sich beide Männer seit der intensiven Zusammenarbeit am Konzil zeit ihres Lebens nahestanden. Ihnen war im Blick auf die jüngste deutsche Vergangenheit die Erkenntnis gemeinsam, die Papst Pius XII. in seinem Schreiben an die bayerischen Bischöfe vom 15. August 1945 in der Feststellung ausdrückte, „daß es nicht recht ist und der Wahrheit nicht entspricht, der ganzen Nation zuzuschreiben, was die Parteimänner angerichtet haben".

Treffender kann im übrigen der Anteil des deutschen Volkes an der Verantwortung für die in seinem Namen begangenen Untaten kaum formuliert werden.

Ein anderes grundlegendes Schreiben Pius XII., nämlich jenes vom 1. März 1948 an die deutschen Bischöfe, in welchem der Heilige Vater den Wunsch äußerte, die Vertreibungen rückgängig zu machen, stand im August 1948 auf dem Programm einer Tagung für Flüchtlingsseelsorge und Flüchtlingshilfe, welcher Generalvikar Schröffer wünschte, „daß der Klerus der Diözese sich möglichst zahlreich beteilige". Die in seiner Heimatstadt Ingolstadt anberaumte Konferenz wartete mit so hervorragenden Referenten auf wie dem späteren Weihbischof Prof. Dr. Kindermann, Professor Dr. Bitterlich aus Ansbach, dem nachmaligen Abgeordneten Edmund Leukert und dem Stiftspropst Dr. Piekorz. Die Vermeldung und Empfehlung dieser Tagung war im übrigen die letzte Notiz, die Joseph Schröffer als Generalvikar bzw. Vertreter des Kapitularvikars Dr. Ludwig Bruggaier im „Pastoralblatt des Bistums Eichstätt" veröffentlichte. Als sein Name 43 Tage später, am 31. Juli 1948, das nächste Mal in diesem Mitteilungsorgan erschien, dann unter der Überschrift „Habemus Episcopum". Das Bistum Eichstätt hatte nämlich am 5. Mai 1948 seinen bisherigen Oberhirten, den weit über die Diözesangrenzen hinaus bekannten und geschätzten Bischof Dr. Michael Rackl, einen mutigen Verteidiger des Glaubens während der nationalsozialistischen Diktatur und warmherzigen Fürsprecher seiner in Not und nationales Elend geratenen Landsleute verloren.

Kapitularvikar Ludwig Bruggaier würdigte in seiner Verlautbarung vom 31. Juli 1948 die Berufung seines Mitbruders zum 77. Nachfolger des Bistumsgründers Willibald mit den Worten: „... Im Knabenseminar des Bischofs von Eichstätt und durch neunjährige gründliche Ausbildung im Collegium Germanicum und an der Gregorianischen Universität in der Ewigen Stadt ist unser neuer Bischof unter glücklichen Umständen für den verantwortungsvollen priesterlichen Beruf herangereift. In die Heimat zurückgekehrt, wirkte er zuerst als Seelsorger in der Diaspora und dann als Professor der Moral und Pastoral an unserer Bischöflichen Philosophisch-Theologischen Hochschule. Mit dem 1. Juni 1941, in kirchenpolitisch bewegten Tagen, wurde er zum Generalvikar der Diözese berufen. Als solcher hatte er Gelegenheit, das ihm nunmehr anvertraute Bistum, seinen Klerus, seine Gläubigen und seine seelsorgerlichen Verhältnisse mit aufgeschlossenem Blicke allseitig kennen zu lernen. In raschem, arbeitsreichem Aufstieg hat Bischof Joseph Schröffer der Diözese treu und vorzüglich gedient und hierbei in all seinen Stellungen im Weinberg des Herrn freundschaftlich und brüderlich mit uns gelebt und gearbeitet ..."

Fast schien es, als hätte es sich zum zweiten Mal gefügt, daß Joseph Schröffer zum Nachfolger von Ludwig Bruggaier wurde, übernahm er doch dessen Amt als Generalvikar am 1. Juni 1941 und löste ihn jetzt als Bischof in der vorläufigen Bistumsleitung ab. Dafür folgte jener dem neuernannten Oberhirten in der Funktion des Ordinariatsdirektors nach.

Auf die Eingabe um die Erlaubnis für den Kapitularvikar, am 9. Juli 1948, dem Fest des heiligen Willibald, den Päpstlichen Segen erteilen zu dürfen, kam die Empfehlung aus der Ewigen Stadt, den neuen Bischof zu erwarten, eine Andeutung, daß die Ernennung des neuen Oberhirten – entgegen der sonst üblichen dreimonatigen Trauerphase – kurz bevorstand, wie es dann auch am Nachmittag des 30. Juli 1948 durch die Rundfunkmeldung öffentlich bestätigt worden ist.

IV. Bischof von Eichstätt

Bischofsweihe und Amtsantritt

Die am 23. Juli 1948 von Papst Pius XII. verfügte Ernennung Joseph Schröffers zum 78. Bischof des Bistums Eichstätt stellte gleichsam einige Rekorde auf. Sie brachte der deutschen Kirche den jüngsten Oberhirten jener Zeit und beendete zugleich eine der kürzesten Sedisvakanzen in der jüngeren deutschen Kirchengeschichte. In der Abfolge der Eichstätter Bischöfe war der neu berufene Oberhirte der zweite, der den Namen Joseph trug, nachdem um die Wende vom 18. zum 19. Jahrhundert Joseph Graf von Stubenberg den Hirtenstab des heiligen Willibald geführt hatte. Ähnlich diesem seinem Vorgänger, der die Eichstätter Kirche durch die Wirren und Umbrüche der Säkularisation zu geleiten hatte, waren Bischof Joseph Schröffer nach dem totalen deutschen Zusammenbruch große Aufgaben zu meistern aufgetragen. Mit Recht stellte Kapitularvikar Ludwig Bruggaier in seinem ersten Gruß an den neuen Oberhirten fest:

„Furchtbarer als damals ist die Zeitwende, in welcher der zweite Joseph den Bischöflichen Stuhl von Eichstätt besteigt" und gab ihm den Segenswunsch mit auf den Weg:

„Möge es ihm durch die Gnade Gottes und die Fürbitte seines Namenspatrons wie der Schutzheiligen unserer Diözese gegeben sein, gleich dem ersten Bischof Joseph von Eichstätt in langen Regierungsjahren, entsprechend der Bedeutung seines Namens, alle Gefahren, die seiner Herde in unseren aufgewühlten Zeiten drohen, abzuwenden und einen neuen glücklichen Frühling katholischen Lebens in unserer Diözese heraufzuführen!"

Im Sommer 1948 konnte und mochte der neu erwählte Eichstätter Oberhirte die nachmalig so reiche Erfüllung der ihm dargebrachten Glückwünsche nicht erahnen, sondern ergab sich in seinen Hoffnungen und Erwartungen ganz dem Willen Gottes; getreu seinem Grundsatz, den er am 30. Oktober 1932 in einem Brief einmal mit den Worten formuliert hatte:

„Wohin mich der Wille Gottes, der aus den kirchlichen Oberen zu mir spricht, auch stellen mag, ich werde überall freudigst für ihn arbeiten."

In dieser Gesinnung bereitete sich Joseph Schröffer auf seine neue und schwere Aufgabe vor, hielt aber nebenher auch alle schon früher vereinbarten Termine und Zusagen ein, um auch mit der Würde und Bürde des bischöflichen Amtes weiterhin den Mitbrüdern und den Gläubigen verbunden zu bleiben.

So nahm er zwischen dem 17. und 19. August 1948 an der von ihm noch als Generalvikar angekündigten und empfohlenen Tagung für Flüchtlingsseelsorge und Flüchtlingshilfe in Ingolstadt teil. Mochte er sich doch auch als Episcopus electus nicht von seinem eigenen Notabene absentieren.

„Das Programm der Tagung ist so angelegt, daß die Referate, die vor allem den einheimischen Klerus interessieren, für den zweiten Tag angesetzt sind, so daß auch der Besuch der Tagung an diesem einen Tag für ihn wertvoll ist", obwohl er selbst schon längst in der einschlägigen Thematik überaus erfahren und auf Grund jahrelanger Praxis mit den Anliegen und Problemen der Vertriebenenseelsorge sehr vertraut war. Seine Anwesenheit bei der Ingolstädter Konferenz wußten nicht nur die Tagungsteilnehmer dankbar zu würdigen, sondern wurde auch vom bischöflichen Beauftragten für die Heimatvertriebenen, Bischof Maximilian Kaller, mit warmem Dank vermerkt. Er schrieb in seiner Gratulation:

„Wie habe ich mich gefreut, als ich schon bald nach meinem Aufenthalt in Eichstätt von meinem Generalvikar hörte, daß Sie zum Bischof von Eichstätt ernannt worden sind.

Frau Äbtissin (vom Kloster St. Walburg in Eichstätt, Benedicta von Spiegel) schreibt mir auch ganz erfreut und begeistert ... Es ist für Eure Exzellenz sehr wertvoll, daß Sie im Amt des Generalvikars sich schon die Liebe und Verehrung Ihres Klerus erwerben konnten, und daß Sie durch Ihre gütige Art den Gläubigen so willkommen sind ...",
um dann zu vermerken:

„... Darf ich Ihnen auch meine Freude und meinen Dank aussprechen, daß Sie bei der Flüchtlingsseelsorge-Tagung in Ingolstadt so verständnisvoll unter den Ostpriestern weilten ..." Daß diese Sätze nicht nur so einfach dahinformulierte Freundlichkeiten waren, sondern einen echten Hintergrund hatten, beweisen die vielen anderen Briefe von Geistlichen des Bistums, in denen die Gefühle der brüderlichen Verbundenheit unverfälscht zum Ausdruck kamen.

Etwa wenn der Pfarrer von Darshofen in einem Schreiben vom 5. August 1948 bekannte:

„... daß ich schon während der Zeit, als Sie Generalvikar waren, eigens gleich nach dem Bischof bei jeder heiligen Messe für den Generalvikar gebetet habe ..."

Und zwar nicht, um sich beim neuen Oberhirten empfehlend einzuführen – ging er doch bald als betagter Priester in den Ruhestand –, sondern um sein ehrliches Empfinden auszudrücken. Oder der Seelsorger von Dettenheim am 1. August 1948 an den neu ernannten Bischof schrieb:

„... Was wir alle hofften und erwarteten, ist nun beglückende Tatsache geworden ... So sind die Gebete, die wir in der heiligen Messe jedesmal mit solcher Inbrunst verrichteten, erhört worden, und es drängt uns jetzt in großer Dankbarkeit gegen den Lenker aller Dinge ..."

Einer der Gymnasiallehrer Joseph Schröffers, ein Laie, offenbarte noch am gleichen Tage, da die Ernennung im Rundfunk bekannt gegeben wurde, seinem ehemaligen Schüler:

„Was ich vor 26 Jahren in Ihrer ‚Geheimzensur‘ sozusagen prophezeite, was ich seit 5. 5. tagtäglich am Morgen in der Schutzengelkirche, meist in Ihrer Gegenwart, vom Heiligen Geist erflehte, ist zu meiner größten Freude Wirklichkeit geworden. Wenn nach Horaz von dem Glanze des Schülers auf den Lehrer ‚zurückfällt‘, so möchte das eine hohe Genugtuung für mich bedeuten.“

Und eine Ordensfrau aus Merching verriet in ihrem Glückwunschschreiben:

„Vor mehreren Jahren schon wurde mir geschrieben, daß ich Herrn Dr. Schröffer auch mal als Bischof gratulieren dürfte . . .“

Wie Bischof Kaller haben auch viele andere Kirchenführer Deutschlands in ihren Glückwünschen ihre Freude über die Ernennung Joseph Schröffers zum Bischof von Eichstätt zum Ausdruck gebracht und dabei auf die bereits bestehende Freundschaft und Verbundenheit aus den Tagen früherer Zusammenarbeit hingewiesen. Einige seiner bischöflichen Mitbrüder waren ihm schon vom gemeinsamen Studium in Rom her bekannt. Zu ihnen gehörte der Bischof von Speyer und nachmalige Kardinal von München, Joseph Wendel, mit dem ihn bis zu dessen Tod am Silvesterabend 1960 eine enge und herzliche Freundschaft verband.

Ein „frate rosso“, also ein Mitgermaniker, der zur gleichen Zeit wie Joseph Schröffer in Rom studierte, schrieb am 17. August 1948 aus Niederschönenfeld:

„. . . Soviel ich wahrnehmen konnte, wurde Ihre Ernennung auch hier in unserer Nachbardiözese Augsburg bei Klerus und Volk geradezu stürmisch begrüßt! Es wird natürlich Ihre Jugendlichkeit hervorgehoben . . .“

Ähnlich wie die Ordensschwester aus Merching schrieb Professor Joseph de Vries, der von 1922–1923 Repetitor der Philosophie am Germanikum war, am 18. September 1948 aus Pullach:

„. . . Es war wirklich eine große Freude für mich zu hören, daß Sie zum neuen Bischof von Eichstätt erwählt sind. Schon als Sie 1922 in Rom Ihre Studien begannen, habe ich manchmal gedacht: es sollte mich nicht wundern, wenn . . .“

Unter die Gratulanten reihte sich auch der priesterliche Onkel des neuen Bischofs, Pfarrer Karl Schröffer von Diepolz im Allgäu und wünschte dem Neffen Gottes Segen. Wörtlich schrieb er in seinem Brief vom 30. Juli, nachmittag 17.30, 1948:

„. . . Und jetzt? Kommt zuerst, der immer war, durch den wir sind, durch den Du, lieber Neffe Joseph, wurdest, in dem kleinen Malerhaus, das doch groß genug für eine große Liebe war; der Dich mit großen Gaben des Geistes, Gemüts und Charakters begnadete, um Dich zu rufen zuerst zum Studium, dann zum Sacerdotium und jetzt zum Sacerdos magnus ..."

Dabei erinnerte er an seinen Bruder, den Vater des neuen Bischofs, für den er gerade wenige Stunden vor der Meldung über die Bischofsernennung eine Jahrtagsmesse eingeschrieben hatte, war er doch am 1. August 1917, also fast auf den Tag genau vor 31 Jahren, an der Ostfront gefallen, um dann fortzufahren:

„... Sein Segen und Dein Bischofssegen werden sich oft begegnen und verbinden; mit jedem Segen von Deiner Bischofshand segnet er mit, wie er Dich einst gesegnet hat, und es ist ein großer Wunsch: Dein Segen werde so mächtig, wie sich der seinige an Dir erwies ..."

Der Einladung zur Teilnahme an der Bischofsweihe in Eichstätt konnte der über 73jährige Pfarrer der „höchstgelegenen Pfarrei in Deutschland" aus gesundheitlichen Gründen nicht mehr folgen. Er beschloß seinen Glückwunschbrief mit dem schier prophetisch anmutenden Satz: „Zugleich wünsche ich alles Glück für jene drei hohen Feste, silbernes Priester-, dann Bischofs-, dann goldenes Priesterjubiläum, an denen ich nicht mehr auf Erden teilnehmen kann ...," denn genau diese Jubiläen konnte Joseph Schröffer am Christkönigsfest 1953, am St. Matthäustag 1973 und am 28. Oktober 1978 feiern. Entgegen seiner Vermutung konnte der priesterliche Onkel das silbernen Priesterjubiläum seines bischöflichen Neffen noch als Geistlicher Rat in Diepolz im Allgäu, wo er über 40 Jahre Pfarrer war, erleben, bevor er am 27. Februar 1963 seine Augen für immer schloß. Obwohl ihn Alter und Gebrechen daran hinderten, den Feiern in Eichstätt beizuwohnen, nahm er doch im Geiste an der Freude der Familie teil – wie er vor 31 Jahren seiner Schwägerin beim Eintreffen der Todesnachricht seines Bruders tröstend zur Seite stand. In seinem Glück- und Segenswunsch an Maria Schröffer erinnerte er in einem feinsinnigen Bild an jene leidvollen Tage, als er ihr am 6. September 1948 schrieb:

„... was muß die liebende und geliebte Mutter inne werden – an diesem 30. Juli – an überströmender Seligkeit, in staunend anbetendem Dank für die sichtlich gnadenvolle Führung auf jetzt lichtüberstrahlten Höhenwegen, die schon Höhenwege waren, als Todes- und Trauerschatten vor 31 Jahren sich darüber breiteten, aber, weil voll Demut und Mut begangen, schließlich im Priestertum des Sohnes zu einer Lichtpforte und im Hohepriestertum zu einer Lichtfülle führen mußten ..."

Und seiner Nichte Elisabeth, der jüngsten Schwester des neu ernannten Bischofs, deutete er die Berufung des Neffen zum Oberhirten von Eichstätt mit den Worten:

„... Er kennt seine Diözese und deren vielseitigen Verhältnisse durch seine vielen Seelsorge-Reisen; und kennt sie nicht bloß durch Sehen und Ansprachen, sondern auch mit dem Herzen ... Er kennt vor allem seine Priester, eben von diesen Reisen her; und weil viele mit ihm zu seiner Zeit

dort studiert haben, viele als Schüler schon zu seinen Füßen saßen, die er noch zu ordinieren haben wird in den nächsten zehn Jahren, ihm aus ihrer jetzigen Studienzeit schon bekannt sind . . ."
um dann mit der Charakterisierung zu schließen:

„Und schließlich, was eigentlich als erstes stehen sollte, wie es bei ihm an erster Stelle steht: seine persönliche Eignung zu dem viele gute Eigenschaften erfordernden hohen Amt: tiefe Demut und hoher Mut; der Mut gepaart mit Klugheit; diese wieder nicht undurchsichtig wie bei Diplomaten, sondern Klugheit mit Klarheit; viel Wissen und viel Schweigen – dafür Reden mit Gott: Beten."

Eine Wesensbeschreibung, wie sie ein Biograph Joseph Schröffers kaum treffender geben könnte. Dazu noch aus der Feder eines erfahrenen Seelsorgers, der damals schon auf über 49 Priesterjahre zurückblicken konnte und im 74. Lebensjahr stand; der auf Grund langjähriger eigener Seelsorgspraxis und Umgang mit kirchlichen Oberen wußte, welche Eigenschaften für ein solches Amt gefordert sind und erwartet werden.

Über diese Anforderungen und Erwartungen war sich auch der neue Bischof von Eichstätt im klaren und prüfte sich in jenen Wochen mehr als ein Mal, ob er der hohen Berufung auch gerecht werden könne. So sehr die vielen Gratulanten ihrer Freude über diese Ernennung zum 77. Nachfolger des heiligen Willibald Ausdruck gaben, so lastend schwer fand Joseph Schröffer selber das ihm zugedachte Amt auf seine Schultern gelegt. Nicht von ungefähr erschien er seinen Mitbrüdern und Mitarbeitern im Ordinariat gerade in jenen Tagen und Wochen gesundheitlich mitgenommen. Wie aus seiner engsten persönlichen Umgebung überliefert wird, hat Joseph Schröffer, die bevorstehende neue Bürde und Verantwortlichkeit sehr ernst genommen.

Statt sich zu innerer Sammlung in Exerzitien zurückziehen zu können, wie er das auch von seinen Studienjahren an gewohnt war, sah er sich gerade in jenen Wochen mit noch mehr Arbeit überhäuft. Am Ordinariat meinte man nämlich, ihm etwas Gutes zu tun, wenn man ihn gleichsam durch Arbeitsüberlastung „auf andere Gedanken" brächte. Der spätere Generalvikar umschrieb diese rauhe „Ablenkungstherapie" bei einer Frauenabendstunde einmal mit den Worten: „Es ist ja eine Tierquälerei, aber wir laden ihm alle Arbeit auf, sonst geht er uns drauf, weil er es so schwer nimmt".

Die besonders schwierigen Lebensumstände der harten Nachkriegszeit mit ihren vielfältigen äußeren und inneren Nöten sorgten ohnehin schon für eine Arbeitslast, die über die Kräfte zu gehen drohte.

Als Wahlspruch nahm Joseph Schröffer ein Wort des großen Kirchenlehrers Augustinus aus dem 4. Buch der „Bekenntnisse", das dazu aufruft: „Redeamus ad cor et inveniamus Eum": „Kehren wir heim zu unserem Herzen, um Ihn (Christus) zu finden. Ein Satz, den der neue Bischof von

Eichstätt schon längst als persönliches Programm lebte und der seinem auf die inneren Werte gründenden Wesen zutiefst entsprach. Nicht das äußere Aufheben oder laute Gepränge waren seine Art, sondern das stille selbstlose Wirken und treue Arbeiten im Weinberg des Herrn charakterisierten seinen bisherigen Lebensgang und sollten sein Tun bis zum Tode bestimmen.

Sein einstiger Professorenkollege Dr. Joseph Kürzinger deutete im bayerischen „Klerusblatt" vom 1. September 1948 den Wahlspruch des neuen Eichstätter Oberhirten mit den Worten:

„Die Blickwendung nach innen ist gemeint, um durch sie Christus zu finden" und fing mit dieser Interpretation die Möglichkeit mit ein, daß das Wort „et" (und) im lateinischen Text auch „ut" (damit) bedeuten könnte, so daß sich aus dem Augustinus-Wort der Anruf ergäbe: Lasset uns zum Herzen zurückkehren, damit wir Ihn finden!

Nach einer Zeit, als Stille und Innerlichkeit vom Dröhnen der Marschkolonnen und lautem Kriegslärm übertönt worden waren und der Einzelmensch von der Masse weitgehend verdrängt war, tat diese Einkehr und Besinnung auf sich selbst bitter not. Man mag aus dem zum Wahlspruch erhobenen Augustinus-Wort auch ermessen, welch inneres Opfer es Joseph Schröffer gewesen sein muß, sein Bischofsamt ohne die geistliche Vorbereitung der Exerzitien antreten zu müssen.

Bei der Festlegung des Wappens zog Joseph Schröffer in Betracht, daß mit ihm als dem letzten männlichen Nachkommen die Familie ausstirbt; so wählte er nicht ein neues bischöfliches Wappen, sondern übernahm jenes der Familie. Es handelt sich dabei um ein altes Stammwappen, das der Herkunft der Familie aus dem Alpengebiet entsprechend Steinbock und Lilie zeigt; und zwar in diagonaler Anordnung zweimal den Steinbock in Gold auf rotem Grund und analog die Lilie in Silber auf blauem Grund; darüber die bischöflichen Insignien Kreuz, Mitra und Hirtenstab, darunter der Wahlspruch, der als Fundament die Wappenelemente zu einer einheitlichen heraldischen Komposition zusammenfaßt und zugleich die Augustinische Aussage optisch hervorhebt. Eine eindrucksvolle Gestaltung, bei deren Entwurf man die Mithilfe der kunstverständigen Schwester vermuten möchte. Obwohl von ihm nicht ausdrücklich so begründet, dürfte Joseph Schröffer das Familienwappen auch als Zeichen seiner Dankbarkeit gegenüber Vater, Mutter, Geschwistern und dem geistlichen Onkel gewählt haben, war er sich doch stets bewußt, was er ihnen für ihre treue und opferreiche Begleitung zum Priestertum schuldete. Eine Dankbarkeit und Verbundenheit, die er zeit seines Lebens bezeugte. Da durfte die Ingolstädter Nichte mit einem lateinischen Übersetzungsanliegen die Ferienruhe des bischöflichen Onkels ebenso stören wie der mit der altgriechischen Sprache nicht immer bestens zurechtkommende Großneffe seine Probleme am Krankenlager des Kardinalsonkels abladen. Anteilnahme, die er freilich nicht auf den Kreis seiner Familie beschränkte, sondern jedem schenkte, der den Weg zu ihm fand, ob es ein Physikprofessor war, der den gerade bei Verwandten zu Besuch weilenden Kurienkardinal zweieinhalb Stunden mit einem dringlichen Problem befassen konnte, oder der Präfekt eines kirchlichen Internats, der die Abenderholungspause des Bischofs mit dem Vortrag pädagogischer Fragen ausfüllte. Stets zeigte sich der Bischof und spätere Kardinal interessiert und anteilnehmend und ließ nie erkennen, daß er sich gestört oder überbeansprucht fühlte, auch wenn ihm dabei die wenigen verbliebenen Erholungspausen genommen wurden. „Mir geht es da nicht anders als jedem Pfarrer, zu dem ein Sorgenkind oder ein Hilfesuchender kommt, denn der kann ihn auch nicht weiterschicken", pflegte er fürsorgliche Hinweise auf seine Gesundheit abzuwehren.

Im Blick auf das Heilszeichen des Kreuzes, das gerade dem von politischen Irrlehren und großer innerer Not heimgesuchten deutschen Volk rettende Richtung weisen konnte, faßte Joseph Schröffer das Fest Kreuz-Erhöhung (14. September) als Termin der Bischofsweihe ins Auge. Da aber nach den Bestimmungen des bayerischen Konkordats der neu ernannte Bischof jedoch vor der kirchlichen Weihe erst den Treu-Eid zum Staat ablegen muß, hing die endgültige Festlegung des Weihetermins von den zeitlichen Planungen der Bayerischen Staatskanzlei ab. Diese ließen aber einer Vereidigung vor dem 14. September keine Zeit, so daß als definitiver Konsekrationstermin dann das nächste Apostelfest gewählt wurde. So legte Joseph Schröffer am 16. September den Treu-Eid zum Staat ab und konnte dann am 21. September 1948, dem Fest des Apostels und Evangelisten Matthäus, die Bischofsweihe empfangen.

Erschien ihm das Fest Kreuz-Erhöhung sinn- und beziehungsreich für den Beginn seines bischöflichen Dienstes, begriff er das Apostelfest des großen Evangelisten als Datum der Bischofsweihe als nicht minder symbolkräftig, verband ihn doch seit Eintritt in die Theologie und das Priestertum eine besondere Liebe zum Wort Gottes und wurzelten alle seine Ansprachen und Predigten in den Aussagen der Heiligen Schrift.

Nachdem Joseph Schröffer am 20. September, der Vigil des Matthäus-Festes, in feierlicher Sitzung des Domkapitels die Leitung der Diözese förmlich übernommen hatte, nahm der Bamberger Erzbischof Joseph Otto Kolb als der für Eichstätt zuständige Metropolit am 21. September 1948 die Konsekration und Inthronisation des neuen Oberhirten vor. Als Mitkonsekratoren fungierten der Bamberger Weihbischof Arthur Landgraf und der Bischof von Speyer, Joseph Wendel, beide Mitgermaniker Joseph Schröffers. Angesichts ihrer schon in Rom begründeten Freundschaft war die Mitwirkung Joseph Wendels bei der Weihe ungleich mehr als nur die Verbundenheit durch die gleiche Kirchenprovinz, zu welcher Speyer auch nach der Lostrennung der Pfalz von Bayern weiterhin gehört.

Der Weihetag war wie sein Vorabend für Bistum und Bischofsstadt ein denkwürdiges Ereignis, hatten doch der Stadtrat und der rechtskundige Bürgermeister Dr. Richard Jäger für den Vorabend zu einer Serenade vor dem Bischofshaus geladen, um dem neuen Oberhirten ihre guten Wünsche auszusprechen. In seiner Gratulation wies das Eichstätter Stadtoberhaupt auf die vielfältigen Aufgaben hin, vor welche der neue Bischof gestellt sei und faßte seine Segenswünsche in das Versprechen, im Sinne der „großen Zukunftsaufgaben, treu dem Glauben der Väter, mit dem Bischöflichen Stuhl zusammenzuarbeiten". Bischof Schröffer deutete in seiner Antwort an den Bürgermeister und späteren Bundestagsvizepräsidenten die ihm zugedachte Aufmerksamkeit nicht so sehr als eine Ehrung, die seiner Person gelte, sondern vielmehr als ein Bekenntnis der Bevölkerung zu den höchsten inneren Werten, deren Hüterin die Kirche sei. Er betonte, daß nur die vertrauensvolle Zusammenarbeit zwischen Volk und Kirche „die Erfüllung der hohen und schweren Aufgaben der Zukunft bringen" werde, die er auch in einem gemeinsamen inneren und äußeren „Neuaufbau unseres Volkes" sähe.

War an diesem festlichen Abend gleichsam die ganze Bischofsstadt auf den Beinen und gestaltete die Gratulationsfeier auch durch eine anspruchsvolle musikalische Umrahmung für die Teilnehmer zu einem bleibenden Erlebnis, konnte die Ortszeitung vom Weihetag selber melden, daß „Zehntausende an den Feierlichkeiten teilnahmen" und daß der Freistaat Bayern durch seinen Ministerpräsidenten Dr. Hans Ehard und den Kultusminister Dr. Alois Hundhammer vertreten worden sei. Da in jener Zeit noch die amerikanische Besatzungsmacht Regierungsgewalt ausübte, sah man auf den Ehrenplätzen im Eichstätter Dom auch den „Chef der Religionsabteilung bei der Militärregierung von Bayern" Dr. Eagen und den amerikanischen Gouverneur der Bischofsstadt, Major Bredland.

Den vielen Tausend Gläubigen im überfüllten Dom verborgen nahm auch Therese Neumann von Konnersreuth auf dem „Kleinen Chor" an der Feier teil. Als die drei Konsekratoren dem zu Weihenden die Hände auflegten und sprachen: „Accipe Spiritum Sanctum" und bei der Auflegung des Evangelienbuches auf seine Schultern hatte sie eine Schauung und sah den Heiligen Geist als ein mächtiges, lebendiges Licht auf ihn herabkommen, wie Professor Dr. Franz Xaver Mayr, der namhafte Naturwissenschaftler und Archäologe, und Pfarrer Naber berichteten.

Vermutlich hat an diesem Tag eine Frau wie keine andere die ganze Fülle göttlicher Führung und Vorsehung gespürt: die Mutter des neuen Eichstätter Oberhirten, die man zusammen mit ihrer Familie im rechten Chorgestühl des Doms erkennen konnte. Für sie dürfte dieser Tag die sichtliche Krönung eines opfer- und entbehrungsreichen Mutterlebens gewesen sein, eine freudenvolle Station ihres Erdenweges von besonderer Gnade, an dessen Beginn zunächst das schwere Jahr 1917 stand, dem die entbehrungsreichen Nachkriegsjahre und dann die Bedrängnisse der NS-Diktatur gefolgt waren, und zugleich ein Tag tiefen inneren Dankens.

Nach der von Erzbischof Kolb zelebrierten Pontifikalmesse, in deren Verlauf die Weihehandlungen der Bischofskonsekration von der Prüfung des neu berufenen Bischofs und der Verkündung der päpstlichen Ernennung über die Ablegung des Treueids und der Salbung des neuen Oberhirten bis zur Übergabe der bischöflichen Insignien Stab, Ring und Mitra vorgenommen wurden, trat Joseph Schröffer den Gläubigen erstmals als ihr neuer Oberhirte entgegen. Die Ortszeitung berichtete darüber: „Es war der ergreifendste Augenblick der feierlichen Zeremonie, als der Neugesalbte in vollem Pontifikalschmucke, begleitet von den beiden assistierenden Bischöfen in die Hallen des Domes hinabschritt und unter den Klängen des ‚Te Deum' die tausendköpfige Menge segnete. Nach der Rückkehr auf seinen Thron nahm Bischof Joseph das Treueversprechen der Priester seiner Diözese entgegen. Im Anschluß daran wurde die heilige Messe zu Ende zelebriert. Nach dem Segen näherte sich der Neugeweihte dem Konsekrator mit den Worten: ‚Ad multos annos' (auf viele Jahre), die dreimal in einer anderen Tonhöhe angestimmt wurden, und empfing den Friedenskuß. Damit war die Weihehandlung abgeschlossen."

Zu Mittag war er dann mit seinen priesterlichen Mitbrüdern im Speisesaal des Seminars zusammen. Bezeichnend für die damalige Notsituation ist die Bemerkung im Pastoralblatt, die Priester, die am gemeinsamen Mittagstisch teilzunehmen gedenken, werden gebeten, Lebensmittelmarken mitzubringen und zwar für 50 g Fleisch, 30 g Fett, 50 g Nährmittel und 100 g Brot, waren doch damals die Lebensmittel noch rationiert.

Den Ausklang des Weihetages bildete am Abend eine Feierstunde im Dom, an der wiederum Tausende von Gläubigen teilnahmen. Sie hörten bei dieser Gelegenheit die erste Ansprache des neuen Bischofs an seine Diözesanen. In ihr machte Bischof Joseph Schröffer richtungweisende Aussagen, wenn er feststellte:

„Die Stunde, in der wir stehen, ist von hohem Ernst überschattet. Es ist der Ruf des Herrn ergangen und hat einen aus Euerer Mitte herausgeholt; einen, der nichts anderes sein wollte als seine Brüder. So grüße ich Euch in Demut und Ehrfurcht. Euch zu dienen ist meine Berufung. Für Euch bin ich Bischof, mit Euch bin ich Christ"

und dabei auf den heiligen Augustinus Bezug nahm. In diesem Geiste versprach er besonders den Armen, den Flüchtlingen und Heimatvertriebenen zu dienen und ihr Los lindern zu helfen und vor allem den christlichen Glauben zu künden und das Leben daraus zu fördern. Er schloß mit den Worten:

„Christus zu finden ist das Ziel meiner Arbeit. Lasset uns zu den inneren

Werten zurückkehren, und wir werden Gott finden! – Redeamus ad cor et inveniamus Eum!“

Wie der Chronist in seinem Bericht vermerkte, zeigten sich die Hörer von dieser Ansprache stark beeindruckt. Sie konstatierten auch mit besonderer Genugtuung, daß der neue Oberhirte so warme und verehrungsvolle Worte für seinen Vorgänger, Bischof Michael Rackl, fand und seiner in herzlicher Dankbarkeit gedachte. Ein Wesenszug, der Joseph Schröffer zeit seines Lebens auszeichnete. Er wird auch im ersten Hirtenbrief des neuen Bischofs deutlich. Auf den 21. September 1948, den Weihetag, datiert, stellt er den Dank an Gott für die gnädige Führung, den Dank an Christi Stellvertreter auf Erden, den Papst, für sein Wirken und Wohlwollen, und den Dank an die Gläubigen für ihr mittragendes Gebet vor jeden persönlichen Bezug und bittet alle Mitchristen um ihren Einsatz für einen neuen Anfang im Glauben und ihre Mitwirkung bei der Bewältigung der großen Aufgaben der Zukunft.

Den bischöflichen Wahlspruch zum Leitgedanken des Hirtenbriefs erhebend, rief Bischof Joseph seinen Diözesanen zu:

„Heim zum Herzen, um Ihn zu finden! Unter dieses Wort wollen wir unser gemeinsames Ringen um die Verwirklichung des Reiches Gottes stellen. Wir wollen die Aufgabe sehen und einander stärken in ihrer Erfüllung“,

um sich dann an einzelne Gruppen zu wenden und sie direkt anzusprechen:

„Ich bitte die Priester um ihr Memento am Altare, ich bitte die Kinder, die allzeit Zutritt haben beim Herrn, die Kranken in ihren schlaflosen Stunden, ich bitte euch alle, in brennender Liebe zum Reiche Gottes zu beten, daß es immer tiefere Wurzeln schlage bei uns“

und zum Schluß die Bitte auszusprechen, auch seiner zu gedenken, auf daß sein Wirken dem Reiche Gottes „nicht ein Hemmnis sei, sondern es fördere und weite“. Er schloß mit dem Versprechen:

„Ich meinerseits will für euch beten und ‚meine Knie beugen vor dem Vater unseres Herrn Jesus Christus, daß er euch nach dem Reichtum seiner Herrlichkeit verleihe, dem inneren Menschen nach zu erstarken, auf daß Christus durch den Glauben in eueren Herzen wohne‘“.

Mit diesem Paulus-Wort an die Gemeinde von Ephesus kam er wieder auf das Anliegen seines bischöflichen Wahlspruchs zurück und bekräftigte es mit den Worten:

„In diesem Sinne segne ich euch jetzt zum ersten Male – und in Zukunft jeden Abend – im Namen des Vaters und des Sohnes und des Heiligen Geistes. Amen.“

Eine Ankündigung, die Bischof Schröffer als Versprechen auch mit nach Rom nahm und als Kurienkardinal bis auf sein Sterbelager einhielt, wie er am Vigiltag seiner Weihe sich auf Lebenszeit seiner Priesterschaft mit dem Wunsche angelobte:

„Mein herzlichster Wunsch ist es, Euch allen ohne jegliche Ausnahme in einer echten und schönen Brüderlichkeit menschlich verbunden zu werden. Wollen wir ohne Vorbehalte, in ehrlichem Wohlwollen und voll gegenseitigen Vertrauens einander die Hände reichen, in priesterlicher Gemeinschaft einander stärken und für einander beten, auf daß wir unserer Berufung würdig wandeln", um dann offen zu bekennen:

„Ich bin mir bewußt, daß Ihr es seid, die das Reich Gottes in die Wirklichkeit hineinbauen, und daß es Euerem Mühen und Euerer selbstlosen, aufreibenden Arbeit zu danken ist, wenn es irgendwo wächst und sich entfaltet. Darf ich Euch dabei sagen, wie sehr ich das Wort unseres Herrn liebe, daß er mitten unter uns gewesen ist wie einer, der dient (Lk 22, 27) und das gleiche von dem Träger eines Amtes in seiner Kirche verlangt, ‚der Diener aller' zu sein" (Mk 9, 35; 10, 43 f.).

Statt sich feiern zu lassen, bat er das Professorenkollegium der Philosophisch-Theologischen Hochschule in Eichstätt, die geplante Festakademie zu Ehren ihres ehemaligen Mitglieds „dem Geist der Zeit entsprechend nicht stattfinden" zu lassen und lehnte auch das Geschenk eines Brustkreuzes ab mit der Bitte, dafür angesichts der großen Wohnungsnot einen Betrag dem Siedlungswerk zu geben, war es ihm doch „ein Herzensanliegen, caritative Hilfe spenden zu können", wie der damalige Rektor der Hochschule, Professor Dr. Johannes Stigler in einem Schreiben an die Dozentenschaft überliefert.

An den Oberbürgermeister der Stadt schrieb er: „... Wenn ich am heutigen Tag die Leitung der Diözese übernehme, drängt es mich, Ihnen, sehr verehrter Herr Oberbürgermeister, als erstem Vertreter unserer Stadt ein Zeichen meiner Gesinnung zu geben, das mir übertragene hohe Amt als eine Berufung zum Dienen sehen zu wollen, zum Dienst nicht nur am Geiste, sondern auch an der materiellen Not der Zeit. Es sind nun wohl alle unsere Hände und Taschen leer geworden, ich darf Sie aber gleichwohl bitten, mein erstes Bischofsgehalt – in Höhe von 800 DM – für die Armen der Stadt in Empfang zu nehmen, mehr als ein Symbol meines Hilfewillens denn als wirksame Hilfe in der gegenwärtigen Not. ... Der weihende Bischof wird morgen die prüfende Frage an mich richten: ‚Willst du gegen Arme und Fremde und gegen alle Bedürftigen um des Herrn willen mild und barmherzig sein?' Ich will ein Ja darauf sprechen, das einer tiefen brüderlichen Verbundenheit mit allen, die heute Not an sich erfahren, entspringt ..."
Diese Sorge hat er auch in seinem ersten Hirtenbrief zum Ausdruck gebracht, als er schrieb:

„... Die Not ist unser Schicksal geworden, weit und unermeßlich groß. Die Armut, die über Nacht Besitzende in Besitzlose verwandelt hat, die Enge, in der die Menschen in allen Wohnungen sich drängen und aneinander stoßen, der Hunger, der uns seit Jahren quält und die Seuchenfälle steigert, die Fremde, die die Sehnsucht nach der verlorenen Heimat nicht verwinden läßt, der Mangel, der an Lebensgütern besteht, der Mangel an Arbeitsmöglichkeiten, der auch die noch vorhandenen Lebensgüter nicht gewinnen läßt. Es ist die Stunde gekommen des mitfühlenden, des hilfebereiten, des sich selbst verschwendenden Herzens ..." Worte, die von großer Wirklichkeitsnähe zeugen und die zugleich in einfühlsamer Weise die seelische Not – wie etwa das Heimweh der Vertriebenen – beschreiben. Sätze und Formulierungen, die beeindrucken.

Dieser erste Hirtenbrief bestätigte gleichsam öffentlich, was bislang nur die engsten Mitarbeiter Joseph Schröffers im Generalvikariat, die Studenten seiner Vorlesungen und Kollegs wußten, nämlich, daß „dieser jüngste Bischof Deutschlands nicht nur ein Theologe von hohem Rang ist, sondern auch ein Meister der Sprache und Stilist von besonderer Bedeutung", wie sich ein zeitgenössischer Publizist einmal ausdrückte, oder wie ein Redakteur einmal meinte: „Egal, ob Schröffer eine Predigt oder Ansprache hält oder einen Hirtenbrief verfaßt, immer fühlen sich Herz und Verstand gleichermaßen angesprochen; denn seine Aussagen sind nicht nur tief und fundiert und geben dem Kopf seine geistige Nahrung, sie machen in ihren wohl gesetzten Formulierungen auch dem Germanistenherzen stets Freude."

Wie bei seinen bisherigen Versetzungen und Berufungen blieb Joseph Schröffer auch diesmal keine Zeit für Erholung von den strapaziösen Wochen und Monaten, vielmehr fiel der Urlaub der Vorbereitung auf das neue Amt völlig zum Opfer und konnte auch nach der Weihe nicht nachgeholt werden. Da waren sofort Entscheidungen zu treffen und Ernennungen vorzunehmen.

Jahre des Aufbaues und der inneren Erneuerung

Zu seinen engsten Mitarbeitern berief er Prälat Dr. Ludwig Bruggaier als Ordinariatsdirektor und Domkapitular Joseph Heindl zum Generalvikar. Als Sekretär bestätigte er den langjährigen treuen Sekretär seines Vorgängers Bischof Michael Rackl, Domvikar Eduard Wohlmuth – den Neffen des in Bayern wohlbekannten Landtagsabgeordneten –, der in dieser notvollen Zeit zugleich Caritasdirektor der Diözese war und sich große Verdienste erworben hat.

Sein Terminkalender war dichtest gefüllt. Auch wollte er baldmöglichst den Heiligen Vater sehen, um ihm seinen Dank abzustatten und ihn seiner Gefolgstreue zu versichern. Damit verband er den für alle fünf Jahre vorgesehenen Ad-limina-Besuch der Bischöfe, den Rechenschaftsbericht über Leben und Lage des Bistums, der durch die Wirren des Krieges lange Jahre nicht mehr möglich gewesen war.

Was früher und heutzutage keine Schwierigkeiten bereitete, war im Herbst

1948 freilich ein Problem, nämlich die Geld- und Devisenfrage. Bekanntlich war im vierzonalen Deutschland im Juni 1948 die alte Reichsmark-Währung von den Besatzungsmächten aufgehoben und die „Deutsche Mark“ (DM) eingeführt worden.

Bei der allgemeinen Rationierung des neuen Geldes auf ein „Kopfgeld“ von 40 Mark im Monat waren zur Durchführung von Auslandsreisen lediglich 10 „neue Mark“ für die Mitnahme gestattet.

Eine Summe, mit welcher eine Auslandsreise wie der ad-Limina-Besuch nicht zu finanzieren war, zumal die neue deutsche Währung im Ausland noch nicht anerkannt war und daher von den deutschen Auslandsreisenden gar nicht verwendet werden konnte. Neben der Schwierigkeit, die Romreise zu finanzieren, galt es noch, die zahlreichen Bescheinigungen und Genehmigungen für die Aus-, Durch- und Einreise von Deutschland über Österreich bzw. die Schweiz nach Italien einzuholen, um dann endlich am 25. Oktober 1948 die Fahrt antreten zu können. Joseph Schröffer mag angesichts dieser vielfältigen Umständlichkeiten an seine erste Romreise gedacht haben, die fast auf den Tag genau vor 26 Jahren erfolgt war und auch ihre besonderen Hindernisse hatte. Und ähnlich wie er damals von der Ewigen Stadt innerlich gefesselt war, beeindruckte ihn diesmal die Hauptstadt Italiens und der Kirche mit ihrem weitgehend unversehrten Erscheinungsbild. Während es in Deutschland keine Großstadt mehr gab, die nicht zu großen Teilen durch Bombardierung und Fronteinwirkung zerstört worden war, war Rom auf Bitten des Papstes von der Deutschen Wehrmacht zur Offenen Stadt erklärt und kampflos den alliierten Streitkräften überlassen worden. Die einzigen noch wahrnehmbaren Schäden gingen auf einen Bombenangriff der Alliierten zurück. Sie lagen aber nicht an der Wegstrecke, die Bischof Schröffer vom Bahnhof zum Vatikan nahm. Denn wie einst der heilige Willibald nach seiner Ankunft sofort zu Sankt Peter eilte, fuhr auch er gleich zur Kirche des Apostelfürsten und ersten Papstes, fand er sich gleichsam unverzüglich „ad limina Sancti Petri“ ein. Für den 77. Nachfolger des heiligen Willibald und – wie jener – treuen und ergebenen Sohn der auf den Fels gebauten Kirche eine Selbstverständlichkeit. Quartier nahm der neue Bischof von Eichstätt in jenem Haus, in das er vor 26 Jahren als Student eingezogen war: im Germanikum.

Da gab es auch noch Muße für Pater Junkes, den Leiter der vatikanischen Radiostation, den Gast aus Eichstätt durch die Päpstliche Sternwarte zu führen und ihm die seit den zwanziger Jahren geschaffenen Neuerungen zu zeigen.

Obwohl durch Studium und Ausbildung humanistisch-theologisch geprägt, hatte sich Joseph Schröffer zeit seines Lebens eine interessierte Aufmerksamkeit für technische und naturwissenschaftliche Fragen erhalten, wie er auch anderen „berufsfremden“ Dingen stets ein anteilnehmendes

Interesse entgegenbrachte und dadurch so manchen Facharbeiter oder Landwirt freudig erstaunte. Höhepunkt des Romaufenthaltes war die auf den 30. Oktober 1948 um 9 Uhr vormittags angesetzte Papst-Audienz in Castelgandolfo. Dabei konnte der junge Oberhirte nicht nur dem Oberhaupt der Kirche seine und seiner Diözesanen Treue zum Stuhle Petri bezeugen und dem Papst berichten, wie Priester und Volk des Bistums Eichstätt dem Heiligen Vater persönlich in „hoher Verehrung zugetan sind“, sondern auch erfahren, welch' großes Interesse Pius XII. den Verhältnissen und Lebensumständen der Menschen in Deutschland, insbesondere in Bayern und der Diözese Eichstätt, entgegenbrachte. Wie Bischof Schröffer später berichtete, erkundigte sich der Papst „mit besonderer Wärme“ nach dem Schicksal Ingolstadts, das er von mehreren Besuchen als Nuntius in Bayern anläßlich der Kriegsgefangenenbetreuung gegen Ende des Ersten Weltkriegs her kannte; war doch die Stadt an der Donau – auch als „die Schanz“ bekannt – als frühere größte Landesfestung Bayerns damals Stationierungsort Zehntausender von Kriegsgefangenen aus Frankreich, Italien, England und Rußland. Die Erinnerungen an sie blieben dem jungen Gymnasiasten von damals bis ins hohe Alter lebendig.

Nach C. Verwoort hat Papst Benedikt XV. Pakete an alle Kriegsgefangenen gesandt; der Apostolische Nuntius in München, Msgr. Eugenio Pacelli, kam persönlich, um sie zu verteilen. Der Lagerkommandant wird geschildert als „ein loyaler Chef übrigens, dieser Kommandant, ein guter, vornehmer, vom Alter gebeugter Mann.“ Zu den in der Brückenkopfkaserne festgehaltenen Offizieren zählten auch der spätere französische Staatspräsident Charles de Gaulle und der nachmalige sowjetische Marschall Tuchatschewski. Bei dem Gespräch der beiden am Vormittag des 30. Oktober 1948 standen freilich ganz andere Fragen im Mittelpunkt.

Da hatte Bischof Schröffer dem Papst von der Wohnungsnot, dem Flüchtlingselend und dem allgemeinen Versorgungsmangel zu berichten und dabei betont, daß diese vielfältigen Schwierigkeiten „ohne Hilfe von außen“ nicht zu meistern sein dürften. In seinem Bericht vor den Gläubigen seiner Vaterstadt faßte er die Reaktion des Papstes in dem Satz zusammen:

„Ich brauche Euch wohl nicht zu sagen, daß er mit ganz großer Liebe uns zugetan ist, wie alle Kreise in Rom geradezu von seiner Vorliebe für die Deutschen sprechen, wie herzlich er mir aufgetragen hat, Euch alle zu grüßen und seinen Segen Euch zu bringen.“

Ein Beispiel für die Besorgtheit Pius XII. um die Deutschen konnte Joseph Schröffer gleich in Rom in der Person einer deutschen Ordensschwester kennenlernen, welche vom Papst beauftragt war, die Liebesgabensendungen der katholischen Welt zu verteilen. Im Bewußtsein der großen Not zuhause besuchte er die Schwester und ging in die Caritasdepots des Vatikans, um dann dort zu sehen, wie soeben eine Liebesgabensendung aus Canada angekommen war, die 3000 Kisten umfaßte und schwer zu transportieren war, da jede einzelne Kiste 1,20 Meter hoch und 1,50 Meter breit war und eine Länge von rund 2 Metern hatte. Als sich die Ordensschwester über die unhandliche Größe der Kisten beklagte und den die Sendung begleitenden Bischof fragte, ob es denn nicht möglich gewesen wäre, kleinere Kisten zu packen, konnte Bischof Schröffer die listige Begründung hören, daß man nur 3000 Kisten habe schicken dürfen und diese dann umso größer hätten sein müssen, um wirksam helfen zu können. Ein Grund, der die brave Ordensfrau sofort überzeugte. Bischof Joseph erzählte diese Begebenheit wenige Wochen später seinen Ingolstädter Landsleuten und fügte noch hinzu, in Rom herrsche allgemein die Auffassung, daß die caritativen Aktivitäten des Vatikans „den Deutschen in besonderer Weise“ zugute kämen. Ein Eindruck, der durchaus seine Richtigkeit hatte, wie beispielsweise auch die Buben eines Jesuitenkollegs im Schwarzwald bezeugen können, die wiederholt vom Vatikan mit einem Waggon Mehl bedacht wurden, aus dem Brötchen gebacken wurden, welche die Zöglinge umgehend „Papst-Wekken“ tauften. In ähnlicher Form unterstützte Papst Pius XII. viele andere Einrichtungen und Personengruppen in Deutschland – wie er während des Krieges und der NS-Herrschaft jenen half, die durch die seinerzeitigen Machthaber in Not und Verfolgung geraten waren. Auf diese Weise wurde der „Pastor Angelicus“ für ungezählte Menschen gleichsam zum lebensrettenden Schutzengel und hätte eine andere Würdigung verdient, als sie ihm von manchen Deutschen hinterher zuteil geworden ist.

Im übrigen war auch Bischof Schröffer in gewisser Weise ein Nutznießer päpstlicher Caritas, wurde ihm doch das erforderliche Reisegeld für den „ad-limina“-Besuch in Rom von einem vatikanischen Sonderfonds zur Verfügung gestellt, da sonst die Fahrt nicht möglich gewesen wäre.

Nach dem sehr ausgefüllten Aufenthalt in der Ewigen Stadt kehrte Bischof Joseph am 10. November abends nach Eichstätt zurück. Die über zwanzigstündige Fahrt ging über die Schweiz, da die direkte Strecke über den Brenner damals nicht befahrbar war. Zuhause hatte sich in der Zeit der Abwesenheit des Bischofs vieles zur Erledigung angesammelt und erlaubte keine Erholung von den Strapazen der anstrengenden Reise.

Auch galt es, ergangene Einladungen wahrzunehmen und auf diese Weise als Bischof die Verbundenheit mit Priestern und Volk zu stärken. Da stand auf der Besuchsliste ganz oben die Einladung der Seelsorger seiner Heimatstadt Ingolstadt. Ihr folgte er am 21. November 1948, einem Sonntag. Nach einem feierlichen Empfang durch die Würdenträger der Stadt, bei welchem darauf verwiesen wurde, daß erstmals ein gebürtiger Ingolstädter Oberhirte des Bistums geworden sei, feierte Bischof Joseph in der St. Moritz-Kirche ein festliches Pontifikalamt und hielt dabei eine bemerkenswerte Predigt.

Bischof Joseph bekannte einleitend seine besondere Verbundenheit mit

seiner Heimatstadt und der Kirche St. Moritz, denn „Aus euerer Mitte bin ich hervorgegangen. In diesem Gotteshaus wurde mir, wie den meisten von euch, das Leben Gottes geschenkt in der Taufe“,
um sich dann zu erinnern:

„Hier haben wir gemeinsam dem Worte Gottes gelauscht, das unser Herz berührt hat, mahnend, erschütternd, werbend und lockend“ und zu bekennen:

„Hier wurde mir der Keim des Berufes zum Priestertum in die Seele gelegt. Hier habe ich wie ihr, ihr jungen Menschen, gerungen und gebetet um die Kraft Gottes in den Jahren der Reifezeit, um die Tapferkeit, die Selbstbeherrschung und die Lauterkeit des Lebens.

Hier standen wir in heiliger Gemeinschaft im Angesichte Gottes, um ihm gemeinsam unser Opfer zu bringen im Glanz des liturgischen Gottesdienstes. Hier begannen sich die familiären Bande der Zusammengehörigkeit der Pfarrfamilie zu knüpfen.“

Nach dem persönlichen Dank für das Meßgewand, das die Pfarrei St. Moritz Bischof Joseph zur Konsekration stiftete, deutete er seine Verbundenheit mit den Gläubigen seiner Heimatstadt als „eine Gemeinschaft des Seins, des Sollens und des Schicksals“, die ihre letzte Erhöhung finde in der Gemeinschaft mit Christus, denn
„wir teilen mit ihm das Leben, wir teilen mit ihm die Aufgabe, wir teilen mit ihm das Schicksal. Er ist das Gesetz unseres Lebens. Wir können einander nichts Besseres wünschen, als daß er immer mehr das Gesetz unseres Lebens werde“.

Daß Joseph Schröffer mit seinen Predigten und Ansprachen jeweils das treffende Wort und den richtigen Ton finden konnte, bewies er gleich zu Beginn des Jahres 1949, als er ein „Hirtenwort zum Bettag der Jugend an Mariä Lichtmeß“ erließ.

Ganz auf seine jugendlichen Adressaten eingestellt bringt er eine knappe Schilderung der Lage der Christen in osteuropäischen Ländern, der deutschen Gefangenen und der nach Rußland verschleppten deutschen Frauen und Mädchen. Ausführlich genug, um ihr tragisches Schicksal zu erkennen, und klar genug, um sich für ihr Leiden und Opfern in die Gebetspflicht nehmen zu lassen. Da ruft Bischof Joseph jenen jungen Männern, welche aus der Kriegsgefangenschaft bereits nach Hause zurückkehren konnten, ohne Umschweife zu:

„Ich fordere vor allem alle Heimkehrer auf, sich an den Betstunden zu beteiligen. Sie haben das Leben der gefesselten Hände aus eigener Erfahrung kennengelernt.“ Es sind ihre Kameraden, um die es geht und die sie nicht vergessen dürfen. „Richtet am Bettag euren Blick hin auf die Brüder, die noch nicht heimgekehrt sind im vierten Jahre nach dem Kriege, die Gefangenen im Osten oder sonstwo auf der Welt, die seit Jahren nichts kennen als

Stacheldraht, Wachposten und Gewehrkolben, das Herz zerrissen von Heimweh und Hoffnungslosigkeit."

Er schilderte die Lage der Kriegsgefangenen mit nüchternen und zugleich einfühlsamen Worten, als ob er ihr Los auch schon selber erlebt hätte und vermochte auf diese Weise das Herz seiner Adressaten am ehesten zu erreichen; wie er auch mit eindringlichen Sätzen auf das Schicksal der Christen und ihrer führenden Persönlichkeiten hinwies und die Jugendlichen beschwor:

„Denkt an die katholische Kirche und die katholische Jugend im Osten; an den Kardinal von Ungarn, den sie vor kurzem verhaftet haben; an Erzbischof Stepínac, der seit zwei Jahren in einem Zwangsarbeitslager hungert; an die Bischöfe, Priester, Ordensfrauen und katholischen Laien in Rumänien, die Verfolgung leiden und versucht werden, ihren Glauben abzuschwören",
um zwischendurch aufrüttelnd zu fragen:

„Haben wir uns schon wieder so an Ruhe und Freiheit in Religion und Leben gewöhnt, daß wir uns nicht mehr vorstellen können, wie es ist, verfolgt zu sein um des Glaubens willen?"

Eine Anfrage an die Zeitgenossen, die auch heute noch aktuell ist, jedoch viel zu wenig gestellt scheint.

Bischof Schröffer verstand es, nicht nur mit diesen Beispielen und Fragen die Aufmerksamkeit der Jugend auf die Zustände in Osteuropa hinzulenken und sie für die schwierige Lage der Christen im kommunistischen Machtbereich zu sensibilisieren, sondern erwies sich in seinen Schilderungen auch gut informiert. Etwa wenn er über eine Parlamentssitzung in Budapest berichtete: „Als im ungarischen Parlament der Beschluß gefaßt wurde, die katholischen Schulen aufzuheben, standen alle Abgeordneten auf und sangen die Nationalhymne. Nur eine blieb sitzen: Schwester Margit Slachta, die Führerin der christlichen Frauen in Ungarn. Sie schwieg und bekannte sich damit laut zum besseren Ungarn und zum Reiche Gottes. Sie wurde aus dem Parlament gewiesen."

Seine wache Anteilnahme und zugleich sein Freimut, darauf hinzuweisen, zeigte sich besonders bei der Erwähnung des Schicksals der nach dem Osten deportierten deutschen Frauen, wenn er den Jugendlichen schreibt:

„Brüder und Schwestern! Man spricht von 175 000 gefangenen und verschleppten deutschen Frauen und Mädchen im Osten. Es erreicht sie kein Brief, keine Liebesgabe . . ."
um sie anschließend aufzufordern, dieser unglücklichen Menschen zu gedenken. Bekanntlich werden diese erst nach rund zehn Jahren aus ihrer Verbannung wieder zurückkehren und nach Deutschland kommen können, soweit sie nicht den harten Strapazen vorher erlegen sind.

In seinem ersten Fastenhirtenbrief vom 13. März 1949 stellte Bischof Joseph das Pauluswort „Die Liebe baut auf" (1 Kor 8,1.) in den Mittelpunkt und knüpfte daran die Aufforderung, das Leben auf das Fundament Christi aufzubauen, da der Mensch nur auf dieser Grundlage, die „bis in die geheimnisvollen und unerschütterten Tiefen Gottes hinabreicht, Sicherheit und Beruhigung" gewinne. Dies besonders angesichts des „weiten und wüsten Trümmerfelds", das „die dunkle Vergangenheit des letzten Jahrzehnts" hinterlassen habe. Er stellte fest:

„Neues Bauen und unverdrossenes Weiterbauen, das ist die Parole auch für die Bürger des Reiches Gottes. Vieles ist noch verschüttet, manches ist aus den Fugen geraten in den Erschütterungen der vergangenen Jahre, selbst das Fundament ist bei manchen ins Wanken geraten . . ."

Als „Bauplan" für das persönliche Haus Gottes empfahl Bischof Schröffer „aus den Akten Gottes" die Heilige Schrift, wo alles „niedergelegt, klar vorgezeichnet und fest umrissen ist".

Aber wie stets in seinen Anrufen und Wegweisungen blieb er nicht nur in transzendentalen Überlegungen, sondern konkretisierte die Christenpflichten in praktischen Aufträgen.

Ausgehend von der großen Wohnungsnot, die durch die Kriegszerstörungen und das Hereinströmen vieler Tausender Heimatvertriebener bewirkt worden ist, erklärte er das Wohnraum-Schaffen zur „ersten Forderung des Herzens" und wies darauf hin, daß dies zugleich auch „eine Forderung der Vernunft" sei; denn mancherlei Unzuträglichkeiten ergeben sich aus räumlicher Enge, die von Mißstimmung und Verbitterung bis zur Verwahrlosung der Kinder und Jugendlichen reichen und nicht selten auch Familiengemeinschaften zerbrechen lassen. Im Sinne des Wortes Pius XII. „nicht klagen, handeln!" beließ er es nicht bei klugen Diagnosen und trefflichen Empfehlungen für seine Diözesanen, sondern ging das Problem der Wohnungsnot mit einem tatkräftigen Schritt an, indem er das „Siedlungswerk der Diözese Eichstätt" gründete und darin alle baulichen Aktivitäten des Bistums zusammenfaßte. Das später nach dem großen „Aufbau-Bischof" Gundekar benannte „St.-Gundekar-Werk" vermittelte preiswerten Baugrund, finanzielle Hilfe, billige Baukräfte und Baumaterialien und verschaffte Baudarlehen zu niedrigen Zinsen.

Im Frühjahr 1949 standen bereits über 300 Bau- und Wohnungsausbauvorhaben in Planung bzw. kurz vor dem Abschluß. Wörtlich vermeldete der Bischof:

„Geplant ist weiterhin und in Vorbereitung steht der Bau von 120 Wohnungen an verschiedenen Orten der Diözese. Des weiteren wurden von kirchlicher Seite vier Altersheime geschaffen, zwei davon wurden ausschließlich für heimatvertriebene alte Leute eingerichtet, die schwerer als alle anderen unter der Entwurzelung aus dem Boden der Heimat leiden. Ein fünftes wurde der kirchlichen Betreuung übergeben."

Obwohl das Bistum Eichstätt nicht reich an Grundbesitz war und dieser obendrein fast ausnahmslos an Kleinbauern, die ihn zur Sicherung ihrer Existenz dringend benötigten, verpachtet war, konnten doch in über 20 Pfarreien rund 26 Tagwerk, das sind über 85 000 Quadratmeter, an Kirchenland für Siedlungs- und Wohnbauzwecke zur Verfügung gestellt werden. So praktizierte Bischof Schröffer in seinem Bistum zeitnahe Nächstenliebe und baute Wohnungen und Kirchen. Immerhin vergrößerte sich die katholische Bevölkerung der Diözese Eichstätt durch die Einweisung von Heimatvertriebenen – vornehmlich aus dem katholischen Sudetenland – um über 30 Prozent, während im übrigen Deutschland die Einwohnerzahl um rund 20 Prozent anstieg. Dazu kam, daß die Wohnverhältnisse in den meisten Gegenden des Eichstätter Bistums schon früher dürftig und beschränkt gewesen sind und die Einheimischen alles andere als auf Rosen gebettet waren. Ein Umstand, der die erste Begegnung zwischen Heimatvertriebenen und Alteingesessenen mitunter psychologisch erschwerte, wie Bischof Schröffer schon als Generalvikar zu Ohren kam und er daher die entsprechenden Anweisungen an die Pfarrer ausgab.

Schon wenige Tage nach Verlesung des Fastenhirtenbriefs verfaßte Joseph Schröffer ein von innerer Wärme und Verehrung für den amtierenden Papst erfülltes Hirtenwort zum Goldenen Priesterjubiläum Pius XII. Bekanntlich wurde der am 2. März 1876 in Rom geborene Eugenio Pacelli am 2. April, dem Ostertag des Jahres 1899, zum Priester geweiht und feierte tags darauf in der römischen Kirche Maria Schnee seine Primiz. Nach Bekanntgabe dieser Daten und einem Überblick über die vielfältigen Aufgaben des Oberhauptes der Kirche sowie seines segensreichen Wirkens, schrieb Bischof Joseph:

„Was aber die Gläubigen der weiten Welt bewegt, Ehrfurcht und Freude, Dank und herzliche Bitte, das bewegt noch tiefer und inniger die deutschen Katholiken und vor allem Priester und Volk unseres bayerischen Landes. Uns ist ja der Heilige Vater aufs engste verbunden. Zwölfeinhalb Jahre hat er in unserer Mitte gelebt. Er spricht unsere Sprache, er kennt unser Fühlen, er durchlitt unsere Not, er erlebte mit uns den Niedergang und das mühsame Ringen um den Wiederaufstieg. Er liebte unsere bayerische Heimat ...“,
um dann die persönlichen Abschiedsgrüße des ehemaligen Nuntius Eugenio Pacelli wörtlich zu zitieren:

„Ich grüße bewegten Herzens das ganze bayerische Volk, in dessen Mitte mir in den vergangenen Jahren eine zweite Heimat geworden ist. Eine zweite Heimat, deren grünende Fluren und stille Wälder, deren ragende Berge und blaue Seen, deren Bergkirchlein und Dome, deren Almhütten und Schlösser ich noch einmal an meinem Geiste vorüberziehen lasse, bevor ich den Wanderstab ergreife, um an anderer Stelle zu wirken, was meines Amtes ist.

Und mit dem Lande grüße ich in dankbarem Abschiednehmen das bayerische Volk, dieses Volk, das jeder lieb gewinnen muß, der ihm nicht nur ins Auge, sondern auch in die Seele blicken durfte; dieses Volk, so stark und fest wie die Felsen seiner Berge, mit einem Gemüt, so tief wie die blauen Wasser seiner Seen." Die für die päpstliche Diktion ungewöhnliche Ich-Form der Grußbotschaft unterstreicht die innere Verbundenheit Pius' XII. mit Bayern und seinen Gläubigen. Es war ein bewegender Abschied, den Nuntius Pacelli im Jahr 1925 in München nahm, als er zur Wahrnehmung seiner Aufgaben als päpstlicher Botschafter bei der Reichsregierung nach Berlin übersiedelte und sich nur schweren Herzens von München trennte.

Die bestmögliche Erfüllung seiner Aufgaben war dem Bischof ein ernstes Anliegen. Dabei wandte er sich besonders auch an die Jugend. Bekanntlich hatte er einen guten Zugang zu den jungen Menschen, wie sich dies bei zahlreichen Begegnungen auf nationaler und internationaler Ebene immer wieder beeindruckend zeigte. Unvermittelte Schnappschüsse von Unterhaltungen in Tagungspausen oder ungezwungenen Begegnungen nach dem gemeinsamen Gottesdienst dokumentieren dieses wechselseitig gute Verhältnis ganz anschaulich. Da sieht man beispielsweise Bischof Schröffer zusammen mit führenden Vertretern der sudetendeutschen „Jungen Aktion" vor der Eichstätter Schutzengelkirche in herzlich-heiterem Gespräch mit dem Diözesansekretär Franz Olbert, heute Generalsekretär der Ackermann-Gemeinde in München, dem Diözesansprecher Alois Schmid und der Bundesführerin der Jungen Aktion, Hilde Hejl. Zuvor hatte er die jungen Menschen, die noch als Kinder die Vertreibung aus der Heimat miterlebt und zum Teil in Diasporagebieten der Eichstätter Diözese Aufnahme gefunden hatten, im Gottesdienst herzlich willkommen geheißen und ihnen das erfahrene Schicksal zukunftweisend gedeutet. „Wir freuen uns", hatte er die Teilnehmer des Diözesantags begrüßt, die damals von Pommelsbrunn bis Windsbach, von Nürnberg bis Ingolstadt und von Neumarkt in die Bischofsstadt gekommen waren, „daß Ihr Euch in dieser Gemeinschaft zusammengefunden habt, um Kraft zu holen für die Arbeit draußen in der Einsamkeit, in meist ungläubiger Umgebung. Das Schicksal der Vertriebenen steht unter der Gnade des Kreuzes. Versuchen wir, Christus, der auch heimatlos war, ähnlich zu werden und stehen wir dieses Leid in Tapferkeit durch, denn durch Leid kommt Gnade . . . Den Glauben Euerer Kindheit habt Ihr aus der verlorenen Heimat mitnehmen können, er konnte Euch durch die Vertreibung nicht entrissen werden . . . Schließlich dürft Ihr nicht vergessen, daß unsere Heimat im Ewigen liegt", um dann einen Appell an sie zu richten, der heute aktueller denn je erscheint: „Wir dürfen nicht aufgehen im Materialismus dieser Welt, sondern müssen wissen, daß unsere Heimat im Hause des Vaters ist."

Die jungen Sudetendeutschen verstanden die Worte und Ermunterungen des Bischofs sehr gut. Sie beantworteten sie am Ende des Treffens in

Anspielung auf den Namen ihrer Mutter-Organisation (Ackermann-Gemeinde) mit dem Versprechen: „Wir ergreifen das Kreuz und den Pflug und sind bereit, treu zu wirken auf Gottes Ackerfeld.“

Mit gleicher Freude und Anteilnahme, wie er zur Jugend der Heimatvertriebenen kam, suchte Bischof Joseph auch die Begegnung mit anderen Jugendgruppen, sei es die Landjugend oder die Arbeiterjugend, die Pfadfinderschaft oder die „Deutsche Jugendkraft“ bei Tagungen, in Lagern oder Exerzitien. Mit zu den liebsten Terminen seiner ausgefüllten Wochen und Monate gehörten die Treffen im Jugendhaus Pfünz, auf Schloß Hirschberg, die Begegnungen im bischöflichen Konvikt und im Priesterseminar sowie die Diözesantage der verschiedenen Jugendverbände. Gern machte er Station im Ingolstädter Canisius-Konvikt oder in den Gnadenthal-Schulen der Ingolstädter Franziskanerinnen.

Die Jugendlichen freuten sich, wenn der Bischof zu ihnen kam und sich für ihre Anliegen Zeit nahm. Und da waren sie mit Bischof Joseph „hochzufrieden“, wie es der einstige Gebietskaplan der Christlichen Arbeiterjugend (CAJ) und spätere Domkapitular Michael Thiermeyer einmal ausdrückte. In der Tat fehlte Bischof Joseph auf keinem größeren Treffen der CAJ, wenn nach Eichstätt, Ingolstadt oder Nürnberg geladen wurde. Die erhalten gebliebenen Bilder zeigen durch die Bank einen frohen und gelösten Bischof, dem man es ansieht, wie wohl er sich unter den Jugendlichen fühlt, der aus vollem Herzen meint, was er ihnen zuruft: „Ich grüße Euch, den hoffnungsvollen Frühling der Kirche! Ich sende Euch als meine ‚Laienkapläne‘ in die Not der Fabriken. . . . Geht an die Arbeit als Werkleute Gottes, die Gnade unseres Herrn soll mit Euch sein!“

Schon seit der Übernahme des Bischofsamtes trafen sich mehreremale im Jahr die Arbeitskreise der katholischen Verbände, Gruppen der Katholischen Aktion, Apostolatskreise der Jugend, der Arbeitnehmer, der CAJ mit besonders großem Eifer mit dem Bischof zur Berichterstattung, zum Austausch der Erfahrungen und zur Ausrichtung der gemeinsamen Arbeit. Man begann jeweils mit einem Schriftgespräch – wie dies auch in den einzelnen Gruppenstunden eingeführt worden war – 20 Minuten lang, bisweilen sind jedoch zwei Stunden daraus geworden. Es hat sich dies als ungemein fruchtbar und anregend erwiesen und als ein Weg zu einer persönlichen Christusbezogenheit. Spätberufene haben dem Bischof gestanden, daß sie durch das Schriftgespräch in ihren Jugendgemeinschaften diese Werte entdeckt haben und zu dem Schluß gekommen sind: „Warum soll ich mein ganzes Leben an der Werkbank verbringen, wo mir eine solch schöne Welt offensteht, die Möglichkeit, tiefer in sie einzudringen und sie zugleich anderen zu eröffnen.“

Auch den Helferinnen der CAJ wies der Bischof hohe Verantwortung zu. Das wurde beispielsweise auf einem „Gebietstag“ im Oktober 1959 in

Eichstätt deutlich, als er die Versammlung der 35 CAJ-lerinnen in der Jugendherberge besuchte und eine Teilnehmerin später darüber berichtete:

„Viel Freude löste der Besuch unseres Hochwürdigen Herrn Bischofs bei allen Helferinnen aus. Wir waren beglückt über die Aufgeschlossenheit und das Verständnis, das unser Bischof zeigte. Die Helferinnen erzählten ihm Tatsachen aus dem Leben, von ihrer CAJ-Arbeit, von ihren Erfolgen, aber auch von den Schwierigkeiten und Sorgen, die an sie herantreten. Beim Mittagessen war die Stimmung auf dem Höhepunkt. Unser Bischof saß mit uns zu Tisch und allen schmeckte es nochmal so gut. Solch einen hohen Gast haben wir nicht alle Tage bei uns. Zum Abschluß seines Besuches sprach er noch zu uns. Wir alle schöpften wieder Kraft und Mut aus seinen Worten. Wir danken Sr. Exzellenz nochmals herzlichst für seinen Besuch und wollen ihm versichern, daß wir uns noch mehr für die CAJ-Arbeit einsetzen wollen."

Es war übrigens bezeichnend für Bischof Schröffer, daß er sich erst die Meinung und Not seiner Gastgeberinnen anhörte und ihnen seine ungeteilte Aufmerksamkeit schenkte, um dann auf ihre Anliegen einzugehen. Er hielt nichts von kurzen Stipvisiten mit Allerweltsratschlägen und plakativen Unverbindlichkeiten, sondern wollte mit den Menschen ins Gespräch kommen. Und da hatten ihm in seinen Augen junge Arbeiterinnen Wertvolles zu sagen. Aus dieser Haltung heraus hatte Bischof Joseph die Arbeit der CAJ in der Diözese nach Kräften gefördert. Stolz vermerkte daher die CAJ auch immer auf ihren Ankündigungen und Einladungen das Kommen des Bischofs, wenn sie etwa zum gemeinsamen Treffen aufrief und betonte:

„Besonderes Gewicht erhält dieses Treffen durch die Anwesenheit von Bischof Joseph. Er feiert mit der Arbeiterjugend die heilige Eucharistie und nimmt auch am Nachmittag an der Festkundgebung teil."

Joseph Schröffer wußte, daß die Kirche in den Reihen der Arbeiterschaft noch große Lücken zu schließen hatte und manches Versäumte aus dem letzten Jahrhundert nachzuholen war. Außerdem erkannte er rechtzeitig, daß sich die Wirtschaftsstruktur Bayerns – und damit auch seiner Diözese – immer deutlicher von der Landwirtschaft zur Industrie hin wandelte und daher der Fabrikarbeiter eine immer größere Bedeutung in Zahl und Erwartung gewinnen würde. Am meisten lag Bischof Joseph bei diesem unaufhaltsamen Strukturwandel die soziale Lage des Arbeiters am Herzen. Er wußte, daß das Reich Gottes das soziale Wohl des Volkes zur Voraussetzung hat, sagte er doch selbst einmal: „Man muß dem Volk zuerst das irdische Brot brechen, bevor man ihm das geistige Brot bricht."

Entsprechend wichtig hielt er daher den Aufbau eines katholischen Werkvolkes, das die Forderungen der großen sozialen Rundschreiben der Päpste in die Tat umzusetzen bereit wäre. Da man die soziale Frage nur an Ort und Stelle richtig kennenlernen kann, besuchte Bischof Schröffer bereits wenige Monate nach seiner Bischofsweihe einen großen eisenverarbeitenden

Industriebetrieb in Ingolstadt und machte sich persönlich ein Bild von den Arbeitsbedingungen der dort Beschäftigten. Wie es in einem Bericht über diese Betriebsbesichtigung hieß, „hat der Besuch dem weiten sozialen Interesse des Bischofs neue Nahrung gegeben"; denn er „bringt ihnen die warmen Empfindungen des Oberhirten entgegen."

Amtliche und seelsorgerliche Besuche in seiner Vaterstadt brachten Bischof Schröffer immer wieder in Berührung mit Industrie, Technik und sozialer Frage. Die vom Verleger des Donaukurier, der Ortszeitung von Ingolstadt, Dr. Wilhelm Reißmüller, herausgegebenen „Ingolstädter Ansprachen" vermitteln einen aufschlußreichen Querschnitt grundlegender Äußerungen Joseph Schröffers zu diesen Lebens- und Arbeitsbereichen, die auch Aufgabe und Bedeutung einer Ölraffinerie in gewinnendem literarischem Deutsch darzustellen verstehen.

Entgegen dem Anschein einer gewissen konservativen Ausrichtung gehörte der Eichstätter Oberhirte zu den vorausschauendsten Bischöfen. Vieles, was das Konzil dann nach Jahren zum Beschluß erheben sollte, hatte er in seiner Diözese längst eingeführt und praktiziert; ob es sich um die Einbindung der Laien in die Verantwortung der Pfarrgemeinde handelte oder die Erwachsenenbildung anging, die Friedenserziehung betraf oder liturgische Fragen berührte, ganz abgesehen von anderen beispielhaften Aktivitäten wie dem Siedlungsbau oder der Entwicklungshilfe für ein Missionsbistum.

Ohne die Unterstützung eines Weihbischofs nahm er alle oberhirtlichen Aufgaben und Verpflichtungen persönlich wahr. Die bisherige Praxis der „Massenfirmung" ließ er umgehend abstellen und verfügte, daß in Zukunft die Zahl der Firmlinge auf 200 bis 250 beschränkt und die Firmfeier auf höchstens eineinhalb Stunden begrenzt wurde. Das bedeutete, daß er sich in Konsequenz dieser Verkleinerung der Gruppen noch mehr Firmstationen und -Termine zumutete. Eine Mehrbelastung, die ihm aber in seinem Verständnis vom Bischofsamt unabdingbar erschien und die er auch im Sinne der von ihm gewünschten persönlichen Begegnung mit den Gläubigen für geboten erachtete.

Als Bischof Schröffer nach über neunzehnjährigem Wirken als Oberhirte des Bistums Eichstätt im Sommer 1967 von Papst Paul VI. nach Rom berufen und zum Sekretär der Kongregation für das Katholische Bildungswesen ernannt wurde, hatte er mehr als hunderttausend Kindern und Jugendlichen und darüber hinaus einer stattlichen Zahl von Erwachsenen das Sakrament der Firmung gespendet. Bei seinem guten Verhältnis zur Jugend, wie es nicht nur in seinem Hirtenwort vom 21. Januar 1949 dokumentiert ist, sondern auch von vielen Diözesanen bestätigt wurde – ob es der ehemalige „Münsterritter" und spätere Stadtrat von Ingolstadt oder der frühere MC-Sodale und nachmalige Erbe von Schloß Schönbrunn (bei Denkendorf) ist – wirkten gerade diese Begegnungen bei Firmfeiern oft sehr stark auf den jungen Menschen ein und begründeten nicht selten ein dauerndes geistiges Band zwischen Firmling und Bischof. Davon zeugen nicht zuletzt auch zahlreiche Briefe, die Bischof Joseph im Laufe der Jahre oder zu besonderen Anlässen erreichten.

So verband eine Ordensschwester am 11. Juni 1967 ihren Segenswunsch für Bischof Schröffer zur Berufung an die römische Kurie mit der persönlichen Erinnerung:

„Dankbar schaue ich auf den 20. Juni 1949 zurück, wo Ew. Exzellenz mir in Ingolstadt-St. Anton, meiner Heimatpfarrei, ... die heilige Firmung spendete"

und wußte nach achtzehn Jahren noch genau zu berichten:

„Das scheinbar kleine Wort, welches Exzellenz zu mir damals (am Todestag Ihrer lieben Mutter im Marienheim) sagte: ‚Bleiben Sie ein frohes Gotteskind!' habe ich nie vergessen. Es begleitete mich auf meinem Wege, auch da, als ich Schönstätter Schwester wurde und jetzt als Kindergärtnerin in München St. Korbinian, da ich dem kleinen Populus Dei dienen darf".

Besondere Freude dürfte die Schönstattschwester Bischof Schröffer mit ihrem Bericht über die praktische Umsetzung seines Wahlspruches „Kehren wir heim zum Herzen, um Ihn zu finden!" gemacht haben, wenn sie darin mitteilte:

„Um Ihr Anliegen zur Verwirklichung zu bringen, hielt ich täglich 10 Minuten Stille mit Schriftlesung in Gemeinschaft der Schönstatt-Mädchenjugend. So wollten wir Ew. Exzellenz mit unserem Einsatz Freude machen."

Darüber hinaus war der Firmbesuch des Bischofs auch stets ein besonderes Ereignis für die Pfarrei; denn er beschränkte sich nicht auf den sakramentalen Akt in der Kirche, sondern begann bereits am Vorabend des Firmtages. In der Regel traf der Bischof gegen 19 Uhr am Ort der Firmung ein und wurde von der ganzen Pfarrgemeinde mit einem feierlichen Empfang willkommen geheißen. Bei der Ansprache in der Kirche zur Einstimmung auf den morgigen Tag ging er auf die aktuellen Zeitprobleme wie auch auf die Freuden und Sorgen der Pfarrei oder des Ortes ein. Dabei ergaben sich auch Gelegenheiten für persönliche Begegnungen zwischen Gläubigen und Bischof, die – wie manche spätere Briefe ausweisen – oft nachhaltige Eindrücke hinterließen. Nicht wenigen dürften diese Begegnungen wie eine Erneuerung und Bestärkung ihrer eigenen Firmung geraten sein, zumal es Joseph Schröffer stets verstand, dem jeweiligen Gesprächspartner ein inhaltsreiches Wort mit auf den Weg zu geben. Da kein Abfahrtstermin drängte, sondern der Bischof im Ort blieb und den Abend der Pfarrgemeinde schenkte, konnte er auch den vorgetragenen Anliegen gebührende Zeit widmen sowie Kranke und die verschiedenen Anstalten besuchen.

Die Geschwister.

Der neue Kurs im Germanicum vor San Saba, 30. XI. 1922. Stehend von links: Fr. van der Kooy, Holland; Mario de Galli, Tirol; Schröffer, Thiele, Weißthanner, Werner, J. de Galli.

Klappquartett zum Namenstag von P. Rektor Rimml aus Tirol, darum in Tiroler Tracht. Von links: Wirthmann, Würzburg, Schröffer, Eichstätt, Maier, München, Stein, Trier.

Weihekurs 1928 mit Kardinal Pompili und P. Rektor Rimml (4. v. links), Joseph Schröffer (2. v. rechts).

Der junge Professor mit Mutter am Walchensee.

Die drei „Eichstätter Skipioniere“ Kürzinger, Schröffer, Schlick.

Auf dem Weg zum Dom. Die Professoren L. Ott, M. Rehm, J. Lechner, F. X. Mayr, J. Kürzinger, M. Grabmann, J. Ev. Stigler.

Auch wußten es die Pfarrer und Seelsorger zu schätzen, daß sie ihren Bischof einen Abend gleichsam für sich hatten und alle ihre Sorgen und Anliegen im persönlichen Gespräch vortragen konnten. Gerade bei der Vielfalt der Nöte und Schwierigkeiten in jener Zeit waren solche Aussprachemöglichkeiten mit dem Bischof schier unersetzbare Gelegenheiten und wogen die mit einem Bischofsbesuch untrennbar verbundenen Aufregungen und Umständlichkeiten mehrfach auf.

Schließlich gab der Versprecher bei der Begrüßungsrede oder das von der Pfarrhaushälterin in der Eile verkehrt aufgelegte Besteck kaum mehr als harmlosen Stoff für eine liebevolle Anekdote. Dabei verliefen aber die Abende mit dem bischöflichen Gast im Pfarrhaus beileibe nicht in zeremonieller Würde, sondern viel eher in aufgelockerter Ungezwungenheit. Und wenn es vorkommen sollte – wie es von einer Nürnberger Pfarrei mündlich überliefert wird –, daß der zur Firmung im Pfarrhaus weilende bischöfliche Gast einmal in der Abendunterhaltung nur als Respektsperson betrachtet und behandelt wurde und sich die fröhliche Geselligkeit erst nach dessen Rückzug zum Breviergebet einstellte, dann konnte es passieren, daß sich Bischof Joseph durch das bis in sein Zimmer hörbare muntere Lachen der noch beieinander gebliebenen Kaplansgesellschaft zur Rückkehr in die frohe Runde eingeladen fühlte und den geselligen Abend mit zu Ende feierte. Für manchen Pfarrer oder Kaplan die Erfahrung, daß sich hinter der mitunter streng anmutenden Erscheinung des neuen Bischofs ein überaus menschlich-umgänglicher Mitbruder offenbarte. Kurskollegen oder ältere Pfarrer nahmen die Gelegenheit des Bischofsbesuchs auch gern wahr, um mit dem Gast die politische Entwicklung zu besprechen und dabei nicht nur aus der Kommunalpolitik des Pfarrdorfes zu berichten, sondern auch Neues aus der „großen Politik“ zu erfahren. Da bot gerade das Jahr 1949 allerhand Gesprächsstoff, war es doch das Gründungsjahr der Bundesrepublik Deutschland und damit ein wichtiger Einschnitt in der deutschen Nachkriegsgeschichte. Die Ausarbeitung des Grundgesetzes durch den Parlamentarischen Rat in Bonn lieferte in jenen Monaten das beherrschende Thema. Die katholischen Bischöfe anerkannten die Notwendigkeit einer rechtlichen Grundlage für den Wiederaufbau eines staatlichen Lebens im besiegten Deutschland und drückten auch den Wunsch aus, daß das Grundgesetz zur „Wiederherstellung des Ansehens unseres so tief gedemütigten deutschen Volkes in der Welt“ beitrage. Sie würdigten auch den Umstand, daß die westdeutsche Verfassung „manche Bestimmungen enthält, die den Forderungen des Naturrechtes und des christlichen Sittengesetzes gerecht zu werden suchen“ und erwähnten dabei namentlich das „Recht auf Leben und Unversehrtheit des Körpers“, den besonderen Schutz des Staates für Ehe und Familie, das Elternrecht und die Verankerung des Religionsunterrichts als schulplanmäßiges Lehrfach in den öffentlichen Schulen.

Die katholischen Oberhirten – und unter ihnen auch Bischof Schröffer – verhehlten aber auch nicht ihre Enttäuschung darüber, „daß es nicht gelungen ist, dem ganzen Grundgesetz die tiefere religiöse Begründung zu geben, um deren Verankerung christlich denkende Abgeordnete sich so sehr bemüht hatten" wie sie am 23. Mai 1949 in einem Hirtenschreiben wörtlich vermerkten. Sie nahmen den Tag der Inkraftsetzung des Grundgesetzes zum Anlaß, um ihre Stellungnahme zur provisorischen Verfassung des westdeutschen Staates kund zu tun.

Der in Anlehnung an ein geflügeltes Wort der Römer, das die problematische Alleinherrschaft Caesars andeutete, gewählte Einleitungssatz „Die Würfel sind gefallen" verriet nicht nur die römisch-humanistische Bildung der Verfasser, sondern ließ auch gleich die Reserve gegenüber der gerade in Kraft gesetzten westdeutschen Verfassung spüren. Bei ihrer Konferenz am 11. Februar 1949 in Pützchen bei Bonn, an welcher auch Bischof Schröffer teilnahm, bemängelten die deutschen Oberhirten besonders den Umstand, daß das Recht der Eltern, den religiösen Charakter der öffentlichen Volksschulen zu bestimmen, „trotz der klaren Begründung aus dem Naturrecht, dem historischen Recht und dem Wiedergutmachungsrecht, trotz . . . so oft ausgesprochener Forderungen und Warnungen, trotz der einmütigen und geschlossenen Haltung des christlichen Volkes nicht ausdrücklich als für das gesamte Bundesgebiet gültig in das Grundgesetz aufgenommen worden ist". Sie bedauerten ferner das Versäumnis im Grundgesetz, den Bundesländern zu untersagen, von sich aus einen kirchlich nicht gebundenen Religionsunterricht einzurichten, wie er damals bereits in Bremen bestand, und auch dessen Inhalt festzulegen, und erhoben gegen diese Ausnahmeregelung, „Bremer Klausel" genannt, „nachdrücklichsten Einspruch". In dem von Bischof Schröffer für das Bistum Eichstätt verantworteten Hirtenbrief vom 23. Mai 1949 kam auch das lebhafte Bedauern zum Ausdruck, daß das Grundgesetz ohne direkte Mitwirkung des Volkes geschaffen worden ist, da die Mitglieder des Parlamentarischen Rates weder direkt vom Volk beauftragt worden waren noch die Abstimmung innerhalb der Länder in die Hand des Volkes gelegt worden ist; vielmehr rekrutierte sich die westdeutsche verfassunggebende Versammlung aus Vertretern der einzelnen Landesparlamente und hatten die Landesparlamente dann auch über Annahme oder Ablehnung des Grundgesetzes zu entscheiden. Die Bischöfe hätten es lieber gesehen, wenn wichtige Aussagen und Artikel des Grundgesetzes wie die Festschreibung des Elternrechts vom Volk unmittelbar verabschiedet worden wären. Sie stellten bei dieser Erwartung offenbar den Gesichtspunkt der Politiker, durch die bloße Mittelbarkeit der Berufung und Billigung gleichzeitig auch die Vorläufigkeit der westdeutschen Staatsgründung zu unterstreichen, zurück oder suchten durch ihre Interventionen gleich den Anfängen eines erkennbaren Irrweges zu wehren.

Aus den Erfahrungen mit dem Parlamentarischen Rat ergab sich für die Bischöfe die Verpflichtung, sich vor einer Volkswahl in Zukunft mit einem Wort an die Gläubigen zu wenden, um sie aufzurufen, nur solchen Männern und Frauen ihre Stimme zu geben, „die für Gewissensfreiheit und Elternrecht einzutreten entschlossen sind", wie es im Hirtenwort vom 23. Mai 1949 hieß. Den Politikern gaben die Bischöfe unverblümt zu verstehen, daß sie das Grundgesetz, „das es an der ausdrücklichen Anerkennung eines so wesentlichen und unveräußerlichen Grundrechtes wie des vollen Elternrechtes fehlen läßt, nur als ein vorläufiges betrachten, das baldigst einer Ergänzung bedarf" und wiesen auf die Gelegenheit der ersten Bundestagswahl hin.

Als diese auf den 14. August 1949 angesetzt worden war, ermahnten sie die Gläubigen in einem Hirtenwort, das Wahlrecht als „eine strenge Pflicht aller Männer und Frauen" zu betrachten und sich dieser Pflicht nicht „aus Trägheit oder Gleichgültigkeit, aus Feigheit oder Verdrossenheit" zu entziehen; andernfalls sie ihr Gewissen „mit Schuld und Verantwortung" belasteten.

Auf ihre Kritik am Grundgesetz zurückkommend riefen die Bischöfe die Christen auf:

„Prüfet die Kandidaten und Parteien, denen ihr eure Stimme gebt, mit dem Maßstab des christlichen Gewissens! Prüfet die Geister, ob sie aus Gott sind, ob sie Gottes Gesetz als das Grundgesetz aller Staats- und Volksordnung anerkennen, ob sie dem Staate geben, was des Staates ist, Gott aber, was Gottes ist; denn das ist der sichere Prüfstein, ob sie dem wahren Wohl des Volkes zu dienen vermögen. Das christliche Gewissen kann darum keinem Kandidaten und keiner Partei seine Stimme geben, die das Recht der Religion und die Freiheit der Kirche im öffentlichen Leben verneinen, der Familie und der ehelichen Ordnung den staatlichen Schutz versagen, den Eltern das volle Erziehungsrecht über ihre Kinder verweigern, die Bekenntnisschule bekämpfen und die Alleinherrschaft des Staates über die Schulkinder fordern."

In einem Nachsatz wurden die Pfarrer und Seelsorger angewiesen, das Hirtenwort „von den Kanzeln langsam und mit Nachdruck zu verlesen". Außerdem war am Wahlsonntag selber „im Auftrag des Hochwürdigsten Herrn Bischofs" nach der Predigt der oben zitierte Absatz in verkürzter Form nochmals bekannt zu geben, wodurch die wesentlichen Anliegen der Kirche noch einmal hervorgehoben und unterstrichen wurden.

Wie die Wahlergebnisse in den Stimmbezirken des Eichstätter Bistums ausweisen,wurden die richtungweisenden Worte des Bischofs, die im übrigen mit den anderen bayerischen und westdeutschen Oberhirten inhaltlich abgesprochen waren, richtig aufgenommen. Dabei hat es Stadt und Diözese Eichstätt nicht bloß bei einem verantwortungsbewußten Wahlverhalten belassen, sondern in den Personen Dr. Richard Jägers und Richard Stücklens auch nachmals prominente Vertreter in die Bundesrepublik entstandt, stieg doch der ehemalige Eichstätter „rechtskundige Bürgermeister" in den sechziger Jahren bis zum Bundesjustizminister auf und wurde der Weißenburger Diözesan Richard Stücklen nach seiner Berufung zum Bundespostminister für lange Jahre Vizepräsident des Deutschen Bundestags.

Die von Bischof Joseph stets gern und aufmerksam wahrgenommenen Firmbesuche gaben ihm nicht nur willkommene Gelegenheiten zu Begegnungen mit den Gläubigen und persönlichen Aussprachen mit den Seelsorgern, sondern ließen ihn auch unmittelbare Eindrücke von den liturgischen und musikalischen Gestaltungen der Gottesdienste und Firmandachten gewinnen. Dabei schenkte der einstige Choralmagister verständlicherweise auch den Darbietungen der Kirchenchöre besonderes Gehör. Und dies nicht nur, um hie und da einen hilfreichen Wink zu geben und die Mitwirkenden in ihrem Tun zu bestärken, sondern auch in dem Anliegen, die einzelnen Kirchen- und Landchöre im wiedererrichteten „Allgemeinen Cäcilienverein" zusammenzuführen. Diese Vereinigung ist die vom Heiligen Stuhl mit der Pflege und Förderung der Musica Sacra beauftragte kirchliche Organisation für die Diözesen Deutschlands, Österreichs und der Schweiz, also eine Einrichtung, die gerade bei Bischof Schröffer auf nachdrücklichste Förderung hoffen durfte.

Folgerichtig ließ er auch schon im Juli 1949 den Pfarrern und Seelsorgern im Bistum seinen Wunsch übermitteln, alle kirchenmusikalischen Kräfte im Diözesan-Cäcilienverband zusammenzuschließen und diesen dann dem „Allgemeinen Cäcilienverein" anzugliedern. Er sah in einem solchen Zusammenschluß auch den erklärten Willen, „mit gesteigerter Freude und mit vermehrtem Ernst die hohe Aufgabe im Heiligtum des Herrn zu erfüllen". Sehr früh schon faßte er eine Neu-Ausgabe des Diözesangebet- und Gesangbuches ins Auge, in der Hoffnung, es werde ein „glaubensfrohes Christenleben mitgestalten und lebendige, in Christus geeinte Pfarrfamilien erwecken helfen."

Sorge für Seminar und Hochschule

Dem Herzstück der Diözese aber, dem Priesterseminar, galt seine besondere Sorge. 1564 von Bischof Martin von Schaumberg gegründet, war das Willibaldinum das erste nach dem Konzil von Trient auf deutschem Boden gegründete Seminar und – nach den heutigen Erkenntnissen – das zweite der Weltkirche überhaupt, nach Rieti in Italien. In der Festpredigt am 19. 7. 1964 zur Vierhundertjahrfeier des Willibaldinum (Bischöfliches Seminar und Bischöfliche Philosophisch-Theologische Hochschule in einem) beschrieb Bischof Joseph Sinn und Bedeutung der Priesterbildung: „Der Glaube soll weitergegeben, das Werk der Erlösung allen Generationen vermittelt werden ... Es geht darum, die Sendung Jesu durch die Zeiten zu tragen, seine prophetische, priesterliche und königliche Sendung. Notwendig ist die Bereitung der Träger dieser Sendung „nach der geistig erkenntismäßigen und nach der haltungsmäßigen, religiös aszetischen Seite, die sich über Jahre erstreckt und durch beste Lehrer und Priesterbildner erfolgt. Sie fordert ein Herausgenommenwerden des Berufenen aus dem Getriebe des zerstreuenden Lebens und ein Gehen in die Stille, in die Sammlung, in die Meditation, in das Gebet, in die Welt des Geistes. Sie fordert das Hineingehen in eine Gemeinschaft, deren Mitte Christus selbst ist."

Im Seminar herrschte eine familienhafte Atmosphäre. Bis zur häufigeren Abwesenheit von Eichstätt in späteren Jahren, bedingt durch die Beauftragung mit der Visitation der deutschen Priesterseminare und die Aufenthalte in Rom zu den oft Wochen dauernden Sitzungen der Vorbereitenden Konzilskommission, pflegte er wöchentlich in das Seminar zu gehen und dabei alle einschlägigen Probleme und Anliegen zu besprechen.

Das Seminar wurde einem inneren und äußeren „Umbau" unterzogen. Das bedeutete die Aufgliederung in kleinere Lebensgemeinschaften, größere Rücksichtnahme auf die Persönlichkeit des einzelnen und seine individuelle Entfaltung, stärkere Selbstverantwortung und Beteiligung bei der Gestaltung der Lebensordnung. Das Knabenseminar wurde in drei selbständige Internate aufgeteilt, um durch kleinere Gruppen eine persönlichere Erziehung zu ermöglichen. Sehr bald schon wurde ein eigenes Schwimmbad für das Seminar errichtet.

Durch den Einbau von Einzelzimmern für Alumnen sollte ihnen eine mehr persönliche Entfaltungsmöglichkeit geboten werden. Ein hauptamtlicher Spiritual wurde eingesetzt. 1951 führte der Bischof für die Alumnen, die vor den Höheren Weihen standen, die „Großen Exerzitien" ein, nicht als verpflichtend, sondern als freiwilliges Angebot.

Im gleichen Anliegen veranlaßte Bischof Joseph im Jahre 1958 die Trennung der Leitung von Priesterseminar und Philosophisch-Theologischer Hochschule, damit der Regens sich ganz der Betreuung der Alumnen und der Rektor den Geschäften des Hochschulleiters widmen könne. Diese Neuerung durchbrach eine nahezu 400jährige Tradition. Er glaubte es aber der zeitgemäßen Priesterausbildung zuliebe tun zu sollen. Mit dieser Einstellung nahm er bereits wesentliche Neuerungen des Konzils vorweg. Dasselbe gilt auch für die seit 1959 eingeführten Fortbildungskurse der Jungpriesterjahrgänge, die im diözesanen Bildungshaus Schloß Pfünz abgehalten wurden und drei Wochen dauerten. Trotz mannigfaltiger Verpflichtungen ließ er es sich nicht nehmen, alle Jahre an diesen Fortbildungswochen teilzunehmen, um auch bei dieser Gelegenheit seinen Priestern nahe zu sein.

Während der Sommerferien verbrachte er gerne eine Woche, abwechselnd mit den Alumnen oder den Seminaristen, auf Schloß Hirschberg, wo in ungezwungener Atmosphäre gemeinsam biblische Themen und Gleichnisse ausgearbeitet und auch mit verteilten Rollen als Theaterspiel aufgeführt wurden, so z. B. die Parabel vom Ungerechten Verwalter oder der „Prozeß Herodes". Eine ebenso moderne wie altbewährte Methode, biblischen Inhalten nahezukommen. Bekanntlich praktizierten bereits die Jesuiten im 17. und 18. Jahrhundert diese Art der darstellenden Vermittlung von Glaubensinhalten.

Alle diese Methoden und neuen Wege der Priesterausbildung galten einzig dem Bemühen, gute und innerlich gefestigte Priester für die Seelsorge zu gewinnen und sie optimal auf ihren priesterlichen Dienst vorzubereiten. Ein Anliegen, das Bischof Schröffer mit dem Gründer des Eichstätter Bistums gemeinsam hatte, denn der heilige Willibald hatte sich auf vielerlei Weise bemüht, seinen priesterlichen Mitbrüdern eine gediegene theologische Ausbildung zukommen zu lassen, geistlich-religiöse Bildung zu vermitteln sowie Liebe und Verständnis für das Wort Gottes zu wecken.

Die unmittelbare Teilnahme am Leben der Seminaristen und Alumnen sowie der enge Kontakt zu ihren Erziehern und dem Regens ermöglichte Bischof Schröffer auch die direkte Erfahrung mit den von ihm veranlaßten Neuerungen.

Zur Förderung der Priesterberufe beging er ab 1952 mit dem ganzen Seminar die sogenannten „Seminartage", an denen sie gemeinsam jeweils einen größeren Ort im Bistum besuchten und nach dem eindrucksvollen, stark besuchten Pontifikalgottesdienst in fröhlichem Beisammensein mit den Gläubigen diesen mit Gesang und Spiel das Leben im Seminar vorstellten.

Fast wie eine Vorwegnahme einschlägiger Konzilstexte und Kongregationsdokumente lesen sich Aussagen wie jene, die Regens Professor Dr. Andreas Bauch in einer Tischrede zum 400jährigen Jubiläum des Willibaldinum am 20. Juli 1964 gemacht hatte, in denen es hieß:

„Es ist ein echtes, brüderliches Band, das uns mit unserem Oberhirten und Diözesanbischof . . . verbindet. Wer heute durch das Seminar geht, der weiß, daß unser Bischof – so wie es von St. Willibald heißt, daß er ein Schildträger an der Spitze seines Heeres war – daß unser Bischof seinen Schild über dieses Haus schützend hält.

Wir haben hier – und das spüren, glaube ich, alle Mitbrüder – ein biblisches Ideal zu verwirklichen versucht. Dieses lautet: Nova et vetera. Wir haben das Alte im Kern beibehalten. Wir haben auch Neues schaffen dürfen, nach außen und nach innen. Wir danken unserem Bischof als dem geistlichen Vater dieses Hauses, daß er seinen Schild über uns erhoben hat und bitten, er möge weiterhin die Sonne seiner Güte diesem Haus leuchten lassen . . ."

Andreas Bauch konnte nicht ahnen, daß der von ihm beschworene Schildträger schon drei Jahre später den „Marschbefehl" nach Rom haben sollte. Genauso wenig war sich Rektor Prof. Dr. Martin Rehm bewußt, daß er mit seinen Feststellungen in der Gedenkschrift aus diesem Anlaß ein Verhältnis zwischen Bischof und akademischen Lehrern beschrieb, wie es dann in einem Dokument der Kongregation für das Katholische Bildungswesen vollinhaltlich allen theologischen Fakultäten, Hochschulen und Universitäten als beispielhaft vorgestellt werden wird. Martin Rehm bekannte:

„Mit Freude gestehen wir, daß zwischen unserem Hochwürdigsten Herrn Bischof und uns ein wahrhaft herzliches Einvernehmen besteht. Wir wissen, daß unsere Sorgen auch seine Sorgen sind, daß er sie vielleicht mehr empfindet als wir selbst. Dafür sei ihm in dieser Stunde innigster Dank gesagt."

V. Bischof im überdiözesanen Dienst

Präsident des deutschen Zweiges der Pax Christi-Bewegung

Ein besonderes Anliegen war ihm, der früh den Vater im Ersten Weltkrieg verloren hat, die Arbeit – über die Grenzen des Landes hinaus – am Frieden durch Verständigung und Versöhnung der Völker, zunächst im besonderen zwischen dem deutschen und dem französischen Volk nach dem letzten Krieg. Es schien ihm an der Zeit, die jahrhundertelang währende „Erbfeindschaft“ zwischen den beiden Brudervölkern zu überwinden.

Durch P. Manfred Hörhammer OFMCap., Sohn einer französischen Mutter und eines deutschen Vaters, den eifrigen und hingebenden Förderer der Völkerverständigung, wurde er mit der Entstehung und der Zielsetzung der von Frankreich ausgehenden Friedensbewegung bekannt.

Ein erster innerer Anstoß dazu war das Erlebnis des Krieges und der deutschen Besatzung, welches sich nicht in Rache und Vergeltung vervielfachen, sondern in Vergebung und Versöhnung umkehren sollte, um Haß und Feindschaft zu überwinden. So fanden sich bereits zu Kriegszeiten, als Frankreich noch zum großen Teil von der deutschen Wehrmacht besetzt war und ein erbitterter Untergrundkampf zwischen der französischen Résistance (Widerstandsgruppe) und der deutschen Besatzungsmacht tobte, die Erschießungswellen Hunderte von französischen Freiheitskämpfern hinmähten, als Oradour und andere französische Orte niedergebrannt wurden, französische Christen zusammen, die sich vorgenommen hatten, für Deutschland zu beten und für dieses Anliegen auch andere Landsleute zu gewinnen. An der Spitze dieses Gebetskreuzzuges stand eine Frau, Tochter eines französischen Generals und Gattin eines Führers der französischen Widerstandsbewegung, die nicht – wie die männlichen Mitglieder ihrer Familie – auf den Erfolg der Waffen setzte, sondern es sich zur Aufgabe stellte, den Haß und die Feinschaft gegen Deutschland in wahrhaft christlichem Geist in Verständigungsbereitschaft zu wandeln.

Der eigentliche Anlaß zur Gründung der Pax Christi-Bewegung war, wie Bischof Schröffer öfter erzählte, auch historisch gesehen, das Gebet, das vom Herrn selber stammt, das Vater unser. Bischof Pierre Marie Théas von Montauban, später Bischof von Tarbes und Lourdes, hatte im Juli 1943 in seinem Dom freimütig gegen die Verhaftung und den Abtransport von Juden gesprochen, wurde daraufhin von der Gestapo verhaftet, in ein Loch der Kaserne in Toulouse gesteckt, und kam dann in das Internierungslager bei Compiègne. Eines Tages ersuchten ihn Mithäftlinge, vor allem Männer der résistance, um einen Einkehrtag. Bei der Vater unser-Bitte „vergib uns . . . wie auch wir vergeben“ brach die ganze Not und Verbitterung durch. Den

Deutschen vergeben, die tagtäglich unsere Brüder morden! Ein Oberst, dem die Gestapo seine sechs Söhne vor seinen Augen erschossen hatte, meinte, denen solle er die Hand zur Versöhnung geben! Da sei er überfordert. Wenn das Evangelium das verlange, könne er nur sagen: Das Evangelium ist furchtbar. Der Bischof, selber zutiefst erschüttert, nimmt das Neue Testament, liest die Stelle von der Feindesliebe und sagt ihnen in tiefem Mitempfinden: „Meine Freunde, ich kann Ihnen nichts anderes sagen, als was der Herr gesagt hat: Liebet euere Feinde." Tief betroffen kommen sie zu ihm vor der Nacht zurück und bitten ihn, ein Vater unser mit ihnen zu beten. Am nächsten Morgen darf Bischof Théas zum erstenmal das heilige Meßopfer feiern. Die Intention: Für Deutschland! Noch am selben Vormittag kommt der Befehl zum Abtransport nach Deutschland, Buchenwald. Den Bischof behalten sie als Geisel zurück.

Die Worte, so Bischof Joseph weiter, die er ihnen mitgibt, sind die schwersten seines Lebens: „Wenn Ihr über den Rhein kommt, dann nicht mit einem Fluch auf den Lippen, sondern mit einem Wort des Segens für die Deutschen drüben. Ihre Mütter haben weiße Haare wie die unsrigen. Sie haben ungezählte Tote, zahlreiche Martyrer des Widerstandes im KZ. Christen und Brüder sind drüben wie bei uns."

Damals war wohl die eigentliche Geburtsstunde von Pax Christi.

Bereits am 10. März 1945, noch vor der Kapitulation Deutschlands, haben 40 französische Bischöfe zum Gebetskreuzzug zur Versöhnung mit Deutschland und für den Frieden der Welt aufgerufen.

Aus dem Gebetskreuzzug für Deutschland sollte bald einer für alle Völker werden. Folgerichtig erhielt die Bewegung nunmehr den Namen „Pax Christi, Kreuzzug des Gebetes für die Nationen" und lauteten die Anrufungen nach dem Vater unser der Mitglieder für den Frieden seither: „Maria, Königin des Friedens, bitte für uns und alle Völker der Erde! Ihr heiligen Schutzpatrone der Völker, legt Fürsprache am Throne Gottes für sie ein! Heiliger Pfarrer von Ars, beschütze und vermehre das Priestertum unter allen Völkern!

Der im Juli 1948 in Lourdes stattgefundene Pax Christi-Kongreß demonstrierte mit seinen über 20 000 Teilnehmern aus 30 Nationen die mittlerweile erreichte große Internationalität und Ausstrahlungskraft der Bewegung und war auch in Deutschland nicht ohne Widerhall geblieben, zumal der Gedanke der Versöhnung gerade für das in jenen Jahren international weitgehend gemiedene deutsche Volk die große Ausnahme von der allgemeinen Regel war. Während im politischen Alltag die Deutschen zu Tausenden als Angeklagte vor den Tribunalen der Sieger standen oder zu Hunderttausenden noch fern der Heimat in Gefangenschaft waren, wurden sie von den Mitgliedern der „Pax Christi-Bewegung" vorbehaltlos als gleichberechtigte Mitmenschen an- und in ihre Reihen aufgenommen.

Der Gedanke, daß „alle Völker der Erde eins werden sollen im Frieden Christi", damit die Kräfte der Gewalt und der Zwietracht überwunden werden, fand in Bischof Joseph Schröffer sogleich einen überzeugten Freund und Förderer. So wünschte er dieser Bewegung auch in seiner Diözese Eingang und Ausbreitung und ermunterte die Gläubigen zur Teilnahme an ihrem Gebetskreuzzug. Er selber ging mit gutem Beispiel voran und nahm vom 21. bis 24. Juli 1949 am Weltfriedenskongreß in Lourdes teil, der unter dem Patronat des Erzbischofs von Mailand, Kardinal Ildefonso Schuster, stand. Es war mehr als nur eine Geste, daß sich innerhalb der Eichstätter Pilgergruppe auch zehn Primizianten befanden, die Bischof Joseph am 29. Juni zu Priestern geweiht hatte. Drei von ihnen stammten aus seiner Vaterstadt Ingolstadt; darunter einer, der in Frankreich zum Tod verurteilt war, aber auf die persönliche Fürsprache Bischof Josephs bei Kardinal Suhard von Paris begnadigt und sogar in die Heimat entlassen worden war. Ihm war die Teilnahme am Kreuzzug des Gebetes für den Frieden unter den Völkern gleichsam persönliche Lebenskonsequenz. Diese innere Verbundenheit mit ihrem Oberhirten, dessen erste Weihekandidaten sie waren, mögen sie in besonderer Weise verspürt haben, als sie am 24. Juli an der Grotte von Massabielle, in welcher die von ihrem Bischof tags zuvor gestiftete große Friedenskerze brannte, gemeinsam den Primizsegen erteilten, nachdem sie am 22. Juli in der Basilika Augen- und Ohrenzeugen der begeistert aufgenommenen Ansprache ihres Bischofs geworden waren. Da hatte Joseph Schröffer zum Thema „das Königtum Christi als Grundlage des Friedens" gesprochen und die Zuhörer in Erstaunen versetzt. Ein Teilnehmer berichtete später: „Alles schaute auf, als der bayerische Bischof in fließendem Französisch begann und die 15 Minuten lange Einleitung in dieser Sprache vortrug. Die anwesenden Franzosen waren begeistert; dann folgte das Referat in der deutschen Muttersprache, und schließlich sprach der Bischof in vollendetem Italienisch die Schlußworte seiner großen Rede, die einen tiefen Eindruck hinterließ und zu erkennen gab, wie sehr ihm die Ziele der völkerversöhnenden Pax Christi-Bewegung am Herzen liegen. Als wir die Kirche verlassen, umringen alle den Redner, und mehr als einmal klingt es an mein Ohr: ‚Welch ein ausgezeichneter Bischof!'" – „Franzosen gratulierten mir als seinem Diözesan", schreibt der Priester Jakob Brummet. An der Grotte von Massabielle traf Bischof Schröffer zum ersten Mal mit dem damaligen Weihbischof von Toulouse, Gabriel Marie Garrone, zusammen, der ebenfalls ein Referat zu halten hatte. Es war der Beginn einer lebenslangen herzlichen Verbundenheit und ungetrübter Zusammenarbeit, schon am Konzil und dann in der Kongregation für das Katholische Bildungswesen, deren Präfekt Kardinal Garrone über viele Jahre war.

Mit Bischof Théas, dem ersten internationalen Präsidenten von Pax Christi, verband ihn bald eine tiefe persönliche Freundschaft. Die beiden

Vorkämpfer für Pax Christi in ihren Ländern begegneten sich bereits zwei Monate nach dem Kongreß in Lourdes beim internationalen Pax Christi-Treffen Ende September 1949 in Altötting, an dem auch die Kardinäle Faulhaber und von Preysing teilnahmen. Pfadfinder hatten das Licht von Lourdes hierher getragen. Da überbrachte der Oberhirte von Lourdes den rund 30 000 im bayerischen Marienwallfahrtsort versammelten Kongreßteilnehmern die Friedensbotschaft von über einer Million französischer Katholiken und hielt Bischof Schröffer beim Jugendgottesdienst eine Predigt, über welche eine Zeitung berichtet: „Und anderntags dann beim Jugendgottesdienst . . . noch größer die Zahl der Banner als tags zuvor: Bischof Dr. Schröffer von Eichstätt, hinreißend in jugendverstehendem Predigen, prägt den zündenden Gedanken von der Sendung dieser Stunde als dem Rufe Gottes und dem Rufe der Zeit. Kein Volk brauche auf seine Eigenart zu verzichten, kein Mensch seine Persönlichkeitsindividualität aufzugeben – in Christus können sie alle eins sein. Der Ruf Gottes und der Ruf der Zeit gehen insbesondere auch an die Politiker. Angesichts alarmierender Atombombennachrichten ist Christi Friedensruf dringender denn je."

Schon im übernächsten Jahr war Bischof Joseph selber Gastgeber eines großen „Pax Christi"-Treffens in Ingolstadt. Da versammelten sich am 15. Juli 1951 in der größten Stadt des Bistums annähernd 20 000 Katholiken zu einem Friedens- und Bettag und verwandelten die einstige bayerische Landesfestung in eine beeindruckende Friedens- und Versöhnungsstätte. Noch unter dem Eindruck der begeisternden Begegnung in Lourdes waren auch französische „Pax Christi"-Mitglieder der Einladung Bischof Schröffers gefolgt und in die Donaustadt gekommen. Rosemarie Anne Aubert vom Generalsekretariat der „Pax Christi"-Bewegung in Paris hatte dabei ein besonders sinnfälliges Geschenk ihres Landes mit nach Ingolstadt gebracht: die von „Pax Christi" erwirkte Aufhebung von sechs Todesurteilen, die französische Gerichte gegen ehemalige deutsche Kriegsgefangene verhängt hatten und die auch bereits von der französischen Revisionsinstanz bestätigt worden waren. Vor dem Hintergrund dieses bewegenden Versöhnungsgeschenkes des französischen Volkes an die Deutschen gestaltete sich das Ingolstädter Treffen zu einer machtvollen Demonstration völkerverbindender Katholizität und gewannen die bei dieser Begegnung gehaltenen Reden und Ansprachen ihre besondere Glaubwürdigkeit. Da stimmte jeder Hörer Bischof Joseph zu, wenn dieser in seiner Festpredigt feststellte, daß es dort, wo die Politik keinen Ausweg mehr wisse, nur noch die Macht Gottes gebe, die Völker zu versöhnen; und diese Kraft wolle die „Pax Christi"-Bewegung mobilisieren. Und da hatte kein Zuhörer Zweifel an der Versicherung Frau Auberts, daß das christliche Frankreich mit nachbarlicher Liebe auf das deutsche Volk schaue und an seinen Geschicken lebhaft Anteil nehme; daß man jenseits des Rheins bereit sei, den alten Gegensatz zwischen Deutschen und Franzosen, der durch manche Waffengänge zwischen beiden Völkern und durch falsch gepflegte Mentalität Jahrhunderte hindurch genährt wurde, durch christliche Liebe und Versöhnung zu überwinden. Die von ihr überbrachte Nachricht, daß sechs deutsche Todeskandidaten begnadigt worden sind, bezeugten die Aufrichtigkeit ihrer Worte.

Ähnlich wie die Sprecherin der französischen Gäste verdeutlichte Bischof Schröffer Notwendigkeit und Möglichkeit deutsch-französischer Aussöhnung am Beispiel der Geschichte; und dies in Ingolstadt am augenfälligen Vorbild des Erbauers des Liebfrauenmünsters. Er stellte in seinem Schlußwort auf der nachmittäglichen Kundgebung mit Blick auf die geschichtsträchtige Versammlungskulisse fest:

„Hier am Liebfrauenmünster zu Ingolstadt ist das christliche Friedenswerk zwischen den Nationen Frankreich und Deutschland symbolisiert. Der Erbauer des Liebfrauenmünsters, Herzog Ludwig der Gebartete, verbrachte einen großen Teil seines Lebens in Frankreich am Hofe des französischen Königs Karl VI., der die Schwester des Bayern-Herzogs zur Gemahlin hatte. Der Bayern-Herzog führte längere Zeit für den König die Regentschaft und war so beliebt in Frankreich, daß das französische Volk ihn nur schweren Herzens fortziehen ließ. Reich beschenkt mit kostbaren Gnadenbildern, besonders dem Bilde der „Schönen Unserer Lieben Frau", kehrte Ludwig aus Frankreich zurück und erbaute diesem hohen Gnadenbild das Liebfrauenmünster."

Das Herz von Ludwigs erster Gemahlin, Anna von Bourbon, ist dort beigesetzt.

In sinnvoller Abfolge von Arbeitstagung, Gedankenaustausch und Pilgerfahrt richtete „Pax Christi" im September 1952 eine internationale Wallfahrt in Italien aus, wobei Assisi und Rom die Hauptstationen waren. Bei dieser Gelegenheit wurde Bischof Schröffer als damaliger Vizepräsident des deutschen Zweiges der „Pax Christi"-Bewegung in der Ewigen Stadt auch von Papst Pius XII. in Audienz empfangen. Der beim Empfang gleichfalls anwesende Nachfolger von Bischof Théas als internationaler Präsident, Erzbischof von Paris, Kardinal Maurice Feltin, vermittelte 5 Monate später in einem persönlichen Schreiben an den „Dompfarrbrief" von Eichstätt ein Bild von dieser Begegnung mit dem Heiligen Vater und vermerkte darin zum 50. Geburtstag Joseph Schröffers: „Man müßte einen langen Brief schreiben, wenn man alles aufzählen wollte, was die Pax Christi-Bewegung Sr. Exzellenz dem Hochwürdigsten Herrn Bischof Dr. Schröffer an Dank schuldet. Aber seine Bescheidenheit würde damit nicht einverstanden sein. Auf alle Fälle möge Se. Exzellenz der ehrfurchtsvollen und einstimmigen Wünsche aller Mitglieder des französischen Comités der Pax Christ-Bewegung versichert sein."

Wie jedes Jahr begegneten sich Kardinal Feltin und Bischof Schröffer 1953 wieder, als im August in Altenberg bei Köln die nächste internationale Tagung auf deutschem Boden abgehalten wurde.

Seine Eindrücke über den Gottesdienst am Sonntag beschreibt François Mauriac in ‚Le Figaro': „. . . Kardinal Feltin, Erzbischof von Paris, zelebriert die Messe vor den Mitgliedern des Kongresses der Pax Christi-Bewegung. Es wird wenig gesungen. Ein dumpfes Brausen von Gebeten und demütigen Bitten, in die das ganze Leid, die ganze Geduld der Völker eingefangen ist: ‚Wir bitten Dich, nimm unser Anliegen in Deine Hände. Mach uns frei von dem Haß zwischen den Klassen und Völkern. Nimm die Märtyrer des letzten Krieges in die Schar Deiner Heiligen auf. Führe die Millionen von Flüchtlingen zum Häuslichen Herd zurück. Gib den Frieden allen Gliedern der Menschenfamilie. Darum bitten wir Dich, Herr . . .' Und in dem Augenblick der Messe, da der Priester das Pater noster spricht, ertönt aus der Menge in allen Sprachen, in einer Stimme und ohne die geringste Dissonanz das Gebet des Herrn. Der Heilige Geist, der die Einheit unter den Herzen schuf, erneuerte das Wunder von Pfingsten, und alle verstanden die Sprache aller."

Mit Rücksicht auf den reduzierten Gesundheitszustand des damaligen Präsidenten des Deutschen Zweiges, Bischof Johannes Joseph van der Velden von Aachen, hatte sein Stellvertreter die Leitung dieses Kongresses wahrzunehmen, wie auch schon die geistige Vorbereitung und Themenstellung der Tagung in seinen Händen gelegen war.

Aber es war nicht allein dieser Arbeitsaufwand, der große Kraft und organisatorisches Geschick erforderte, sondern vielleicht noch mehr eine sich abzeichnende Richtung innerhalb der Deutschen Sektion, die es gleichermaßen mit menschlichem Fingerspitzengefühl wie geistiger Klarheit abzufangen galt. Es hatte sich nämlich gezeigt, daß eine bestimmte Gruppe versuchte, unmittelbar in den politischen Raum vorzustoßen und in die politische Auseinandersetzung der Parteien aktiv einzugreifen. Eine Tendenz, die sich zwanzig Jahre später Bahn brechen sollte. Auf der Altenburger Tagung vermochte Bischof Schröffer in einem grundlegenden Referat das originale Anliegen der Pax Christi-Bewegung, das auf die Schaffung einer religiös-geistigen Friedensatmosphäre abzielte, klar als Hauptaufgabe herauszustellen und die deutsche Sektion vor einem Abgleiten in tagespolitische Meinungskämpfe zu bewahren. Professor Rudolf Graber, der spätere Bischof von Regensburg, merkte darüber in einem Zeitungsbericht an: „Es ist nicht das geringste Verdienst von Bischof Schröffer, Eichstätt, daß er in einem grundlegenden Referat klar und eindringlich die richtunggebenden Worte des Heiligen Vaters über Pax Christi kommentierte und so der Tagung voranstellte und auch in seinen Schlußworten immer darauf zurückkam."

Bischof Schröffer hatte am Ende eines Round-Table-Gesprächs, das er zu leiten hatte, und an dem auch La Pira, der bekannte Oberbürgermeister von Florenz teilnahm, auf der Altenburger Tagung nochmals darauf hingewiesen, daß Pax Christi nicht eine unmittelbar politische Stellungnahme ergreifen will, da die Bewegung als solche unpolitisch sei und es vielmehr darauf ankomme, „die geistigen Voraussetzungen für eine wirkliche Verständigung zu schaffen", in der Überlegung, daß alle Arbeit der Politiker ohne diese geistige Bodenbereitung nicht zum Ziele führen wird. Ein Eigenverständnis, das gleichermaßen klar wie tolerant war. Es machte deutlich, daß Pax Christi keine politische Bewegung oder Bürgerinitiative war und sich keiner politischen Partei nahestehend fühlte, und es eröffnete jedem Gutwilligen den Weg zur vorbehaltlosen Mitarbeit, ohne daß er sich dabei für eine ganz bestimmte Richtung in Anspruch genommen sah.

Einig war er sich darin auch mit dem internationalen Generalsekretär, Chanoine Bernard Lalande, Paris, mit dem ihn eine wirklich brüderliche Freundschaft verband. Er war wohl die ‚Seele' der Bewegung und trug die Hauptlast sowohl hinsichtlich der geistigen Ausrichtung als auch der praktischen Arbeit der Organisation der jährlich stattfindenden internationalen Kongresse und der zahlreichen Veranstaltungen und Unternehmungen verschiedenster Art.

Dabei beschränkte man sich keineswegs nur auf religiöse Begegnungen und Pilgerfahrten, akademische Grundsatzerklärungen, Appelle an die Staatsführer, sondern leistete auch praktische und spürbare Friedensarbeit unter den Menschen. Etwa wenn der Bischof von Tarbes und Lourdes, Pierre Marie Théas, deutschen Kindern die Erstkommunion spendete und ihnen als Zeichen des Friedens und der Versöhnung zwischen Deutschland und Frankreich ihre kriegsgefangenen Väter mitbrachte (rund 30), wie am 2. April 1948 auf der internationalen Begegnung in Kevelaer geschehen, oder anläßlich der Teilnahme am internationalen Pax Christi-Kongreß in Lourdes 1948 fünf deutsche Kriegsgefangene in die Heimat entlassen wurden. Plötzlich waren es in der Bahn heimlicherweise ihrer acht geworden, eine peinliche Situation für den Ortskommandanten, der P. Hörhammer ersucht, sich einzuschalten. Der französische Lagerkommandant habe sein Ehrenwort gegeben, daß ihnen nichts geschieht, wenn sie bei der nächsten Haltestelle zurückkehrten. Sie waren bereit, sich zu stellen. Daraufhin bedankte sich der Zugleiter und bekannte, ein deutscher Oberleutnant, Ritterkreuzträger, habe seine drei Söhne vor dem Erschießen gerettet. Drei gegen drei – nun seien sie quitt. Er sei stolz, an diesen jungen Leuten gesehen zu haben, daß sie ein Ehrgefühl haben und sich stellen wollten. Nun aber möge er zusehen, daß sie andere Hosen bekämen, sonst kämen sie nicht über die Grenze.

Einige weitere Proben solcher Erlebnisse, die Bischof Schröffer in einer Ansprache am Bayerischen Rundfunk 1951 berichtet hat: „Wir haben es auf den Auslandsfahrten immer wieder erfahren, wieviele versöhnliche Hände uns brüderlich entgegengestreckt wurden. Es war im Juli 1949 an einem heißen Nachmittag. Der Zug war in Straßburg eingelaufen. Unsere Friedenspilger hatten den Zug verlassen, um sich am Bahnhof Wasser zu holen. Alle kamen rechtzeitig zurück, nur eine Frau verspätete sich und kam erst, als der Zug aus der Halle rollte. Wir bedauerten sie lebhaft in der Meinung, daß sie, ohne Geld und ohne Fahrkarte, nun wohl nach Hause geschickt würde. Als wir aber in Nancy kurzen Aufenthalt hatten, kam ein Triebwagen angebraust, der uns die Verlorengegangene gebracht hat. Hier spürten wir schon beim Eintritt in Frankreich eine Versöhnlichkeit, die uns immer wieder begegnen sollte. 150 km nach Frankreich hinein wurde uns die Frau nachgebracht.

Ein anderes kleines Erlebnis. Ein Pfarrer meiner Diözese, der mit dabei war, stand in Lourdes auf dem Platz vor der Basilika. Eine französische Dame kam auf ihn zu und fragte ihn, ob er deutscher Priester sei, er werde wohl Devisenschwierigkeiten haben. Dann bat sie ihn, eine heilige Messe zu lesen, eine, drückte ihm einen Schein in die Hand und war verschwunden. Als er näher zusah, hielt er 5000 frs. in Händen.

Der Erzbischof von Lyon berichtete beim Abschied in Lourdes von einem persönlichen Erlebnis, das er hatte. Er fragte einen Vater, dessen Sohn im Krieg gefallen war, einen Franzosen, nach seinen Eindrücken und erhielt die Antwort: „Ich habe die Söhne des Volkes, das meinen Sohn erschlug, beten sehen und habe ihnen alles vergeben."

Ein junger Holländer, mit dem ich in Paris zusammentraf, erzählte mir beiläufig im Gespräch von seinen Erlebnissen in der deutschen Besatzungszeit. Seine Familie wurde schwer mitgenommen. Zwei seiner Brüder waren ins KZ gekommen, einer ist nicht wiedergekehrt. Er selber lebt in kärglichen Verhältnissen, hat aber doch vor kurzem eine Reise nach Deutschland unternommen, um die deutsche Not kennenzulernen. Als er wieder heimkam, hat er mit einigen Gleichgesinnten begonnen, für unsere Not zu sammeln und hat 30 000 Gulden (das sind etwa 36 000 DM) aufgebracht für das Volk, das ihn einstmals bedrückt hatte. Das ist der Geist der Pax Christi-Bewegung."

Friedenswerke der Tat auf beiden Seiten, wie die Überreichung eines Sühnekelches für das deutsche Blutbad von Oradour oder die Versöhnungsbegegnung von Ascq, welche für die Verständigung zwischen Deutschen und Franzosen unschätzbare Vorarbeit geleistet haben. Immerhin waren die Wunden des Zweiten Weltkriegs noch nicht ganz vernarbt und saßen in zahlreichen ausländischen Gefängnissen noch deutsche Kriegsverurteilte ein.

Eine Rheinländerin aus alter deutscher Offiziersfamilie, ihr Großvater war kommandierender General 1870, ihr Vater Oberst vor Verdun, fühlt sich beim Lesen des Berichtes über die Vorgänge in Oradour so persönlich berührt, daß sie ihren Familienschmuck stiftet, um dadurch einen Sühnekelch für Oradour zu ermöglichen. Tief ergriffen über diesen Sühneakt nahm der für Oradour zuständige Bischof von Limoges, Louis Rastouil, den Meßkelch entgegen und schrieb einen bewegten Dankesbrief. Darin nannte er den Kelch einen Calice de la Paix (Friedenskelch), den er bei der Gedenkmesse am 11. Jahrestag des Massakers, am 10. Juni 1955, benützen und dabei auch beten wolle „für die Seelen der Opfer (642), für die Familien in Trauer, für die Überlebenden, für den Frieden unter den Völkern und auch für die Inspiratoren, die Wohltäter, die Förderer der Geste des „Kelches von Oradour", Opfer und Sühneleistende also gemeinsam in das Gebet einschloß. Aussöhnungs- und Verständigungsakte, die als denkwürdige Stationen des geschichtlichen Weges zur heutigen deutsch-französischen Freundschaft markieren und die am 8. April 1962 einen weiteren Ausdruck fanden. Da war Bischof Schröffer als deutscher Präsident zur Weihe einer Friedensglocke nach Rethel, einen Ort 40 Kilometer nordöstlich von Reims, eingeladen und hatte die Festpredigt zu halten. Wie seine französischen Zuhörer von der Wärme seiner in ihrer Landessprache gehaltenen Ansprache angetan waren, war er von zwei Gesten seiner Gastgeber überrascht. Sie hielten zum einen seine Anwesenheit bei der Glockenweihe auf der Inschrift der Glocke fest und prägten dem Erz die Sätze ein: „Ich heiße Marie-Hélène. Ich ersetze meine Schwester Anna, die während des Krieges im Mai 1940 zerstört wurde. Geweiht wurde ich am 8. April 1962 von Exzellenz Marty, Erzbischof von Reims. Mein Pate war der Präsident des Deutschen Zweiges der Pax Christi-Bewegung, Exzellenz Bischof Dr. Joseph Schröffer, meine Patin Frau Marie-Hélène Cardot, Senatorin der Ardennen und Vizepräsidentin des Senates. Ich läute für die deutsch-französische Verständigung und für den Frieden zwischen allen Menschen." Zum andern ernannte ihn Erzbischof Marty bei gleicher Gelegenheit zum Ehrenkanonikus der Kathedrale von Reims und würdigte mit dieser seltenen Auszeichnung das unermüdliche Wirken Joseph Schröffers für die deutsch-französische Aussöhnung und Verständigung. Mehr als manche offizielle Erklärung vermag mitunter ein persönliches Zeugnis auszusagen. So schrieb der Pfarrer und Erzpriester von Rethel, E. Hestret, wenige Tage nach der Glockenweihe an Bischof Schröffer einen Brief, in dem er ausführte:

„Erlauben Sie bitte dem Pfarrer und Erzpriester von Rethel, der noch ganz bewegt ist von der unvergeßlichen Begegnung am 8. April, Ihnen im Namen aller seiner Pfarrangehörigen noch einmal seine tiefe Dankbarkeit für das Geschenk Ihrer Anwesenheit bei dieser Feier zum Ausdruck zu bringen. Worte reichen nicht aus, um zu sagen, daß Ihr packendes und ergreifendes Wort die große Versammlung bewegt hat, ja es hat sie buchstäblich umgeworfen. Viele alte Kämpfer – die doch ‚Harte' sind – haben nicht versucht, ihre Tränen zurückzuhalten, so sehr bewegt waren sie. Das zeigt, wie tiefgehend die Resonanz Ihrer mutigen Ansprache im Innersten eines jeden war. Das Echo, das mich von überall her erreicht, offenbart eine glückliche Entspannung durch Ihr Wort. Viele Urteile wurden revidiert, die Mentalität vieler hat sich geändert. So ist jetzt der Graben, der uns trennt, kleiner, wenn nicht überhaupt aufgefüllt worden zugunsten der Annäherung. Vor einem solchen Erfolg versagt niemand seine Bewunderung. Kurz gesagt, ein ausgezeichneter Tag, an dem Exzellenz aufs neue an der Wiederversöhnung unserer beiden Länder so gut gearbeitet haben. Das hochherzige Geschenk – die Frucht vieler Opfer von Pax Christi-Mitgliedern in Deutschland – das mir der Pate der großen Friedensglocke mit solcher Bescheidenheit überbrachte, hat meine Pfarrkinder sehr gerührt. Sie bitten mich, für sie der Interpret bei den Unterzeichnern zu sein und ihnen ihren sehr herzlichen Dank zu übermitteln. Den Auftrag erfülle ich tief bewegt, denn dieses große Geschenk unterstreicht beredt die Gefühle unserer deutschen Brüder uns gegenüber . . ."

Und Pax Christi ebnete den Weg, auf dem Deutsche und Franzosen über die Blutstation von Ascq schließlich zueinander fanden, wobei in diesem Fall zur Grausamkeit des Geschehens noch seine Anonymität kam; denn während die Untat von Oradour nach dem Krieg aller Welt bekannt wurde und auch in zahlreichen Büchern niedergeschrieben ist, war das grausige Drama des nordfranzösischen Dorfes Ascq der breiteren Öffentlichkeit weitgehend verborgen geblieben. Erst nach vielen Jahren wurde einigen Pax Christi-Mitgliedern bekannt, daß Anfang April 1944 für einen angeblichen Sabotageakt gegen einen deutschen Proviantzug, bei welchem es nur Sachschaden gab, 186 männliche Bewohner des Ortes Ascq von SS-Leuten erschossen wurden. Sie drangen in alle Häuser ein, holten die gesamte männliche Bevölkerung heraus, vom 14jährigen bis zum Großvater, und erschossen sie auf dem Bahnhofsplatz. Ins Pfarrhaus drangen sie ein, erschossen den Mann einer ausgebombten Familie, die der Pfarrer aufgenommen hatte. Der Pfarrer stürzte heraus, um dem Sterbenden beizustehen – auf der Treppe erschossen. Der Kaplan hörte die Schüsse am Bahnhof, rannte dorthin – erschossen. Auf die Anfrage, ob die Gemeinde, die so Schweres erlebt hat, ein kleines Zeichen der Sühne annehmen würde, gaben sie zu verstehen, daß sie sich einer Aussöhnung nicht verschließen wollten. So unternahmen Mitglieder der deutschen Pax Christi-Sektion im März 1957 eine Sühnefahrt nach Ascq. Sie brachten ein violettes Meßgewand mit der Inschrift „Confiteor . . . Ich bekenne meine Schuld vor dir, o Gott, und unseren Brüdern", eine große Kerze, die jedesmal brennen soll, wenn für die Toten das heilige Opfer gefeiert wird, ein Missale als Zeichen der gemeinsamen Liturgie bzw. Verkündigung und ein Stipendium für zwei Priesterstudenten zur Erinnerung an die beiden Seelsorger, die bei dem Blutbad ums Leben gekommen sind, als Sühnegaben mit. Als Kardinal Achille Liénart von Lille von dem Vorhaben der Deutschen erfuhr, sagte er nicht nur seine persönliche Anwesenheit in Ascq zu, sondern bat auch ausdrücklich darum, daß Bischof

Schröffer die deutsche Abordnung begleite, um ihm im Namen der Kirche in Frankreich für seine große Friedensarbeit danken zu können.

Neben diesen der Öffentlichkeit sichtbaren Werken wurde in unauffälliger täglicher Kleinarbeit im Stillen der Friedensgedanke gelebt. So nahm sich die Studienrätin Marie Madeleine Renand aus Neuilly der jungen Leute, die sich zur Ausbildung in Paris aufhielten, fürsorglich an, war ihnen in jeder Weise behilflich und opferte dafür ihre ganze Freizeit, und dies Jahrzehnte hindurch. In Anerkennung ihrer langjährigen Friedensarbeit wurde sie 1987 von der deutschen Regierung mit dem Bundesverdienstkreuz (Croix d'Officier de l'Ordre du Mérite Allemand) ausgezeichnet.

In einem regen Kinder-Ferienaustausch wurden französische Kinder in deutschen Familien herzlich aufgenommen, und umgekehrt. Auch die vermittelten Brieffreundschaften fanden großes Interesse. Am 19. Mai 1954 hatte die deutsche Sektion den Tod ihres verehrten, um die Sache des Friedens sehr verdienten ersten Präsidenten, Bischof Johannes Joseph van der Velden von Aachen, zu beklagen.

Wie von in- und ausländischen „Pax Christi"-Mitgliedern übereinstimmend versichert wurde, hätten sich die Deutschen keinen berufeneren Nachfolger als den Bischof von Eichstätt wählen können. Wo auch immer er auftrat, ob in Frankreich, Italien oder in Deutschland, stets verstand er es, seinen Zuhörern und Gesprächspartnern das große Anliegen von „Pax Christi" überzeugend nahezubringen und dieser internationalen katholischen Friedensbewegung neue Freunde und Anhänger zuzuführen. Besonders auf internationalen Kongressen und Begegnungen kamen ihm seine Sprachkenntnisse zustatten, die schon die ersten Brücken zu den angesprochenen Menschen schlugen und nicht unwesentlich dazu beitrugen, das Bild vom „häßlichen Deutschen" im Ausland zu korrigieren. In Joseph Schröffer begegnete Franzosen, Italienern oder Engländern der in der besten abendländischen Tradition stehende deutsche Christ und Bildungsbürger, der während der Kriegsjahre in den Nachbarländern vom preußischen Militaristen oder national-sozialistischen Gestapomann verdrängt schien. Wäre der Ausdruck nicht schon besetzt, träfe die Bezeichnung vom „Vertreter des besseren Deutschland" für den Bischof von Eichstätt und langjährigen Präsidenten der deutschen Sektion von „Pax Christi" genau zu. Französische und italienische Zeitungen bezeugen in ihren Berichten über die „Pax Christi"-Treffen und Sühnewallfahrten mehr als einmal das beeindruckende Auftreten des Eichstätter Bischofs.

So bekundete der holländische Jesuitenpater Smits v. Waesberghe, in einem Schreiben vom 23. August 1953: „In Ihrer Person ist zwischen Deutschland und Holland eine Freundschaft gewachsen, denn alle jungen Holländer, die mit Ihnen zusammen waren, schätzen und lieben Sie wie einen väterlichen Hirten und Freund. Wir danken Gott für Ihre segensreiche

Priesterarbeit. Wir danken insbesondere Gott für alles dies, das Er durch Sie, durch Ihre vielen Mühen, für die Pax Christi-Bewegung getan hat . . ."

Eine Stimme, die um so schwerer wog, als das deutsch-niederländische Verhältnis durch den Zweiten Weltkrieg und die national-sozialistische Besatzungspolitik empfindlich gestört war und die Holländer unter den westlichen Nachbarn Deutschlands am längsten auf Distanz zu den Deutschen gegangen sind. Bemerkenswert auch, wie Bischof Schröffer immer wieder begeistert von der Jugend aufgenommen wurde, offensichtlich fast schon eine Art Erkennungszeichen, insbesondere auch wenn er im Ausland jungen Menschen begegnete oder ausländische Jugendliche bei „Pax Christi"-Treffen in Deutschland begrüßte. Da erinnert sich der Eichstätter Gymnasialprofessor Victor Gröbmair an die Studientagung in Altenberg, „wie begeistert damals Monseigneur Schröffer von der französischen Jugend umjubelt wurde" oder weist der Präsident der Bundesanstalt für Arbeit in Nürnberg, Prof. Dr. Josef Stingl, anerkennend auf Joseph Schröffers „engen Kontakt zur Arbeiterjugend . . . in der Zeit Ihres Bischofsamtes in Eichstätt" hin.

Wer näheren Einblick in den Umgang Bischof Schröffers mit jungen Menschen hatte, wundert sich freilich nicht, daß der Eichstätter Oberhirte so gut bei der Jugend „ankam"; hielt er doch zeit seines Lebens enge Verbindung zur jungen Generation und interessierte sich für ihre Sorgen und Nöte. Und war der Kontakt zu den jungen Menschen wegen allzu besorgter Zeremoniare oder Terminplaner einmal weniger eng, hatte Joseph Schröffer im Umgang mit seinen zahlreichen Nichten und Neffen hinreichend „Ersatzverbindungsleute". Da war auch der schon seit über zehn Jahren in Rom amtierende Kurienerzbischof und Kardinal immer noch in der Lage, vor der Jubiläumsversammlung der einheimischen Studiengenossenschaft in Eichstätt einen höchst aktuellen Vortrag über Probleme der modernen Schulausbildung in der Bundesrepublik zu halten und die Nöte der Kollegiaten, Abiturienten und Studenten sachkundig anzusprechen – nachdem er vorher geduldig und interessiert seiner jüngsten Nichte das Ohr geliehen hatte. Wie es überhaupt ein Wesensmerkmal Joseph Schröffers war, immer neu hinzuzulernen und sich nie mit der gesammelten Lebenserfahrung zu begnügen. Da ließ er sich bei einer Fabrikbesichtigung von einem Lehrling den gerade getätigten Arbeitsvorgang genauso aufmerksam erklären wie vom Direktor in die Methoden eines modernen Managements einführen; immer bereit, seinen Wissenshorizont zu erweitern und dabei gleichzeitig dem Gesprächspartner die spezielle Sachkompetenz zu bestätigen. Eine Aufmerksamkeit, die besonders der junge Mensch zu schätzen weiß, gerät er doch sonst im Umgang mit Erwachsenen nur zu oft in die Rolle des ewigen Lehrlings und Schülers und zieht sich daher auch gern einmal aus der Gesellschaft der Älteren zurück, um unter Seinesgleichen ernstgenommen zu werden.

Sein guter Zugang zu den jungen Menschen mag Bischof Schröffer auch durch seinen Humor und die Fähigkeit, über sich selber lachen zu können, erleichtert worden sein, baute doch seine geistvolle Selbstironie eine etwaige Autoritätsbarriere von vornherein ab und sicherte eine ungezwungene Atmosphäre. Das galt im übrigen auch für sein Verhältnis zu seinen Mitbrüdern und geistlichen Verwandten. Da machte er sich einmal in einem Brief an seinen geistlichen Onkel Karl Schröffer selbstironische Gedanken über Auffassung und Wirkung eines Hirtenbriefes und schrieb:

„. . . Mich bedrängen zur Zeit nicht so sehr körperliche Gebrechen als vielmehr geistige. Wehen, die der Geburt eines Hirtenbriefes voranzugehen pflegen, wofür aber die Pfarrer, und wahrscheinlich auch der gewesene von Diepolz, weniger Mitleid als vielmehr andere befriedigende Gefühle empfinden. Was macht einem so ein Hirtenbrief doch für Mühe! Dabei ist das Schicksal und die Wirkung der Hirtenwörter – darüber gebe ich mich keinen Illusionen hin – doch sehr problematisch. Denn erstens werden sie gelesen, nicht gesprochen, zweitens werden sie schlecht gelesen, drittens werden sie umgemodelt und mit Kommentaren versehen, viertens werden sie vom Format eines Hirtenbriefes auf das einer Hirtenpostkarte gebracht; und fünftens kann es einem passieren, daß dann gelegentlich eine Beschwerde über einen Pfarrer an den Bischof kommt, und unter der langen Liste der Klagepunkte auch dieser sich findet: ‚. . . und dann liest er von Zeit zu Zeit immer so langweilige Hirtenbriefe vor'. Bevor ich Bischof war, habe ich diese Geschichte mit Vergnügen erzählt. Seit zwei Jahren aber erzähle ich sie nur mehr mit grimmigem Vergnügen, nachdem ich in einem Beschwerdeschreiben über einen meiner Pfarrer mit eigenen Augen fast wörtlich den gleichen Satz gelesen habe . . ." Diese Mischung von Esprit und Selbstironie machte im übrigen Joseph Schröffer bei seinen Begegnungen gerade auch bei seinen französischen Mitbrüdern und Gesprächspartnern zu einem menschlich hochgeschätzten Gesellschafter. Ob er mit dem Erzbischof von Paris, Kardinal Feltin, sprach oder mit Botschafter François-Poncet parlierte, stets erschien er als ein „Homme d'esprit" in des Wortes breitester Bedeutung.

So waren die internationalen Treffen, Studientagungen und Friedensfahrten, die Bischof Schröffer leitete oder begleitete für die französischen Freunde erklärtermaßen auch immer eine menschliche Bereicherung. Und wenn der Präsident des deutschen Zweiges wegen anderer Verpflichtungen einmal nicht teilnehmen konnte, war das Bedauern über seine Abwesenheit groß und ehrlich, wie aus erhalten gebliebenen Briefen ersichtlich ist.

Wenn es sich irgendwie ermöglichen ließ, nahm Bischof Schröffer aber an den Veranstaltungen auf nationaler und internationaler Ebene teil. Das bedeutet, daß er pro Jahr drei- bis viermal mehrtägige Termine im In- und Ausland wahrzunehmen hatte. Überblickt man die Jahre seiner Präsidentschaft von 1954 bis 1968, so erstrecken sich die Orte der Treffen, Tagungen und Wallfahrten von Mont Saint-Michel über Nijmwegen und Brüssel bis nach Assisi, Paris, Lourdes und Santiago de Compostela und erscheinen in Westdeutschland mehrfach die Orte Altötting und Niederaltaich, wobei das größte bayerische Marienheiligtum naturgemäß häufiges Ziel von Wallfahrten gewesen ist. Doch traf man sich auch in Einsiedeln und Sachseln-Flüeli, in Bregenz und Mariazell, in Le Folgoet/Bretagne und Rethel, in Rom und Oropa sowie an zahlreichen anderen Orten West- und Südeuropas.

Dabei ist auffallend, daß Eichstätt als Veranstaltungsort nicht so oft vorkommt. Bischof Schröffer mochte offensichtlich die Mitglieder von „Pax Christi" nicht einfach zu sich kommen lassen, sondern bemühte sich seinerseits zu den Menschen in der Welt und scheute dabei nicht das Opfer an Zeit und Kraft.

Die zahlreichen Veranstaltungstermine und Auswärtsverpflichtungen nahm er fast nur in seiner Urlaubszeit oder übers Wochenende wahr, um seinen bischöflichen Aufgaben keinen Eintrag zu tun. Und was der „Pax Christi"-Präsident Schröffer bis tief in die Nacht oder in seiner karg bemessenen Freizeit an Aufmerksamkeit und Mühen den unscheinbaren aber notwendigen Erledigungen für „Pax Christi" schenkte, wußten allenfalls seine engsten Mitarbeiter wie Alfons Erb und Pater Manfred Hörhammer, die ihm als Sekretär bzw. Vizepräsident und als geistlicher Beirat die ganzen Jahre treu zur Seite standen und denen er sich auch zeit seines Lebens in dankbarer Erinnerung verbunden fühlte. Gern erweiterte Joseph Schröffer seine menschliche Aufmerksamkeit auf die Umgebung und die Angehörigen seiner Mitarbeiter. So stellte Pater Hörhammer in einem Dankesbrief an den „Pax Christi"-Präsidenten tief bewegt fest:

„... Allen Dank, daß Sie so lieb zu Mutter und den Eltern waren ...", hört doch ansonsten oft die persönliche Anteilnahme der Vorgesetzten und Oberen beim Schicksal der unmittelbaren Mitarbeiter auf. Daß diese Zuwendung nicht auf die Zeit seiner jeweiligen Amtsführung begrenzt blieb, erfuhren ebenso Bischof Josephs Eichstätter Diözesanen nach seiner Berufung an die päpstliche Kurie in Rom. Manche hatten gar den Eindruck, daß ihnen ihr einstiger Oberhirte in seinen „römischen Jahren" noch deutlicher seine persönliche Verbundenheit und Wertschätzung bekundete als während seiner Amtszeit als Bischof, da er sich in die Zwänge einer distanzierenden Gleichbehandlung gestellt sah.

Joseph Schröffer konnte auch in Rom jedem Besucher herzlich seine anteilnehmende Wertschätzung ausdrücken und durch manchen Freundschaftsdienst unterstreichen; sei es bei der Vermittlung eines günstigen Platzes für eine Papstaudienz, sei es durch eine hilfreiche Empfehlung an einen geistlichen Mitbruder. Wie aus dem persönlichen Nachlaß Joseph Schröffers, den Bittgesuchen und Dankschreiben hervorgeht, war er freilich auch schon während seiner Bischofszeit in Eichstätt gern gewählter Adressat besonderer Anliegen und kümmerte sich nach seinen Möglichkeiten um deren Erfüllung.

So fand die Anregung einer Lektorin für deutsche Sprache und Literatur an der ‚Università Cattolica del S. Cuore' in Mailand der Vermittlung eines Studentenaustausches im Eichstätter Bischofshaus ebenso offene Ohren wie der Vorschlag, einem französischen Priesterstudenten ein Stipendium zu stiften.

Übrigens sprach die Mailänder Germanistin in ihrem Brief vom 5. Juli 1952 den Eichstätter Oberhirten bereits damals beziehungsreich als „Pax Christi-Bischof Deutschlands" an und erinnerte an die erste Begegnung im April 1949 im norditalienischen Wallfahrtsort Oropa, hoch oben in den piemontesischen Bergen, wo Bischof Schröffer erstmals auf einer internationalen „Pax Christi"-Tagung auftrat und bei den Teilnehmern sogleich einen tiefen Eindruck hinterließ. Da der Gründer-Präsident von „Pax Christi", Bischof Théas von Lourdes, am Anfang nicht an der Tagung teilnehmen konnte, war Joseph Schröffer zunächst der einzige anwesende Bischof und hatte daher mehrfach das Wort zu ergreifen, worüber ein Teilnehmer dann schrieb:

„Mit Freude und Dankbarkeit wurde es empfunden, daß Bischof Dr. Schröffer seine Ansprachen in französischer und lateinischer Sprache halten konnte und somit nahezu von allen Teilnehmern verstanden wurde."

Das Thema dieser internationalen Begegnung in Oropa bei Mailand handelte im übrigen von der „Erziehung zum Frieden" – auch in der Schule, mit der Anregung, die Schulbücher in dieser Hinsicht zu revidieren –, einem Anliegen, dem sich der nachmalige Präsident der deutschen Sektion in besonderer Weise verpflichtet wußte.

Und dies schon zu einer Zeit, da die politisch-ideologisch ausgerichteten „Friedenskämpfer" der siebziger Jahre in Mehrzahl noch nicht einmal geboren waren und in der Folge zunächst die Früchte der Verständigungsbemühungen von „Pax Christi" genießen konnten. Die großen Zeugnisse tätiger Völkerversöhnung, als sich junge Franzosen für kriegsgefangene deutsche Soldaten als Geiseln anboten, um diesen neben dreizehn anderen europäischen Abordnungen die Teilnahme an einer gemeinsamen Bußwallfahrt zu ermöglichen, schienen dreißig Jahre später schon vergessen. Genau wie die Tatsache, daß „Pax Christi" bereits Jahrzehnte vor der politischen Propagierung der sogenannten „Friedensforschung" hierzulande auf internationalen Tagungen und Treffen Untersuchungen über Themen wie „Gründe des Krieges und Voraussetzungen des Friedens – Grundhaltung der Friedensgesinnung" anstellte – oder lange vor der Tagespolitik Entwicklung und Bedeutung der Dritten Welt auf dem 5. Internationalen Pax Christi-Kongreß im österreichischen Mariazell im August 1957 behandelte. Denn schon früh war es das Bestreben der Bewegung, die Not in Entwicklungsländern ins Auge zu fassen und auch in wirtschaftlicher Hinsicht durch Hilfe zur Selbsthilfe nach Kräften zu erleichtern. Bei der Gründung von Misereor haben die deutschen Bischöfe ausdrücklich darauf hingewiesen, daß Pax Christi diese Aufgabe lange schon gesehen und in Angriff genommen hatte. Für den Friedenssonntag 1957 schrieb Bischof Schröffer zu dem Thema „Der Fremde – dein Bruder“ und meinte, daß die Entfremdung und Überfremdung ein Zeichen der Zeit geworden ist. „Überfremdung, denn wir leben in der Zeit einer neuen Völkerwanderung, die sich von der ersten nur durch weitaus größere Zahlen und Maße unterscheidet. Von 1939–1945: mehr als 50 Millionen Menschen aus ihrem Heimatboden entwurzelt, 1945: 9 Millionen Fremdarbeiter in Deutschland. 14 Millionen Deutsche nach dem Krieg aus ihrer Heimat vertrieben; drei Millionen davon verschollen, ihre Heimatgebiete durch andere besiedelt.

Die Entfremdung – auch sie ist ein Zeichen der Zeit. Wer ist denn ein Fremder? Doch wohl, der jenseits meiner Grenzen wohnt . . . Haben wir uns nicht mit zuvielen Grenzzäunen umgeben? Haben wir nicht den Zaun zu eng um das eigene Ich gezogen, so daß die anderen nahezu alle zu Fremden geworden sind?“ und er weist auf die Grenzen hin, die „mitten durch unser Land gehen, durch das gesegnete Land der Familie, mit der Entfremdung bis zur Scheidung in ständig wachsenden Zahlen; die trennende Grenze durch unser Arbeitsfeld, zwischen Arbeitgebern und Arbeitnehmern; die Zäune durch die harte Form des politischen Kampfes“ und beklagt dann die Grenzlinie seit 400 Jahren auch im religiösen Bereich . . . Ein eiserner Vorhang habe sich niedergelassen, ein Bambusvorhang. „Nationalismus und Rassenwahn sind weiter daran, trennende Wände aufzurichten zwischen Farbigen und Weißen . . .“

Jedoch: „Ich war der Fremdling, den du aufgenommen hast, so wird der Herr das Geheimnis des Fremden einmal lüften. Liebt er es nicht geradezu, die Gestalt und Maske des Fremdlings anzunehmen? Auf dem Weg nach Emmaus hat er sie angenommen, am Grab in anderer Gestalt, als der Gärtner, . . . in der Morgenfrühe am See als der Unbekannte, der sie anrief: Kinder, habt ihr nichts zu essen? (Jo 21, 5). Immer ist er es gewesen, der sich unter der Maske des Fremden verbarg.“

Die heutzutage immer wieder diskutierte Frage, ob der technische Fortschritt die Menschen einander näher bringe, war auch schon vor dreißig Jahren auf einem internationalen Treffen in Frankreich ein Tagungsthema, wie sich die Mitglieder von Pax Christi vor einem Vierteljahrhundert auch bereits mit dem Verhältnis Christen und Juden beschäftigt haben. So sprach Bischof Schröffer wiederholt auch im Rahmen der „Woche der Brüderlichkeit“. Pax Christi ging es zuerst um das geistige Bauen. Abzuräumen galt es die „Schutthalden, die aus der Vergangenheit noch zurückgeblieben sind und die innere Begegnung der Völker hindern, Ungerechtigkeiten, Vorurteile und Ressentiments, aufzubauen die neue Gemeinschaft der Völker, die sich versteht und brüderlich für einander empfindet." Mittlerweile konnte der echte Versöhnung stiftende Pax Christi-Gedanke auch Macht über Staatsmänner diesseits und jenseits des Rheines gewinnen, wie dies etwa bei der feierlichen Einweihung der gemeinsam aus französischen und deutschen Mitteln erbauten St. Bernhards-Friedenskirche in Speyer am Rhein sinnfällig wurde, an welcher am 26. September 1954 nicht nur französische und deutsche Bischöfe teilnahmen, sondern auch der damalige französische Außenminister Robert Schuman und Bundeskanzler Konrad Adenauer, beide Mitglieder von Pax Christi, oder wie Robert d'Harcourt in der Zeitung ‚La Croix' schrieb: „Gewisse Worte sind Gift. Einem unserer Staatsmänner, Georges Bidault, kommt die Ehre zu, mit einigem Mut das Schlagwort vom ‚Erbfeind' als eine der schädlichsten Geschichtsklitterungen angeprangert zu haben. Zwar hat uns, Deutschland und Frankreich, ein breiter Graben von Blut lange Zeit getrennt. Nun aber ist die Stunde gekommen, ihn aufzufüllen, um unseres Wohles und des Heiles Europas willen."

Wegbereiter der deutsch-polnischen Annäherung

Mehr und mehr wandte die deutsche Sektion unter ihrem Präsidenten ihr Augenmerk verstärkt dem polnischen Nachbarn im Osten zu. So stellte sie im Rahmen des Jahresthemas „Die Welt vor unserer Tür" auf ihrer Hauptversammlung in Königstein am 11./12. März 1961 unter der Überschrift „Deutsche und Polen" die spannungsreichen deutsch-polnischen Beziehungen in den Mittelpunkt. Von Takt und menschlicher Rücksichtnahme zeugt dabei die Wahl des Tagungsortes; denn Königstein war seit den fünfziger Jahren so etwas wie eine geistliche Heimstätte der deutschen Ostvertriebenen. Und das Schicksal der Heimatvertriebenen war bei einem Dialog mit den Polen ein unerläßliches Thema. Die Verbindung mit den deutschen Heimatvertriebenen, die in ihrer „Charta von Stuttgart" schon 1950 feierlich auf Rache und Vergeltung an den Vertreiberländern verzichtet und eine Versöhnung zwischen den Deutschen und ihren östlichen Nachbarn gefordert hatten, schien „Pax Christi" und ihrem deutschen Präsidenten zu Recht eine unentbehrliche Voraussetzung für eine glaubwürdige und tragfähige Verständigung mit den Polen zu sein, kann doch Entspannung und Aussöhnung auf Dauer nicht nur auf einseitigen Vorleistungen und Schuldbekenntnissen gründen. Auch die Völker stehen in mancherlei Verstrickungen zueinander und teilen sich nicht in alleinschuldige und vollkommen unschuldige Nationen. Kenner der jüngsten europäischen Geschichte, wie sie damals in Deutschland gehört wurden, kannten die verheerenden innenpolitischen Folgen des sogenannten „Kriegsschuldparagraphen" des Versailler Vertrages von 1919 nur zu genau und fanden mit ihren begründeten Argumenten verdientes Gehör. Der deutschen Sektion von „Pax Christi" galten Wahrheitstreue zur Geschichte, Respekt vor fachlichem Sachverstand und Zurückhaltung gegenüber modischen Zeitströmungen als selbstverständliche Verhaltensweisen und man fühlte sich nicht berufen, zu allen neu auftretenden Fragen sogleich ein „Statement" im Namen von „Pax Christi" abzugeben. Nicht laute Publizität, sondern solide Verständigungsarbeit kennzeichnete die Tätigkeit der deutschen „Pax Christi"-Bewegung. Da fanden so ausgewiesene Kenner der deutsch-polnischen Geschichte wie Professor Franz Scholz mit ihren fundierten Beiträgen und Ratschlägen gebührende Beachtung und hatten auch die Heimatvertriebenen das sichere Gefühl, in ihren berechtigten Anliegen ernstgenommen zu werden. Wie der Präsident der deutschen Sektion Rat und Urteil von solchen Fachleuten achtete, wußte er auch in den Ostvertriebenen die „geborenen Experten" für die Beziehungen zu osteuropäischen Ländern, hatten sie doch durch ihre enge Nachbarschaft mit den Polen über die Jahrhunderte die längste praktische Erfahrung im Umgang mit dem polnischen Volk und hatten in diesem Neben- und Miteinander schon mehr als einmal geschichtliche Krisen gemeinsam gemeistert. Hätte sich Bischof Schröffer auch nicht auf Fachleute oder erfahrene Kenner Polens stützen können, wäre ihm der persönliche Zugang zu den Menschen Ostmitteleuropas gleichwohl nicht ganz versperrt gewesen, hatte er doch im Kreise seiner weiteren Familie drei angeheiratete Neffen und eine Nichte, die aus dem deutschen Osten stammten und ihm Eindrücke aus Schlesien oder dem Sudetenland vermitteln konnten. Wenn auch Zeitzeugenberichte subjektiv und damit persönlich gefärbt sind und nicht verallgemeinert werden dürfen, stehen sie doch als Ergebnis gesammelter menschlicher Erfahrungen, aus denen dann die entsprechenden Lehren gezogen werden können, um wieder zu einem gedeihlichen Zusammenleben zu gelangen. Vor dem Hintergrund dieser Erkenntnis suchte er immer wieder die Begegnung mit den Heimatvertriebenen und holte ihre Meinung zur künftigen Gestaltung der deutsch-polnischen Beziehungen ein. Entsprechend begrüßte er es, wenn sich auch die Mitglieder seines Präsidiums mit Vertretern der Heimatvertriebenen zu Aussprachen trafen.

Den polnischen Nachbarn bekundete die deutsche „Pax Christi"-Sektion und ihr bischöflicher Leiter wiederholt die Bereitschaft, ein Zeichen der Sühne für die dem polnischen Volk während des Krieges angetanen furchtbaren Unrechtstaten zu setzen. Da das Konzentrationslager Auschwitz als Sinnbild nationalsozialistischer Schreckensherrschaft in Polen galt, wurde eine Sühnefahrt nach Auschwitz-Birkenau mit einem Besuch Tschenstochaus und Krakaus ins Auge gefaßt. Im ehemaligen Konzentrationslager wollten sie sich zur Last und Verpflichtung der Geschichte bekennen und dem polnischen Nachbarvolk das Confiteor ihrer Landsleute anbieten, vor dem weltberühmten Marienheiligtum in Tschenstochau der himmlischen Patronin Polens die Bußgesinnung des christlichen Deutschland bekunden und um die Versöhnung stiftende Fürsprache der Gottesmutter bitten. Der Besuch in Krakau galt Kardinal Carol Wojtyla, mit welchem Bischof Joseph Schröffer schon seit der gemeinsamen Konzilsarbeit in Verbindung stand. Um so bitterer für ihn, daß die nach langwierigen Verhandlungen und Vorbereitungen endlich von den polnischen Behörden genehmigte Fahrt am 19. Mai 1964 ohne seine Teilnahme durchgeführt werden mußte. Politische Einflußnahmen hatten offensichtlich den Verzicht erzwungen. Augenfälliger Unterschied zwischen einem kommunistischen Regime und einem freiheitlichen Staat wie Frankreich. Standen im westlichen Nachbarland die Politiker den deutsch-französischen Begegnungen im Rahmen von „Pax Christi" wohlwollend gegenüber und nahmen den Versöhnungsgedanken schließlich auch in ihr Programm auf, waren die Machthaber jenseits der Oder alles andere als an einer deutsch-polnischen Aussöhnung unter christlicher Führung interessiert. Nicht auszuschließen, daß man an der Weichsel von dem völkerversöhnenden Wirken der Pax Christi-Bewegung in Westeuropa wußte und die Ausstrahlung davon auch auf das polnische Volk entsprechend fürchtete. Immerhin war in Ascq und Oradour, den beiden Blutstätten nationalsozialistischer Gewaltherrschaft auf französischem Boden, ein entscheidender Schritt zur Versöhnung zwischen Deutschen und Franzosen gelungen, hatten die Überlebenden der beiden gemarterten Orte die ihnen dargebotene Hand ergriffen und die Sühnegaben der Deutschen angenommen.

Ein Mann mit solchem Hintergrund, der gleichsam als ‚Wanderbischof' von Pax Christi überzeugend den Friedens- und Verständigungsgedanken vorlebte und zu den Menschen trug, war auch der berufene Vermittler zwischen Polen und Deutschen. Daß ihm im April 1964 die Teilnahme an der Sühnewallfahrt nach Polen verwehrt wurde, konnte ihn nicht entmutigen, in seinem Bemühen um eine deutsch-polnische Annäherung fortzufahren, wußte er doch von privaten Kontakten her, wie vor allen Dingen von seinen Begegnungen mit polnischen Bischöfen im Rahmen des Zweiten Vatikanischen Konzils, daß unter der Bevölkerung in Polen die Bereitschaft zur Verständigung mit Deutschland ebenfalls vorhanden war und ein entsprechender Schritt von deutscher Seite nicht unerwidert bleiben würde. So blieb in seinem Wirken das deutsch-polnische Verhältnis weiterhin ein zentrales Anliegen. Es beherrschte Tagungen und internationale Friedenswanderungen, die Sternfahrten der Jugend, „Routes de la Paix" ebenso wie die persönlichen Aktivitäten Joseph Schröffers. Ging es beim Treffen in Waldsassen am 5.–7. Juni 1965 im Rahmen des Jahresthemas „Friede durch gemeinsames Beten und Handeln der Christen" um das deutsch-polnische Verhältnis in Geschichte und Gegenwart, nahm sich Bischof Schröffer persönlich einer Bitte an, die ihm der damalige Erzbischof von Krakau, Carol Wojtyla, vorgetragen hatte. Es ging um einen polnischen Theologen, Professor Ignacy Rozycki, der Kontakte zu theologischen Fakultäten in Deutschland aufnehmen wollte, dabei aber bestimmte Auflagen der Warschauer Behörden zu erfüllen hatte. Der Dogmatik-Professor an der Theologischen Fakultät in Krakau schrieb dem Eichstätter Oberhirten:

„... Um aber ein Einreisevisum nach West-Deutschland zu bekommen, um Unannehmlichkeit von seiten polnischer Behörden zu vermeiden, benötige ich eine Einladung von einem Deutschen, der gegenüber den Polen freundlich gesinnt ist. An jenem Donnerstag (2. November 1965), als sich Bischof Schröffer und Erzbischof Wojtyla im ‚Collegio dell'Anima' zur Besprechung zweier Kapitel des Schemas über ‚Die Kirche in der heutigen Welt' getroffen hatten und auch der Konzils-Peritus des Krakauer Metropoliten zugegen war, habe ich selber erlebt und auch von vielen Polen gehört, daß Sie, Exzellenz, der Mann sind, an den ich mein Ersuchen um eine solche Einladung richten mag ..."

Schon am übernächsten Tag übermittelte Bischof Schröffer dem polnischen Gelehrten eine Einladung und machte ihm noch von Rom aus das Angebot, im Bischofshaus zu Eichstätt Wohnung zu nehmen und an der Eichstätter Philosophisch-Theologischen Hochschule eine Gastvorlesung zu halten. Wörtlich schrieb er: „Ich weiß ja, daß Sie zu einem bedeutenden, aus meiner Diözese hervorgegangenen Gelehrten, Dr. Martin Grabmann, dem Erforscher mittelalterlicher Theologie, in Beziehung standen" und fuhr dann fort: „Sie wissen ja wohl auch, wie sehr es mir am Herzen liegt, an einer besseren Gestaltung der gegenseitigen Beziehungen unserer beiden Völker mitzuarbeiten, und daß ich auch aus diesem Grund einen wissenschaftlichen Austausch unter uns sehr begrüßen würde."

Mit dieser Einladung und Vermittlung setzte Bischof Schröffer eine Praxis fort, die er bereits in den fünfziger Jahren gegenüber dem französischen Nachbarn mit nachhaltigem Erfolg geübt hatte.

An der Jahreswende von 1965 zu 1966 erschien dem Bischof von Eichstätt eine Einladung an den polnischen Dogmatikprofessor um so selbstverständlicher, als die polnischen Bischöfe am Konzil in Rom gerade ihre deutschen Mitbrüder zur Teilnahme an der Tausendjahrfeier der Christianisierung Polens eingeladen hatten und mit ihrem Schreiben vom 18. November 1965 der nachmalig geschichtlich bedeutsame Versöhnungsdialog auf höchster kirchlicher Ebene eingeleitet war. Und wie bei der deutsch-französischen Aussöhnung und Verständigung hatte auch bei der Aufnahme des deutsch-polnischen Gespräches die deutsche Pax Christi-Bewegung unter ihrem Präsidenten wichtige geistige Vorarbeiten geleistet. Sie reichten bekanntlich von den gemeinsamen Weihnachtsagapen, bei welchen Deutsche und Polen am Heiligen Abend oder an einem Feiertag im

Weihnachtsfestkreis in geistiger Gemeinschaft die von Polen gestifteten Oblaten brechen und im Gedenken an einander verzehren, über Pax Christi-Tagungen mit deutsch-polnischen Themen bis zur Sühnewallfahrt von 1964. Hatten die polnischen Behörden es 1964 noch verhindert, daß die westdeutsche Pax Christi-Fahrt planmäßig geleitet und durchgeführt wurde, waren im nachfolgenden Jahr auch noch viele Hindernisse auf dem Wege zum deutsch-polnischen Dialog der Bischöfe über das beiderseitige Verhältnis wegzuräumen.

Auf dem Konzil hatten sich nämlich bei der Arbeit an der Pastoralkonstitution über die Kirche in der Welt von heute „Gaudium et Spes", besonders im Kapitel V „Die Förderung des Friedens und der Aufbau der Völkergemeinschaft", polnische und deutsche Bischöfe zusammengefunden in der Überzeugung, in erster Linie sei es Aufgabe der Bischöfe, mit gutem Beispiel voranzugehen und den gegenseitigen Versöhnungswillen auch öffentlich zu dokumentieren.

Bischof Schröffer erkannte im Apostlischen Administrator von Breslau, Erzbischof Kominek, einen zugänglichen Gesprächspartner, hatte er doch bei der Breslauer Zwanzigjahrfeier die Jahrhunderte alte deutsche Vergangenheit Schlesiens und seiner Metropole nicht aus den Augen verloren. Der gebürtige Schlesier Kominek sagte damals:

„Wir bemühen uns, alles, was sich an Gutem und Schönen aus der Vorkriegszeit erhalten hat, zu ehren . . . Wir wenden nicht den Grundsatz an: Nur für Polen . . . Wir wünschen ehrlich, daß die polnische Wirklichkeit der Westgebiete nicht nur alle Glieder unseres Volkes eint, sondern den Weg zu Verständigung und Frieden mit unseren Nachbarn bahnt – vor allem mit jenen, denen der nicht von uns heraufbeschworene Lauf der Kriegsereignisse diese Gebiete weggenommen hat." Mit dem Hinweis auf „jene, denen der Lauf der Kriegsereignisse diese Gebiete weggenommen hat", nahm Erzbischof Kominek als erster polnischer Kirchenführer öffentlich vom Schicksal der Heimatvertriebenen Notiz und betonte die vordringliche Notwendigkeit, mit ihnen Verständigung und Frieden zu suchen.

Die polnischen Oberhirten Kominek, Wojtyla und Stroba und die deutschen Bischöfe Hengsbach, Spülbeck und Schröffer berieten gemeinsam über den einzuschlagenden Weg dazu und ersuchten Erzbischof Kominek, den Entwurf eines Briefes, den die polnischen Bischöfe an ihre deutschen Amtsbrüder schreiben würden, zu erstellen. Dieser sollte dann später zum historischen Schreiben werden, das diesseits und jenseits der Grenze große Beachtung fand.

Unterstützt wurde Boreslaus Kominek von seinen polnischen Mitbrüdern. Daß man dabei bestrebt war, die deutsch-polnische Verständigung in erster Linie auf religiös-christlicher Grundlage zu bewirken, wurde bereits im Mai 1964 deutlich, als Carol Wojtyla in seiner Ansprache an die

Teilnehmer der Pax Christ-Sühnewallfahrt in besonders herzlicher Weise des heiligmäßigen Lebens und Sterbens der deutschen Ordensschwester Edith Stein gedachte und ihrem Kanonisationsprozeß einen guten Fortgang wünschte.

In der Unterscheidung zwischen dem politischen Wirkungsbereich und dem religiösen Sendungsauftrag trafen sich die Vorstellungen Joseph Schröffers und Carol Wojtylas, und es war nicht von ungefähr, daß der Eichstätter Oberhirte bei der geplanten Teilnahme an der Tausendjahrfeier der Christianisierung Polens Gast des Krakauer Metropoliten sein sollte. Allen Beteiligten am Aussöhnungswerk zwischen Deutschen und Polen, den deutschen wie den polnischen Bischöfen, war bewußt, daß ihre Begegnungen im Rahmen des Zweiten Vatikanischen Konzils eine kostbare Fügung waren und das bevorstehende Millennium der Christianisierung Polens eine schier einmalige Gelegenheit für den Aufbruch in eine bessere Zukunft darstellte.

So leiteten die polnischen Bischöfe ihre „Botschaft an ihre deutschen Brüder in Christi Hirtenamt" vom 18. November 1965 auch mit dem Hinweis auf die Tausendjahrfeier ein und schrieben: „Wir laden Sie hiermit in brüderlicher aber auch zugleich in feierlichster Weise ein, an den Kirchenfeiern des polnischen Millenniums teilzunehmen; der Höhepunkt des polnischen Te Deum laudamus soll Anfang Mai 1966 auf dem Jasna Gora, bei der heiligen Mutter Gottes, der Königin Polens, stattfinden", um dann zu einem geschichtlichen Abriß der letzten tausend Jahre Polens mit den beziehungsreichen Worten überzuleiten: „Die folgenden Ausführungen mögen als historischer und zugleich auch sehr aktueller Kommentar unseres Millenniums dienen und vielleicht auch mit Hilfe Gottes unsere beiden Völker im gegenseitigen Dialog einander noch näher bringen."

In der Folge wird von den „fruchtbaren deutsch-polnischen Beziehungen" gesprochen, wobei einzelne Beispiele ausführliche Würdigung finden. So heißt es nach einem Hinweis auf die Missionierungs- und Kolonisationsleistung der kirchlichen Orden und der Erwähnung des „deutschen Magdeburger Rechtes, das bei polnischen Stadtgründungen große Dienste leistete" und des künstlerischen Vermächtnisses des Nürnberger Bildhauers Veit Stoß wörtlich in der Botschaft der polnischen Bischöfe:

„Wir haben der abendländischen – auch der deutschen – Kultur wahrhaftig sehr viel zu verdanken" und liest man weiter über die gemeinsamen Heiligen:

„Es kamen auch aus dem Westen zu uns Apostel und Heilige; und sie gehören wohl zu dem Wertvollsten, was uns das Abendland geschenkt hat. Ihr segensreiches soziales Wirken spüren wir vielerorts noch heute. Zu den bekanntesten zählen wir den heiligen Bruno von Querfurt ... Dann ganz besonders die heilige Hedwig (Jadwiga), Herzogin von Schlesien, aus Andechs gebürtig ... Sie ist im 13. Jahrhundert die größte Wohltäterin des polnischen Volkes in den damaligen Westgebieten des Piastenpolens ...

Niemand macht unserer großen Landesheiligen den Vorwurf, daß sie deutschen Geblütes war; im Gegenteil, man sieht sie allgemein – von einigen nationalistischen Fanatikern abgesehen – als den besten Ausdruck eines christlichen Brückenbaues zwischen Polen und Deutschland an . . ."

Die nachfolgende Schilderung des Zweiten Weltkriegs mit der fünfjährigen deutschen Gewaltherrschaft über Polen sollte nach dem Willen der Verfasser „weniger eine Anklage als vielmehr eine eigene Rechtfertigung sein" und mündete schließlich in ein Verständnis, das oft die nachgeborenen Deutschen ihren eigenen Vätern nicht entgegenbringen, schrieben die polnischen Bischöfe doch:

„Wir wissen sehr wohl, wie ein ganz großer Teil der deutschen Bevölkerung jahrelang unter übermenschlichem nationalsozialistischem Gewissensdruck stand, wir kennen die furchtbaren inneren Nöte, denen seinerzeit rechtschaffene und verantwortungsvolle deutsche Bischöfe ausgesetzt waren, um nur die Namen Kardinal Faulhaber, Kardinal von Galen und Kardinal von Preysing zu erwähnen. Wir wissen um die Märtyrer der Weißen Rose, die Widerstandskämpfer des 20. Juli, wir wissen, daß viele Laien und Priester ihr Leben opferten (Lichtenberg, Metzger, Klausener und viele andere). Tausende von Deutschen teilten als Christen und Kommunisten in den Konzentrationslagern das Los unserer polnischen Brüder . . ."

um dann ihren deutschen Amtsbrüdern zuzurufen:

„Trotz alledem, trotz dieser fast hoffnungslos mit der Vergangenheit belasteten Lage, gerade aus dieser Lage heraus, Hochwürdige Brüder, rufen wir Ihnen zu: versuchen wir zu vergessen! Keine Polemik, kein weiterer kalter Krieg, aber der Anfang eines Dialogs wie er heute vom Konzil und von Papst Paul VI. überall angestrebt wird"

und schließlich die Botschaft in die Sätze gipfeln zu lassen:

„In diesem allerchristlichen und zugleich sehr menschlichen Geist strecken wir unsere Hände zu Ihnen hin in den Bänken des zu Ende gehenden Konzils, gewähren Vergebung und bitten um Vergebung. Und wenn Sie, Deutsche Bischöfe und Konzilsväter, unsere ausgestreckten Hände brüderlich erfaßt, dann erst können wir wohl mit ruhigem Gewissen in Polen auf ganz christliche Art unser Millennium feiern. Wir laden Sie dazu herzlichst nach Polen ein."

Sätze, die tief bewegten und an Begegnungen mit den französischen Nachbarn in den fünfziger Jahren erinnerten. Das Bemühen um den deutsch-polnischen Dialog, den „Pax Christi" seit Jahren erstrebte, schien einen entscheidenden Durchbruch erzielt, die Sühnewallfahrt der deutschen „Pax Christi"-Bewegung vom Mai 1964 ihr polnisches Echo gefunden zu haben und eine unmittelbare Begegnung in Polen nur noch eine Frage von Monaten zu sein.

Daß dieser Durchbruch zur Verständigung mit den polnischen Nachbarn auch wesentlich den engen und häufigen Kontakten der Bischöfe im Rahmen des Zweiten Vatikanischen Konzils zuzuschreiben war, bekundeten nicht nur Pater Hörhammer und Vizepräsident Alfons Erb in ihren Abschiedsschreiben im Mai 1967, als Bischof Schröffer zum Sekretär der Kongregation für das Katholische Bildungswesen ernannt und an die Kurie nach Rom berufen wurde, sondern auch außenstehende Zeitzeugen wie M. M. Renand aus Neuilly, die Kardinal Schröffer am 24. Dezember 1981 schrieb: „. . . Heute noch Christi Leiden in Polen. Diesem armen Volk haben Sie unter den allerersten die Botschaft des Friedens gebracht. Auch waren Sie besonders dem Schicksal Polens verbunden, der Versöhnung mit Deutschland.

Die von M. M. Renand erwähnte „Botschaft des Friedens", die Bischof Schröffer dem polnischen Volk überbrachte, bestand nicht nur in seinen wiederholten Appellen zur Aussöhnung mit dem östlichen Nachbarn auf den verschiedenen Tagungen, sondern auch ganz besonders in seinem Beitrag zum Antwortschreiben auf die Botschaft der polnischen Bischöfe. Es datiert auf den 5. Dezember 1965 und atmet ganz den Geist von „Pax Christi". Etwa wenn die deutschen Bischöfe an den eröffneten Dialog mit ihren polnischen Amtsbrüdern die Hoffnung knüpfen, daß „dieses Gespräch mit Gottes Hilfe die Brüderlichkeit zwischen dem polnischen und dem deutschen Volk fördern und festigen wird" oder ihrer Freude darüber Ausdruck geben, „daß wir in der Verehrung der heiligen Hedwig vereint sind".

Im Sinne der Sühnewallfahrt von 1964 standen die deutschen Kirchenführer in ihrer Antwort an die polnischen Bichöfe zur Verantwortung Deutschlands an den Ereignissen zwischen 1939 und 1945 und dankten ihren Amtsbrüdern für die großherzige Geste der Vergebung. In ihrem Antwortschreiben vermerkten die deutschen Bischöfe aber auch, daß „Millionen Deutsche ihre Heimat verlassen mußten, in der ihre Väter und Vorfahren lebten", um dann klarzustellen: „Diese waren nicht als Eroberer in das Land gezogen, sondern im Laufe der Jahrhunderte durch die einheimischen Fürsten gerufen worden. Deshalb müssen wir Ihnen in Liebe und Wahrhaftigkeit sagen: Wenn diese Deutschen von ‚Recht auf Heimat' sprechen, so liegt darin – von einigen Ausnahmen abgesehen – keine aggressive Absicht. Unsere Schlesier, Pommern und Ostpreußen wollen damit sagen, daß sie rechtens in ihrer alten Heimat gewohnt haben und daß sie dieser Heimat verbunden bleiben. Dabei ist ihnen bewußt, daß dort eine junge Generation heranwächst, die das Land, das ihren Vätern zugewiesen wurde, ebenfalls als ihre Heimat betrachtet."

Die Einladung ihrer Amtsbrüder zur Teilnahme am polnischen Millennium beantworteten die deutschen Bischöfe mit den Worten: „Als Zeichen unseres guten Willens, Ehrwürdige Brüder, wollen wir, in aufrichtiger

Dankbarkeit für Ihre Einladung, als Pilger zu Ihrem Marienheiligtum nach Tschenstochau kommen und Anteil nehmen an Ihrer und Ihres ganzen Volkes Freude. Wir wollen mit Ihnen an den Heiligtümern beten, wo das polnische Volk sich oft, und besonders in der heutigen Zeit, Kraft und Segen von Gott erbittet. Wir versprechen, unsere Gläubigen aufzufordern, sich im kommenden Marienmonat mit unserem und Ihrem Gebet zu vereinen.

Bei der Niederschrift dieses Versprechens konnten nur die größten Pessimisten ahnen, daß seine Erfüllung die einzige Möglichkeit der Teilnahme an der Tausendjahrfeier der Christianisierung Polens sein sollte. Vielmehr war man davon überzeugt, daß mit dem gemeinsamen Begehen des polnischen Millenniums eine Reihe gegenseitiger Besuche eröffnet wurde. Entsprechend schrieben die deutschen Bischöfe an ihre polnischen Mitbrüder: „Wir wollen alles tun, daß diese Verbindung nicht mehr abreißt. Im Jahre 1968 wird der Deutsche Katholikentag in Essen stattfinden. Im gleichen Jahr begeht das Bistum Meißen die Tausendjahrfeier seiner Gründung. Es wäre für uns und unsere Gläubigen eine große Freude, bei diesen Gelegenheiten polnische Bischöfe begrüßen zu dürfen" und fügten hinzu:

„Bei unseren Einladungen haben wir mit Ihnen den Wunsch, daß die Begegnung der Bischöfe und der begonnene Dialog sich fortsetzen möge in allen Lebensbereichen unserer beiden Völker. Alle Schritte, die diesem Ziel dienen können, werden wir von Herzen begrüßen."

Bereits Mitte Dezember 1965 jedoch setzte eine wilde Diskreditierungskampagne der Warschauer Staatsführung gegen den polnischen Episkopat ein, welche die Verwirklichung der ausgesprochenen Einladung zur Teilnahme an der polnischen Millenniumsfeier – zumindest für die deutschen Bischöfe – mehr als nur in Frage stellte.

Zu den Autoren der Briefe, die den Sturm der Entrüstung hervorgerufen haben, zählten die polnischen Kommunistenführer erklärtermaßen auch Bischof Joseph Schröffer, hatte doch die parteiamtliche „Trybuna Ludu" bereits am 12. Dezember 1965 mit Bezug auf westliche Pressestimmen geschrieben, daß polnische und deutsche Bischöfe während der Ausarbeitung der Botschaft eine Reihe von Zusammenkünften hatten, um eine Formulierung des Textes zu finden, der ‚jedes Mißverständnis' ausschalten würde. In ungemein polemischer Weise beklagte sich die Warschauer Parteizeitung darüber, daß sie – im Gegensatz zu den deutschen Bischöfen – selber noch keinen Text der Einladung und Versöhnungsbotschaft habe und sich daher auf eine „Rückübersetzung" aus dem Deutschen stützen müsse, und kritisierte in scharfen Worten, daß die polnischen Kirchenführer nicht vorher die Warschauer Regierung konsultiert haben. Die Parteizeitung wörtlich: „. . . An ihrer Stelle wurde jemand anders konsultiert, und zwar sehr ausführlich . . . Bei diesen Konsultationen war der deutsche Episkopat vertreten durch die Bischöfe Franz Hengsbach, Joseph Schröffer und Otto

Spülbeck und der polnische Episkopat durch Erzbischof Boleslaw Kominek, Erzbischof Carol Wojtyla und Suffraganbischof Jerzy Stroba. Im Verlauf dieser Konsultationen wurde der Text des Schreibens mehrmals neu aufgesetzt."

Diese Bischöfe haben also in den Augen der Warschauer Parteizeitung die Plätze eingenommen, die eigentlich der kommunistischen Staatsführung Polens gebührt hätten. Statt auf die eigene Regierung zu hören und deren Meinung zu vertreten, haben es die polnischen Bischöfe gewagt, den Rat ihrer deutschen Mitbrüder einzuholen. Ein Vorgehen, das dem kommunistischen Parteiorgan ebenso unerträglich wie unverzeihlich erschien.

Am 4. März 1966, einen Tag vor der Absendung des abweisenden Briefes des polnischen Ministerpräsidenten an den polnischen Episkopat, hatte Bischof Joseph Schröffer den Antrag für das Einreisevisum an die „Militärmission der Volksrepublik Polen" in Berlin gestellt und in der Rubrik „Zweck der Reise, Namen und Adressen der Personen, die Sie besuchen wollen" angegeben: „Teilnahme an der Feier des Millenniums Polens. – Erzbischof Karol Wojtyla, Krakau, Ul. Franciszkanska 3", um dann zusammen mit anderen westdeutschen Mitbrüdern die Verweigerung der beantragten Einreise erfahren zu müssen.

Kardinal Stefan Wyszynski war im übrigen das erste Opfer solcher Repressalien der kommunistischen Behörden, wurde ihm doch Anfang Januar 1966 die Ausreise nach Rom mit der Begründung verweigert, daß er seinen letzten Besuch in Rom „nicht zu Zwecken der religiösen Tätigkeit benutzt" habe, sondern auch „zu politischen Vorhaben, die vom Standpunkt der Interessen der Volksrepublik Polen als schädlich zu betrachten" seien. Der Kardinalprimas wollte am 13. Januar 1966 an den Feierlichkeiten des Vatikans zur Eröffnung der Tausendjahrfeiern der Christianisierung Polens teilnehmen und vermutlich auch Papst Paul VI. zu einem Besuch Polens einladen.

Mit dem Ansinnen jedoch, daß die Bischöfe ihre ausgesprochene Einladung zurückziehen sollten, hatte der polnische Parteichef kein Glück. Der Geruch der Gastfeindlichkeit blieb am kommunistischen Staat haften. Das mußten die Machthaber in Warschau konstatieren, als am 14. April 1966 die Feierlichkeiten zum Millennium der Christianisierung Polens in der alten polnischen Hauptstadt Gnesen mit einem festlichen Pontifikalamt eröffnet wurden und die Abwesenheit ausländischer Kirchenvertreter allgemein auffiel.

Die deutsche Pax Christi-Bewegung und ihr bischöflicher Präsident, dem ein zweites Mal die Reise nach Polen versagt blieb, nahmen auf ihre Weise an der Tausendjahrfeier des polnischen Nachbarn teil. Joseph Schröffer beging zusammen mit seinen Eichstätter Diözesanen und den deutschen Pax Christi-Mitgliedern ein Gebetsgedächtnis für das polnische Nachbarvolk. In der Eichstätter Kirchenzeitung, dem „St. Willibaldsboten“, ließ er ausführlich die Geschichte Polens würdigen und dabei auch die große Vergangenheit der polnischen Kirche seinen Diözesanen vorstellen. Regens Dr. Andreas Bauch beschrieb in einem kenntnisreichen Beitrag die bayerisch-polnischen Beziehungen auf dem Gebiet der Kunst und stellte darin fest, daß christliche Kunst „in ihrem Wesen übernational ist“ und eine Sprache spreche, „die überall verstanden wird, wo Christen aus ihrem Glauben leben“. Der Eichstätter Kirchenhistoriker, Professor Dr. Ernst Reiter, schilderte in der gleichen Ausgabe des Diözesanblattes vom 1. Mai 1966 in einem aufschlußreichen Aufsatz die engen Kontakte zwischen den alten Universitäten Krakau und Ingolstadt. Eine Thematik, die aus vielerlei Gründen nahelag, gehört doch Ingolstadt als einwohnerstärkste Stadt der Diözese zum Bistum Eichstätt und war der Bischof der Kanzler der Universität Ingolstadt. Ernst Reiter weist in seinem Beitrag eindrucksvoll nach, wie stark frequentiert die Ingolstädter Universität von polnischen Studenten war und wie gerne auch die Krakauer Jagellonen-Universität von Eichstätter Scholaren gewählt wurde. Er konnte auch ermitteln, daß sogar einigen Polen ehrenhalber die Rektoratswürde übertragen worden ist und mancher ehemalige polnische Student der Ingolstädter Alma Mater in Polen zu hohen geistlichen Würden aufgestiegen ist. Reiter erwähnt namentlich Laurentius Gembicki, „der 1577 in Ingolstadt sein Studium begonnen hatte und wegen seiner Verdienste um die religiöse Erneuerung der polnischen Kirche im Geiste des Konzils von Trient hervorragt.“ Und weiter: „Als Bischof von Kulm hielt er 1605 eine Diözesanynode ab und führte die in der Stadt Thorn in der Reformationszeit abgekommene Fronleichnamsprozession wieder ein. Als Bischof von Leslau führte er eine gründliche Diözesanvisitation durch. Mit gleichem Eifer wirkte er von 1616 bis zu seinem Tode 1624 als Erzbischof von Gnesen und Primas von Polen.“

Prof. Reiter würdigt Gembicki dann als verdienten Erneuerer des religiösen Lebens seiner Diözesanen und als Kirchenmann, der sich vorgenommen hatte, die Beschlüsse des Trienter Konzils alsbald und gewissenhaft in die Tat umzusetzen.

Pax Christi widmete diesem Ereignis eine Sondernummer der Zeitschrift und stellte sie unter das Motto „1000 Jahre christliches Polen – Frieden mit Polen“. Das Titelblatt stellt die heilige Hedwig vor, deren Leben und Wirken in knappen Sätzen geschichtlich korrekt beschrieben wird. Gleichsam in Ergänzung mancher polnischer Geschichtsdarstellung wird dabei darauf hingewiesen, daß die „polnischstämmigen Herzöge aus dem Haus der Piasten vielfache Verwandtschaftsbeziehungen mit deutschen Fürstenhäusern hatten“ und darauf aufmerksam gemacht, daß „schon Boleslaus I., der Schwiegervater der heiligen Hedwig, sehr mit Deutschland verbunden war“. Von Hedwigs Gemahl, Herzog Heinrich I., wird in Erinnerung gerufen, daß er „deutsche Siedler und Ordensleute, insbesondere Zisterzienser rief, die zur kulturellen Weiterentwicklung des dünn besiedelten, noch sehr unwirtlichen und von weiten Wäldern überzogenen Landes mithelfen sollten".

In einem richtungweisenden Beitrag „1000 Jahre christliches Polen – Polens Millennium und wir" deutete Bischof Schröffer die Tausendjahrfeier der Christianisierung Polens als „einen Anruf auch an uns", da „wir einander schicksalhaft verbunden und verpflichtet sind durch Schuld und Leid", nimmt dabei Bezug auf den Briefwechsel mit den polnischen Bischöfen und folgert: „Deshalb also feiern wir mit, um den Haß, die Gegensätze und Ressentiments abzubauen und eine neue Ära des Verstehens und Wohlwollens heraufzuführen. Zuerst muß Atmosphäre geschaffen werden, dann spricht es sich auch leichter über Fragen des Rechtes und der Gerechtigkeit. Als eine Möglichkeit, diese Atmosphäre zu schaffen, nennt er die Bereitschaft, mehr von der beiderseitigen Geschichte kennenlernen zu wollen und macht dann einen Vorschlag, den ein halbes Jahrzehnt später die Politik aufgreifen wird. Er schreibt: „So könnte diese Tausendjahrfeier auch eine Überprüfung unserer Geschichtsauffassung und unserer Geschichtsbücher nahelegen."

Die nachmalige deutsch-polniche Schulbuchkommission bemühte sich bekanntlich um eine solche kritische Durchsicht der nationalen Geschichtsbücher und unterbreitete eine Reihe von Änderungsvorschlägen. Aber ähnlich wie die polnischen Bischöfe 1965 und 1966 auf die „polnische Staatsraison" Rücksicht nehmen mußten, hatten auch die polnischen Historiker Konzessionen an die Erwartungen der Warschauer Regierung zu machen. So gerieten die schließlich von der gemischten Schulbuchkommission 1976 vorgelegten „Schulbuchempfehlungen" auch in den Widerstreit der Meinungen, diesmal in der Bundesrepublik, da die Beschreibung der jüngsten deutsch-polnischen Vergangenheit zu stark die kommunistische Geschichtsbetrachtung berücksichtigte. Schrieben die polnischen Bischöfe 1965 noch wahrheitsgemäß von deutschen Flüchtlingen und „Vertriebenen", frisierten die „Schulbuchempfehlungen" die Vertreibungen zu „Bevölkerungstransfers" um und verharmlosten das Leid der deutschen Nachkriegsgeschichte. Bischof Schröffer nannte in seinem Beitrag für die Sondernummer der „Pax Christi"-Zeitschrift die geschichtliche Wirklichkeit der deutsch-polnischen Beziehungen ehrlich beim Namen, als er feststellte:

„Es soll hier nicht die schreckliche Vergangenheit von neuem beschworen werden. Dennoch soll nicht vergessen werden, was die deutschen Bischöfe bekannten: ‚Furchtbares ist von Deutschen und im Namen des deutschen Volkes dem polnischen Volke angetan worden.' Andererseits haben auch viele von uns schwerstes Leid erfahren."

Er meinte es nicht im Sinne einer gegenseitigen Aufrechnung, sondern im Geiste echter Versöhnungsbereitschaft, von welcher er sagte, daß jene dazu die Erstberufenen seien, „die selbst Leid und Unrecht erfahren haben“, um dann nochmals seine Landsleute aufzurufen:

„Wir müssen von einander wissen, müssen bei diesem Millennium einiges erfahren von der Geschichte Polens, von seinen Verdiensten um das christliche Abendland, von seinem geistigen Leben, von seinen Heiligen, von seinen Leiden und Bedrängnissen, von seinen Sorgen und Befürchtungen, auch soweit sie uns selbst betreffen.“

Eine weitere Möglichkeit Versöhnung stiftender Mitfeier des polnischen Millenniums sah Bischof Schröffer in der persönlich-menschlichen Begegnung und regte an, sich umzusehen, „ob nicht Angehörige des polnischen Volkes in unserer nächsten Nähe wohnen, die wir bisher nicht gesehen und beachtet haben.“ Er bat, die Möglichkeit zu prüfen, einen gemeinsamen Jubiläumsgottesdienst mit einer anschließenden Agape zu feiern oder eine gemeinsame Wallfahrt mit den polnischen Mitbürgern zu machen oder sie ganz einfach in den eigenen Familienkreis einzuladen. Gesten und Begegnungen, die sich im Umgang mit den französischen Nachbarn so segensreich erwiesen und das gegenseitige Verstehen gefördert hatten, und Empfehlungen, die er nicht nur anderen gab, sondern längst auch schon selber in die Tat umgesetzt hat. Aus erhalten gebliebenen Notizen aus dem Jahre 1966 werden beispielhaft seine ebenso grundsätzlichen wie praktischen Überlegungen über die Friedensarbeit von „Pax Christi“ für die deutsch-polnische Verständigung deutlich. Da stellt er die Aussöhnungsbemühungen auf drei Ebenen: die geistliche, auf der auch die Verständigung mit Frankreich begonnen habe, die geistige, auf welcher an die Zusammengehörigkeit der Völker im Rahmen des christlichen Abendlandes erinnert werden könne, und die Ebene der Aktion, nach der Methode „Sehen – urteilen – handeln“. Aus der Erfahrung mit den französischen Nachbarn empfahl er Aktionen auf internationaler und auf nationaler Ebene in Gestalt von persönlichen Begegnungen, Kongressen und Jugend-Sternfahrten, wobei er warnte, „daß die Dinge nicht in das Sentimentale ausarten“.

Auf nationaler Ebene hielt es Bischof Schröffer für sinnvoll, zu „Pax Christi“-Tagungen ausländische Referenten und Teilnehmer einzuladen, Grenzländertreffen zu veranstalten und einen „Tag der Völker“, wie einer schon einmal unter Beteiligung von Polen in Altötting stattgefunden hatte. Als ganz konkret anzugehendes Problem zwischen Deutschen und Polen sah er die Entschädigung der KZ-Opfer an und wandte sich dieserhalb persönlich an die Abgeordneten. Das Problem der Entschädigung der KZ-Opfer war über die moralische Schuldigkeit hinaus in der Tat eine nationale und politisch zu behandelnde Frage. Sie wurde 1975 durch einen entsprechenden Beschluß des deutschen Bundesparlaments zugunsten der polnischen Kriegs- und KZ-Opfer entschieden. Ein weiteres Mal haben Aktivitäten und Anregungen von „Pax Christi“ der Politik geistige Wegbereitung geleistet.

Wo Bischof Schröffer und die deutsche „Pax Christi"-Bewegung in eigener Verantwortung entscheiden konnte, dauerte es nicht Jahre, sondern oft nur Wochen.

Das zeigte sich beim Beitrag zur Errichtung der „Todesangst Christi"-Kapelle auf dem Gelände des ehemaligen Konzentrationslagers Dachau. Da antwortete Bischof Schröffer spontan auf eine Anfrage Weihbischof Neuhäuslers, ob die deutsche „Pax Christi"-Bewegung die den Bau abschließende mächtige Dornenkrone stiften könnte, noch von seiner Firmungsreisestation in Lauterhofen aus mit einer Zusage und schrieb an den langjährigen KZ-Gefangenen von Dachau, Dr. Johannes Neuhäusler:

„Obwohl ich noch keine Möglichkeit hatte, mit dem Präsidium Rücksprache zu nehmen, glaube ich doch, der Zustimmung gewiß sein zu können. Ich werde mich sehr dafür einsetzen und so können Sie in der Planung mit uns rechnen."

Wie sich jeder Besucher der Gedenkstätte des ehemaligen Konzentrationslagers Dachau überzeugen kann, schließt eine mächtige Dornenkrone das Rund der turmartigen Kapelle oben ab und gibt dem Bau eine sinnfällige Note. Die Vatikanzeitung „L' Osservatore Romano" stellte in ihrer Ausgabe vom 5. Mai 1961 den in wenigen Monaten vollendeten Bau mit einem Bild der „Cappella dedicata all 'agonia di Cristo" vor und kündete damit weltweit von der Errichtung dieses Mahn- und Sühnemals.

Wie in diesem Falle „Pax Christi" nicht lange auf sich warten ließ, sondern spontan zur Tat schritt, beließ sie es auch bei dem Hilferuf für die polnischen KZ-Opfer nicht bei einem bloßen Appell an die Politiker. Vielmehr initiierte sie eine Solidaritätsspende für diese leidgeprüften Menschen, aus welcher dann das heutige „Maximilian-Kolbe-Werk" hervorging, das unter der Leitung des ehemaligen „Pax Christi"-Generalsekretärs und späteren deutschen Vizepräsidenten Alfons Erb eine große segensreiche Tätigkeit im Dienste der deutsch-polnischen Völkerverständigung entwickelte. Nach dessen so unerwartetem Hinscheiden am Heiligen Abend 1983 wurde es dankenswerter Weise durch seine Tochter Elisabeth weitergeführt. Nicht von ungefähr wählte man für dieses deutsche „Pax Christi"-Hilfswerk den Namen des polnischen Ordensmannes, der im Konzentrationslager Auschwitz freiwillig anstelle eines polnischen Familienvaters in den Todesbunker ging und sein Leben dahingab, erinnert seine Tat doch über das Sterben hinaus beispielhaft an das selbstlose Gute im Menschen und vermag der Nachwelt richtungweisendes Zeichen zu geben. Der Opfertod Pater Maximilian Kolbes ist eines der beeindruckendsten Beispiele für den von Bischof Joseph Schröffer für die deutsche „Pax Christi"-Arbeit aufgestellten Grundsatz, daß man nicht so sehr über das Ungute, das man voneinander erfahren hat, sprechen, sondern stärker und ausführlicher auf die positiven Erfahrungen und Erlebnisse hinweisen soll. Ein friedenspädagogisches Anliegen, in dem er sich nicht nur mit Erzbischof Kominek traf, sondern das auch weite Passagen des Briefes der polnischen Bischöfe vom 18. November 1965 bestimmte.

Im gleichen Geiste begründete Bischof Schröffer im Mai 1966 die Mitfeier des polnischen Millenniums, „weil wir Brüder sind und unter dem Gesetze der Gemeinschaft im geheimnisvollen Leibe Christi stehen. Wenn ein Glied leidet, leiden alle Glieder mit ihm; wenn ein Glied geehrt wird, freuen sich alle mit ihm. Was für die Beziehungen von Mensch zu Mensch Geltung hat, muß auch für die Völker gelten . . . Weite des Geistes verrät es, über die Zäune und Grenzen hinauszuschauen, Weite des Herzens, das Trennende zu überwinden, mit den anderen zu fühlen, ihre Freude zu teilen. Das ist der Geist der Kirche des Konzils, der Geist der Weite. In ihm sind sich unsere beiden Völker begegnet und haben sich gefunden, in ihren Vertretern, den Bischöfen Polens und Deutschlands. Was auf dem Konzil so glücklich begonnen wurde, gilt es aufzunehmen und fortzuführen.

Die erste und wertvollste Begegnung mit unseren polnischen Brüdern mag sich vor Gott dem Herrn vollziehen in der Gemeinschaft des Gebetes. Wir danken mit ihnen . . . Wir bitten für sie und ihre Jugend, daß sie allen Bedrängnissen zum Trotz die tausendjährige bewährte Treue weiterhin bewahren. Soll dieses Gebet ehrlich sein, setzt es echte Versöhnungsbereitschaft voraus . . . Wenn Menschen füreinander beten, lösen sich die Spannungen unter ihnen."

Mit Blick auf die Lage des Jahres 1966 bemerkte er: „Es wäre schön, wenn dieser Gedanke verwirklicht würde, besonders solang die anderen Möglichkeiten nicht bestehen."

„Die Menschen und Völker des Ostens sind uns aufgegeben, daß wir mit Gott um sie ringen, mit der friedlichen Waffe des Gebetes. Dies erscheint mir als das Gebot der Stunde und die große Pax Christi-Aufgabe." Bereits am großen Bekenntnistag zum Frieden in Straubing, viele Jahre vorher, stellte er in einer Ansprache die Frage: „Wer von uns hat wirklich schon im Gebet um die Seele Stalins gerungen? Wer betet bewußt für Rußland?"

In diesem Verständnis war Pax Christi in der Tat eine „praktische Theologie des Herzens", wie sie in einer kleinen Schrift über die Geschichte ihrer Bewegung definiert wurde und fand im Erzbischof von Krakau einen geistesverwandten Bundesgenossen. Dies um so mehr, als sich der deutsche „Pax Christi"-Präsident und der Metropolit der altehrwürdigen polnischen Königsstadt auch persönlich freundschaftlich verbunden fühlten. Die ausgetauschten Briefe und Botschaften bezeugen es. Erst der Blick in den erhalten gebliebenen schriftlichen Nachlaß mit der umfangreichen Korrespondenz macht deutlich, welch großer Wertschätzung sich der nachmalige Kurienkardinal Joseph Schröffer in aller Welt erfreute. Da finden sich ab der sechziger Jahre zunehmend Briefe auch aus Polen, darunter sehr persönlich gehaltene

Schreiben Erzbischof Wojtylas aus Krakau, in vollendetem Latein verfaßte Weihnachtswünsche oder auch teilnehmende Zeilen wie die vom 25. Januar 1971. Darin bekundete Kardinal Carol Wojtyla dem inzwischen zum Sekretär der Kongregation für das Katholische Bildungswesen an die römische Kurie berufenen Erzbischof sein „innigstes Mitgefühl" zum schweren Unfall und schrieb in perfektem Deutsch: „Seien Sie versichert, daß diese Nachricht alle, die Sie kennen und um Ihre opferfreudige Arbeit in der Kongregation für katholische Erziehung wissen, mit großer Trauer erfüllt hat. Wir wollen gemeinsam beten, daß Gott Ihnen volle Genesung gebe, damit Sie Ihren verantwortungsvollen Posten bald wieder aufnehmen können – zur Ehre Gottes und dem Wohle der Kirche. Nehmen Sie, bitte, meine höchste Ehrerbietung und meine herzlichsten Grüße entgegen."

Offenkundig wählte der mitfühlende Schreiber mit Bedacht die Muttersprache des Patienten, um ihm unmittelbar seine Verbundenheit auszudrükken. Als er erfuhr, daß sein deutscher Mitbruder nach langem endlich einigermaßen wiederhergestellt das Krankenhaus verlassen hatte, schrieb er ihm unter dem 18. Januar 1972 in italienischer Sprache: „Welche Freude, Ihre völlige Genesung feststellen zu können. Ihr letzter Brief vom 26. Dezember beweist es mir. So schön schreiben kann nur, wer vollständig wiederhergestellt ist. Übrigens zeigen alle Ihre früheren Briefe den schönen Charakter Ihrer Schrift und noch schöner den Charakter der Person, die schreibt, Ihre aufrichtige und so tiefe Freundschaft . . ."

Auch sein Gesprächspartner vom Konzil und Mitstreiter für eine deutschpolnische Aussöhnung, Erzbischof Boleslaus Kominek, blieb ihm in herzlicher Freundschaft verbunden und übermittelte seine anteilnehmenden Wünsche für einen „weiteren guten Verlauf des Heilprozesses und vollen Gesundheitszustand".

Die Berufung an die Kurie in Rom im Mai 1967 beeinträchtigte die guten Beziehungen des Eichstätter Oberhirten und deutschen „Pax Christi"-Präsidenten zu den polnischen Kirchenführern in keiner Weise, vielmehr dokumentieren die ausgetauschten Briefe ein noch zunehmend engeres Verhältnis zwischen dem neuen Sekretär der Kongregation für das katholische Bildungswesen und den polnischen Bischöfen.

Dem deutschen Zweig von „Pax Christi" fiel der Abschied von seinem bischöflichen Präsidenten freilich um so schwerer, als er um Joseph Schröffers bahnbrechende Verdienste um die Friedensarbeit wußte. Dies kam auch in den Dankes- und Abschiedsbotschaften seiner Mitarbeiter und ausländischen Partner deutlich zum Ausdruck. Am unmittelbarsten faßte Dank, Anhänglichkeit und Schmerz über die Trennung der geistliche Beirat der deutschen „Pax Christi"-Bewegung, Pater Manfred Hörhammer, in die Worte: „Eben bringt die katholische Nachrichten-Agentur die Nachricht Ihrer Berufung nach Rom. – Wir sind alle ganz sprachlos vor Schrecken, und – Schmerz. Erlauben Sir mir das doch zuerst zu sagen – wenngleich das Vertrauen der Kirche beglückend ist und unsere Gebete und unsere Gedanken Sie immer nach Rom und in Rom begleiten werden. Aber für mich ist das ein Schlag wie nicht leicht einer. Seit Februar 1949 habe ich an Ihrer Seite etwas mittun dürfen. – Allen allen Dank für alles Vertrauen ..." und bekannte auch Tage danach noch seine große Betroffenheit: „... Wir können uns zwar allesamt noch nicht von dem Schlag erholen – aber das Leben geht ja weiter ... So darf ich denn namens der Freunde mit der Frage an Sie herantreten: Was nun? ... Warum mußten ausgerechnet Sie nach Rom fort. Bischof Emanuel (von Speyer) meinte scherzhaft, Sie hätten Ihren Seminarbericht ‚zu gut' gemacht ... Nun haben wir das Nachsehen. Alle französischen Stellen gratulieren sich und uns, daß wir einen wirklichen promotor pacis in Rom haben werden ... Aber für uns: Wie soll es weitergehen ..."

Und Vizepräsident Alfons Erb telegraphierte die widerstreitenden Gefühle: „Tief betrübt über Ihren Weggang gratulieren wir Ihnen von Herzen zu der ehrenvollen Berufung", die Joseph Schröffer mit dem Telegramm beantwortete: „Für teilnehmende Wünsche herzlich dankend schweren Herzens von Pax Christi scheidend aber weiterhin Idee und Freunden treu verbunden danke ich bewegt Ihnen und allen Mitarbeitern für stets bereite Friedensarbeit."

Daß diese Worte keine bloßen Phrasen waren, sondern wirklich Lage und Gefühle der Betroffenen ausdrückten, bestätigen zahlreiche Stimmen und nicht zuletzt die dreizehn Jahre erfolgreicher und vertrauensvoller Zusammenarbeit. Dieser gedachte die Bonner „Pax Christi"-Mitarbeiterin, Oberstudiendirektorin Dr. M. Beermann, mit der bemerkenswerten Feststellung:

„... Denn Euer Exzellenz bewahrte uns durch die sichere theologische Führung, die verbunden war mit einer gesunden Kenntnis der modernen Welt, vor dem gefährlichen Abgleiten in ‚sentimentalisme', wobei wir bei Euer Exzellenz stets ‚le sentiment' der verständnisvollen Persönlichkeit spürten. Wir danken dafür, daß Euer Exzellenz da waren und für alles, was an echtem Pax-Christi-Frieden in der Bewegung bei uns geschehen durfte! ..."

Dr. Beermann unterstrich den Dank für die „sichere theologische Führung" mit dem Hinweis auf das Echo, das die „Pax Christi"-Friedenswallfahrt Saar – Pfalz – Lothringen vom 11. September 1966 fand, in deren Rahmen Bischof Schröffer über das „Kapitel V der Pastoralkonstitution: Die Kirche in der Welt von heute" gesprochen hatte, und berichtete:

„Überall in unseren rheinischen Städten wirken die Ausführungen von E. Exzellenz über Kapitel 5 vom Schema XIII nach ..."

Noch Jahre später gedachten seine ehemaligen Mitarbeiter „mit Freuden und in Dankbarkeit" der Zusammenarbeit mit ihrem langjährigen Präsidenten.

„Mit Freuden", so Vizepräsident Alfons Erb, Freiburg, in einem Brief,

„weil ich gerne an die Jahre zurückdenke, in denen ich Ihr Mitarbeiter in Pax Christi war. Mit Dankbarkeit, weil ich mich stets Ihres Vertrauens erfreuen konnte, überhaupt Ihrer ganzen noblen Art wegen. Es war mit Händen zu greifen, wie sehr die Sache von Pax Christi Ihre Sache war ..."

Und der Oberstadtdirektor von Krefeld, Dr. Wilhelm de Schmidt, bestätigte Kurienkardinal Joseph Schröffer noch im Februar 1978, daß „vielen alten ‚Pax Christi'-Freunden Ihr Name auch heute noch ein Programm bedeutet".

Ähnlich wie die Mitglieder der deutschen „Pax-Christi"-Bewegung den Weggang ihres Präsidenten bedauerten, zeigten sich auch die französischen Partner betroffen. Ihr nationaler Präsident, der Erzbischof von Rennes und spätere Kardinal Paul Gouyon, brachte dies in einem Brief vom 22. Mai 1967 zum Ausdruck, als er schrieb:

„... Aber anderseits ist es mir ein großer Schmerz zu sehen, daß Pax Christi den Präsidenten der Deutschen Sektion verliert, der bei so vielen Gelegenheiten seine Hingabe an die Sache des Friedens erwiesen hat und an den Anteil, den die Kirche daran zu nehmen hatte. Ich bin überzeugt, der Interpret der ganzen französischen Sektion zu sein, um Ihnen unser Bedauern auszusprechen und wie sehr wir hoffen, daß Sie dann in Rom auch die Bemühungen unterstützen werden, die wir zu verwirklichen versuchen", um dann seine Hoffnung auszudrücken, daß man als Nachfolger Joseph Schröffers „un évêque allemand de classe" finden werde, andernfalls er nicht wüßte, wie die „Pax Christi"-Bewegung bestehen könnte. Erzbischof Gouyon beschloß seinen Brief mit der Erwartung, daß die neuen Funktionen seinem deutschen Mitbruder Gelegenheit geben werden, wieder einmal nach Frankreich und in die Bretagne zu kommen und stellte wörtlich fest:

„Sie wissen, welche Freude und Ehre es mir wäre, Sie aufzunehmen. Mit dem Ausdruck des Vertrauens, der Ehrerbietung und meiner Freundschaft in Christus ..."

In Anerkennung der großen Verdienste des langjährigen deutschen Pax Christi-Präsidenten besonders um die Aussöhnung der beiden Brudervölker nach dem Krieg und seine Bemühungen um Frieden und Völkerverständigung ernannte ihn der französische Staatspräsident Valéry Giscard d'Estaing zu Beginn des Jahres 1978 zum Kommandeur der französischen Ehrenlegion. In einer Feierstunde in der französischen Botschaft beim Vatikan überreichte ihm nach seiner Laudatio Exzellenz Georges Galichon die Insignien in Gegenwart zahlreicher befreundeter Persönlichkeiten aus Frankreich, Deutschland und dem Vatikan, wobei auch die konkreten Auswirkungen und Verpflichtungen auf den verschiedenen Gebieten menschlichen Zusammenlebens herausgestellt wurden, so auf den Sektoren der Erziehung, des Gesellschafts- und des Völkerlebens. Nicht wenige der später zum Allgemeingut gewordenen Ideen und Bestrebungen, die Probleme des Hungers in der Welt, hätten in diesem Kreis der Zusammenarbeit zwischen deutschen und französischen Freunden von Pax Christi erstmals einen Anstoß erhalten. (Vgl. Oss. Rom. vom 7. 4. 1978)

Wie Erzbischof Gouyon hoffte, sollte der scheidende Präsident der deutschen „Pax Christi"-Bewegung und neue Sekretär der Kongregation für das katholische Bildungswesen in der Tat auch in seinem neuen Tätigkeitsfeld Gelegenheit haben, geknüpfte „Pax Christi"-Verbindungen weiterhin aufrechtzuerhalten und zu pflegen. Nur führten ihn seine neuen Amtspflichten nicht mehr nach Frankreich, sondern im Jahre 1974 in jenes Land, das er als Leiter der deutschen Sektion schon zehn Jahre vorher besuchen wollte: Polen. Am 28. März 1974 richtete nämlich Kardinalprimas Stefan Wyszynski im Namen der polnischen Bischofskonferenz eine Einladung an Erzbischof Schröffer, Polens Diözesen zu besuchen. Das vom Krakauer Metropoliten, Kardinal Karol Wojtyla, gegengezeichnete Schreiben enthielt auch bereits einen Reisevorschlag. Danach sollte der deutsche Gast aus Rom am 28. April 1974 an den Festlichkeiten zu Ehren des heiligen Adalbert von Gnesen, am 3. Mai an der großen Feier „der Königin Polens" im Marienheiligtum zu Tschenstochau teilnehmen und am 12. Mai in Krakau das Fest des heiligen Bischofs Stanislaus mitfeiern. Ein Programm, das alle Höhepunkte im nationalen Kirchenjahr Polens enthielt und dem Gast das lebendige Glaubensleben der polnischen Kirche vor Augen führen sollte, wurden doch die drei Feste stets unter größter Beteiligung der Gläubigen begangen, was Kardinal Wyszynski auch in seinem Einladungsschreiben andeutete. Vergleicht man die Festesfolge der Tausendjahrfeier der Christianisierung Polens mit dem für Erzbischof Schröffer vorgesehenen Programm des polnischen Episkopats, stellt man eine bemerkenswerte Ähnlichkeit fest. Bekanntlich begannen auch 1966 die Millenniumsfeierlichkeiten im April in Gnesen und hatten dann vor dem Marienheiligtum in Tschenstochau ihren Höhepunkt am 3. Mai, um dann mit dem Stanislaus-Fest in Krakau auszuklingen. Was Joseph Schröffer als Präsident der deutschen „Pax Christi"-Bewegung und Bischof von Eichstätt 1964 und 1966 aus politischen Gründen verwehrt war, holte der polnische Episkopat gleichsam in der feierlichsten Form nach. Eine Aufmerksamkeit, die auf ihre Weise Dank und Anerkennung für die geleistete Friedensarbeit zollte. Das durfte der Gast auch spüren, als ihn ein polnischer Mitbruder an die polnisch-russische Grenze begleitete, um ihm von Ferne einen Blick auf jenes Gebiet zu ermöglichen, wo Joseph Schröffers Vater im Ersten Weltkrieg Frontdienst tat und den Soldatentod starb. Ein Besuch des Grabes war nicht möglich, da es auf russischem Gebiet liegt. Für Erzbischof Joseph Schröffer war es gleichwohl ein ergreifender Augenblick, der letzten Ruhestätte des Vaters nahe sein zu dürfen, und dies dank der Pietät seiner polnischen Gastgeber.

Bei seinen Besuchen in den Diözesen hat er Einblick gewonnen in die verschiedenen Einrichtungen der Kirche dort und war tief beeindruckt von der Gläubigkeit und Frömmigkeit des polnischen Volkes, der intensiven Teilnahme an den Gottesdiensten und besonders der beträchtlichen Zahl junger Männer, die sich in den Seminarien auf das Priestertum vorbereiten. Nirgendwo ist ihm, dem Deutschen, Ablehnung oder eine feindselige Gesinnung begegnet.

So wurde die Polenreise für Joseph Schröffer in vielfältiger Hinsicht zu einem denkwürdigen Höhepunkt seines Friedensdienstes am deutschen und polnischen Volk.

Auch den polnischen Gastgebern blieb die Begegnung mit dem früheren Bischof von Eichstätt und ehemaligen Präsidenten der deutschen „Pax Christi"-Bewegung in freundschaftlicher Erinnerung. Davon zeugen auch die zahlreichen Briefe aus den nachfolgenden Jahren. Da erinnert der damalige Regens des Krakauer Priesterseminars und heutige Erzbischof von Krakau, Kardinal Frantisek Macharski, an den „lieben Besuch" und meldet, daß am 18. Mai, „Pfingsten des Heiligen Jahres Kardinal Wojtyla im Dom am Wawel siebenundvierzig Neupriester geweiht hat".

Ähnlich wie man sich in Krakau, wo Erzbischof Schröffer Gast Kardinal Wojtylas gewesen war, seines Besuches noch lange erinnerte, blieb der Gast aus Rom auch in Posen unvergessen. Der dortige Oberhirte, Erzbischof Anton Baraniak, der Bischof Schröffer schon seit den Konzilstagen verbunden war, übersandte zur Erinnerung an den Besuch in Posen ein künstlerisch gestaltetes Album mit Fotos von den einzelnen Stationen, eine Aufmerksamkeit, über die sich der Beschenkte sehr erfreut zeigte, wie aus seinem Antwortschreiben vom 16. Dezember 1975 hervorgeht. Daß auch diese Erinnerungsgabe mehr als eine bloße Dankesgeste war, beweist der nachfolgende Briefwechsel zwischen Schröffer und Baraniak, in welchem auch persönliche Beschwernisse zur Sprache kamen wie eine „harte und schmerzhafte" Augenkrankheit des Posener Metropoliten, für die ihm Kardinal Schröffer sein vollstes Verständnis und Mitgefühl ausdrückte. Eine Vertrautheit, die bis zum Tod Erzbischof Anton Baraniaks andauerte.

Obwohl seit seiner Ernennung zum Sekretär der Kongregation für das katholische Bildungswesen nicht mehr offizieller Vertreter der deutschen „Pax Christi"-Bewegung, blieb er doch auch in seinem neuen Amt „ein Pionier des Friedens", wie das „Journal de la Paix" im Februar 1984 in einer Würdigung durch Professor P. Brachin und Chanoine Bernard Lalande, Paris, ihn nannten. Sein Wirken für die Völkerverständigung wies jene glückliche Verbindung von persönlicher Glaubwürdigkeit und Überzeugungskraft mit taktvoller Hilfsbereitschaft auf, die Deutsche und Franzosen auf den Weg zu echter Brüderlichkeit brachte und die in den sechziger Jahren den Eisernen Vorhang zwischen Deutschen und Polen zunehmend durchlässiger werden ließ. Dabei reichten die Aktivitäten seiner Friedensarbeit in durchdachten Abstufungen von der bewußten Pflege religiöser Gemeinsamkeiten und Sühnewallfahrten über internationale Tagungen und Studienkongresse bis zu persönlichen und konkreten Hilfsmaßnahmen. Da stiftete die Übergabe des „Kelches von Oradour" auf ihre Weise Aussöhnung und inneren Frieden zwischen Deutschen und Franzosen, wie die Einladung eines polnischen Theologen nach Eichstätt einen konkreten Brückenschlag zwischen Polen und Deutschen darstellte, durchbrach die Sühnewallfahrt der deutschen „Pax Christi"-Bewegung nach Auschwitz und Tschenstochau die jahrzehntelange geistige Schweigemauer zwischen Deutschland und Polen und ließ die Stiftung von zehntausend Mark für die Betreuung algerischer Flüchtlinge anläßlich des goldenen Priesterjubiläums Kardinal Feltins von Paris zur realistischen Friedenstat werden. Im Sinne der Predigt, die Bischof Schröffer bei der Festmesse zu Ehren des Jubilars am 26. Juni 1959 in Paris hielt und mit Kardinal Feltin feststellte, daß der „Friede nicht bloß eine Sache der Gefühle ist", sondern daß man einen „realistischen Frieden" stiften wolle.

Überblickt man die nahezu zwanzigjährige Tätigkeit Joseph Schröffers im Dienste der Friedensbewegung Pax Christi, ergibt sich eine Bilanz, die als respektabler Beitrag zur Aussöhnung der Deutschen mit ihren wichtigsten Nachbarn in die Geschichte eingegangen ist. Professor Dr. Andreas Bauch, sein priesterlicher Mitbruder, machte sich um die Bewahrung solchen Vermächtnisses verdient, als er im Spätherbst 1983 ausgewählte Predigten und Vorträge Joseph Schröffers aus seiner Arbeit für Frieden und Völkerverständigung in dem Band „Wege zum Frieden" herausgab. In feinem Gespür für die Anliegen des am 7. September 1983 zu Gott Heimgegangenen stellte Andreas Bauch in seinem Vorwort „Vermächtnis" fest: „In den Monaten vor seinem Heimgang, bis in die letzten Tage seiner schweren Krankheit überarbeitete er, zurückblickend auf sein Leben, mit dem ihm eigenen pastoralen Weitblick für das jeweils Notwendige und Dringliche in der Kirche und Welt von heute jene Predigten, Ansprachen und Referate, die er im Dienste der Versöhnung vor vielen Tausenden von Zuhörern in deutscher oder französischer Sprache gehalten hatte. Es bedrängte ihn die Sorge um den heute so bedrohten Frieden auf nahezu allen Ebenen unserer technisierten und durch die Zwänge des ‚Fortschritts' in Sackgassen geratenen Welt . . ."

Erster Patenbischof für ein Bistum der Dritten Welt

War Joseph Schröffer mit der vielfältigen äußeren und besonders der inneren Aufbauarbeit in seinem Bistum und seinem persönlichen Einsatz für

Frieden und Völkerverständigung bereits bis an die Grenzen der physischen Belastbarkeit gefordert, ging er im Jahre 1955 eine weitere überdiözesane Verpflichtung ein. Als erster deutscher Bischof übernahm er die Patenschaft für eine Diözese in der Dritten Welt, das große Bistum Poona in Indien, lange bevor man von Misereor oder Adveniat wußte. Obwohl im besiegten Deutschland noch nicht alle Spuren des Krieges beseitigt und auch die vielen Millionen Vertriebener noch keineswegs ganz eingegliedert waren, bewegte ihn der Gedanke, daß es den Menschen in der sogenannten Dritten Welt noch ungleich schlechter ging und materielle Hilfe dringend geboten war.

Da besuchte ihn eines Tages anläßlich seines Heimaturlaubs P. Pius Geisel S. J., der Pfarrer der St. Xaveriuskirche in Poona, ein Studienfreund aus der Seminarzeit in Eichstätt, berichtete ihm von den Nöten der Mission in Indien, von der schwierigen Lage der Diözese Poona im besonderen und bat ihn inständig, auch im Auftrag seines Bischofs, die Patenschaft dafür zu übernehmen. Der Eichstätter Oberhirte stand diesem Anliegen sehr aufgeschlossen gegenüber, gab ihm aber zu bedenken, wie die kleinste und eine der wenigst begüterten Diözesen der Bundesrepublik Deutschland, die ohnehin die höchste Prozentzahl der aus dem Osten zugeströmten Heimatvertriebenen aufgenommen hat, die Patenschaft für eine der größten Diözesen Indiens mit 118 728 qkm Bodenfläche und etwa 1,8 % katholischen Christen bei über 14 Millionen Einwohnern wirksam übernehmen könne. P. Geisel zerstreute diese Bedenken und meinte, nicht allein materielle Hilfe sei notwendig, sondern vor allem auch die Hilfe durch das Gebet für die Mission und in diesem Bistum werde noch viel gebetet. Nach Rücksprache mit seinem Domkapitel gab Bischof Joseph dann mit dessen Einverständnis bereitwillig seine Zusage und lud Bischof Dr. Andrew D'Souza zu einem Besuch in Eichstätt ein.

Diese gleichermaßen originelle wie beispielhafte Unterstützungsform sollte bald Schule machen. Denn schnell erkannte man, daß die für die Mission dringend benötigten Mittel von den Gläubigen um so lieber und eher gestiftet werden, je unmittelbarer und persönlicher sie zum Einsatz kommen und nicht in anonyme Projekte fließen. Im übrigen erschien diese Patenschaft Eichstätts über das Bistum Poona auch gleichsam in der Mitte der „Pax Christi"-Jahresthemen von 1954 und 1956. Da bewegten sich die Gedanken und Aktivitäten um die Zentralthemen „Unsere Liebe Frau vom Frieden – unsere Liebe Frau von den Ärmsten" (1954) und „Die Verantwortung der Christen für die hungernden Völker" (1956). Der deutsche „Pax Christi"-Bischof hatte – wie schon früher bei anderen Gelegenheiten – der guten bereits die konkrete Tat folgen lassen und ein beispielgebendes Zeichen gesetzt. Nicht von ungefähr stand die von Bischof Schröffer ergangene Einladung zur Feier der Patenschafts-Übernahme unter dem Wort „Pax Christi in Regno Christi", wodurch der Bezug zu Idee und Anliegen der kirchlichen Friedensbewegung klar zum Ausdruck kam. Der Oberbürgermeister der Bischofsstadt, Dr. Hans Hutter, machte dies auch in seiner Begrüßungsansprache deutlich, als er im Namen der politischen Gemeinde den indischen Gast am Abend des 5. November 1955 willkommen hieß und meinte, daß der indische Kirchenmann wohl gerade deswegen nach Eichstätt gekommen sei, „weil der Bischof von Eichstätt als Präsident des Deutschen Zweiges der Pax Christi-Bewegung in besonderer Weise für den Frieden arbeitet". Bischof Andrew D'Souza unterstrich in seiner Erwiderungsansprache die Jahrhunderte alte kulturelle Verbundenheit zwischen Deutschland und Indien und deutete den ihm bereiteten begeisterten Empfang in Eichstätt als „ein Zeichen der Liebe des deutschen Volkes zum indischen Volk". Während eines feierlichen Pontifikalamtes, das der indische Gast am nachfolgenden 6. November, einem Sonntag, im Eichstätter Dom zelebrierte, übernahm die Diözese Eichstätt förmlich die Patenschaft über das Bistum Poona. Bischof Schröffer erläuterte in seinen Einführungsworten den Begriff „Patenschaft" und verdeutlichte, welche Verpflichtungen sich für jeden Einzelnen in der Diözese aus dieser Patenschaft für das indische Bistum ergeben.

Dabei bat er die Gläubigen, ein großzügiges Patenopfer zu geben, denn „wie zu jeder Patenschaft, gehört auch zu dieser ein Patengeschenk". Welch offene Ohren und Herzen Bischof Joseph mit seinem Aufruf erreichte, bewies der Ertrag der Kirchenkollekte, die von drei indischen Theologen durchgeführt wurde. Sie erbrachte den für die damalige Zeit überaus stattlichen Betrag von zehntausend Mark sowie vier Kelche, von denen zwei ein Landwirt und Vater von zwölf Kindern gestiftet hatte.

Bischof D'Souza bedankte sich in bewegten Worten für diese Zeichen und Gaben der Brüderlichkeit und bekannte:

„Seit einem halben Jahr habe ich mich auf diesen Tag gefreut . . . Und heute hat nun Euer Bischof . . . wie ein Erzengel der Verkündigung die Geburt eines neuen Kindes verkündet, und dieses Kind ist meine Diözese . . ." In Erinnerung an die Missionsgeschichte seines Landes fuhr der indische Gast fort: „Seit Jahrhunderten sind aus Eurem Vaterland Männer und Frauen in mein Vaterland gekommen, um dort zur größeren Ehre Gottes zu arbeiten. Heute beginnt eine Verwandtschaft zwischen meiner und Euerer Diözese. Die jahrhundertelangen Beziehungen zwischen meinem und Euerem Volk bekommen ein neues Antlitz . . ."

Das „neue Antlitz" der deutsch-indischen Beziehungen, von dem Bischof D'Souza sprach, spiegelte sich bald in vielfältigen Verbindungen zwischen dem Missionsbistum und seiner Eichstätter Patendiözese wider. Bischof Schröffer wollte das im November 1955 eingegangene Patenschaftsverhältnis nicht auf den persönlichen Kontakt der beiden Oberhirten beschränkt sehen, sondern auf eine möglichst breite Grundlage stellen. So ermunterte er einzelne Gruppen und Gemeinschaften im Bistum, ihrerseits auch Verbindungen zu diözesanen Einrichtungen in Poona aufzunehmen und ebnete solchen Kontakten den Weg. Da traten die Kinder des St. Antonius-Heims im mittelfränkischen Pleinfeld unter Kaplan Otto Maurer mit den Buben und Mädchen des „St. Anthony's Home“ von Wanawri in Poona in Verbindung und nahm sich Dompfarrer Paul Spreitzer, der mit der Patenschaftsarbeit beauftragte Domkapitular, besonderer Anliegen der indischen Diözese an. Bischof Schröffer ging mit gutem Beispiel voran und übernahm die persönliche Schirmherrschaft über die „St. Joseph School“ in Ghorpuri. Wie die Kinder des „St. Anthony's Home“ von Wanawri ihren „dear little friends of St. Anthony's Home at Pleinfeld Bavaria and all it's benefactors love and best wishes“ sandten, entboten zum Weihnachtsfest 1956 auch Lehrer und Schüler von der „St. Joseph School“ in Ghorpuri ihre „dearest wishes to their godfather His Exzellency Dr. Joseph Schröffer and all its friends“, wie ein erhalten gebliebener Weihnachtsglückwunsch aus dem Jahre 1956 dokumentiert.

Im Zuge einer gezielten „Projektförderung“, wie die späteren Entwicklungshilfsmaßnahmen des Staates und der Kirche dann hießen, setzte Bischof Schröffer zusammen mit seinem eifrigen Helfer, Dompfarrer Spreitzer, bestimmte Schwerpunkte der Unterstützung.

Zu ihnen gehörte bald auch der Bau einer Kirche. Dieser wurde bereits knapp drei Jahre nach Übernahme der Patenschaft über die Diözese Poona möglich.

Jesuitenpater Franz Xaver Kiermeier, einer der unentwegten Missionare und Spendensammler Poonas, berichtete im Sommer 1958 über die kirchliche Weihe des Gotteshauses im indischen Dorf Nimgoan-Nigoj, einem Ort von rund 3000 Einwohnern, in dem damals annähernd 300 Katholiken wohnten und erklärte zugleich, warum das Kirchlein nicht dem Schutzheiligen der Eichstätter Diözese geweiht wurde:

„Das hat seine guten Gründe. In einem jungen Missionsgebiet muß man vor allem den Gläubigen die wesentlichen Geheimnisse und die Hauptpersonen der Erlösungsgeschichte nahebringen. Darum sind unsere Dorfkirchen dem heiligsten Herzen Jesu, der Muttergottes und dem heiligen Joseph geweiht oder haben eine Kreuzigungsgruppe oder ein Weihnachtsbild über dem Altar . . .“

Um die enge Verbundenheit mit Eichstätt gleichwohl auch sichtbar zum Ausdruck zu bringen, wurde ein großes Bild vom heiligen Willibald im neuen Gotteshaus aufgestellt. „Hier wird oft für die großzügigen Eichstätter Missionsfreunde gebetet werden“, versprach Pater Kiermeier in seinem Bericht.

Die erste heilige Messe galt im übrigen den Spendern und Stiftern in Deutschland. Pater Kiermeier schloß seinen Bericht mit der Einladung:

„Wir würden uns sehr freuen, wenn Se. Exzellenz Bischof Joseph oder H. H. Dompfarrer Spreitzer der Patendiözese einmal einen Besuch abstatten würden . . .“

Eine Einladung, die Pater Kiermeier im nächsten Jahr wiederholte, als er abermals von der Weihe eines Eichstätter Patenkirchleins berichten konnte. Diesmal bekam der Ort Mandve ein mit Eichstätter Spendengeldern finanziertes Gotteshaus, das dem heiligen Johannes geweiht wurde.

Die indirekten „Finanziers“ dieses Johanneskirchleins waren die sogenannten „Sternsinger“, die Bischof Schröffer angeregt hatte, den Erlös ihres Dreikönigssingens dem Bau einer weiteren Missionskirche in Poona zugute kommen zu lassen. Ein Gedanke, der bald auch anderswo übernommen wurde und heute zu den Selbstverständlichkeiten kirchlicher Entwicklungshilfe gehört.

In Übernahme eines Gruß- und Dankeswortes von Bischof Andrew D'Souza meldete im Frühjahr 1959 P. Kiermeier nach Eichstätt: „Liebe Sternsinger! Die Sternsucher des Ostens grüßen die Sternsinger des Westens. Die Jugend Poonas dankt der Jugend der Diözese Eichstätt . . . Das Johanneskirchlein von Mandve steht. Am Sonntag Laetare wurde es feierlich eingeweiht. Dabei wurde all der wackeren Sternsinger und treuen Missionsfreunde in der Diözese Eichstätt dankbar gedacht und das erste heilige Meßopfer im neuen Kirchlein für sie aufgeopfert.“

Um dann nochmals die Einladung auszusprechen.

„Unsere Freude wird erst ganz voll, wenn einmal unser Hochwürdigster Herr Patenonkel, Bischof Joseph, persönlich zu uns auf Besuch kommen und das heilige Meßopfer in einem der Eichstätter Patenkirchlein feiern wird. Dann werden die Augen der Patenkinder leuchten.“

Bischof Schröffer nahm die ausgesprochenen Einladungen gerne an, hielt er doch viel vom persönlichen Kontakt unter den Menschen, konnte aber infolge seiner vielfältigen Inanspruchnahme noch kein genaues Datum für den zugesagten Besuch angeben. Damit aber die Verbindung zwischen Eichstätt und Poona gleichwohl lebendig erhalten und gepflegt wurde, lud er seinen indischen Mitbruder, Bischof Andrew D'Souza, zu einem zweiten Besuch nach Eichstätt ein und sorgte selbstverständlich auch für die praktische Ermöglichung des Besuches. Der alle fünf Jahre fällige „Ad-limina“-Besuch der Bischöfe in Rom konnte sinnvoll mit der Einladung nach Eichstätt verbunden werden.

So hatten die Eichstätter Diözesanen die Freude, Bischof D'Souza im Juli 1960 wieder bei sich zu haben und von ihm über das Patenbistum Poona zu hören. Wie schon vor fünf Jahren war er persönlicher Gast Bischof Schröffers und nahm viele Gelegenheiten zu Begegnungen mit der Eichstätter Bevölkerung gemeinsam mit ihm wahr. Darüber hinaus besuchte der indische Oberhirte aber auch einige Pfarreien seiner Patendiözese, um den

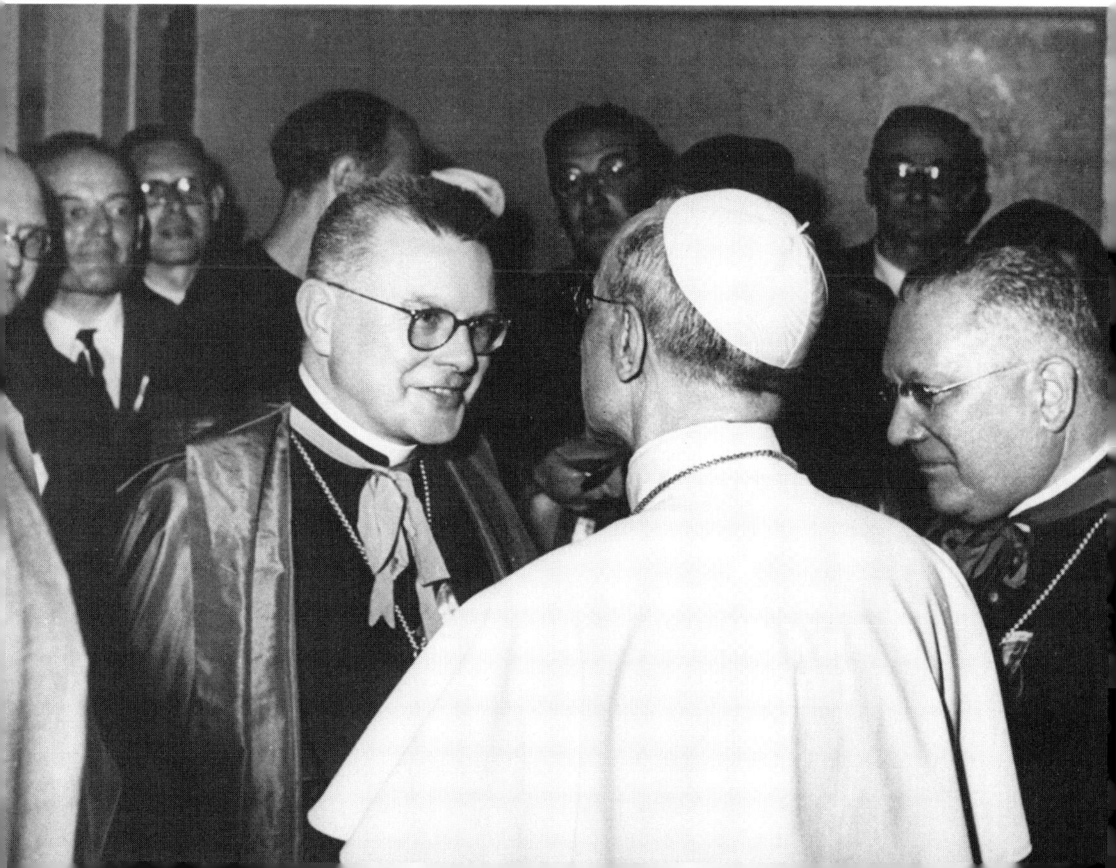

Nach der Bischofskonsekration mit Bischof Wendel, Speyer, Sekretär Wohlmuth und Weihbischof Landgraf, Bamberg.

Zum Gottesdienst anläßlich des 25jährigen Priesterjubiläums des Bischofs.

Empfang aus Anlaß der Sozialen Woche in Eichstätt. Von links: Kardinal Joseph Wendel, Ministerpräsident Ehard, Bischof Schröffer, Wirtschaftsminister Hanns Seidel.

Glockenweihe im Münster Ingolstadt am Dreifaltigkeitssonntag 1956.

Kirchenkonsekration. Einmauern der Reliquien in den Altar. Domvikar Oechsel und Alumnus Waller.

Pius XII. beim Pax-Christi-Pilgerzug Assisi – Rom, September 1952. Rechts Card. Feltin, Paris.

Johannes XXIII., Audienz bei Gelegenheit des Ad-limina-Besuches mit Eichstätter Studenten des Germanicum.

Gläubigen persönlich für ihre Opferbereitschaft zu danken und ihnen einen unmittelbaren Einblick in die besondere Lage eines Missionsbistums zu geben. So feierte er beispielsweise in Burgoberbach ein Pontifikalamt und nahm u. a. von Pfarrer Stufler auch einen von den Pfarrangehörigen gestifteten Betrag als Taufgabe für 23 Kinder entgegen.

Wie in Burgoberbach wurde Bischof D'Souza auch bei seinem Besuch in Rupertsbuch, Pleinfeld, Altenfurt und Neumarkt von der Bevölkerung herzlich willkommen geheißen und stets mit einem besonderen Geschenk bedacht. In Pleinfeld betonte der indische Gast, daß die Patenspenden der dortigen Kinder die ersten gewesen seien, die ihn erreicht hätten. In Hirschberg hielt Bischof D'Souza vor Schülern des Bischöflichen Knabenseminars Eichstätt einen Vortrag über die Missionsarbeit in Indien und hinterließ bei seinen jugendlichen Zuhörern, die heute zumeist wohlbestallte Pfarrer der Diözese sind, einen nachhaltigen Eindruck. Im Jugendhaus Schloß Pfünz besuchte der Missionsbischof ein Zeltlager der Ministranten, wobei er sich besonders für das Missionsopfer der Jugend bedankte.

Am Ende seines Aufenthalts in Eichstätt nahm Bischof Andrew D'Souza gern Gelegenheit, sich mit einem eigenen Dankeswort von der Bevölkerung der Stadt und Diözese zu verabschieden und schrieb im „St. Willibaldsboten“:

„Mein liebes katholisches Volk von der Diözese Eichstätt, oder besser, meine lieben Paten! Die vergangenen 14 Tage, die ich in eurer Mitte weilte, haben mir Freude, Trost und Bereicherung gebracht. Denn ihr alle, angefangen vom hohen Paten, eurem lieben Bischof, bis herab zu den Allerkleinsten, habt mich ja so herzlich begrüßt und wirklich wie ein von Gott gesandtes Kind aus dem Osten jenseits von Land und Meer behandelt. Von allen Seiten und bei jeder Gelegenheit habt ihr mir lauter Liebe und zarteste Aufmerksamkeit entgegengebracht und mich mit Güte überhäuft, so daß ich außerstande bin, meinen Dank mit Worten auszudrücken. So kann ich jetzt beim Abschied nur Hände und Herz für euch zu Gott, unserem gütigen Vater und Unserer Lieben Frau, unserer himmlischen Mutter erheben, daß er alle und jeden aus euch mit Frieden, Wohlergehen und Glück hundertfältig segne für all das, was ihr mir und meiner Diözese bereits getan und noch fernerhin tun werdet. Zusammen mit meinen lieben Diözesanen bete und hoffe ich, Gott möge euch seine Güte überreich zuteil werden lassen und verbleibe euer liebstes Patenkind in Christus. Andrew. Bischof von Poona.“

Für die von Frau Gräfin Oppersdorff überbrachte Spende der „Pax Christi“-Bistumsstelle bedankte sich Bischof D'Souza mit dem Segenswunsch, daß Gott Wirken und Bemühungen der Friedensbewegung segnen möge.

Im Jahre 1960 sammelten die Eichstätter Sternsinger 12 000 Mark, um Bischof D'Souza den Ankauf eines Traktors zu ermöglichen und damit zur besseren Erschließung des Landes beizutragen. Für 1961 nahmen sie sich auf Anregung von Bischof Joseph vor, den Bau einer Heimschule auf der Missionsstation Rahata finanzieren zu helfen. Das bisher zur Verfügung gestandene „Internat“ bot den 180 indischen Buben und Mädchen nur eine Wohnfläche von zwei Quadratmetern pro Kind, was dem Platz einer Bettstatt entsprach. Angesichts der hohen Analphabetenquote im damaligen Indien, wo nur jeder vierte Mann und gar nur jede zwölfte Frau schreiben und lesen konnte, erschien der Auf- und Ausbau des Volksschulwesens besonders dringlich, zumal die Bereitschaft der einheimischen Bevölkerung, die Missionsschulen zu besuchen, sehr groß war.

„Wir könnten vielleicht 350 Kinder haben, wenn wir die nötigen Räume hätten“, schrieb der Leiter der Missionsstation von Rahata den Eichstätter Paten und beschrieb seine Lage:

„Wie es jetzt ist, haben die Buben nur 180 qm und die Mädchen 190 qm zum Schlafen, Essen, Studieren, Unterricht und Spielen bei Regenwetter. Eine Klasse erhält im Freien Unterricht, dem Staub und der Zerstreuung ausgesetzt. Um das Heim zu entlasten, haben wir mit dem Bau von acht Räumen begonnen. Wir müssen jetzt bauen, bevor die Regenzeit kommt und können auch nicht auf bessere Jahre warten, da die Baukosten dauernd in die Höhe gehen . . .“ Für die geplanten acht Heim- und Schulräume veranschlagte der Missionsstationsleiter rund 50 000 Mark, eine Summe, die hierzulande kaum für einen Schulraum ausgereicht hätte, mit der man aber bei den bescheidenen Bedürfnissen der Einheimischen glaubte auskommen zu können.

Immer schon hatten die christlichen Missionare die Wurzeln der großen Not in den Entwicklungsländern erkannt, wenn sie – wie der Missionar von Rahata – feststellten: „Das Analphabetentum ist der Hauptgrund für die Armut in den Entwicklungsländern. Wenn das Volksschulwesen entwickelt ist, kommen die höheren und technischen Schulen von selbst . . . Die Regierung tut viel in dieser Hinsicht, aber unwissende Eltern sind zu schwach, um ihre Kinder zum Schulbesuch zu zwingen. Der geistige Hunger ist ein noch viel größeres Problem. Unsere Heimschulen sind das bewährteste und solideste Missionsmittel, das wir haben. Halbheidnische Eltern und heidnische Schulen können ihre Kinder nicht christlich erziehen. Darum brauchen wir Heimschulen und darum braucht unsere Schule ein Heim.“

Eine Folgerung, die Bischof Schröffer gern übernahm und die „Sternsinger“ im Bistum aufrief, frisch ans Werk zu gehen und der Missionsstation von Rahata mit dem Erlös ihres Dreikönigssingens zu helfen.

Schon im Februar 1961 erwies es sich, daß der Hilferuf aus Poona und der Aufruf des Bischofs auf offene Ohren und Herzen gestoßen waren. Über 23 000 Mark hatten die „Sternsinger“ im Bistum Eichstätt „zusammengesungen“, wobei die Dompfarrei, in welcher der unentwegte Poona-Förderer,

Domkapitular Paul Spreitzer, wirkte, mit über zweitausend Mark den höchsten Spendenbetrag erbrachte. Pleinfeld, wo die Kinder des „St. Antonius-Heimes“ eine Sonderpatenschaft mit dem „St. Anthony's Home“ in Wanawri hatten, trug sich mit dem drittbesten Ergebnis in der Spendenliste für Poona ein.

Voll Stolz meldete die Eichstätter Kirchenzeitung am 19. Februar 1961:

„Mit größtem Erfolg endete die Aktion der Sternsinger für eine Heimschule in Poona . . . Die stattliche Summe von 23 001,62 Mark setzt nun Pater Sixt in die Lage, seine Heimschule weiter auszubauen und einzurichten. Aus allen Teilen des Bistums wurde berichtet, mit welchem Eifer und wieviel Phantasie die Sternsinger an ihre Aufgabe gingen. Es wurde aber auch betont, wie gut die Aktion unserer Buben und Jugendlichen allenthalben aufgenommen und durch stattliche Sammelergebnisse belohnt wurde.“

Die Finanzierung des Erweiterungsbaues der Heimschule von Rahata war durch dieses „Sternsinger“-Sammelergebnis jedenfalls gesichert. Die jungen Christen, denen mit diesen Spenden geholfen wurde, stammten fast durchweg aus den unteren Kasten der indischen Gesellschaft und lebten bislang als Ungebildete und Arme von der Hand in den Mund. Das einzige Sprungbrett in ein menschenwürdiges Leben war eine gute Schulbildung und eine gediegene handwerkliche Berufsausbildung.

Dazu bedurfte es gebildeter „Laienführer“, die erst sich selber, dann ihre Familien und Dorfgemeinschaften und schließlich die ganze christliche Gemeinschaft auf eine gesicherte Lebensgrundlage bringen.

Entsprechend waren die Missionare in Poona am Werk. Sie suchten das begonnene Netz der Dorfstützpunkte noch zu vervollständigen und zu einem geschlossenen Rahmen auszubauen, bemühten sich um fromme, fähige und treue Laienkatechisten, die den Priester unterstützen, und sorgten sich um eine Hebung des Lebensstandards. Um dieses dreifache Ziel zu erreichen, wurden sie von der Diözese Eichstätt unterstützt. Bischof Andrew D'Souza und seine deutschen Jesuitenpatres hielten ihre Eichstätter Paten durch Berichte und persönliche Besuche stets auf dem laufenden.

So folgte Pater F. X. Kiermeier im Winter 1961/62 seinem indischen Oberhirten zu einem Besuch im Bistum Eichstätt und schilderte in den einzelnen Pfarreien seine Lage und seine nächsten Pläne, mit dem Ergebnis, daß die Eichstätter Diözesanen noch tatkräftiger die ins Auge gefaßten Projekte in Poona unterstützten.

Neben diesen vielfältigen Förderungen leisteten Bischof und Bistum ihrer indischen Diözese noch einen besonderen Dienst, indem sie den Theologiestudenten und Priesteramtskandidaten Valerian D'Souza und Anthony Lobo einen Seminar- und Studienplatz in Eichstätt anboten. Im Juni 1961 weihte Bischof Joseph die jungen indischen Stipendiaten im Dom von Eichstätt zum Priester. In einem persönlichen Dankeswort wandte sich der

Neupriester Valerian aus Poona zum Abschied an seine Eichstätter Freunde und Förderer und betonte darin das „enge Band der Liebe und des gegenseitigen Verständnisses, das Eichstätt und Poona verbindet", das durch seine Priesterweihe und Primiz in der Patendiözese noch verstärkt worden sei, um dann wörtlich fortzufahren: „Ihrem Hochwürdigsten Herrn Bischof, Exzellenz Dr. Joseph Schröffer, und dem Hochwürdigsten Domkapitel, besonders dem Referenten für Poona, Hochw. Herrn Domkapitular Paul Spreitzer, möchte ich meinen herzlichen Dank aussprechen für die großzügige Übernahme und Weiterführung der Patenschaft für die Dözese Poona. An Exzellenz Schröffer darf ich ein persönliches Wort des Dankes richten für seine väterliche Güte mir gegenüber. Dem Hochw. Herrn Regens Prof. Dr. Andreas Bauch möchte ich Dank sagen für die liebevolle Aufnahme und die Betreuung im Priesterseminar. An Sie alle ein ehrliches Vergelt's Gott auch im Namen meines Bischofs und meiner Eltern für die zahlreichen Wohltaten."

Valerian D'Souzas Bischof Andrew D'Souza traf bereits zweieinhalb Monate nach dem Abschied des Jungpriesters im Rahmen des im Oktober 1962 eröffneten Zweiten Vatikanischen Konzils mit seinem Eichstätter Mitbruder Schröffer in Rom zusammen. Ein Bild, das beide Oberhirten mit einem Schweizer Gardisten vor der berühmten Petrus-Statue im Petersdom zeigt, machte Bischof Andrew D'Souza zur Vorlage eines Grußes an die Eichstätter „lieben Paten", in dem er launig schrieb:

„Dieses Bild zeigt Euer Patenkind mit seinem großen Patenonkel, die von einem Schweizer Gardisten ‚verhaftet' worden sind, wie es scheint, auf den strikten Befehl des heiligen Petrus hin. Sollen sie etwa in den Kerker geworfen werden? Aber sie wüßten nicht warum. Sie haben nichts aus der Peterskirche mitgenommen außer viel Segen und Gnade für Euch alle."

Auf Einladung Bischof Schröffers verbrachte Bischof D'Souza Weihnachten in Eichstätt und nahm dabei Gelegenheit, von den besonders aktuellen Anliegen und Nöten seines Bistums zu berichten, von der Schwierigkeit seiner Priester, die weit auseinander gelegenen Missionsstationen und Dörfer zu besuchen und seelsorglich zu betreuen, ohne entsprechende Verkehrsmittel zu besitzen. Eine Not, die Bischof Schröffer sogleich zu seiner eigenen Sorge machte und in einem Aufruf an seine Diözesanen zu lindern trachtete, indem er schrieb:

„Wir haben in diesen Wochen einen Bischof aus dem Morgenlande unter uns, unseren Bischof, der uns erzählt, welch weite und beschwerliche Wege die Glaubensboten in seinem Lande zurückzulegen haben. Sie brauchen unsere Hilfe. Die Verkehrsmittel von heute aber sind anders als sie damals waren. Kamele waren es damals, Motoren sind es heute. Solche Reittiere der modernen Zeit wollen die Sternsinger dieses Jahr den Glaubensboten von Poona zur Verfügung stellen, einen Kleinbus und ratternde Räder . . . Darum empfehle ich die Sternsingeraktion von Herzen allen Priestern und Gläubigen des Bistums. Helft alle mit, daß sich das Anliegen des Apostels wörtlich erfülle und ‚das Wort des Herrn seinen Lauf nehme' in die Welt!"

Ihre Berichte und Aufrufe unterstrichen die beiden Bischöfe an Neujahr 1963 mit der gemeinsamen Aussendung der Sternsinger anläßlich eines Pfarrfamilienabends der beiden Stadtpfarreien Eichstätts. Bischof Schröffer erinnerte bei dieser Gelegenheit an den ersten Besuch des indischen Gastes im Jahre 1955, als die Diözese Eichstätt die Patenschaft über das Bistum Poona übernahm. Er rechnete es seinem bischöflichen Mitbruder besonders hoch an, daß er die Strapazen der Reise auf sich genommen habe und auch im Bistum Eichstätt unentwegt von Pfarrei zu Pfarrei gereist sei, um von Poona zu berichten. Man dürfe nicht vergessen, daß Bischof D'Souza zwei Monate anstrengender Konzilsarbeit hinter sich habe – und Eichstätts Patenkind sei eifrig gewesen, wie er bezeugen könne. Schließlich sei das „Patenkind" in der Konzilsaula einige Reihen unter ihm gesessen und damit stets unter seinen wachsamen Augen gewesen.

Die feinsinnig-launigen Worte zeugten von der großen Vertrautheit und Brüderlichkeit, welche die beiden Bischöfe mittlerweile verband. Auf den gleichen humorvollen Ton seines Mitbruders eingehend, dankte dann Bischof D'Souza seinen „lieben Onkeln und Tanten" für alle Aufgeschlossenheit und Unterstützung, die er und sein Bistum in Eichstätt bislang erfahren haben und immer noch erfahren. Obwohl es stimme, daß er erst „ein siebenjähriges Kind" sei, bestünde aber die Verwandtschaft Indiens mit Deutschland bereits seit 100 Jahren. Er, Bischof D'Souza, sei selber auf einer deutschen Missionsstation erzogen worden, der erste deutsche Bischof, Pater Bernhard Bei-der-Linden S. J. von Poona, habe ihn gefirmt, der zweite deutsche Bischof, Pater Heinrich Doering, habe ihn zum Priester geweiht, nun sei er der dritte Bischof von Poona und zugleich der erste einheimische Oberhirte seiner Diözese. Deutsche Missionare, so erinnerte Bischof D'Souza weiter an die „indisch-deutsche Verwandtschaft", hätten Indien die Frohbotschaft gebracht und von ihnen hätten seine Diözesanen den tiefen Glauben und religiösen Eifer empfangen. In allen Pfarreien seines Bistums werde nun um Gottes Segen für den Bischof und die Priester der Diözese Eichstätt und für alle Familien im Bistum gebetet.

Am Schluß seiner Ansprache lud Bischof D'Souza seine Eichstätter Paten zum Besuch des Eucharistischen Weltkongresses nach Bombay ein, um von dort in das „nur 120 Meilen entfernte" Poona weiterzureisen und sagte „Auf Wiedersehen in Poona!"

Danach nahmen die beiden Bischöfe die förmliche Aussendung der „Sternsinger" vor und wünschten ihnen ein erfolgreiches „Dreikönigssingen". Domkapitular Paul Spreitzer, der Bischof D'Souza großenteils auf seinen Reisen durch die Eichstätter Diözese begleitete, faßte seine Erlebnisse und Eindrücke am Schluß in die Worte zusammen:

„So ging es tagelang von Ort zu Ort zwischen meterhohen Schneewänden, auf vereisten Straßen, teilweise begleitet von der Diözesan-Filmstelle, die manch schöne Szene festgehalten hat und zeigen wird. Eine Kopie des Films wird nach Poona geschickt, damit unsere Brüder und Schwestern dort sich eine Vorstellung machen können vom deutschen Winter und den Freuden und Mühseligkeiten dieser Reise ihres geliebten Bischofs, der durch seine Liebe und Güte die Herzen aller gewonnen hat. Als er mir in München beim Abschied die Hand drückte, bat er, alle jene Pfarreien besonders zu grüßen, die er so gerne gesehen hätte, aber nicht mehr besuchen konnte; er schließe sie nicht weniger in sein Gebet und heiliges Opfer ein. So Gott will, werde er wiederkommen . . ."

Vorher sollte jedoch der Eichstätter bischöfliche „Patenonkel" die schon wiederholt ausgesprochene Einladung nach Poona wahrnehmen und seine Patendiözese besuchen.

Bischof Joseph hatte auch ernsthaft vor, nach Indien zu reisen, beabsichtigte aber den Reisetermin mit dem Besuch des Eucharistischen Weltkongresses in Bombay zu verbinden. Dieser war auf den Dezember 1964 festgelegt. Auf diese Weise konnte er beiden Einladungen nachkommen und zugleich die Reiseaufwendungen in Grenzen halten.

Zuvor war zu den laufenden Hilfsaktionen noch zu einer eigenen Kleiderspende für Poona aufgerufen worden. Eine kleine Arbeitsgemeinschaft trug die Aktion „Wäsche und Kleider für Poona" und kümmerte sich auch um den Versand der gesammelten Stücke. Anfang Oktober 1963 waren rund 100 Zentner in 86 Ballen zusammengekommen und wurden auf Lastwagen nach Bremen zum Verladen nach Poona gebracht.

Die freiwilligen Helfer aus dem bischöflichen Seminar in Eichstätt registrierten freudig: „Junge, Junge, was es da alles an Kleidern, Anzügen, Mänteln und Kinderwäsche gibt . . . Es gibt doch noch Leute, die ihrem Herzen einen Stoß geben . . ."

Für das Jahr 1964 setzte man sich in Eichstätt das Ziel, der indischen Patendiözese beim Bau eines eigenen Knabenseminars zu helfen. Damit sollte die notwendige Voraussetzung für die Heranbildung und Erziehung eines einheimischen indischen Klerus geschaffen werden. Bei seinem Besuch in Poona sollte Bischof Joseph dann Ende des Jahres Pläne und Bausumme für das Knabenseminar persönlich übergeben, damit die Baumaßnahmen unverzüglich eingeleitet werden könnten.

Die Sternsinger, die sich das Jahresanliegen, der Patendiözese Poona ein Knabenseminar zu bauen, 1964 zu eigen gemacht hatten, brachten tatsächlich die ansehnliche Summe von rund 44 000 Mark zusammen, womit schon einmal das Fundament und die Grundmauern des geplanten Seminars gelegt werden konnten, wie Bischof Schröffer in seinem Dank an die „Sternsinger" feststellte.

Weitere Spenden konnten die Eichstätter Diözesanen bis zur Abreise ihres Bischofs noch überbringen und zur persönlichen Aushändigung in Poona mitgeben. Zur gleichen Zeit wurden in Eichstätt wieder Wäsche- und Kleiderspenden aufgebracht, die die erste Sammelaktion um das Vierfache übertrafen, waren doch diesmal rund 350 Ballen Wäsche- und Kleidungsstücke zusammengekommen. Zusätzlich konnte Bischof Schröffer noch Missions- und Lebensmittelspenden mitnehmen, die er dann in Poona den einzelnen Missionsstationen übergab, um die dort herrschende Hungersnot lindern zu helfen. Zum dichtgedrängten Besuchsprogramm in Poona gehörte u. a. auch die Grundsteinlegung für zwei Kirchen und ein Schwesternnoviziat, die mit Eichstätter Hilfe entstanden.

Als er Ende November 1964 nach Indien aufbrach, trat er somit in vielfacher Funktion die Reise nach Bombay und Poona an; als bischöflicher Teilnehmer am Eucharistischen Weltkongreß, als „Patenonkel" der Missionsdiözese Poona und schließlich auch als Präsident des deutschen Zweiges der „Pax Christi"-Bewegung, führte ein solcher Kongreß doch Christen aus aller Herren Länder im Sinne des eucharistischen Friedensfürsten zusammen. Ein Gedanke, den auch der am Eucharistischen Weltkongreß teilnehmende Papst Paul VI. unterstrich. Übrigens schenkte Paul VI. damals seinen Wagen, den er während seines Aufenthalts in Indien benutzte, „der albanischen Schwester Therese", wie es damals in einer kleinen Pressenotiz hieß. „Mutter Theresa", wie heute die albanische Gründerin der „Schwestern der Liebe" weltweit genannt wird, ließ das Auto verkaufen, um mit dem Erlös im indischen Bundesstaat Kerala ein Obdachlosenheim zu bauen.

Bischof Schröffer, in dessen Begleitung sich auch der seinerzeitige Oberbürgermeister Dr. Hans Hutter von Eichstätt befand, traf in Chinchwad bei der Grundsteinlegung zum Schwestern-Noviziat für die Ursulinen-Schwestern aus der Schweiz auf ähnliche Sorgen und Anliegen, wie sie „Mutter Theresa" und ihre Schwestern hatten. Die Missionsschwestern unterhielten für die Bewohner von Chinchwad und Umgebung eine eigene Krankenstation („dispensary"), um den Ärmsten der Armen zu helfen. Ihre eigene Unterkunft war auch mehr als bescheiden. Die „Küche" bestand aus einer primitiven Blechbaracke und bedurfte dringend eines angemessenen Ersatzes, war doch das Brot, das in dieser Baracke gebacken wurde, das Hauptnahrungsmittel der einheimischen Bevölkerung. So war die Errichtung eines neuen Gebäudes für die Schwestern mehr als überfällig, zumal die Ursulinen auch bereits eine ganze Reihe von indischen Novizinnen hatten, die auch untergebracht werden mußten.

Die Grundsteinlegung in Chinchwad wurde daher ein besonderer Tag für die Schwesterngemeinschaft und das ganze Bistum. Begleitet wurde der Patenbischof von den beiden in Eichstätt geweihten Jungpriestern, die sich ihm bald zugesellt hatten, wie Bilder von der Poona-Reise zeigen.

Ähnlich nötig wie das Noviziatshaus für die Schwestern war auch in verschiedenen Orten der Bau einer Kirche. Die Eichstätter Patendiözese hatte dafür bekanntlich bereits Vorsorge getroffen, so daß ihr Oberhirte in Shivajinagar und in Sawantwadi gleichfalls Grundsteinlegungen vornehmen konnte.

Nachdem Jesuitenmissionare wesentlich mit zur Verbindung zwischen Poona und Eichstätt beigetragen hatten und auch einige Patres bereits zu Besuch im Eichstätter Bistum gewesen waren, erwarteten sie Bischof Schröffer gleichfalls als ihren Gast. Der Eichstätter Oberhirte nahm diese Einladung gerne an und besuchte das „De-Nobile-College“ der Jesuiten in Poona, wo er auch mit dem soeben zum Kardinal erhobenen Präsidenten der Internationalen CAJ, Prälat Joseph Cardijn, zusammentraf.

Zwischen diesen Verpflichtungen und Besuchsterminen fand er auch noch Zeit, an seine Eichstätter „Sternsinger“ zu denken und ihnen aus dem fernen Indien einen Brief zu schreiben. Darin berichtete er den Ministranten zu Hause: „Dieses Jahr sende ich Euch auf Eueren Weg von Haus zu Haus aus weiter Ferne, bin ich doch selber in das Morgenland gezogen. Ich sehe hier mit eigenen Augen, wie notwendig unsere Hilfe für unsere Patendiözese ist. Die fremden Missionare genügen nicht mehr; es muß dieses Land Priester aus seinem eigenen Volk bekommen. Dazu sollt Ihr mithelfen.“

Hatten die Eichstätter „Sternsinger“ im Vorjahr Spenden für ein Knabenseminar in Poona gesammelt, so sollten sie 1965 die dazu gehörige Kapelle „ersingen“. Bischof Schröffer wörtlich: „Es sollen die Buben, die dieses Haus einmal bewohnen, Christus in ihrer Mitte haben, um ihm täglich das Gold ihrer Liebe, den Weihrauch ihres Gebetes und die Myrrhe ihres Opfers darbringen zu können. Mit diesem Ziel und Auftrag sende ich Euch auf Eueren Rundgang durch die Straßen und Häuser unserer Heimat. Mögen sich Euch viele Herzen und Hände öffnen.“

Bischof Andrew D'Souza fügte dem Brief noch den Satz hinzu: „Den lieben Sternsingern und allen gütigen Spendern der Diözese Eichstätt auch meinen Gruß und Segen!“

Daß der Aufruf wiederum auf offene Ohren und Herzen stieß, beweist das Ergebnis der „Sternsingeraktion“. Bischof Joseph konnte den jungen Dreikönigssängern im Februar 1963 bestätigen, daß sie rund 12 000 DM mehr zusammengebracht haben als im Vorjahr, und ihnen mitteilen: „Durch Euren großartigen Einsatz ist es nun möglich geworden, daß die Diözese Eichstätt 56 000 DM für den Bau der Kapelle des geplanten Knabenseminars in Poona zur Verfügung stellen kann“, um dann nochmals zu unterstreichen: „Ich habe es dort so recht gespürt, wie dringend notwendig es ist, daß zum Gebet und Interesse für dieses Land auch unsere materielle Hilfe kommt . . . So wird (dank der geplanten Seminarkapelle) der Herr selber . . . in der Mitte jener sein können, die sich darauf vorbereiten, einmal ihren Brüdern das Heil in Christus als frohe Botschaft zu verkünden und in der Gnade zu vermitteln. Die lebendige Christusgemeinschaft, die sie in ihrer Kapelle erfahren dürfen, wird ihnen Kraft geben auf dem Weg zum Priestertum und für das spätere Wirken im Weinberg des Herrn."

Neben dieser direkten und materiellen Hilfe unterstützten Eichstätter Diözesanen ihr Patenbistum Poona auch durch Stiftungen von Freiplätzen für Priesterstudenten; ein Anliegen, dessen sich auch besonders Dompfarrer Paul Spreitzer angenommen hatte. Dies wurde der Öffentlichkeit bekannt, als nach dem plötzlichen Tod Paul Spreitzers Bischof Schröffer im „St. Willibaldsboten" im Juli 1966 posthum dessen letzten Aufruf für Poona abdrucken ließ und ein tief empfundenes Dankeswort hinzufügte.

Bischof Schröffer tat das Menschenmögliche, um seine Diözesanen weiterhin für Hilfsaktionen zugunsten des indischen Missionsbistums zu motivieren. Wie aus erhalten gebliebenen Aufzeichnungen und Zeitungsberichten hervorgeht, besuchte er gleich im Anschluß an seinen Aufenthalt in Poona mehrere Städte in der Diözese, um von seinen Eindrücken und Beobachtungen in Indien zu berichten. Obwohl noch sichtlich mitgenommen von den Strapazen der täglichen Fahrten im Jeep auf holperigen Wegen und durch den Dschungel bis in die entferntesten Siedlungen und Missionsstationen, verfaßte er bereits wenige Tage nach Rückkehr einen Artikel für die „neue bildpost" und bat darin besonders um Gaben für das „Boy's Orphanage". Das Echo auf diesen Bericht war erfreulich. Bischof Schröffer sandte jedem der annähernd 500 Spender einen persönlichen Dankesbrief.

Wie nachhaltig die Eindrücke von der Not in Poona in ihm geblieben sind, verdeutlichte auch sein „Bischofswort zur Sternsingeraktion 1966", in dem er den Bau des Waisenhauses für Buben als Jahresanliegen bezeichnete. Er schrieb in seinem Aufruf:

„... Als ich letztes Jahr in Indien war, habe ich auch ein Waisenhaus besucht, in dem rund 100 Buben untergebracht sind. Ich habe mit eigenen Augen gesehen, welch unmögliche Unterkunft sie haben. Es ist ein ehemaliger Pferdestall, baufällig, am Verfallen, fast ohne Licht, mit völlig unzureichenden sanitären Verhältnissen. Der Bischof von Poona, unser Patenbischof, weiß, daß die Verhältnisse untragbar geworden sind und daß er bauen muß. Aber er hat keine Mittel dafür. Das Bauen ist auch in Indien teuer geworden. Da habe ich den Buben versprochen, daß ich von ihnen erzählen werde und hoffe, gute Menschen bei uns zu finden, die ihnen helfen wollen."

Und wandte sich dann unmittelbar mit seinem Anliegen an die „Sternsinger" in seinem Bistum:

„Nun seid Ihr meine Hoffnung geworden, meine lieben Sternsinger. Wollt Ihr nicht für Euere jungen Brüder da drüben singen, um ihnen eine menschenwürdige Unterkunft zu schaffen?"

Die Antwort der „Sternsinger" und der von ihnen besuchten Familien war eindeutig. Sie drückte sich in über 61 000,– Mark Sammelgeld aus. Die Losung „Wir holen das Christuskind heraus aus dem Stalle“ war gut angekommen und verhalf den 100 indischen Buben alsbald zu einer besseren Unterkunft.

Dankbar und erfreut schrieb Bischof Joseph seinen „Sternsingern“ am 2. Februar 1966:

„. . . Wir sind diesem Ziele mit der Sammlung ein großes Stück näher gekommen. Auch der Bischof unserer Patendiözese, der Vater seiner Waisen, wird sich sehr darüber freuen. Ich danke den ‚drei Königen mit ihrem Stern‘, die von Haus zu Haus gezogen sind. Ich danke all den Guten, die ihnen nicht die Türe gewiesen, sondern sie mit einer Gabe bedacht haben.“

Sein Dank galt allen Personen und Gruppen, die in irgendeiner Weise beim „Sternsingen“ mitgewirkt haben, sozusagen vom Kaplan, der damals noch oft eine Gruppe anführte, bis zum kleinen Ministranten, und vom Schminkmeister, der die Gesichter bemalte, bis zur Schneiderin, die die Gewänder der „Heiligen Drei Könige“ nähte.

Wie all die Jahre hindurch seit 1955, warb Bischof Schröffer auch im nachfolgenden Jahr 1967 um Verständnis und Unterstützung für das indische Missionsbistum. Da erreichte ihn im Mai 1967 der Ruf Papst Pauls VI. an die Römische Kurie, um als Sekretär der Kongregation für das Katholische Bildungswesen eine neue Aufgabe zu übernehmen. Das bedeutete, den Bischofsstab des heiligen Willibald an einen Nachfolger weiterzugeben und die ihm ans Herz gewachsene Diözese zu verlassen. Ein Wechsel, der auch in Poona besorgtes Fragen, wie es wohl weitergehen werde, auslöste. Immerhin waren seit der Übernahme der Patenschaft Gelder und Spenden in Höhe von über 2 Millionen Mark von Eichstätt nach Poona gegangen, hatte das kleinste und zugleich zweitärmste westdeutsche Bistum eine der größten Diözesen als „Patenkind adoptiert“ und beispielhaftes geleistet. Aus dem ersten Patengeschenk von 10 000 Mark vom November 1955 waren in den nachfolgenden 12 Jahren vielfach größere Summen geworden, welche sowohl den Bischof von Poona wie auch die Missionsstationen der Jesuiten, von denen die Patres Geisel und Sturm aus der Diözese Eichstätt, nämlich aus Schwabach und Lutzmannstein, stammten, in den Stand versetzt haben, nicht nur Schulen und Kirchen zu bauen, sondern auch die großen geistigen Kräfte zu unterstützen und dem einheimischen Klerus die Möglichkeit eines gediegenen Bildungsweges zu geben.

Einer von ihnen, Valerian D’Souza, schrieb schon im Jahre 1963 nach Eichstätt:

„. . . Wir Priester und Katholiken in der Diözese Poona sind sehr dankbar, daß Gott uns einen großzügigen Patenonkel geschenkt hat. Exzellenz, ohne Ihre Hilfe würde es uns ziemlich schlecht gehen. Wir danken Ihnen von ganzem Herzen, daß Sie sich so väterlich um uns kümmern . . .“

Ein erfahrener benediktinischer Ordens- und Missionsbruder in Südafrika erkannte das Beispielhafte an der Eichstätter Patenschaft über das indische Missionsbistum und schrieb in echt katholischer Gesinnung am 30. Juni 1963 an Bischof Schröffer: „Exzellenz haben ein so schönes Werk durch Ihre große Hilfe für Poona in Indien. Gottes Segen geht in die Heimat zurück . . . Möchte Euer Gnaden recht herzlich danken, Opfer und Gebet der Heimat bringen Segen der Mission . . ."

Die deutschen Bischöfe dachten ebenso und riefen bekanntlich wenig später die Hilfswerke „Misereor" und „Adveniat" ins Leben.

Das Gefühl der Verantwortung für die Entwicklungsländer war mittlerweile in Westdeutschland auch so entwickelt und das Anliegen der „Sternsinger" im Bistum Eichstätt für die Diözese Poona zu sammeln so verinnerlicht, daß Bischof Joseph nach seiner Berufung an die Kurie in Rom um die weitere Betreuung seiner Patendiözese in Indien nicht zu bangen brauchte. In der Tat liegt sie beim Patenbischof von heute, Dr. Karl Braun, in besten Händen.

Aufrichtig und herzlich die Stimmen aus Poona zur Berufung Schröffers zum Sekretär der Kongregation für das katholische Bildungswesen.

Da schrieb der Missionsprokurator der Jesuiten, Pater Übelmesser, am 26. Mai 1967:

„. . . In das Goldene Buch der Poona-Mission und der Poona-Diözese sind Sie seit langer Zeit in Großbuchstaben eingeschrieben . . . Für Ihre ständige Treue gegenüber der Poona-Mission und Ihre stete Bereitschaft, uns und die Sorgen der Missionare anzuhören, von Herzen dankend . . ."

Und der Nachfolger Bischof Andrew D'Souzas, Bischof William Gomes, schrieb am 6. Juni 1967:

„Sie sind jederzeit in unserer Erinnerung als einer der besten und gütigsten Wohltäter . . ."

Schließlich bekannte der einst von Bischof Joseph geweihte und inzwischen zum zweiten Nachfolger Bischof Andrew's aufgestiegene Valerian D'Souza im Gratulationsbrief vom 8. Februar 1983 zum 80. Geburtstag des Kardinals:

„. . . Ihnen seine Gnade verliehen hat, Großes für Sein Reich und für Sein Volk tun zu können. Ich selber bin Ihnen äußerst dankbar für Ihre Güte mir gegenüber, und als Bischof finde ich keine passenden Worte, den Dank dieser Diözese auszusprechen. Aus dem kleinen Samen, den Sie als erster Bischof in Deutschland, vielleicht auch in ganz Europa, gesät haben, ist ein immer noch wachsender Baum geworden . . ."

Ein Dankes- und Anerkennungswort, das Bischof Valerians Vorgänger schon am 3. Dezember 1971 in die Worte gefaßt hatte: „Ihnen vor allem habe ich einen aufrichtigen Dank zu sagen. Sie waren der erste deutsche Bischof, der eine Patenschaft einer Missionsdiözese übernommen hat, obwohl Ihre Diözese verhältnismäßig klein und arm war. Sie haben ein großes Herz und eine weite Weltanschauung . . . Sie werden sich freuen zu hören, daß ich seit letztem Juni Valerian zu meinem Generalvikar ernannt habe. Er wohnt jetzt im Bischofshaus und sorgt sich um die rasche Erledigung der deutschen Korrespondenz . . ."

Schon knapp sechs Jahre später wurde Valerian D'Souza Bischof von Poona. Die Bischofsweihe hätte Father Valerian sich gerne von Kardinal Schröffer erteilen lassen, wie er am 5. August 1977 schrieb:

„. . . Irgendwie bin ich wie Ihr Geschenk – hoffentlich ein gutes – an die Diözese Poona. Nach meinem Herzen möchte ich die Bischofsweihe von Ihnen empfangen. Aber nach Protokoll bin ich gebunden . . . Aber noch größer wird meine Freude sein, wenn auch Sie . . . anwesend sein könnten. Ich lade Sie herzlichst ein nach Poona zu meiner Bischofsweihe . . ."

Kardinal Schröffer konnte zu seinem Leidwesen die ausgesprochene Einladung nicht wahrnehmen, da ihn wichtige und dringende Verpflichtungen im September 1977 in Rom festhielten.

Die Verbindung zwischen Kardinal Schröffer und Bischof Valerian D'Souza blieb bis zum Tod des einstigen Eichstätter Oberhirten von großer Herzlichkeit und gegenseitiger Hochschätzung geprägt, wie die überlieferte Korrespondenz zwischen den beiden eindrücklich beweist. In einem bewegenden Nachruf würdigte Bischof Valerian D'Souza seinen Weihe-Bischof und geistlichen „Patenonkel". Vor vielen Tausend Gläubigen seiner Diözese berichtete er aus eigener Erinnerung an Bischof Andrew D'Souza und Bischof Schröffer:

„Kardinal Schröffer hatte Bischof Andrew D'Souza und Poona gern und es war eine Freude, die beiden Bischöfe zusammen zu sehen. Die gemeinsame Sprache war Latein, das er sehr fließend sprach. Er hatte eine außergewöhnliche Sprachenbegabung . . ."
um sich dann eine bestimmte Szene vorzustellen, von der Bischof Valerian in seinem Nachruf meinte: „Ich schmunzle, wenn ich an die Begegnung zwischen Kardinal Schröffer und Bischof Andrew im Himmel denke." Ihrer beider Einsatz für das Reich Gottes läßt sie in der Tat dort vermuten, wo sich Bischof Valerian das Wiedersehen schmunzelnd vorstellt.

Bei den reichen Erfahrungen, die Bischof Schröffer mit der Übernahme der Patenschaft über das Bistum Poona in den fünfziger Jahren gesammelt hat, überraschte es nicht, daß ihn die Deutsche Bischofskonferenz in das Bischöfliche Hilfswerk Misereor berief, konnte er doch persönliche Beobachtungen einbringen und damit der kirchlichen Entwicklungshilfe entscheidende Anstöße geben. Entsprechend bedauerten die Verantwortlichen in Aachen, wo das Bischöfliche Hilfswerk seinen Hauptsitz hat, Bischof Schröffers Berufung nach Rom und bestätigten ihm, „entscheidend an der Ausrichtung unserer Arbeit mitgewirkt zu haben."

Dabei war die Unterstützungstätigkeit für das Bistum Poona nur eine der vielfältigen Aufgaben, die über die eigene Diözese weit hinausgriffen, und die er in der weltweiten Kirche wahrnahm.

Internationale Studienwoche für Missionskatechese

Im Sommer 1960 wurde in Eichstätt auf Anregung und unter der Leitung von P. Hofinger S. J., Manila, eine internationale Studienwoche für Missionskatechese durchgeführt. Nicht weniger als rund 60 Erzbischöfe und Bischöfe – in einigen Ländern wurde die Ausreise verweigert – vom Bischof der nördlichsten Diözese der Welt, Johannes Wember aus Tromsö in Nord-Norwegen, bis Erzbischof Denis E. Hurley in Durban, Südafrika, und Bischof Hartl in Araukanien, Süd-Chile – dazu viele Missionare und 160 bedeutende Fachkräfte des katechetischen Apostolates aus aller Welt waren für eine Woche nach Eichstätt gekommen, um nach neuen Wegen der Glaubensverkündung in den Missionsländern zu suchen. Der Bischof von Eichstätt als Gastgeber hatte nicht nur für die Unterkunft der zahlreichen Teilnehmer und für einen reibungslosen und ersprießlichen Ablauf der internationalen Tagung Sorge zu tragen, sondern auch wiederholt das Wort zu ergreifen.

Joseph Schröffer brachte dank seiner engen Beziehungen zum indischen Missionsbistum gleichermaßen Verständnis für die Probleme der Kirche in den Entwicklungsländern mit, wie er als Leiter der deutschen Sektion der „Pax Christi"-Bewegung im Moderieren eines Kongresses erfahren war.

Von der Bevölkerung wurden die Gäste gerne aufgenommen und, wo es nötig schien, neu ausstaffiert, da allgemein die fadenscheinige Kleidung aufgefallen war.

Eindrucksvoll war der Zug der Bischöfe und übrigen Teilnehmer jeder Hautfarbe von der Schutzengelkirche zum Dom. Eine Mutter am Straßenrand sagte zu ihrer kleinen Tochter: „Sieh sie dir gut an; da sind gar manche darunter, die einmal Märtyrer werden." Den Buben hatten es vor allem die Afrikaner angetan. Bischof Andrew von Poona hörte einige sagen, als er vorbei kam: „Ein Schwarzer!", was ihn sehr belustigte, weil die Inder bekanntlich sich nicht als Schwarze fühlen.

Der feierlichen Eröffnung im Dom folgte am Abend auf Einladung des Diözesanbischofs und des Oberbürgermeisters Dr. Hutter ein feierlicher Empfang im Spiegelsaal der ehemaligen bischöflichen Residenz. In einer mit viel Humor gewürzten Rede begrüßte der Bischof die Gäste aus aller Welt und hieß sie herzlich willkommen.

Betrachtet man die hochkarätige Besetzung der Tagung, die vom indischen Kardinalprimas Gracias und Kardinal Jaime De Barros Cámara, Brasilien, bis zum Apostolischen Nuntius in Bonn reichte, hatte die Bischofsstadt an der

Altmühl bislang wohl noch nie soviel kirchliche Prominenz in ihren Mauern gehabt wie im Sommer 1960. Der missionskatechetische Kongreß sorgte aber nicht nur für Schlagzeilen in Presse und Öffentlichkeit, sondern wurde auch in Rom entsprechend aufmerksam verfolgt. Papst Johannes XXIII. ließ durch den Präfekten der zuständigen Kongregation für Glaubensverbreitung, Kardinal Gregorius Peter Agagianian, ein Grußwort übermitteln und dem Kongreß einen erfolgreichen Verlauf wünschen. Zugleich versicherte er, daß die in Eichstätt erarbeiteten Beschlüsse und Anregungen in Rom „wohlwollendste Begutachtung" finden würden. Immerhin war in der Altmühlstadt mit den zahlreichen Missionaren ein Expertenkreis von größter praktischer Erfahrung zusammengekommen, der seinesgleichen suchte.

In Vorträgen und lebhaften Diskussionen wurden während der Studientagung neue Erkenntnisse und Ergebnisse der modernen katechetischen Bewegung erarbeitet, die sich seit dem Ersten Weltkrieg vor allem in Europa und in Amerika entwickelt hatte. Die großen Umbrüche der vierziger und fünfziger Jahre – vor allen Dingen in den Missions- und Entwicklungsländern – hatten es mit sich gebracht, daß auch das Christentum dort in eine kritische Lage geraten war. Es galt darum, neue Wege zu suchen, um die Botschaft Christi wirkungsvoll in die moderne, gewandelte Welt hineinzutragen. Das bedeutet, durch eine Neubesinnung auf den Inhalt und eine Neugestaltung der Methode katechetischer Unterweisung nicht nur religiöses Wissen zu vermitteln, sondern den ganzen Menschen religiös zu formen, damit er auch selber apostolisch wirken kann.

Um dieses Anliegen zu verdeutlichen und zugleich Wegweisungen anzubieten, konzentrierten sich die Vorträge der Tagung auf Fragen der Anpassung der Katechese, der Liturgie und der Bibelsprache an die aktuellen Erfordernisse in den Missionsgebieten. Dabei kamen folgerichtig nicht nur europäische Referenten wie Prof. Dr. Grasso S. J. von der Gregoriana in Rom oder Prof. Dr. Tilmann von der Universität Münster zu Wort, sondern auch – und vor allem – Missionare aus Afrika. Diese waren sich in der Notwendigkeit einig, daß im Mittelpunkt der katechetischen Glaubensunterweisung Christus und vor allem das Geheimnis seines Todes und seiner Auferstehung stehen müsse. Anliegen, die auch heute noch aktuell sind.

Ähnlich wie die Befürchtung, daß das Christentum oft vielfach bloß wie ein „übergezogenes Gewand" ohne seelische Verinnerlichung erscheine, „erlernt, aber nicht erlebt", wie ein Kapuzinerpater formulierte.

Gleichsam schon unter Vorwegnahme bestimmter späterer Reformen und Beschlüsse des Zweiten Vatikanischen Konzils regte der einheimische Bischof Blomjous von Mwanza in Tanganjika an, die katholische Liturgie den einheimischen Gläubigen durch eine entsprechende Vorbereitung verständlich zu machen und sie besonders in die Lage zu versetzen, „das Wort Gottes und die Schrift, die den wichtigsten liturgischen Text darstellt, zu hören, zu verstehen und lieben zu lernen".

Der in China wirkende Bischof Weber von der Steyler Missionsgesellschaft forderte aus seiner langjährigen Erfahrung heraus, „daß dem Gottesdienst in den Missionen eine volle missionarische Kraft gegeben werden muß“ und konstatierte, daß dies „bei stillen Messen, bei denen sich das Volk rein passiv verhält, kaum der Fall ist“. Eine Beobachtung, die auch auf weite Teile Westeuropas heutzutage zutrifft.

Ein – trotz aller betonter Mündigkeit – auch heute noch aktuelles Problem sprach auf der Eichstätter Studientagung der indische Kardinal Gracias an, als er auf der Schlußsitzung feststellte:

„. . . Unser großes Problem von heute ist es ja, wache katholische Menschen zu erziehen, die den Glauben, den sie in sich tragen, auch begründen können. Das ist aber nur gewährleistet, wenn die Fundamente früh im Leben gelegt werden, das heißt, wenn der Katechismus unseren Kindern so geboten wird, daß sie an Weisheit und Gnade wachsen . . . In den Missionen hat es nie an einem Überfluß von gutem Willen gefehlt, jedoch vielfach an geeigneter Führung . . .“

Über den Kongreß selber gestand der Präsident der Tagung, der Metropolit von Bombay:

„Ich muß gestehen, daß ich nie in meinem Leben soviel Katechetik gelernt habe wie im Laufe dieser Studienwoche. So konnte ich feststellen, wie sehr wir in einem anderen Zeitalter Geborenen die Verlierer, und wie sehr die Vertreter der heutigen Generation die Gewinner sind. Die endgültigen Beschlüsse werden Zeugnis davon ablegen, daß wir in den Missionen eine positive Haltung gegenüber den Forderungen der modernen Katechese eingenommen haben. Die Betonung lag auf den richtigen Gesichtspunkten, unsere Schlußfolgerungen sind ein eindeutiger Gewinn. Wir haben unsere Arbeiten erfolgreich und nutzbringend beendet. Sie waren eines der größten und fruchtbarsten Erlebnisse meines Lebens . . .“ Der indische Kirchenfürst, der schon auf Grund seiner beeindruckenden äußeren Erscheinung (für die sich übrigens im Bischofshaus keine entsprechend lange Bettstelle finden ließ) diese etwas überlebte Bezeichnung verdiente, war persönlicher Gast des Bischofs, wie natürlich auch Bischof Andrew von Poona, der ehemalige Regens von Kardinal Gracias; ebenso der Apostolische Nuntius in Deutschland, Erzbischof Corrado Bafile, und Mark Gopu von Haiderabad, Erzbischof der Syro-malabarischen Kirche, einer Gruppe der Thomaschristen.

Der ganze Verlauf der Studienwoche war nach allgemeinem Urteil ein sehr positiver, bei intensiver Arbeit über den ganzen Tag, mit außerordentlich reger Beteiligung und in großer Offenheit. Es war wie eine einzige große Familie. Die Ansprache zum Abschluß der Studienwoche im Dom oblag wieder dem Diözesanbischof und hinterließ einen tiefen Eindruck. „Eine wahrhaft kerygmatische Predigt“, so wurde festgestellt. Noch beim Eucharistischen Kongreß in München wurde sehr anerkennend davon gesprochen.

Nicht wenige Teilnehmer haben sich, wie sie selber bezeugten, noch nach Jahren daran erinnert. Und 1980, zwei Jahrzehnte danach, hat Kardinal Emmet Carter, Erzbischof von Toronto, bei einer Einladung in der Villa Spitz in Rom aus Anlaß des Amtsantritts von Kardinal Baum als Präfekt der Kongregation für das Katholische Bildungswesen von dieser Predigt gesprochen, an die er sich noch genau erinnerte.

Ein missionarisches Weltereignis ersten Ranges, so kommentierte die Herder-Korrespondenz vom Oktober 1960 die Studienwoche, „und ein Markstein auf dem Weg der modernen Katechetischen Bewegung".

Kaum hatte der Bischof die Teilnehmer verabschiedet, begann in München der Eucharistische Weltkongreß, an dem er auch aktiv mitzuwirken hatte. Beim feierlichen Pax Christi-Gottesdienst in St. Paul hatte er die mehrsprachige Festpredigt zu halten und tags darauf in der altehrwürdigen St. Peterskirche zu sprechen.

Visitator der Priesterseminarien in Deutschland und vielfältige weitere Aufgaben

Griffen die vielfältigen Aufgaben im Dienste der Poona-Mission und der „Pax Christi"-Bewegung schon weit über die Eichstätter Bistums- und deutschen Landesgrenzen hinaus und bedeuteten für den 77. Nachfolger Willibalds zusätzliche Arbeitslasten, waren auf Bischof Schröffer noch weitere überdiözesane Pflichten hinzugekommen. Unter ihnen stellte die Beauftragung mit der Apostolischen Visitation der süddeutschen Priesterseminare – der Knaben- und Spätberufenenseminare, der Alumnate und Konvikte – die verantwortungsschwerste Aufgabe dar. Sie erfolgte noch unter dem Pontifikate Papst Pius XII., der sich in der Kirche in Deutschland auf Grund seines langjährigen Wirkens als Apostolischer Nuntius sehr gut auskannte und mit seinen Berufungen genaue Vorstellungen verband. So war das am 4. Februar 1959 von der Apostolischen Nuntiatur in Bad Godesberg ausgefertigte Ernennungsdekret einerseits ein Dokument der Wertschätzung des Eichstätter Oberhirten durch den Papst, andererseits aber auch eine spürbare Mehrbelastung. Dies um so mehr, als Bischof Schröffer von jedem Seminar, das er visitiert hat, „einen bis ins einzelne gehenden, umfangreichen, präzisen und äußerst ausgewogenen Bericht" abfaßte, der nach dem Zeugnis eines hohen römischen Prälaten beim Papst und in der Kurie einen tiefen Eindruck hinterließ. Wie der selbe römische Gewährsmann später einmal bekundete, haben diese Visitationsberichte Papst Paul VI. so stark beeindruckt, daß er entschlossen war, ihn 1967 zum neuen Sekretär der Kongregation für das Katholische Bildungswesen zu berufen. Der Präfekt dieser Kongregation, Kardinal Garrone, schlug ihm mehrere Namen vor. Als aber der Name Joseph

Schröffer fiel, äußerte Paul VI. spontan: „Das ist der Bischof, der die Visitation der deutschen Seminarien durchgeführt und eine Arbeit geleistet hat, die ich überaus hochschätze. Seine Arbeit ist ein Meisterwerk. Ich habe mich schon mehrere Male darauf bezogen. Das ist der Mann, den ich brauche."

So waren nach dem Urteil des römischen Prälaten „der eifrige Einsatz und die große Bemühung von Bischof Schröffer die Ursache seiner Berufung nach Rom zum Dienst für den Heiligen Stuhl". Dabei dachte Bischof Schröffer bei der gewissenhaften Erfüllung seines von Rom gestellten Auftrages keinen Augenblick an eine solche mögliche Konsequenz für seinen persönlichen Lebensweg. Ihm erschien einfach die gestellte Aufgabe wichtig für die Zukunft der Kirche, entschieden sich doch in den Konvikten und Seminarien oft die Lebensgänge der jungen Menschen und sah Bischof Schröffer schon damals einen baldigen Priestermangel in der Kirche drohen. Um so ernster waren Gedanken über etwaige neue Wege in der Priestererziehung zu prüfen und dabei eine realistische Sicht der Lage zu bewahren. Wer wußte, wie wichtig und wesentlich er selber das Priestertum nahm, verstand auch seine ganze Hingabe an diesen überdiözesanen Dienst. Immer wieder bestätigten Mitbrüder und Menschen, die ihn bei der heiligen Messe oder anderen Kulthandlungen erlebten, wie innerlich ergriffen er vom Geschehen war – oder wie es sein priesterliches Patenkind Valerian D'Souza als Bischof in einem Brief einmal ausdrückte: „Seine totale Hingabe an Christus und an die ihm anvertrauten Menschen, sein priesterliches Herz und seine edle Gesinnung sind bleibende Leitbilder für mich . . ."

Ein Eichstätter Mitbruder bekundete zum 70. Geburtstag des inzwischen nach Rom berufenen Erzbischofs Schröffer in offener Freundschaft:

„. . . Es waren schöne Jahre, die Du mit uns, Deinen Priestern und Diözesanen, verbracht hast. Du strahltest den ‚Sacerdos magnus' aus und erfülltest das ‚Iam non dicam vos servos, sed amicos meos'. Leider kam dann das ‚Roma locuta – causa finita'. Aber der liebe Gott wußte, warum . . . Daß wir Eichstätter so romtreu sind, ist auch Dein Verdienst! . . ."

Mit diesem gelebten Priesterverständnis begriff Joseph Schröffer seinen apostolischen Auftrag und bewies damit, wie sehr er sich in die Pflicht des Petrusdienstes genommen fühlte. An der römischen Kurie war man von der Klarheit und Gründlichkeit der Visitationsberichte so angetan, daß der Präfekt der Studienkongregation, Kardinal Pizzardo, sie eigens drucken ließ, was schließlich einen dicken Band ergab. Diesen zeigte er dann, von Amtszimmer zu Amtszimmer eilend, seinen Mitarbeitern mit italienischer Begeisterung „über die ausgezeichnete Arbeit dieses deutschen Bischofs", so daß Mons. Marchisano, der die Berichte zu lesen und zu verarbeiten hatte, spontan ausrief: „ D e n Bischof müßten wir hier haben!"

Ein Wunsch, der Jahre später in Erfüllung gehen sollte. Vorher übertrug die Studienkongregation Bischof Schröffer auch noch die Visitation der norddeutschen Seminarien, nachdem deren bisheriger Visitator, Bischof Keller von Münster, ganz überraschend gestorben war. Und dies zu einer Zeit, da er auch zum Mitglied der Vorbereitenden Theologischen Kommission des Zweiten Vatikanischen Konzils ernannt worden war und in dieser Funktion wiederholt viele Wochen in Rom an Arbeitssitzungen teilnehmen mußte.

Trotz der immer knapper gewordenen Zeit ließ er seinen apostolischen Auftrag in keiner Weise an dieser steigenden Beanspruchung leiden, sondern widmete sich ihm mit gleicher Sorgfalt und Hingebung, wie schon vorher den Visitationen der süddeutschen Seminarien. Erinnerte sich der seinerzeitige Bischof von Speyer, Isidor Emanuel, daß Bischof Schröffer mit seiner neuen Aufgabe der Seminar-Visitationen in Speyer den „guten Anfang" gemacht habe, wußte der nachmalige Pfarrer von Kevelaer noch nach rund 20 Jahren, mit welchen Einleitungsworten Bischof Schröffer die damaligen Diakone im Priesterseminar von Münster begrüßt hat. Er sagte ihnen:

„Ich komme zu Ihnen nicht nach meinem Wunsch und Willen, sondern im Namen und auf Geheiß eines hohen Auftraggebers, von Petrus, der heute in Johannes die Herde Christi weidet und heute wiederum seinen Auftrag erfüllen soll: „Stärke deine Brüder!" . . . „Wenn ich zu Ihnen komme, dann geschieht er aus dem Verantwortungsbewußtsein der heiligen Kirche und ihres obersten Hirten und aus dem wohlwollenden Interesse der Kirche an den ihr teuersten Söhnen.

Was ist mein Auftrag? Was ist er nicht? Keine Einmischung, kein Akt der Jurisdiktion, keine Stellungnahme, nicht einmal ein Rat: sondern nur Berichterstattung. Vermittlung des Wissens um Sie und Ihr Haus. Ein Vater, der Söhne in der Ferne weiß, möchte erfahren, wie es ihnen geht, wo und wie sie wohnen, ob sie darben oder nicht, ob sie alles geboten erhalten, was sie brauchen, dem äußeren und vor allem dem inneren Menschen nach, für den Geist und für den Willen, ob sie auf gutem Wege sind, ob sie mächtig ausschreiten auf dem Weg zum Berge des Herrn."

Für gewöhnlich erzeugen Visitationen andere Gefühle als dankbare Erinnerungen und steht der Visitator nicht selten ungeliebt zwischen Auftraggeber und Visitierten, nicht so bei Joseph Schröffer, der sowohl vom römischen „Vorgesetzten", Kardinal Pizzardo, wiederholt Dankes- und Anerkennungsschreiben erhielt, als auch bei den „visitierten" jungen Menschen das aufrichtige Gefühl des Verstandenseins und der väterlichen Sorge weckte, wie dies auch im eigenen Bistum so gesehen wurde. Einer seiner Diözesanpriester, Domkapitular Michael Thiermeyer, Stadtdekan von Ingolstadt, fand dafür die treffenden Worte:

„Viele von uns Priestern haben Sie geweiht zum priesterlichen Dienst. Väterlich und brüderlich haben Sie so einen wichtigen Platz in unserem Leben. Sie haben uns Vertrauen geschenkt. Sie haben uns immer wieder ermutigt und auch ermahnt, den festen Grund nicht zu verlassen ... Persönlich verdanke ich Ihnen in den Anfängen meines priesterlichen Dienstes unendlich viel, besonders in meinem Dienst an der Arbeiterjugend und mit der Arbeiterjugend in unserer Diözese. Es waren wunderbare Zeiten ..."

Zeugnis eines Mannes, der durch die Leiden des Krieges geprüft auch noch entbehrungsvolle Jahre der Gefangenschaft in Sibirien durchgestanden hat und in der Fülle dieser Erfahrungen zu diesem Bekenntnis kommt.

Die Schlüsselworte „Brüderlichkeit" und „Vertrauen", welche die menschliche und priesterliche Art Joseph Schröffers umschreiben, finden sich auch in einem Brief seines langjährigen Freundes und Weggenossen Prof. Dr. Andreas Bauch, des verdienstvollen Regens des Eichstätter Priesterseminars. Er schrieb am 9. März 1983 in einer persönlichen Lebensrückschau dem Kurienkardinal Joseph Schröffer nach Rom:

„... Daß Du mir den Auftrag zur Priestererziehung, der im Kern wichtigsten Aufgabe in einer Diözese, übertragen hast, hat meinem Leben die tiefste Wende gegeben. Es war ein Wagnis, einen solchen Vorschuß an Vertrauen mir, dem Unerfahrenen, letztlich ängstlich Sorgenden anzuvertrauen. Ich weiß ..., wie ich in allem und jedem zu Dir kommen durfte ..."

Wer die Weihejahrgänge kennt, die der priesterlichen Erziehung unter Regens Bauch anvertraut waren, weiß, wie gesegnet dieses Wagnis gewesen ist und Prof. Andreas Bauch den Vorschuß an Vertrauen gerechtfertigt hat. Bei manchem Anschein, als sei Bischof Schröffer eher ein konservativ ausgerichteter und dem Neuen abwartend gegenüberstehender Oberhirte gewesen, zeigte sich hier sein in Wahrheit aufgeschlossenes Wesen, das mit Mut Verantwortung für die Zukunft übernahm und nicht ängstlich am bloß Überkommenen festhielt. Sein Prinzip war es, das Bewährte am Überkommenen zu bewahren und dem guten Neuen gegenüber aufgeschlossen zu sein. Bei seiner ersten Audienz während der Amtszeit in Rom bekannte er dies dem Heiligen Vater. Papst Paul VI. antwortete ihm, genau dies sei auch seine eigene Einstellung. Daß Joseph Schröffer nicht ein rückwärts gewandter Theologe und Bischof war, bewies er schon im Herbst 1954, als es darum ging, das „Deutsche Hochamt" gegen scharfe Angriffe konservativer spanischer Liturgiker zu verteidigen. Die Entscheidung, ob diese Meßfeier mit lateinischem Altargesang des Priesters und deutschem Volksgesang als liturgische Eigenmächtigkeit der deutschen Diözesen verurteilt und damit verboten würde oder beibehalten werden dürfe, sollte in einer Ansprache Papst Pius XII. an Allerheiligen 1954 fallen. Kardinal Wendel, Bischof Isidor Emanuel von Speyer und Bischof Joseph Schröffer entschlossen sich, dem Papst noch vor seiner erwarteten Stellungnahme einen Brief mit Argumenten für die Erhaltung des „Deutschen Hochamtes" zukommen zu lassen. Mit dem Hinweis, daß diese Gottesdienstfeier in vielen Diözesen bereits seit langer Zeit in Übung und zuletzt 1943 vom Heiligen Stuhl als zulässig bestätigt worden sei, konnten Joseph Schröffer und seine beiden Mitbrüder das „Deutsche Hochamt“ gleichsam vor einem päpstlichen Verdikt bewahren. Der einstige Magister cantus des Germanikums und ausgewiesene Liturgiker konnte bei dieser Gelegenheit aus seinem Wissens- und Erfahrungsschatz schöpfen und die seinen Landsleuten lieb gewordene Meßfeier „retten“ helfen. Kardinal Wendel war es dann zugefallen, dafür zu sorgen, daß Pius XII. den Brief noch vor seiner Entscheidung vorgelegt bekam. Wie Bischof Isidor Emanuel in seinen Erinnerungen „Meine Bischofsjahre“ überliefert, bemühte der Münchener Erzbischof die deutsche Haushälterin des Papstes, Schwester Pasqualina, und bat sie, den Brief als „sehr dringend“ auf den Arbeitstisch des Heiligen Vaters zu legen. Tatsächlich las Pius XII. noch vor seiner Ansprache den Brief und ließ das „Deutsche Hochamt“ in seiner Stellungnahme gegen Eigenmächtigkeiten in der Liturgie unerwähnt. Rückschauend nimmt sich diese indirekte Bestätigung des „Deutschen Hochamts“ wie eine Vorwegnahme der späteren Liturgiereform aus, in welcher die Landessprache bekanntlich eine zentrale Rolle zugewiesen bekam. Sie sollte die innerliche Teilnahme des Volkes am gottesdienstlichen Geschehen erleichtern.

Daß der passionierte Lateiner Joseph Schröffer, der sich in der Sprache Ciceros ebenso gewandt ausdrücken konnte wie in Italienisch oder Französisch, der Ablösung des Lateinischen im Kanon der Messe nicht wehmütig nachtrauerte, zeigte sich bei einer kleinen Diskussion im engeren Kreise, in welcher zumindest für die Wandlungsworte die lateinische Formel gefordert wurde, um dadurch das Mysterium des Geschehens zu unterstreichen. Kardinal Schröffer konnte einer solchen Argumentation keine Überzeugungskraft abgewinnen und stellte die innerliche Anteilnahme des Volkes am gottesdienstlichen Ablauf eindeutig über die verbalen „Geheimformeln“. Freilich wollte er dabei nicht der sogenannten lateinischen Messe eine endgültige Absage erteilt sehen, sondern betonte immer wieder, daß ein lateinisches Hochamt nach wie vor seinen besonderen Stellenwert habe und beispielsweise in einer Stadt wie seiner Heimatstadt Ingolstadt oder in einem entsprechend großen Seelsorgssprengel von Zeit zu Zeit gefeiert werden sollte. Vielleicht ließen sich auch dadurch manch heimliche Sympathien für den „tridentinischen Kurs“ des Erzbischofs Lefèbvre entkräften. Zudem ist die lateinische Meßsprache auch ein Kennzeichen und Bindeglied der katholischen Weltkirche. Ähnliches gilt auch für das Breviergebet der Geistlichen, das zwar in der Muttersprache erlaubt ist, von Bischof und Kardinal Schröffer jedoch gerne lateinisch verrichtet wurde. Nicht von ungefähr galt der Eichstätter Oberhirte beim Konzil wie auch später an der römischen Kurie als ein exzellenter Lateiner – und nicht zufällig ist ein Teil der erhalten gebliebenen privaten Korrespondenz in Latein geführt.

Bekanntlich verständigten sich Bischof Schröffer und Bischof Andrew D'Souza auch lateinisch und finden sich in unzähligen persönlichen Schreiben immer wieder lateinische Formulierungen und Zitate, die oft einen Begriff deutlicher ausdrücken als neusprachliche Wendungen.

Bei aller polyglotten Eloquenz beherrschte Bischof Schröffer auch seine oberbayerische Mundart, deren er sich im familiären oder heimischen Kreise gerne bediente. Er war ein tief heimatverwurzelter Mensch. Als solcher konnte er auch am ehesten die Härte einer Heimatvertreibung ermessen und brachte daher den sudeten- und ostdeutschen Heimatvertriebenen stets großes Verständnis und herzliches Mitgefühl entgegen. Folgerichtig fühlten sich die heimatvertriebenen Deutschen im Bistum Eichstätt am schnellsten angenommen und begründeten in der Altmühlstadt ihre ersten Zusammenschlüsse, wie die katholische Ackermann-Gemeinde, und verabschiedeten dort ihre richtungweisenden Programme, nicht ohne von Bischof Schröffer unterstützt zu werden. Die führenden Ackermann-Gemeinde-Vertreter, von Staatsminister Hans Schütz über Generalsekretär Adolf Kunzmann bis Präsident Josef Stingl und Generalsekretär Franz Olbert vermerkten dieses wohlwollende Interesse stets mit Dankbarkeit und wünschten sich auch gelegentlich „anderswo Eichstätter Verhältnisse", wie es Generalsekretär Kunzmann einmal in einem persönlichen Gespräch ausdrückte und von seinem Nachfolger Franz Olbert bestätigt wurde.

In dieser beispielhaften Aufnahme der Heimatvertriebenen wirkte Bischof Schröffer richtungweisend weit über die Eichstätter Bistumsgrenzen hinaus und konnte dem sogenannten Vertriebenenbischof der Deutschen Bischofskonferenz manch wertvollen Wink geben.

Diese gleichsam „unter der Hand" entwickelten überdiözesanen Aktivitäten drangen kaum nach außen, wie es auch im Sinne Joseph Schröffers war, der von Publizität nie viel hielt. Freilich gehörten auch Rundfunksendungen zu seinem pastoralen Dienst, wie etwa die Übertragung des Festgottesdienstes aus dem Eichstätter Dom am Pfingstfest 1962. Dabei hatte er die Gabe, seine Zuhörer persönlich anzusprechen. Wie sehr seine Worte berühren konnten, bestätigte unter vielen anderen eine Hörerin aus München, die Bischof Schröffer spontan auf die Predigt hin schrieb: „. . . darf ich Ihnen ein ganz herzliches Vergelt's Gott sagen. Eben ist die Sendung aus Eichstätt beendet und wenn alle Zuhörer Ihrer begnadeten Worte so beglückt sind wie ich, dann gibt es heute eine große frohlockende pfingstliche Christengemeinde in Bayern. Wie unendlich reich sind wir doch durch unseren Glauben . . ."

Eine Stimme, die durch einen so kompetenten Mann wie den damaligen Leiter des Kirchenfunks beim Bayerischen Rundfunk, Dr. Wilhelm Sandfuchs, auch auf die Hirtenbriefe Bischof Schröffers übertragen wurde. Am 23. Februar 1973 schrieb er nach Rom: „Lieber, sehr verehrter Herr

Erzbischof! Im Anschluß an meinen Glückwunsch möchte ich Ihnen doch heute noch den Text schicken, der am Morgen Ihres 70. Geburtstages in der „Minute der Besinnung“ über den Bayerischen Rundfunk ging. Ich hatte ihn aus einem ihrer ersten Fastenhirtenbriefe der Eichstätter Zeit ausgewählt. Es wird Sie sicher interessieren, daß wir neben vieler schriftlicher Post an den beiden folgenden Tagen über 40 Telefon-Anrufe verschiedenster Hörer bekamen, die sich für den Spruch bedankten und ihn im Wortlaut haben wollten. Die einen brauchten, wie sie sagten, ihn als Wegweisung für die Erziehung, andere wollten ihn für das Gespräch in der Ehe haben; selbst daheim erhielt ich Anrufe. Es hat mich wirklich gefreut, an diesem einen Beispiel wieder einmal zu erfahren, daß diese Morgensendung wirkliche „Lebenshilfe“ bietet, und vor allem auch, daß wirklicher, echter seelsorgerlicher Rat über viele Jahre, ja über Jahrzehnte hinaus nichts an Leuchtkraft und Lebensnähe einbüßt.

Text: Das Lebensglück wird nur von dem errungen, der sich zu bändigen und zu bescheiden weiß, der seinen Egoismus überwindet und Rücksicht nehmen kann. Wenn heute so viel Lebensglück zerbricht, wenn so viele Ehen scheitern und in die Brüche gehen, dann kommt das nicht daher, daß die Konfliktstoffe von außen so ungeheuer sich gesteigert hätten. Die Wurzeln liegen tiefer. Sie reichen vielfach hinein bis in das junge Leben, wo der Mensch es hätte lernen sollen, sich zu beherrschen, seinen Eigensinn zu brechen, auf die Eigenwünsche zu verzichten, ein Du gelten zu lassen. Jeder wird seines Glückes Schmied nur dann, wenn er harte Schläge zu führen versteht gegen das eigene, ungeformte Ich.“

Der Brief der Münchener Hörerin war nicht die einzige Reaktion auf seine Predigten. Auch bildende Künstler fühlten sich von Ansprachen des Eichstätter Oberhirten angerührt und gaben Echo. So schrieb unter anderen der bekannte Bildhauer Professor Theodor Georgii aus Kleinhöhenried in Oberbayern, ein gebürtiger Russe, der einst von Nuntius Pacelli gefirmt worden war und in naher Verwandtschaft zum Philosophen Dietrich von Hildebrand stand, auf eine Rundfunkansprache Bischof Schröffers:

„Für die schöne Rundfunkpredigt heute (am 8. Juli 1956 über den Glauben) möchte ich von Herzen ‚Vergelt's Gott' sagen. Mögen nur recht viele sie wirklich mit dem Herzen aufgenommen haben“; oder eine Dame aus Rhoden, die sich an den Nordwestdeutschen Rundfunk wandte:

„Sehr tief beeindruckt von der Predigt des Bischofes Herrn Dr. Joseph Schröffer, Eichstedt, heute am 2. August 1953 morgens 10 Uhr im Altenberger Dom, würde ich sehr glücklich sein, diese mir so außerordentlich wertvolle Predigt noch einmal lesen, sie mir eventuell für meine Kinder und mich abschreiben zu dürfen. Mein Sohn ist Arzt in Marburg, meine älteste Tochter mit Chirurgen verheiratet, die jüngste Tochter in Bonn wohnhaft . . . Mein Mann und ich sind hier im Altersheim fernab der Welt und doppelt glücklich segnet uns eine so von Geist und dem heutigen Leben durchdrungene Predigt mit dem, was mein Ideal von früh auf war: Frieden und Harmonie zwischen allen Völkern der Erde. Ich wäre Ihnen wirklich sehr dankbar verbunden ..."

Zu den überdiözesanen Aufgaben der Seminarvisitationen, der Leitung der Deutschen Sektion von „Pax Christi" und der Patenschaft über das Missionsbistum Poona hatte Bischof Schröffer vor allem eine Reihe Verpflichtungen wahrzunehmen, die über die Leitung der Eichstätter Diözese hinausgehen.

So war er Mitglied im Hauptausschuß der Fuldaer bzw. Deutschen Bischofskonferenz, in der Kommission für Glaubens- und Sittenlehre (Theologische Kommission), für gesellschaftspolitische Fragen sowie in der Haupt- und Postkonziliaren Kommission, hatte den Vorsitz in der Kommission für Priesterfragen, war Leiter der Bischöflichen Arbeitsstelle zur Abwehr der Suchtgefahren und der Bischöflichen Arbeitsstelle für Jugendschutz als Beauftragter für das Sozialreferat; außerdem gehörte er neben Kardinal Frings, Erzbischof Schäufele und den Bischöfen Pohlschneider und (heute Kardinal) Hengsbach der Bischöflichen Kommission für Misereor an und hatte viele Jahre hindurch als Protokollführer der Bischofskonferenz zu fungieren. Bischof Isidor Emanuel von Speyer nennt gerade diese Aufgabe in seinen Erinnerungen „Meine Bischofsjahre" einen „mühevollen zusätzlichen Dienst, der zum großen Teil in die Nachtstunden fiel". Wie es dem Wesen des Eichstätter Bischofs entsprach, wurden die Niederschriften von ihm sehr sorgfältig verfaßt, wofür ihm die Historiker bei der späteren Auswertung einmal dankbar sein werden.

Als vom Apostolischen Stuhl berufener Visitator der Seminarien in Deutschland hatte er engsten Kontakt zur Priestererziehung, zumal er auch in der eigenen Bischofsstadt ein angesehenes Priesterseminar hatte.

In enger Verbindung damit stand in Eichstätt die Philosophisch-Theologische Hochschule als wissenschaftliche Bildungs- und Ausbildungsstätte der angehenden Priester.

Neben dieser Hohen Schule für Theologen gab es in der Bischofsstadt seit 1958 eine Pädagogische Hochschule für angehende Lehrer. Das besondere Interesse der Eichstätter Bischöfe an den künftigen Erziehern war immer schon groß gewesen, wußten sie doch um die hohe Aufgabe und Verantwortung des Lehrers, dem zum großen Teil die Zukunft von Volk und Staat in die Hand gegeben ist, um seine Berufung, Künder der Wahrheit und Bildner der Jugend zur vollwertigen menschlichen und christlichen Persönlichkeit zu sein. Schon Bischof Marquard II. Schenk von Castell gründete inmitten der Wirren des 30jährigen Krieges in Ingolstadt aus Mitteln der Kirche eine Bildungsstätte für Lehrer, wie berichtet wird die erste behördliche in

Deutschland überhaupt. Und Johann Anton III. (1781–1790) hat in Eichstätt eine Schule zur Ausbildung von Lehrern eingerichtet.

Die Schaffung einer kirchlichen Pädagogischen Hochschule schien Bischof Joseph wichtig, um angesichts der zunehmenden Verweltlichung des staatlichen Schulwesens, zumindest in der Gestalt des Lehrpersonals diesen Tendenzen entgegenzuwirken. Gerade nachdem die Bekenntnisschule in Bayern zugunsten der sogenannten „christlichen Gemeinschaftsschule" aufgehoben worden war, galt es, auf eine entsprechend religiös fundierte Lehrerbildung hinzuwirken. Dabei war dieses Anliegen bei Bischof Schröffer keineswegs Ausfluß einer ablehnenden Haltung gegenüber den evangelischen Christen oder eine Absage an die ökumenischen Bestrebungen. Immerhin stand der Eichstätter Oberhirte zu einer Vielzahl evangelischer Persönlichkeiten in guter Beziehung und erfreute sich auch deren Wertschätzung. So schrieb der damalige Regierungspräsident des großenteils von evangelischen Christen bewohnten Mittelfranken, Karl Burkhart, der nachmalige Präsident der Evangelisch-Lutherischen Landeskirche in Bayern, zum Abschied Bischof Schröffers von Eichstätt 1967: „. . . Ich darf nochmals betonen, daß wir alle im Regierungsbezirk Ihr Scheiden von Eichstätt herzlich und aufrichtig bedauern. Ihre immer so teilnehmende und liebenswürdige Art gegenüber allen Problemen, die uns hier beschäftigt haben, vor allem Ihre persönliche Anteilnahme am Leben und Schicksal vieler Menschen haben uns immer mit großer Achtung und Dankbarkeit erfüllt. Sie verstehen, daß uns deshalb der Abschied von Ihnen nicht leicht fällt. Wir wissen auf der anderen Seite aber die besondere Ehre und Auszeichnung zu würdigen, die in dem Ruf des Heiligen Vaters zu einem so bedeutenden Amt in Rom sichtbar werden. So begleiten Sie in diesen Tagen unsere herzlichen Wünsche für Ihr neues Amt.

Persönlich darf ich Ihnen für alle immer so liebenswürdig verlaufenen Begegnungen aufrichtig danken. Die Gespräche mit Ihnen waren für mich immer ein innerer Gewinn. Ich weiß auch zu schätzen, daß es Ihrer Person zu verdanken ist, wenn die gegenseitigen Beziehungen zwischen katholischer Kirche und staatlicher Verwaltung in Ihrer Diözese so vertrauensvoll und immer erfreulich verlaufen sind. Ich darf für all diese schöne und ersprießliche Zusammenarbeit Ihnen, Exzellenz, nochmals von Herzen danken. Möge Gott Ihre zukünftige, so verantwortungsvolle Tätigkeit in gleicher Weise wie Ihr Wirken als Oberhirte der Diözese Eichstätt segnen", und bekundete zum 80. Geburtstag seine angenehme Erinnerung an die „Eichstätter Jahre", in denen er zahlreiche Begegnungen mit Bischof Schröffer hatte und stellte fest: „Sie sind mir immer in einer besonders aufmerksamen und liebenswürdigen Weise begegnet und hatten für meine Anliegen stets ein besonderes Verständnis", um dann offen zu bekennen: „Sie gehören für mich zu den Menschen, die großes Vertrauen ausstrahlen und denen man sich ohne

Vorbehalte anvertraut. So bleiben diese Begegnungen mit dem ehemaligen Bischof von Eichstätt für mich besondere Ereignisse in meinem Leben. Bei späteren Begegnungen durfte ich immer wieder erfahren, daß Sie mir in der gleichen seelsorgerlicher Art gegenübergetreten sind. Dafür darf ich Ihnen auch bei dieser Gelegenheit aufrichtig danken ..."

Worte, die von einem überzeugten evangelischen Christen geschrieben wurden und die zugleich Wesen und Art Joseph Schröffers so zutreffend umschreiben, wie sie kaum besser charakterisiert werden können.

Nachdem – nach einer wechselvollen Geschichte – 1956 zwangsweise auch die verstaatlichte Anstalt für Lehrerbildung in Eichstätt geschlossen worden war, hatte sich der Bischof beim bayerischen Episkopat mit Erfolg bemüht, die Gründung einer kirchlichen pädagogischen Hochschule für Bayern zu erreichen.

Besondere Verdienste bei der Überwindung der vielen Schwierigkeiten und bei den zahlreichen Verhandlungen mit den einschlägigen Behörden erwarb sich der Mittelsmann des Bischofs in nimmermüdem, rastlosem Einsatz, Dr. Alfons Fleischmann, Professor für Moral- und Pastoraltheologie an der Philosophisch-theologischen Hochschule in Eichstätt.

Was einst vor Jahrhunderten ein Bischof begonnen, mit Wohlwollen begleitet, mit seiner Sorge getragen hatte, ist 1958 neu erstanden; doch nicht mehr ein Bischof allein stand nunmehr hinter der Neugründung, sondern alle bayerischen Bischöfe, die den Weitblick und den Mut hatten, neben den staatlichen Hochschulen auch eine kirchliche zu errichten.

In scharfsichtiger Beobachtung der Entwicklung innerhalb der bayerischen Lehrerbildung suchte Bischof Schröffer die Qualität dieser Hochschule stets auf den neuesten Stand der Anforderungen zu bringen, um nicht von den Wandlungen überholt und an den Rand gedrängt zu werden.

Aus den beiden Hohen Schulen, der Philosophisch-Theologischen und der Pädagogischen, entwickelte sich die Kirchliche Gesamt-Hochschule, die erste Einrichtung dieser Art in kirchlicher Trägerschaft in Deutschland.

Nachhaltige Impulse erhielten die Eichstätter Bestrebungen, die Gesamthochschule zu einer universitären Einrichtung auszubauen durch das Zweite Vatikanische Konzil. Die auf ihm versammelten Bischöfe und Kirchenführer widmeten der katholischen Universität eine eigene Erklärung. Darin geht es um „dringliche Fragen der Bildung und Erziehung" (‚Gravissimum educationis') zu denen die Kirche ihr Interesse an der Universität als solcher und an jener in katholischer Ausrichtung besonders betont. Wörtlich heißt es im einschlägigen Abschnitt:

„... Gleicherweise widmet die Kirche den Hochschulen, insbesondere den Universitäten und Fakultäten, ihre angelegentliche Sorge. In der Tat ist sie bei jenen, die ihr unterstehen, naturgemäß bestrebt, daß die einzelnen

Disziplinen mit den ihnen eigenen Prinzipien, mit ihrer eigenen Methode und der für die wissenschaftliche Forschung nötigen Freiheit so gepflegt werden, daß sich in ihnen die Erkenntnisse mehr und mehr vertiefen, die neuen Fragen und Forschungsergebnisse der voranschreitenden Zeit sorgfältige Beachtung finden und so tiefer erfaßt wird, wie Glaube und Vernunft sich in der einen Wahrheit treffen . . .

So soll christlicher Geist bei dem gesamten Bemühen um die Förderung einer höheren Kultur gewissermaßen öffentlich, fortwährend und universell präsent werden."

Mit Blick auf die Studierenden an einer katholischen Universität oder Fakultät führt die Konzilserklärung aus:

„Die Studenten dieser Anstalten sollen zu Menschen herangebildet werden, die in ihrer Wissenschaft bestens bewandert, wichtigen Aufgaben im öffentlichen Leben gewachsen und Zeugen des Glaubens in der Welt sind."

Zielsetzungen, die der Eichstätter Bischof als Konzilsvater nicht nur mitformuliert hat, sondern auch schon längst bemüht war, an seiner Philosophisch-Theologischen Hochschule in Eichstätt in die Tat umzusetzen. Zielvorstellungen, wie sie auch für andere Lehr- und Bildungsanstalten in katholischer Trägerschaft Gültigkeit haben und von den Verantwortlichen ernst zu nehmen sind. Mitunter fällt es manchem Außenstehenden schwer zu erkennen, worin das spezifisch Katholische dieser oder jener Bildungseinrichtung, die sich katholische Schule oder Katholische Universität nennt, letztlich besteht.

Offenbar war Joseph Schröffer, als er im Sommer 1980 anläßlich der feierlichen Eröffnung der Katholischen Universität Eichstätt ein Grußwort zur Verfügung stellte, von der Sorge erfüllt, daß die Leitlinien des Zweiten Vatikanischen Konzils einmal in Vergessenheit geraten könnten.

Joseph Schröffer konnte die erfreuliche Aufwärtsentwicklung „seiner" Eichstätter Hochschule als Sekretär der Kongregation für das Katholische Bildungswesen fördernd begleiten, war er doch im Vatikanischen Kultusministerium auf dem richtigen Platz, um die Bemühungen seines Nachfolgers auf dem Bischofsstuhl und der Bayerischen Bischofskonferenz um eine Aufwertung der Kirchlichen Gesamthochschule zur Universität tatkräftig zu unterstützen. Ging Prälat Fleischmann in die Annalen der nachmaligen Katholischen Universität Eichstätt als Gründungsrektor ein, hat Kardinal Schröffer als Gründungsprotektor seinen bleibenden Platz in der Geschichte dieser Hohen Schule.

In Anerkennung dieser seiner Bemühungen um die Errichtung des Fachbereichs Katholische Theologie als Päpstliche Fakultät und die Verleihung der Päpstlichen Graduierungsrechte schrieb der Dekan des Fachbereiches, Professor Dr. Rudolf Mosis, am 21. 7. 1976 an Kardinal Schröffer:

„Der Fachbereich Katholische Theologie hat in seiner Sitzung vom 15. Juli

1976 noch einmal über diese große Anerkennung gesprochen, die dem Fachbereich dadurch zuteil wurde. Der Fachbereich war sich wohl bewußt, daß Ihnen, Hochwürdigster Herr Kardinal, an der Verleihung der Päpstlichen Graduierungsrechte die wichtigste Rolle zufiel. Er hat mich darum beauftragt, Ihnen im Namen des ganzen Fachbereichs für alle Ihre Bemühungen recht herzlich zu danken. Die Kollegen des Fachbereichs wissen es außerdem dankbar zu schätzen, daß der Fachbereich an Ihnen, Hochwürdigster Herr Kardinal, beim Heiligen Stuhl einen einflußreichen und wohlwollenden Gönner und ich darf sagen Freund besitzt."

Der Kurienkardinal war der einzigen Katholischen Alma Mater im deutschen Sprachraum aber nicht nur als Mitglied der zuständigen römischen Kongregation behilflich, sondern stand ihr auch jederzeit als Freund und Ratgeber zur Verfügung; und dies auch während seiner Urlaubszeit, wenn er von Dozenten und Professoren aufgesucht wurde und spezielle Anliegen vorgetragen bekam. Keiner suchte vergebens bei ihm um einen Gesprächstermin nach. Oft hatte man den Eindruck, daß mit dem Ortswechsel von Rom nach Nürnberg, Neumarkt in der Oberpfalz oder Bad Wörishofen nicht eine Abwechslung von Dienst zur Erholung stattfand, sondern lediglich die Gesprächs- und Beratungsthemen gewechselt hatten. Mit der gleichen Selbstverständlichkeit, mit der er auf andere Rücksicht nahm, stand er ihnen zu Diensten, ohne auf die zusätzliche Arbeitsbelastung oder den eigenen Gesundheitszustand zu achten.

Da konnte der Nachfolger wie selbstverständlich damit rechnen, daß Kardinal Schröffer für bestimmte Anlässe und Diözesantage als Zelebrant, Prediger oder Redner zur Verfügung stehe; da konnte der Bildungswerk-Vorsitzende seiner Heimatstadt Ingolstadt darauf bauen, daß Kurienkardinal Schröffer einen Vortrag halten wird – und da bekam Joseph Schröffers Augsburger Mitbruder die Zusage zur Teilnahme an einer Europa-Kundgebung in Ottobeuren, wenn auch dazu an einem Wochenende eine eigene Reise von Rom nach Deutschland erforderlich war und der organisatorische Ablauf einige Zumutungen brachte.

Als mit dem Dekret der Kongregation für das katholische Bildungswesen der Apostolische Stuhl am 1. April 1980 die „Kirchliche Gesamthochschule" zur Katholischen Universität erhob, war ihm freilich bewußt, daß mit der päpstlichen Approbation und der staatlichen Anerkennung der neuen Hohen Schule nur die äußeren Bedingungen geschaffen waren, und daß es nunmehr entscheidend auf den Geist und das gelebte Selbstverständnis der Katholischen Universität ankommt, ob sie ihrer Bestimmung gerecht wird. In einem grundlegenden Beitrag mit dem Thema „Zur Idee einer Katholischen Universität" für die Festschrift zur Eröffnung berichtete er von dem hohen Stellenwert, den Kirche und Papst der Universität zumessen und weist darauf hin, daß der amtierende Papst „selbst Professor einer katholischen

Universität gewesen war, in Lublin", um dann Ziel und Merkmale einer katholischen Universität zu umreißen. Als Ziel definiert Kardinal Schröffer das Bestreben der katholischen Universität, „christlichen Geist in der Welt der Universitäten in institutioneller Weise präsent zu machen im Hinblick auf die großen Fragen der Gesellschaft von heute". Ein Auftrag, der ebenso anspruchsvoll wie aktuell erscheint und nicht im beflissenen Angleichen an die staatlichen Einrichtungen untergehen darf.

Als Wesensmerkmale einer katholischen Universität stellt Joseph Schröffer die Grundbedingungen heraus:

1. „Inspiration mit christlichem Geist . . ., die nicht nur von seiten der einzelnen dort tätigen individuellen Persönlichkeiten erfolgt, sondern von der ganzen Gemeinschaft getragen wird.
2. Ständige, im Licht des Glaubens erfolgende Reflexion über die jeweils neuen Ergebnisse menschlichen Erkennens mit dem Bemühen, einen Beitrag hierzu aufgrund eigener Forschung zu leisten.
3. Treue zur Botschaft Christi, so wie sie durch die Kirche vermittelt wird.
4. Von der Institution her geforderter Einsatz im Dienste des Volkes Gottes und der gesamten Menschheitsfamilie auf dem Wege hin zu dem transzendenten Ziel, das dem Leben einen Sinn zu geben vermag."

Unter dieser Zielsetzung soll eine katholische Universität „zu den allen anderen Universitäten gemeinsamen Aufgaben der Forschung und Lehre hinzu einen Beitrag vom Licht der Offenbarung" leisten. Dabei respektiert sie einerseits „gewissenhaft die Eigenart und Autonomie der Wissenschaften", bringt aber andererseits „das katholische Glaubenswissen mit ein". Die katholische Universität hat sich zu verstehen als „eine Gemeinschaft von Vertretern des Geistes, welche die verschiedenen Wissenszweige repräsentieren, die aber für die Gesamtheit des Wissens und damit auch für die Botschaft Christi offen sind". Denn die „Universitas des Wissens muß auch jenes umgreifen, das aus höheren Erkenntnisquellen kommt". Aus Name und Idee einer Universität folgert Joseph Schröffer auch ihren Auftrag, das Nebeneinander der verschiedenen Wissenszweige zu einer Synthese zusammenzuführen und betont: „Gerade eine solche (Synthese) aber erstrebt die katholische Universität, die Synthese von Glaube und Wissen, von Glaube und Kultur" und das im übrigen nicht nur im Bereich von Lehre und Forschung, „sondern auch auf der erzieherisch-pädagogischen Ebene, die Synthese von Glaube und Leben".

Ein Anspruch, der bei seiner Umsetzung in die Wirklichkeit viele Probleme lösen helfen könnte. Das verhältnismäßig hohe Schulalter der deutschen Abiturienten und Studenten sowie die Herabsetzung der Volljährigkeitsgrenze tragen ihrerseits dazu bei, daß in der Schul- und Universitätsausbildung Westdeutschlands das Element der persönlichen Führung und Erziehung durch den Lehrer und Pädagogen immer mehr zugunsten der bloßen Wissensvermittlung zurücktritt. Da es erfahrungsgemäß bei Abschlußprüfungen und Staatsexamina auch immer hochprozentig auf Wissensfülle ankommt und die ansonsten stets beschworene Urteilsfähigkeit nicht entscheidend gefragt ist, stehen auch die katholischen Bildungseinrichtungen vor der Versuchung, der wertneutralen Sachinformation den Vorzug vor der Pflege der Haltung und Gesinnung zu geben. Der amtierende Präsident der Katholischen Universität Eichstätt, Se. Magnifizenz Prof. Dr. Nikolaus Lobkowicz, der Kardinal Schröffer schon von seiner Münchener Rektoratszeit her bekannt war, sprach in einem Vortrag vor einer Studentenverbindung in Eichstätt im Februar 1986 über die besonderen Schwierigkeiten, denen sich eine solche akademische Bildungseinrichtung in katholischer Trägerschaft gegenübergestellt sieht. Er erwähnte dabei namentlich „die fehlende Tradition" und „das herrschende Mißtrauen von Studenten und Dozenten gegenüber einer katholischen Universität", die dazu führen könnte, daß das Selbstverständnis einer katholischen Universität „leicht säkularisiert" werde. Diese Gefahr sei besonders in Deutschland gegeben, „da ein katholischer Akzent von außen an die Wissenschaft herangetragen" werde. Ähnlich wie Kardinal Schröffer in seinem Beitrag zur Eröffnung der Katholischen Universität Eichstätt im April 1980 ausgeführt hatte, betonte auch Präsident Lobkowicz, daß man in Eichstätt nach einem Weg suchen müsse, „in welchem der Wissenschaftler das, was er als Katholik denkt, in sein Fach einbringen kann". Desgleichen unterstrich er neben dem Lehr- und Forschungsauftrag als weiteres Charakteristikum einer katholischen Universität „die Gemeinschaft", da die Hochschule im Sinne des ursprünglichen Begriffes „universitas" auch „ein Ort der Diskussion und des Gedankenaustausches" sei.

Die von Präsident Lobkowicz vermerkten Schwierigkeiten und Gefahren einer katholischen Universität hatte Joseph Schröffer als Sekretär der Kongregation für das katholische Bildungswesen bereits im Frühjahr 1969 festgestellt. Da lagen nämlich die Antworten einer weltweiten Umfrage über das Leben und die Aufgaben einer katholischen Universität, welche die römische Kongregation durchgeführt hatte, vor und wurden auf einem anschließenden Symposium in Rom diskutiert. Aus den Erkenntnissen dieses Kongresses wie auch aus dem persönlichen Augenschein ausgedehnter Visitationsreisen konnte Kardinal Schröffer im Frühjahr 1980 der Katholischen Universität Eichstätt seine richtungweisenden Worte mit auf den Weg geben. So blieb ihm Entwicklung und Schicksal der Eichstätter Hohen Schule seit ihren ersten Anfängen in den fünfziger Jahren gleichsam ein lebenslanges Anliegen – ähnlich wie die Priesterausbildung ihn zeit seines Lebens als Zukunftssorge begleitete. In Eichstätt, seiner langjährigen Bischofsstadt, wußte er diese Anliegen und Sorgen mitgetragen von berufenen Männern wie Alfons Fleischmann und Andreas Bauch. Galt ersterer bald als maßgeblicher Initiator der heutigen „Alma Mater Eystettensis", war letzterer als Regens des Priesterseminars einer ganzen Generation von Geistlichen mustergültiges Vorbild. Als ausgewiesener Fachmann für Kunstgeschichte konnte er die künftigen Seelsorger und Pfarrer auch sachverständig in ihre spätere Aufgabe einführen, die ihnen als Pfarrherren anvertrauten kunst- und kirchengeschichtlichen Kulturgüter sorgsam zu hüten. Eine Befähigung, der über die Pflicht zur sachgerechten Pflege der überkommenen Kulturdenkmäler gerade in einer Zeit des kulturellen Umbruchs erhöhte Bedeutung zukommt. Dies um so mehr, als die Pfarrer in zunehmendem Maße auch mit denkmalschützenden Auflagen des Staates befaßt werden und bei entsprechender Vorbildung als sachkundige Gesprächspartner in Erscheinung treten können. Wie eingängig und gut verständlich Professor Bauch seinen Hörern kunstgeschichtliches Wissen vermitteln konnte, bewiesen auch seine zahlreichen Vorträge im Rahmen der Erwachsenenbildung, die stets gut besucht waren und weiterempfohlen wurden. Wie Prälat Fleischmann war auch Prälat Bauch gerne bereit, als Referent der katholischen Bildungswerke aufs Land und in die Dörfer zu gehen und dort auf Bildungsveranstaltungen zu sprechen. Ein selbstloser Einsatz, der bald Schule machte und auch heute noch von angesehenen Dozenten der Katholischen Universität Eichstätt geleistet wird. Ein Dienst, der nicht nur der Qualität katholischer Erwachsenenbildung zugute kommt, sondern auch die akademischen Referenten vor einer Isolation im „elfenbeinernen Turm" der Wissenschaft bewahrt. Diese Verbindung zur „Basis" hilft auch der Gefahr vorbeugen, sich in akademisch-theoretische Fachfragen zu verlieren und an den Glaubensanliegen des Gottesvolkes vorbeizudenken.

Auch Kardinal Schröffer sprach z. B. vor einem örtlichen Stadtbildungswerk über „Kirche und Bildung" oder 1980 am Studiengenossenfest des Willibald-Gymnasiums Eichstätt über den „Wert der gymnasialen Bildung in unserer Zeit". Wer heute diese Ausführungen nachliest, ist nicht nur von ihrer bleibenden Aktualität überrascht, sondern auch von der inhaltlichen Aussage beeindruckt. Ein solches Referat könnte auch auf einem wissenschaftlichen Symposium oder einem bildungspolitischen Kongreß gehalten worden sein.

Ein Merkmal seiner Reden und Beiträge war die selbstkritische Eingrenzung seiner Kompetenz. So stellte er gleich zu Beginn seiner Ansprache vor den Eichstätter Studiengenossen am 19. Juli 1980 klar, daß er „wohl neun Jahre an der römischen Kongregation für das Katholische Bildungswesen tätig" gewesen sei, sich aber nicht so ohne weiteres für Anmerkungen zur gymnasialen Bildung „kompetent genug" fühle, da das Schwergewicht seiner Tätigkeit „mehr auf dem Gebiet der Hochschulbildung" gelegen habe.

VI. Konzilsvater am II. Vaticanum

Mitglied der Vorbereitenden Konzilskommission

Während die westdeutschen Zeitungen voller Schlagzeilen über den soeben stattgefundenen Amerika-Besuch des Ersten stellvertretenden Ministerpräsidenten der Sowjetunion, Anastas I. Mikojan, waren, sorgte in der Basilika St. Paul vor den Mauern zu Rom Papst Johannes XXIII. für die Nachricht des Jahres, als er in einer Ansprache vor den Kardinälen die Einberufung eines Ökumenischen Konzils ankündigte. Er begründete dieses Jahrhundert-Ereignis mit dem Hinweis auf die Notwendigkeit, „den aktuellen Bedürfnissen der Christenheit gerecht zu werden", um den Gläubigen in der modernen Gesellschaft zeitgerechte Wegweisung zu geben und sie vor den Gefahren des Materialismus und eines unkritischen Fortschrittsglaubens zu warnen. Damit war angedeutet, daß sich das künftige Vatikanische Konzil in besonderer Weise mit theologischen und Glaubensfragen zu befassen haben würde. Eine Aufgabe, die die besten und angesehensten Theologen der Kirche herausforderte und die zugleich eine entsprechende Vorbereitung bedingte. Folgerichtig wurden bereits im Frühjahr 1959 von Papst Johannes XXIII. die Mitglieder der Theologischen Vorbereitungskommission ernannt. Unter den 31 berufenen Theologen aus 11 Nationen befand sich auch der Bischof von Eichstätt. Ein Zeichen, wie sehr Joseph Schröffer in Rom als Theologe geschätzt war; zugleich aber auch eine Mehrbelastung für den ohnehin schon in vielfältigen Funktionen beanspruchten Eichstätter Oberhirten. Als Papst Johannes XXIII. am 17. Mai 1959, dem Pfingstfest des Jahres, die erste Vorbereitende Kommission einsetzte, hatte Bischof Schröffer als Kanzler der am 4. November 1958 in Eichstätt errichteten Kirchlichen Pädagogischen Hochschule bereits die ersten Erfahrungen der neuen Bildungsstätte auszuwerten und stand mitten in den Firmungsterminen.

Über die Theologische Vorbereitungskommission schrieb der „Osservatore Romano":

„Sowohl die Mitglieder wie die Konsultoren der Theologischen Kommission sind fast durchweg international bekannte Autoritäten der theologischen Wissenschaft und Verfasser zahlreicher bedeutender theologischer Werke . . . Auch damit erweist sich, daß in diesem Gremium führende Experten der theologischen Probleme, die sich auch mit den noch offenen lebendigen theologisch-pastoralen Fragen in reger Forschungsarbeit spekulativ und praktisch vertiefend beschäftigen, zur Arbeit vereint sind . . ."

Dieser „Senat von Gelehrten", dem „internationale Kapazitäten" angehörten, wie die römische Zeitung feststellte, bildete bald 5 Unterkommissionen, von denen sich jede einem speziellen Problem und Sachgebiet widmete. Ihre Arbeitsergebnisse kamen auch den anderen Vorbereitungskommissionen zugute, da ihre Beratungsthemen von den Dingen des Glaubens handelten, die letztlich Grundlage der kirchlichen Heilslehre sind. Entsprechend umfangreich war ihr Arbeitspensum, umschloß es doch neben den rein theologischen Fragen auch Probleme der Liturgie, der Pastoral- und der Glaubensverkündigung. Nicht von ungefähr hatte Erzbischof Pericle Felici, der nachmalige Generalsekretär des Konzils, die Theologische Vorbereitungskommission das „Rückgrat der anderen Kommissionen“ genannt, liefen doch in diesem Gremium als der Dachorganisation der Konzilsvorbereitung alle Fäden zusammen und wurden bei ihr die von den Vorbereitungskommissionen erarbeiteten Vorlagen (Schemata) zur Begutachtung eingereicht. Der Präsident der Zentralen Vorbereitenden Kommission, Kardinalstaatssekretär Tardini, ließ, wie später berichtet wurde, unter dem 18. 6. 1959 eine Zusammenstellung von Fragen an die Bischöfe der ganzen Welt senden. Von diesen 2812 Briefen gingen 2594 an die Bischöfe und Kardinäle, die übrigen 218 an die Generalsuperioren der exempten Ordensgemeinschaften und an die Theologischen und Juristischen Fakultäten der katholischen Universitäten. 662, vorwiegend aus kommunistisch regierten Ländern, blieben unbeantwortet. Es waren also 2150 Schreiben mit 9000 Einzelwünschen (9920 Seiten in 16 Quartbänden) zu bearbeiten und auszuwerten. Die vom Vatikan am 26. Januar 1959 genannte Vorbereitungszeit für das ökumenische Konzil von „mindestens 2 Jahren“ erwies sich angesichts der großen Themenfülle und der internationalen Besetzung der Vorbereitungskommissionen als fast zu knapp bemessen.

Da die Vorbereitungsarbeiten jedoch Mitte des Jahres 1962 abgeschlossen sein mußten, um das Konzil im Oktober 1962 eröffnen zu können, tagten auch die Unterkommissionen der Theologischen Kommission gegen Ende fast in Permanenz. Sie hatten immerhin sieben Schemata zu bearbeiten, die zu den zentralen Themen des künftigen Konzils zählten. Und die von den einzelnen Fachgremien erarbeiteten Papiere mußten dann noch einen langen Weg durchlaufen. Da wurden die von den verschiedenen Unterkommissionen ausgearbeiteten und formulierten Schemata zunächst vor die Vollversammlung der Theologischen Kommission zur allgemeinen Aussprache und gemeinsamen Beratung gebracht, wo dann Inhalt und Fassung der Einzelschemata schließlich endgültig festgelegt wurden, um anschließend der Zentralkommission zur Begutachtung zugeleitet zu werden. Dort wurde die eingereichte Vorlage nochmals einer gründlichen Überprüfung unterzogen, bis sie dann in einer Endfassung dem Papst zur letzten Entscheidung über die Zuleitung an das Konzil unterbreitet wurde. Um jedem Gremium bis hin zum Papst hinreichend Zeit zur Stellungnahme zu belassen, mußten die Vorlagen angesichts des Konzilsbeginns im Oktober 1962 entsprechend früh von den einzelnen Vorbereitungskommissionen verabschiedet werden. Das bedeutete für Joseph Schröffer als einen der 7 residierenden Diözesanoberhirten, die der Theologischen Vorbereitungskommission angehörten, daß er zwischen Konzilsankündigung und Konzilseröffnung bereits viele Wochen Arbeitszeit für diese Kirchenversammlung aufwenden mußte. Da er wegen seiner oberhirtlichen Verpflichtungen nicht ständig in Rom sein konnte, wurden ihm Stöße von Material zur Bearbeitung nach Eichstätt gesandt.

Die Rückkehr in die Heimatdiözese war nicht nur wegen der unaufschiebbaren bischöflichen Funktionen und Verpflichtungen immer wieder erforderlich, sondern auch angesichts der Erwartungen des deutschen Episkopats, welcher seinerzeit drei Ausschüsse für Konzilsfragen ins Leben gerufen hatte und in seinem Mitglied Joseph Schröffer einen unentbehrlichen Mittler und Ratgeber sah. Die Fuldaer Bischofskonferenz und die zwischendurch stattfindenden Ausschußsitzungen waren daher im Terminkalender Bischof Schröffers unverrückbare Fixpunkte. Im Jahr 1960, da die Vorbereitungsarbeiten in Rom auf vollen Touren liefen, war der Eichstätter Oberhirte im Juli auch Gastgeber des Missions-Katechetischen Weltkongresses in seiner Bischofsstadt und hatte am Eucharistischen Kongreß in München aktiv teilzunehmen. Und da es seine Art war, jede übernommene Aufgabe mit dem Höchstmaß an Sorgfalt und Zuwendung zu Ende zu führen, waren seine Kräfte in jenen Monaten oft bis zum äußersten gefordert.

Mitten zwischen diesen vielfältigen Verpflichtungen mußte Joseph Schröffer nicht nur Zeit für seine „römischen Hausaufgaben" finden – wie Bischof Emanuel seine Seminar-Visitationen scherzhaft nannte –, sondern auch als Bischof zu aktuellen Fragen Stellung nehmen. In den frühen sechziger Jahren, da mit der Automation die sogenannte „zweite industrielle Revolution" stattfand, geriet der arbeitsfreie Sonntag in Diskussion und damit die Sonntagsheiligung in Gefahr. Joseph Schröffer, der aus einer Handwerker- bzw. Kaufmannsfamilie stammte, und in dessen Diözese die große Autofabrik „Audi" mit über dreißigtausend Beschäftigten lag, hatte damit gleichsam von Haus aus Zugang zum diskutierten Streitthema. In einem gerade heute überaus aktuell erscheinenden bischöflichen Schreiben, dem Fastenhirtenbrief von 1961, setzte sich Bischof Schröffer mit der Problematik der Sonntagsarbeit auseinander. Darin stellte er seinen Diözesen den Sonntag als ein christliches Gut von großer Bedeutung vor, das gefährdet erscheint, als „einen hohen Wert, den es zu sichern und zu retten gilt", um sie dann zu beschwören:

„Vernehmt den Notruf der Zeit, rettet den Sonntag! Er ist gefährdet, bedroht in seiner Ganzheit, als Tag der Ruhe und als Tag der Heiligung. Er droht zum Tag der großen Verluste zu werden und sollte doch der Tag der großen Bereicherung sein!" Die nachfolgenden Darlegungen gehen im einzelnen auf alle wesentlichen Gesichtspunkte des Für und Wider ein und schlagen den Bogen von der praktischen Lebenserfahrung („sonntägliche Schwarzarbeit“, „Lohnarbeit bei Bauten“, „Besorgung des landwirtschaftlichen Betriebes am Sonntag nach der Industriearbeit der Woche“ – „Fängt einer am Sonntag zu arbeiten an, machen viele andere es ihm nach. Wenn dagegen einige angesehene und wirtschaftlich tüchtige Bauern in der Einhaltung der Sonntagsruhe fest und vorbildlich bleiben, werden nicht wenige es genau so halten“) bis zur theologischen und exegetischen Deutung des Sonntags. In dieser aussagekräftigen Fülle praktischer Wegweisung und theologischer Argumentation steht dieser Fastenhirtenbrief noch bis heute gültig und beispielhaft da.

Die Gläubigen, die den Fastenhirtenbrief am Sonntag Sexagesima 1961 hörten, konnten vermutlich nicht ahnen, daß das von ihrem Oberhirten in den Mittelpunkt gestellte Thema nach einem Vierteljahrhundert neue Aktualität gewinnen und erneut zu einer Streitfrage werden würde. Genauso wenig dürften sie wahrgenommen haben, daß ihr Bischof im laufenden Jahr 1961 mehrmals nach Rom fahren und dort an den Arbeitswochen der Theologischen Vorbereitungskommission teilzunehmen hatte, nahm er doch seine Pontifikalfunktionen wie alle Jahre an den gewohnten Terminen vor.

Dabei konzentrierte sich gerade auf das Jahr 1961 die Hauptarbeit der Vorbereitenden Theologischen Kommission in Rom, da es immer mehr zur Gewißheit wurde, daß Papst Johannes XXIII. die Eröffnung des Konzils auf den Herbst 1962 festsetzen würde. Vorher sollten aber die Bischöfe noch Gelegenheit bekommen, zu den Vorbereitungsarbeiten Stellung zu nehmen, damit auf diese Weise die Dauer des Konzils abgekürzt werden könnte, ohne daß die Diskussionsfreiheit der Konzilsväter beschnitten würde. Da trotz intensivster Arbeit der Theologischen Vorbereitungskommission und ihrer Unterausschüsse bis Dezember 1961 noch nicht alle Vorlagen verabschiedet werden konnten, Johannes XXIII. aber gleichwohl am Weihnachtstage 1961 mit der päpstlichen Indikations-Bulle „Humanae Salutis“ des Zweiten Vatikanischen Konzils den Beginn der Kirchenversammlung für das Jahr 1962 ankündigte und schließlich mit dem ‚Motu Proprio‘ „Consilium“ vom 2. Februar auf den „11. Tag des kommenden Monats Oktober“ festlegte, mußten die Mitglieder der Theologischen Kommission im Frühjahr 1962 noch zu abschließenden Sitzungen zusammentreten. Bevor Bischof Schröffer im März 1962 zu den letzten Plenarkonferenzen seiner Kommission nach Rom fuhr, brachte er seinen Diözesanen im Fastenhirtenbrief des Jahres Anliegen und Bedeutung des bevorstehenden Konzils nahe und bat sie um ihr begleitendes Gebet. Dabei nannte er das Konzil „ein Werk des Heiligen Geistes“ wie auch ein „Werk von säkularer Bedeutung“ und ein „Werk unserer eigenen Sache“ und warnte abschließend vor überzogenen Erwartungen, da jedes Konzil, insofern es menschliches Werk ist, die Zeichen der Unvollkommenheit an sich“ trage.

Als der Konzilseröffnungstermin herannahte und die meisten Bischöfe auf dem Wege in die Ewige Stadt waren, nahm Joseph Schröffer in seiner Diözese noch bischöfliche Funktionen wahr. So konsekrierte er noch am 7. Oktober, vier Tage vor dem feierlichen Beginn des Konzils, die neuerbaute Kuratiekirche in Neuendettelsau in der Stadtpfarrei Heilsbronn zu Ehren des heiligen Franz von Assisi und nahm dann am Abend des 8. Oktober 1962 in einer feierlichen Andacht im Dom für die nächsten Wochen Abschied von seiner Bischofsstadt. In Verbundenheit mit ihrem Oberhirten begleiteten die Gläubigen Bischof Joseph mit Gebeten und Segenswünschen auf seine Reise zum Zweiten Vatikanischen Konzil. In den Städten Neumarkt und Ingolstadt versammelten sich Tausende zu Bittprozessionen um ein gutes Gelingen der Kirchenversammlung; nicht gezählt die vielen Andachten und Gottesdienste, die in den Pfarrgemeinden der Diözese für das Konzil abgehalten wurden. Im Sinne des Hirtenwortes ihres Bischofs vom 1. Fastensonntag des Jahres, nach welchem das Konzil „ein Werk unserer eigenen Sache“ ist und jeder Bischof zu dieser Kirchenversammlung nicht nur als Träger des Lehr- und Hirtenamtes geht, „sondern zugleich als Zeuge des Glaubens seiner Kirche“, standen ihm seine Diözesanen im Gebet und Gedenken bei. Sicher schlossen viele Gläubige auch die Sorge um die Gesundheit ihres Oberhirten in ihre Fürbitten ein, war die große Arbeitslast der Konzilsvorbereitung doch nicht spurlos an ihm vorübergegangen und würden die Wochen der Konzilsberatungen nicht weniger kräftezehrend sein.

Eröffnung des Konzils

Nach der feierlichen Eröffnung des Konzils am 11. Oktober 1962 durch Papst Johannes XXIII. mit einer Messe in der Peterskirche, bei welcher der Pontifex den anwesenden Konzilsteilnehmern die Ziele und Anliegen der Kirchenversammlung nochmals verdeutlichte und dabei auch auf seine persönliche Eingebung vom 25. Januar 1959 zu sprechen kam, sollten bereits am übernächsten Tag die Wahlen zu den 10 Kommissionen des Konzils stattfinden. Nach päpstlicher Weisung waren von den Konzilsvätern je 16 Mitglieder aus der Mitte der Kirchenversammlung zu wählen, also aus den rund 2400 Bischöfen insgesamt 160 Kommissionsmitglieder in demokratischer Prozedur zu ermitteln. Zu den gewählten Kommissionsmitgliedern kamen dann noch je 9 vom Papst ernannte Mitglieder hinzu sowie der gleichfalls vom Pontifex bestimmte Vorsitzende der Kommission. Auf Antrag französischer und deutscher Bischöfe wurde diese Wahl jedoch auf den 16. Oktober verschoben, damit den Konzilsteilnehmern die Möglichkeit gegeben werden konnte, sich gegenseitig besser kennenzulernen und zu klareren Vorstellungen über mögliche Kandidaten zu kommen. Die Konzilsväter erstellten daraufhin bis zum 16. Oktober 34 Wahlvorschläge als Grundlage für ihre Abstimmungen.

Die deutschen Kandidaten fanden sich auf der sogenannten „mitteleuropäischen Liste", die dann bei der Wahl am besten abschnitt. Entgegen lancierter Nachrichten italienischer Zeitungen hatten die deutschen Bischöfe nie vor, eine eigene „Liste" zu erstellen, sondern taten sich von Anfang an mit den Bischöfen aus 7 anderen Ländern zusammen und stimmten sich zusätzlich mit den polnischen Konzilsvätern ab. So war diese „Liste" von den vorgelegten Wahlvorschlägen die umfassendste und auch gleichzeitig die internationalste und kam im übrigen der Vorstellung des Erzbischofs von Mailand, Kardinal Montini, entgegen, der angeregt hatte, für jede Kommission „Fachleute ohne Rücksicht auf Sprache und Nation" zu benennen. Ein Gedanke, den der nachmalige Papst Paul VI. dann konsequent verwirklichen und die römische Kurie entsprechend besetzen wird.

Die Ersteller der „mitteleuropäischen Liste" hatten 9 deutsche „Kandidaten" in ihren Wahlvorschlag aufgenommen, von denen auch sieben gewählt wurden. "Es dauerte mehrere Tage", so berichtet Kardinal Frings, „bis wir das Resultat erfuhren. Es wurde uns mitgeteilt. es hätten kaum Kandidaten die eigentlich erforderliche Zweidrittelmehrheit erreicht, aber Papst Johannes XXIII. habe sich mit der einfachen Mehrheit zufrieden gegeben."

Bischof Schröffer war in der Liste für die Kommission „Glaube und Sitte" auf den 6. Platz gesetzt; er wurde dann bei der Wahl von den rund 2400 Konzilsvätern mit der höchsten Stimmenzahl an die erste Stelle gewählt. Unter den 160 gewählten Konzilsvätern waren je 26 aus Nordamerika und aus Lateinamerika und 64 aus Europa, dessen Bischöfe für die „fortschrittlichsten und freimütigsten" gehalten wurden.

Intensive Konzilsarbeit

Außer der Kommission für die Glaubenslehre gehörte Joseph Schröffer verschiedenen Kommissionen bzw. Subkommissionen an und hatte u. a. den Vorsitz der Subkommission zu Schema XIII der 4. Konzilsperiode über das schwierige Problem „Krieg und Frieden". In dieser Unterkommission wirkte auch der damalige Erzbischof von Krakau und jetzige Papst als Mitglied mit und meinte darüber später einmal zu Kardinal Schröffer: „Das war eine gute Sache". Über Bischof Schröffers Arbeit und Kompetenz auf diesem Gebiet wie auch in den anderen Kommissionen schrieb die „Kölner Kirchenzeitung" anläßlich eines Vortragsberichtes am 27. März 1967: „Im Hörsaal I der Universität begrüßte Stadtdechant H. J. Stumpe den Bischof von Eichstätt und Präsidenten der Deutschen Pax Christi-Bewegung, der die

Stellung des Konzils über ‚Krieg und Frieden' erörterte. Wer wäre berufener gewesen als er, der im wesentlichen das Schema XIII, Kap. 5, in intensiver Arbeit mitgestaltet hat und die Problemstellung der drei großen Themen des Konzils: Atheismus, Ehemoral, Krieg und Frieden wie wenige andere beherrscht. In dem klar und verständlich disponierten und mitreißend zum Ausdruck gebrachten Vortrag gelang es dem Redner, einen Querschnitt durch die Arbeit des Konzils zu geben, die einerseits die Reflexion der Kirche über ihr ureigenstes Wesen und seine Erneuerung, andererseits den Blick nach außen, in die Welt, umfaßt, die Erkenntnis der Situation des Menschen von heute."

Daß der Berichterstatter der „Kölner Kirchenzeitung" in seiner Würdigung keineswegs übertrieb, bezeugt auch eine Äußerung von Kardinal Frings, der in einem Interview zum Konzil feststellte: „... Die größte Anerkennung findet Bischof Schröffer von Eichstätt. Er hat vielleicht am meisten geleistet. Tag und Nacht war er mit größtem Eifer für die Kommissionen tätig. Mit seinem theologischen Wissen und seiner klugen Art hat er viele Fragen einer endgültigen Lösung entgegengeführt ..."

Der Kölner Erzbischof deutete mit dieser Feststellung an, daß Joseph Schröffer in seiner Eigenschaft als Mitglied der Theologischen bzw. Glaubenskommission des Konzils auch sehr häufig an Sitzungen anderer Kommissionen und ihrer Unterkommissionen teilzunehmen hatte, da Glaubens- und Moralfragen auch in andere Sach- und Beratungsthemen hineinreichten. So wurde Joseph Schröffer beispielsweise als einer der drei Vertreter der Theologischen Kommission am Ende der ersten Konzilssession in eine sechsköpfige Unterkommission gewählt, die aus je drei Mitgliedern der Kommissionen für die Glaubenslehre und für das Apostolat der Laien bestand, und hatte zusammen mit Bischof Dr. Hengsbach von Essen und den vier übrigen Kommissionsmitgliedern, die aus Nord- und Südamerika sowie aus Frankreich und Italien kamen, über das „Schema 17", wie Schema XIII damals noch hieß, zu beraten. Diese Subkommission, der die Aufgabe gestellt war, das Verhältnis der Kirche zu jenen Problemen zu klären, welche die heutige Entwicklung der Zivilisation für die Gesellschaft bringt.

Um zwischen den Konzilssessionen ganz unbehelligt von Empfängen und Repräsentationspflichten arbeiten zu können, hatte sich dieses Gremium aus dem Getriebe der Ewigen Stadt in ein stilles Studienheim in Zürich zurückgezogen. Ein ganzseitiger Bildbericht der Essener Kirchenzeitung „Ruhr-Wort" zeigt auf einem Foto die beiden deutschen Oberhirten mit dem Vermerk: „Bischof Dr. Schröffer von Eichstätt und unser Bischof, Dr. Hengsbach, im Gespräch in einer Konferenzpause" und kommentiert dazu:

„Unser Konzilsfotograf, Bernhard Moosburger, der den Bischöfen kein Unbekannter ist ... konnte als einziger Fotograf in die ‚Werkstatt des Schema 17' eindringen, wo man sich in emsiger Arbeit darum bemühte, am

Pulsschlag der heutigen Welt zu horchen und die Solidarität der Kirche mit den drängenden Problemen der Menschheit glaubhaft darzustellen. Das Schema 17 . . . wird von der Berufung des Menschen ausgehen, sodann den Dienst der Kirche gegenüber Gott und der Welt und das Verhalten der Christen in dieser unserer heutigen Welt behandeln. Endlich wird es auf die großen aktuellen Probleme, wie Wahrung der Menschenwürde und der Menschenrechte, Erfüllung der vitalen Menschenbedürfnisse, Probleme des Hungers, der Familie, des kulturellen Fortschritts, der Völkergemeinschaft und des Friedens verweisen, auf die dann . . . in den Anhängen näher eingegangen werden soll . . ."

Für diese umfassende Thematik brachte Joseph Schröffer – ähnlich wie sein Essener Mitbruder Dr. Franz Hengsbach – nicht nur viele Erfahrungswerte aus der praktischen Seelsorgsarbeit seiner Diözese mit ein, wo sich infolge des Nachkriegsgeschehens zahlreiche der zu behandelnden Probleme ganz konkret zeigten und nach Lösungen verlangten, sondern auch eine solide theologische Vorbildung.

So war es keine Übertreibung, wenn der Sonderdienst der „Katholischen Nachrichten-Agentur" (KNA) in seiner Nummer XI feststellte, daß Bischof Schröffers Wort Gewicht hat. Das bestätigte sich auch in der Konzilskommission für die Ordensleute, wo es im Rahmen des Schemas „De Ecclesia" (Über die Kirche) auch um Fragen des Ordenslebens ging, in der Sakramenten-Kommission und im Sekretariat zur Förderung der Einheit, wo die Mischehen-Problematik zur Behandlung anstand. Daß manche Anregung des Konzilsvaters Joseph Schröffer über die Formulierung bestimmter Konzilsaussagen hinaus nachhaltige Anstöße gab, zeigte sich beispielsweise bei der Errichtung der Päpstlichen Kommission „Justitia et Pax" durch Paul VI. am 6. Januar 1967. Da wurde Wirklichkeit, was Schröffer anläßlich der Arbeit an Artikel 90 des Konzildokuments „Gaudium et Spes" angeregt hatte, nämlich in der Kirche eine Stelle für soziale Gerechtigkeit in der Welt ins Leben zu rufen.

Darauf machte der nachmalige Präsident der „Internationalen Katholischen Kommission für das Flüchtlings- und Vertriebenenwesen", James Norris, in einem Brief vom 11. Januar 1967 an Bischof Schröffer aufmerksam, in dem er schrieb:

„. . . Jetzt, da unser Heiliger Vater das Motu proprio zur Schaffung einer Päpstlichen Kommission für Gerechtigkeit und Frieden promulgiert hat, denke ich natürlich an Sie und die Sub-Kommission, in der wir zusammengearbeitet haben. Ich meine, daß Ihnen ein besonderes Wort des Dankes gebührt und der Leitung, die Sie der Subkommission bei der Vorbereitung von Artikel 90 gaben, wo sie eine Stelle in der Kirche verlangen zur Förderung der sozialen Gerechtigkeit in der Welt . . ."

Bischof Schröffer war mit den Sorgen und Aufgaben, welche die Aufnahme und Eingliederung von Heimatvertriebenen und Flüchtlingen mit sich brachte, seit seiner Berufung zum Oberhirten von Eichstätt bestens vertraut, war doch jeder dritte Katholik seiner Diözese ein Heimatvertriebener oder Flüchtling und hatten doch viele Priester ost- und sudetendeutscher Bistümer in der Diözese Eichstätt eine neue geistliche Heimat gefunden. Den Vorsatz des Artikels 90 von „Gaudium et Spes", die „Gerechtigkeit und Liebe Christi den Armen in aller Welt zuteil werden zu lassen", hatte Generalvikar und Bischof Schröffer schon seit 1945 in die Tat umgesetzt. Er ging bei der Hilfeleistung für die mittellosen Ost- und Sudetendeutschen nicht nur mit persönlichem Beispiel voran und stiftete aus seinem Privatbesitz, sondern förderte auch die sozialen und religiösen Selbsthilfeorganisationen der Heimatvertriebenen nach Kräften. Besonders engen Kontakt hatte er dabei zur Sudetendeutschen Landsmannschaft und zur Ackermann-Gemeinde, der Gesinnungsgemeinschaft der katholischen Sudetendeutschen. Nicht von ungefähr hielt diese nachmalig so bedeutende sudetendeutsche Organisation ihre ersten programmatischen Kongresse zumeist in Eichstätt oder in Ingolstadt ab und hatte stets als herzlich willkommenen Ehrengast Bischof Schröffer in ihrer Mitte. Unvergessen sind noch den Teilnehmern der Jahrestagung der „Ackermann-Gemeinde" vom August 1949 in Ingolstadt die Worte Bischof Josephs, die er in Erwiderung des Treuegelöbnisses P. Dr. Paulus Sladeks in der Franziskaner-Basilika, der „heimlichen Vertriebenenkirche Ingolstadts" sprach: „. . . Ich habe den herzlichen Wunsch, daß von Ihrer lebendigen Gemeinschaft ein neuer Segen ausgeht zur geistigen Wiederaufbauarbeit der Heimat. Wir wollen uns die Hände reichen und müssen zusammenstehen, um die große Aufgabe zu meistern. Ich grüße Sie als die Ackerleute dieser neuen Zeit!"

Ähnlich wie sich Bischof Schröffer im Aufbau- und Zusammenarbeitswillen immer wieder mit der Erlebnisgeneration der Heimatvertriebenen solidarisierte und ihren Einladungen zu Jahrestagungen und Fachlehrgängen gern folgte, wandte er seine unterstützende Aufmerksamkeit auch der „Jungen Aktion", der Jugendorganisation der „Ackermann-Gemeinde" zu und ließ ihr die Förderung der Bistumsleitung zukommen. Die verschiedenen Verlautbarungen zugunsten der „Jungen Aktion" im Pastoralblatt der Diözese Eichstätt geben davon reichlich Zeugnis.

Dem Biographen war auch die unverhältnismäßig große Anzahl an Vertriebenen-Literatur im Nachlaß Kardinal Schröffers ein beredtes Zeichen für seine Anteilnahme am Schicksal der Heimatvertriebenen, wie auch die zahlreichen Zeitungs- und Bildberichte aus jener Zeit. Aus dieser geübten Praxis sozialer Hilfe und Gerechtigkeit heraus konnte Bischof Schröffer auch auf dem Zweiten Vatikanischen Konzil Anregungen und konkrete Wegweisungen geben, wie dies durch seine Beiträge in den verschiedenen Kommissionen und Unterkommissionen geschah.

Daß diese bei seinen Kommissionskollegen und bischöflichen Mitbrüdern stets auf große Aufmerksamkeit stießen und an vielerlei Stellen in die verabschiedeten Konzilsdokumente eingingen, bezeugen erhalten gebliebene Aufzeichnungen und Briefe von Konzilsteilnehmern. So schrieb der einstige Konzils-Peritus (nicht stimmberechtigter Fachberater eines Konzilsvaters) und nachmalige Protonotar und Consultor mehrerer Kongregationen, Monsignore Charles Moeller, ein Belgier, in treuer Anhänglichkeit zur Berufung nach Rom auf Deutsch:

„. . . möchte ich meine besten Wünsche und Gratulierung an Sie ausdrukken. Die Theologische Problemen, jetzt, müssen zu eine Lösung kommen in den Zusammenarbeit vom die Theologen und Philosophen von die Katholischen Universitäten. Ich bin froh, daß Sie in diesem Arbeit vieles machen können. Ich erinnere, mit Freude, die Sitzungen von unsere Kommission, in diesem Konzil."

Die bei den Abstimmungen in der Konzilsaula abgegebenen Vorschläge mußten in den jeweiligen Text eingearbeitet werden.

So wurde z. B. in den Februarwochen 1964 das Kirchen-Schema „Lumen Gentium" unter Berücksichtigung der 4000 Änderungs- und Ergänzungswünsche (‚modi') der Konzilsväter überarbeitet. Allein zum Schema XIII, „Gaudium et Spes", waren, wie Bischof Schröffer nach dem Konzil einmal berichtete, rund 30 000 „modi" einzuarbeiten.

Von der starken Inanspruchnahme des Eichstätter Konzilsvaters wußte auch der jetzige Oberhirte seiner Patendiözese Poona, Bischof Valerian D'Souza, zu berichten, wenn er in einer Erinnerung schrieb:

„Kardinal Schröffer war eine sehr wichtige Persönlichkeit in der Kirche. Er arbeitete im Stillen, aber sehr ausdauernd im Hintergrund. Schon vor Beginn des Zweiten Vatikanischen Konzils wurde er mit Dokumenten aus Rom überhäuft um seine Meinung und Kommentare. Fast täglich arbeitete er bis in die frühen Morgenstunden, und seine eigene Schwester . . . wunderte sich immer, woher er die Kraft bekäme, mit so wenig Ruhe und Schlaf auszukommen . . ."

Diese Feststellungen, die der einstige Priesteramtskandidat in Eichstätt von seinen Beobachtungen in der Altmühlstadt auf Rom übertrug, lassen sich in der Tat auch auf die Tätigkeit und Arbeitsweise Joseph Schröffers während des Konzils beziehen. Das geht auch aus Briefen nach Hause hervor, in denen er die Dichte seines Arbeitsprogramms in Rom während der Konzilswochen andeutet.

Da heißt es unter dem Datum vom 15. September 1964, kurz nach Beginn der III. Sitzungsperiode:

„Wir sind schon fest bei der Arbeit; letzte Woche hatten wir schon reichlich zu tun, vormittags und nachmittags Sitzungen, und gestern (d. i. am 14. September) mußte ich ein Referat für die deutschsprachigen Bischöfe über die bevorstehenden letzten Kapitel vom Kirchenschema halten.“

Und in einem Brief vom 3. Oktober 1965:
„Es ist Sonntag abends 9 Uhr . . . Wir sind schon mitten in der Arbeit. Außer der Konzilsversammlung am Morgen in St. Peter hat die Theologische Kommission jetzt fast jeden Nachmittag Sitzung, um die Modi zu verarbeiten. Das bedeutet auch eine Vorbereitung darauf . . .“

Waren die meisten Konzilsväter an den Nachmittagen frei für eventuelle Fahrten in die Umgebung Roms und konnten in einer sitzungsfreien Woche wie etwa um Allerheiligen in ihre Diözese zurückkehren, so stand er durch seine große, verantwortungsvolle Aufgabe stets unter intensivstem Leistungsdruck und hatte auch an den Sonntagen kaum Zeit zur Entspannung.

Die bestmögliche Ausführung der ihm übertragenen Arbeit sah er als einen selbstverständlichen Dienst an der Kirche an, wenngleich die Belastung oft bis an die Grenze der physischen Leistungsfähigkeit ging.

Eine bedeutende Stütze fand er, schon während der Vorbereitenden Konzilsperiode, besonders in kirchenrechtlichen Fragen im nachmaligen Domkapitular und Professor für Kirchenrecht an der Universität Augsburg, Dr. Karl Braun, der sein zweiter Nachfolger auf dem Bischofsstuhl des heiligen Willibald in Eichstätt werden sollte. Noch bis in die letzten Lebensjahre des Kardinals bestand zwischen beiden Männern der Kirche eine freundschaftliche Verbundenheit.

Die schlichten Quartiere der meisten Konzilsväter fügten sich passend in die auch sonst wenig aufwendige Organisation der Kirchenversammlung. Statt Taxis oder Dienstfahrzeugen brachten Omnibusse die Teilnehmer zu den Sitzungen und zu den Unterkünften; ein Bild, das damals die Film- und Fernsehkameras in alle Welt hinaustrugen und wie eine Sensation verkauften, als ob es sonst in der katholischen Kirche üblich wäre, in Luxuslimousinen vorzufahren und großen persönlichen Aufwand zu treiben, ganz im Stile der Vorstellung vom angeblich legendären „Reichtum des Vatikans“, über den man sich gern verbreitet. Daß die Konzilsväter für ihre Unkosten selbst aufkommen mußten und lediglich den weitgereisten und bedürftigen Missionsbischöfen die Aufwendungen bezahlt wurden, war und ist der Öffentlichkeit ebenso wenig bekannt wie der Umstand, daß die Mitarbeiter des Heiligen Stuhls nur einen Bruchteil jener Vergütung erhalten, die weltliche Behörden ihren Beamten bieten; daß etwa ein Kurienkardinal und Präfekt einer Kongregation, der in seiner Stellung einem Minister entspricht, kaum besser als ein deutscher Studienrat besoldet war. Eine Sparsamkeit, zu der nicht nur die tatsächlich angespannte Finanzlage des Vatikans zwingt, sondern die auch letztlich dem Dienst- und Selbstverständnis des Amtsinhabers entspricht. Dient man doch nicht der Kirche, um an ihr zu verdienen, sondern aus Berufung.

Zur Zeit des Zweiten Vatikanischen Konzils hatten die Massenmedien dem Erzbischof von New York, Kardinal Francis Spellman, die Rolle des kirchlichen Krösus zugedacht. In Anspielung auf die Spendenfreudigkeit seiner Diözesanen schrieben sie ihm den Wunsch zu, neben den Konzilsbänken im Petersdom eine Bar zu errichten.

Die einheitliche Sprache am Konzil war das Latein. Daß es nicht immer ganz leicht war, alle Redner auf Anhieb zu verstehen, ist begreiflich, litt doch mitunter die Verständlichkeit durch die nach Ländern verschiedenartige Aussprache und Betonung, besonders nordamerikanischer und spanischer Konzilsväter Schaden.

Das von deutschen Konzilsvätern meisterhaft beherrschte Latein ironisierten manche Mitbrüder mit dem Scherz: „Die deutschen Bischöfe sind nicht mehr für die Verwendung der Muttersprache; sie müßten sonst zur Mitra ‚Hochhut' und zum Pileolus ‚Hochhut-Stellvertreter' sagen.

Gelegenheiten, solche Scherzworte und Anekdoten auszutauschen, boten nicht nur die gemeinsamen Rückfahrten im Omnibus in die Quartiere, sondern auch ein kleiner Plausch an der „Milch-Bar" hinter dem Konzilsgestühl. Denn so ganz unerhört war offenbar der kolportierte Wunsch Kardinal Spellmans nicht geblieben, sondern doch für kleine Erholungspausen eine dezente Cafeteria im Seitenschiff des Petersdomes eingerichtet. Ob man den New Yorker Erzbischof auch dort angetroffen hat, behielten die Journalisten für sich . . .

Ohne Zweifel gehörte Kardinal Spellman zu den bemerkenswertesten Figuren auf dem Zweiten Vatikanischen Konzil; und zwar in erster Linie als einer der hilfsbereitesten und tatkräftigsten Kirchenmänner nach dem Kriege. Der damalige Erzbischof von Köln, Kardinal Joseph Frings, dürfte nicht vergessen haben, daß er ihm zu Hilfe kam, als er (Frings) und seine beiden bischöflichen Mitbrüder, Clemens August Graf von Galen (Münster) und Konrad Graf von Preysing (Berlin) vom Papst Pius XII. zu Weihnachten 1945 zu Kardinälen ernannt wurden und im Februar darauf zum Konsistorium nach Rom kamen. War schon die abenteuerliche Hinfahrt, die in dieser Nachkriegszeit neun Tage beanspruchte, voller Schwierigkeiten und Hindernisse, so wurde die Rückreise für sie erst recht zum Problem, da sie über keinen Pfennig Geld verfügten. In dieser Not kam ihnen der ebenfalls neu kreierte Kardinal Spellman von New York zu Hilfe und besorgte ihnen die Karten für ein amerikanisches Flugzeug der Linie Rom – Paris. Eine Tat der Brüderlichkeit, hatte Spellman als amerikanischer Militärbischof auch das vom US-Oberkommandierenden verhängte „Fraternisierungsverbot" gegenüber den Deutschen zu berücksichtigen. Bekanntlich blieb diese Hilfe für die drei neuen deutschen Kardinäle nicht der einzige Liebesdienst an den Deutschen, sondern setzte sich später in der Vermittlung von Lebensmittelgaben an hungernde deutsche Kinder fort. Mancher deutsche Konzilsvater oder -peritus dürfte sich bei der Begegnung mit dem New Yorker Erzbischof an diese Jahre erinnert und ihm seinen Dank zum Ausdruck gebracht haben.

Für die öffentliche Berichterstattung der Massenmedien waren solche Reminiszenzen freilich kein Thema. In ihren Augen rangierten die Konzilsteilnehmer entweder als Vertreter eines „konservativen“ oder eines „fortschrittlichen“ Kurses bzw. hatten als originelle Charakterköpfe herzuhalten, die für Anekdoten „gut waren“. Beim Eichstätter Bischof waren sie in dieser Beziehung in einer gewissen Verlegenheit, da er sich auf Grund seiner Einstellung nicht von vornherein pauschal einordnen ließ und sich bei der übergroßen Mehrheit der Konzilsteilnehmer nachweislich höchster Wertschätzung erfreute, wie seine beeindruckende Wahl in die Theologische Konzilskommission deutlich gemacht hatte. Jedem Aufsehen um seine Person abgeneigt, lieferte Joseph Schröffer sensationshungrigen Medien keinen Stoff, denn intensives Durcharbeiten von Aktenbergen und tiefgründiges Erörtern von theologischen Problemen gibt keine Schlagzeilen her.

Da erscheinen personifizierte Gegensätze wie die Kardinäle Joseph Frings von Köln und Alfredo Ottaviani vom Heiligen Officium, der nachmaligen Kongregation für die Glaubenslehre (heute unter Kurienkardinal Joseph Ratzinger), schon interessanter und nachrichtenträchtiger. Entsprechend häufiger wurden sie auch in der Berichterstattung erwähnt und fanden sich auch bald auf den Anekdotenseiten. Dabei kam der als erzkonservativ geltende Ottaviani fast durchweg schlechter weg als sein „fortschrittlicher“ Gegenspieler Frings. Wenn die Konzilsväter auch die eine oder andere erfundene Begebenheit übernahmen oder noch humorvoll ausschmückten, dann im Wissen, daß beide Kirchenmänner auf ihre Weise das Beste an Kraft und Vermögen ihrer Kirche schenkten und sich in diesem Dienst aufzehrten. So waren auch die in der Konzilsaula gelegentlich zugeflüsterten Anekdoten nicht mehr als gutgemeinte Späße. Etwa wenn man den Friseur Kardinal Ottaviani fragen läßt, ob er nach dem Haarschnitt auch noch eine friction wünsche und dieser dann mit den Worten abgewehrt haben soll: Nein, keine Fringsion. Er habe schon genug davon und auch genug an ‚Eau de Cologne!‘ Oder Ottaviani ein Taxi nehmen läßt, um mit ihm zum Konzil zu fahren, der stark sehbehinderte Kardinal jedoch den vom Taxifahrer eingeschlagenen Weg nicht gut beobachten kann, um dann nach einer ungewöhnlich langen Fahrt anzukommen – in Trient! (wo vor vierhundert Jahren das gleichnamige Konzil stattfand und die angeblich konservative Linie der katholischen Kirche festgeschrieben worden war).

Als es auf der Kirchenversammlung um die Frage nach der Heiratsmöglichkeit für Diakone ging und kaum ein anderer Konzilsvater so entschieden dagegen Stellung nahm wie der damalige Sekretär des Heiligen Offiziums, erzählte man sich bald die Anekdote: Den Konzilsvätern wird der – seinerzeit sehr bekannte – Film „Der Kardinal“, in dem es auch um eine sich anbahnende Liebesbeziehung des erfundenen Kardinals geht, gezeigt. Kardinal Ottaviani erscheint zur Vorführung, zusammen mit einer Dame (seiner Schwester) und erhält für seine Begleiterin einen eigenen Sessel bereitgestellt. Als dies mit gehörigem Aufsehen beobachtet wird, erklärt der gestrenge Kardinal: „Was in Zukunft Diakonen gestattet wird, muß in erster Linie auch dem Kardinal-Diakon erlaubt sein!" Der Respekt vor der Lebensleistung Kardinal Ottavianis und seiner konservativen Mitbrüder an der römischen Kurie war so groß, daß man ihm und seinen beiden Gesinnungsfreunden, Kardinal Parente und Kardinal Ruffini, die Anekdote zumuten durfte: Ottaviani, Parente und Ruffini unternehmen eine Bootsfahrt in Ostia; dabei kentert das Boot und alle Welt frägt besorgt: Wer wurde gerettet? Die Antwort: Die heilige Kirche!

Kardinal Ottaviani war in Wirklichkeit bekannt als eine echt priesterliche Persönlichkeit. Er war ein Kirchenmann von sozialer Gesinnung, anspruchslos für sich selbst und von bescheidener Lebensführung, aber gebefreudig für die Armen, während seiner Freizeit in väterlicher Art seelsorglich engagiert und schuf und unterhielt aus eigenen Mitteln ein Haus für Mädchen in Not. Er diente der Kirche auf seine Weise in seinem schweren Amt an der Kurie.

Aber nicht nur Anekdoten in den Pausen der Generalkongregationen brachten zum Schmunzeln, sondern gelegentlich auch während der Sitzungen der eine oder andere Platznachbar, wie etwa ein südamerikanischer Bischof in der nächsthöheren Reihe, der seiner Umgebung mit liebenswürdiger Hartnäckigkeit immer wieder erklärte, der Bischof von Eichstätt sei ein guter Mann, er habe viele Priester; er werde ihm drei davon für seine große Diözese geben. – In der Aula fiel einmal das Wort Neukaledonien. Aus der Schulzeit erinnerte sich Bischof Schröffer vage, wo es gelegen sei, so etwa in Ozeanien da draußen, östlich von Australien, wollte es aber – bei seiner gewohnten Gründlichkeit – genau wissen und wandte sich an seinen Nachbarn zur Linken. Die treuherzige Antwort war: „Ego in geographia ultimus fui". Er versuchte es beim Nachbarn zur Rechten; da traf ihn ein vorwurfsvoll-erstaunter Blick und er erfuhr genaueste Angaben über Längen- und Breitengrad, Zahl der Bewohner und weitere Angaben über Einzelheiten. Voll Bewunderung fragte er den bischöflichen Nachbarn, woher er das alles so genau kenne. Prompt kam die Antwort: „Ich bin der Bischof von Neukaledonien!"

Wenn Joseph Schröffer im vertrauten Kreise später vom Konzil erzählte und seine Zuhörer nicht bestimmte Auskünfte haben wollten, dann mit Vorliebe solche Begebenheiten. Sie vermittelten in seinen Augen auch etwas von der Atmosphäre der familiären Offenheit und des feinsinnigen Humors, welche die Konzilsaula die Jahre der Kirchenversammlung durchzog. Als sich im Herbst 1965 das Ende des Konzils immer noch nicht mit Bestimmtheit voraussagen ließ, begegneten sich die Konzilsväter vielfach mit Selbstironie und erzählten sich Anekdoten wie diese:

Ein neuer Ankömmling im Fegfeuer trifft Papa Giovanni (Papst Johannes XXIII.) und sieht ihn weinen. Teilnahmsvoll fragt er ihn nach dem Grund. Die Antwort: „Ich habe ein Konzil einberufen und muß nun hier warten, bis es zu Ende ist."

Oder die schon etwas sarkastische Prophezeiung:

Ein Konzilsvater wird nach der Dauer des Konzils gefragt. Seine Antwort: „Es wird zu Ende geführt werden, wenn die Kinder der Diakone, denen wir jetzt die Heirat gestatten, Konzilsväter sein werden." Die Römer genierten sich freilich nicht, die Länge des Konzils mit dem Ableben einer bestimmten Zahl von Teilnehmern zu bemessen, indem sie prophezeiten: „Zehn Prozent der Konzilsväter werden sterben."

In Wahrheit entwickelte sich nach den Erzählungen Joseph Schröffers allmählich tatsächlich bei den Konzilsvätern eine Art Schülermentalität, die dazu verführte, die Tage und Stunden bis zum Ende der Session zu zählen. Die Preisfrage, was man tun müsse, um den Beifall der Konzilsväter in der Aula des Petersdomes zu erhalten, mit der Antwort: „Ich ziehe meine Wortmeldung zurück!" wurde im Herbst 1965 immer hintersinniger als heimlicher Wunsch weitergegeben.

Das bedeutete allerdings nicht, daß sich die Konzilsväter in späteren Stadien des Konzils ihren verantwortungsvollen Auftrag von Terminnöten oder anderen Obliegenheiten hätten beeinträchtigen lassen. Vielmehr gingen sie in jede Sitzung mit dem gleichen Ernst und Verantwortungsbewußtsein.

Dabei schien das Schicksal dieser zweiten Vatikanischen Kirchenversammlung durch den Tod Papst Johannes XXIII. am 3. Juni 1963 vorübergehend in Frage gestellt, bis sein Nachfolger Paul VI. in seiner Rundfunkbotschaft vom 22. Juni 1963 die Weiterführung des Konzils mit den Worten ankündigte:

„Der bedeutendste Teil unseres Pontifikats wird ausgefüllt sein mit der Fortsetzung des Zweiten Vatikanischen Ökumenischen Konzils, auf das die Augen aller Menschen guten Willens gerichtet sind. Das wird unser wichtigstes Werk sein."

Als einer der weitschauendsten Konzilsväter, der zugleich auch zu den am meisten beanspruchten gehörte, wußte der einstige Erzbischof von Mailand um die große Fülle der noch zu beratenden Probleme und gab sich über die Dauer der Kirchenversammlung keinen Illusionen hin. Die Voraussage, daß das Konzil den bedeutendsten Teil seines Pontifikates ausfüllen werde, ließ allerdings auch die Erwartung zu, daß das Konzil unter Umständen noch ein paar Jahre länger dauern würde als bisher angenommen, konnte man doch davon ausgehen, daß der Pontifikat des neugewählten Papstes erheblich länger währen dürfte als jener seines Vorgängers. Jedenfalls richtete sich Bischof Schröffer wieder auf arbeitsreiche Wochen in Rom ein, als er Ende September 1963 zur Eröffnung der zweiten Sitzungsperiode in die Ewige

Stadt fuhr. Papst Paul VI. hatte den Beginn der zweiten Session auf Sonntag, den 29. September, festgesetzt und sagte den Konzilsvätern die gleiche Rede- und Meinungsfreiheit zu, wie sie unter seinem Vorgänger praktiziert worden war.

Für Joseph Schröffer änderte sich an Arbeitsweise und Sitzungsverpflichtungen gegenüber früher kaum etwas, wenn man davon absieht, daß seine Interventionen vor der Vollversammlung des Konzils zunahmen. So ergriff er am 18. Oktober 1963 in der Beratung über das 3. Kapitel des Kirchenschemas das Wort und beschäftigte sich in einer stark beachteten Rede ausführlich mit dem Begriff des „Volkes Gottes". Er bezeichnete die Herausstellung dieses Bildes als einen „echten Fortschritt im Selbstverständnis der Kirche", doch solle es vor allem in seiner heilsgeschichtlichen Bedeutung noch klarer gezeichnet werden. Dabei sollten nach seiner Meinung auch „die exegetischen und theologischen Studien der neueren Zeit berücksichtigt werden". Für das vorgeschlagene eigene Kapitel über die Laien regte er eine Einleitung an, in welcher die besondere Würde des Laien und seine Weltaufgabe herausgestellt werden, wobei vor allem jene Aufgaben zur Sprache kommen sollten, die allein dem Laien zustehen. Im Namen der 69 hauptsächlich deutschsprachigen Konzilsteilnehmer, für die Joseph Schröffer sprach, gab er dann seiner Freude Ausdruck, daß das Schema auch das allgemeine Priestertum der Gläubigen betont. Er regte dazu nur noch ergänzend an, deutlich herauszustellen, daß dieses „allgemeine Priestertum" nicht allein durch die Sakramente begründet ist, sondern ebenso wesentlich eine prophetische Gemeinschaft darstellt, die auf das Wort Gottes hört und dafür Zeugnis gibt. Außerdem sollte nach seiner Auffassung bei der Erwähnung der Sakramente die Eucharistie als Mittelpunkt von allen an erster Stelle stehen. Im weiteren Verlauf seiner mit großer Aufmerksamkeit aufgenommenen Ansprache stellte Bischof Schröffer fest, daß die wahre Gefahr für die Kirche heute nicht darin bestehe, daß die Laien sich in die Hierarchie einmischten, sondern daß sie überhaupt auf ihre Pflichten im Dienste Gottes weitgehend vergäßen. Schließlich legte er noch dringend nahe, jeden Anschein zu vermeiden, als bestünde zwischen der Hierarchie und dem Volke Gottes ein Gegensatz. Aus diesem Grunde sollte man auch nicht einteilend von „der Hierarchie und dem Volke Gottes", sondern von „der Hierarchie und dem übrigen Volke Gottes" sprechen, da sie allesamt eine Gemeinschaft der Erlösten und der Kinder Gottes bildeten. In diesem Zusammenhang empfahl er auch, nicht nur mit Blick auf die Laien von der „Gehorsamspflicht" zu sprechen, da letztlich alle Glieder der Kirche, also auch die Hierarchie, an den Gehorsam gebunden seien. Eine Rede, die nicht nur die rund 2400 Konzilsväter stark beeindruckte, sondern auch nachhaltige Spuren im Konzilsdokument über die Kirche hinterließ und die nachkonziliare Aufwertung des Laienstandes maßgeblich einleitete. Gerade in diesen

Tagen erscheint Joseph Schröffers Besorgnis, daß man die katholische Christenheit in die sogenannte „Amtskirche“ und die Gläubigen auseinanderdividiert, besonders aktuell.

In seiner Sorge, daß die Laien auf „ihre Pflichten im Dienste Gottes“ vergessen könnten, nahm Joseph Schröffer indirekt eine Klage Papst Pius XII. über „die Lauheit der Guten“ auf, welche oft der Beginn menschlicher Fehlentwicklungen und Katastrophen seien. Die jüngere deutsche Geschichte gab bekanntlich ein warnendes Beispiel für diese vernachlässigte Laienpflicht im Dienste Gottes.

Auf dem Konzil in Rom ging es ihm am 18. Oktober 1963 bei seiner Intervention zunächst um eine grundsätzliche Klärung des Selbstverständnisses und spezifischen Dienstes der Laien in der Kirche, was von den Konzilsvätern mit großer Zustimmung aufgenommen worden ist. Seinen Mitbrüdern in der Konzilsaula deutet er das oberhirtlich-seelsorgliche Selbstverständnis mit den Worten:

„Wir wollen das Amt, das uns übertragen ist, ansehen als das, was es ist: Nur als Dienst. In dieser Gemeinschaft der hierarchischen Kirche waren keine herrscherlichen Gelüste zu spüren, im Gegenteil: diese Gemeinschaft hat sich gefühlt als demütiger Diener des Volkes Gottes.“

Wohl um einer mißverständlichen Deutung der Rolle des Priesterstandes entgegenzuwirken sagte Bischof Schröffer bei anderer Gelegenheit in einer Ansprache über die Haltung des Konzils, daß es die Seelsorge vor die Aufgabe gestellt sehe, den Altar in die Mitte allen Bemühens zu rücken:

„Vom Altar muß alles Wirken der Kirche seinen Ausgang nehmen, und zu ihm hin muß es letztlich führen. Es werden uns für die Zeit nach dem Konzil da manche Aufgaben erwarten . . .“

Zwei inhaltsschwere Sätze, die sich in der nachkonziliaren Zeit vollauf bestätigen sollten, angefangen von der buchstäblichen Versetzung des Opferaltars in die räumliche Mitte der Kirche bis hin zu den zahllosen Neuerungen in Liturgie und Gemeindeleben.

Joseph Schröffer konnte zu dieser Zeit noch nicht ahnen, daß ihm die Umsetzung der Konzilsbeschlüsse später nicht nur in seinem vertrauten Bistum aufgetragen sein sollte, sondern wenige Jahre nach Konzilsende weltweit auf dem Gebiet des katholischen Bildungswesens.

Nach Abschluß der zweiten Konzilssession zog Bischof Schröffer in einer Notiz vom 10. Februar 1964 eine kleine Zwischenbilanz und vermerkte darin, daß das Konzil eine zweifache Blickrichtung habe, „eine nach innen und eine nach außen“. Die Kirche reflektiere auf dem Konzil über sich selbst und suche zugleich mit der Welt ins Gespräch zu kommen. „In der Wende nach innen“, so Joseph Schröffer, „verfolgt das Konzil ein dreifaches Ziel. Es geht um die Gewinnung eines tieferen Selbstverständnisses der Kirche, um die Erfassung ihres Geheimnischarakters, daß sie der in den Zeiten stehende und fortlebende Christus ist und deshalb am Gesetz der Inkarnation Anteil hat, daß sich Menschliches und Göttliches in ihr verbindet, das Geistig-Pneumatische mit dem Irdisch-Sichtbaren. Was die Kirche ist und soll, das ist das große Thema der Meditation auf diesem Konzil . . . Mit der Blickrichtung nach außen", so Bischof Schröffer weiter, „wendet sich die Kirche auf dem Konzil brüderlich der Menschheit von heute zu. Sie fühlt mit ihr, macht sich ihre Sorgen und Ängste zu eigen, versucht die Fragen zu hören, die die Welt bewegen, und aus ihrem geistigen Besitz eine Antwort darauf zu finden, ohne vorzugeben, für alles fertige Lösungen zu haben."

Zur Zeit der Niederschrift seiner Notiz befanden sich die meisten Konzilsvorlagen in Überarbeitung, nachdem die ersten großen Aussprachen über sie begonnen hatten. Desgleichen war die Diskussion um die Fragen der Wiedervereinigung im Glauben bereits eröffnet worden und hatte sich in ihrem Ablauf durch eine Haltung des Wohlwollens und der äußersten Rücksichtnahme auf die „getrennten Brüder" ausgezeichnet.

Über die im Jahre 1964 anstehende große Aufgabe des Konzils, „das Gespräch der Kirche mit der Welt", vermerkte Joseph Schröffer:

„Der Schreiber dieser Zeilen, Mitglied der dafür zuständigen Kommission, hat seit Ende der zweiten Periode im Dezember bereits an drei Sitzungen darüber teilgenommen und wird sich demnächst zu einer vierten nach Rom begeben."

Tatsächlich wird die Pastoralkonstitution über „Die Kirche in der Welt von heute" dann erst in der vierten und letzten Konzilsperiode abgeschlossen und verabschiedet werden können. Dagegen konnte das Konzil schon während seiner zweiten Sitzungsperiode das Dekret über publizistische Mittel beschließen, das erstmals eine geschlossene Ethik für Publizisten formulierte und die Kirche zum Gebrauch publizistischer Mittel anhält.

Da die Zeitungen so ausführlich über den Zusammenstoß zwischen Kardinal Frings und Kardinal Ottaviani auf der Konzilsvollsitzung vom 8. November 1963 berichteten, ging Joseph Schröffer in seiner Niederschrift auch auf die Atmosphäre und die Umgangsformen auf der Kirchenversammlung ein und notierte:

„Ein Typikum dieses Konzils ist das Geöffnetsein für die Fragen und Bedürfnisse der Zeit. Es wurden die Fenster weit aufgemacht, ein frischer Luftzug weht herein in die Kirche. Man fragt sich, was überholt, veraltet und verstaubt ist und einer Erneuerung bedarf",

um mit der Feststellung fortzufahren:

„Offenheit kennzeichnet das Konzil noch in einem anderen Sinn . . . die ausnehmend große Liebenswürdigkeit des Heiligen Vaters und die Freimütigkeit, in der die Konzilsväter sprechen können . . . Naturgemäß ist es dabei gelegentlich zu Meinungsverschiedenheiten gekommen, die auch bisweilen sehr temperamentvoll ausgetragen wurden. Bezeichnend aber ist es, daß man

BLEST AND LAID
BY
DR. JOSEPH SCHRÖFFER
BISHOP OF EICHSTÄTT
GERMANY
S.F.X. NOV. S.J.
10-12-1964

Bischof Andrew D'Souza, daneben Valerian D'Souza und Anthony Lobo.

Beim Katechetischen Weltkongreß in Eichstätt 1960.

Bischöfe im Collegio dell'Anima, Rom, während der II. Konzilsperiode. Von links: Žak, Wechner, Pietsch, Splett, László, Rohracher, Schröffer, Schoiswohl, Rusch.

Grundsteinlegung des Franz Xaver-Noviziates der Jesuiten in Poona/Indien.

Nach einem Gottesdienst in St. Peter.

Im Dachgarten in Rom.

zwischen Person und Sache sehr wohl zu unterscheiden versteht. So ist kurz nach der bekannten Kontroverse der Kardinäle Frings – Ottaviani dieser dem ersteren begegnet, ist mit offenen Armen auf ihn zugegangen und hat erklärt: ‚Wir beide kämpfen für die Kirche, jeder so, wie er es für das beste hält' und hat ihn zum Abendessen eingeladen. Als weiteres Kennzeichen des Konzils hebt Joseph Schröffer „die schöne Brüderlichkeit" der Teilnehmer hervor und berichtet: „Was ist das für ein freundschaftliches Gewoge an jedem Morgen vor Beginn der Sitzung im Schiff von Sankt Peter! Es kostet Mühe, die sich begrüßenden und so angeregt unterhaltenden Gruppen der Bischöfe voneinander zu trennen und auf ihre Plätze zu beordern. Es braucht regelmäßig ein mehrfaches Glockenzeichen dazu."

Nach Schröffers Zeugnis fühlten sich auch die nicht-katholischen Beobachter in diese brüderliche Gemeinschaft mit hineingenommen. So hat einer von ihnen erklärt, es sei für sie bewegend, wenn nach der heiligen Messe das Kommando ertöne ‚Exeant omnes!', die Schweizer Gardisten ihre Hellebarden schulterten, die Sänger den Chor verließen und alle Nichtbeteiligten sich aus der Kirche begäben, die Beobachter aber allein mit den Konzilsvätern zurückblieben.

Schließlich vergißt Bischof Schröffer in seiner Notiz auch nicht auf den Humor hinzuweisen, der manche Rede gewürzt und den erwähnten Erfrischungsraum in Anspielung auf das Spruchband unter dem Gewölbe der Peterskirche („Simon, Sohn des Jona") „Bar-Jona" getauft habe. Joseph Schröffer wörtlich:

„Die Franzosen sprechen von dem ‚III. Vaticanum', das sich in den Erfrischungsräumen des II. Vatikanischen Konzils fortsetzt, die Deutschen dagegen vom ‚Laterankonzil', weil es ‚a latere' (beiseite) tagt."

Wie schon in den Jahren zuvor hatte Bischof Schröffer auch im Jahre 1964 vor der feierlichen Eröffnung der 3. Konzilsperiode am 14. September schon wiederholt Sitzungstermine in Rom wahrzunehmen, damit die für die Konzilsberatungen vorgesehenen Dokumente auch von der Kirchenversammlung verabschiedet werden konnten. Es ging dabei in erster Linie um die Konstitution über die Kirche, an der schon so intensiv und so lange gearbeitet worden war. Tatsächlich gelang es auch, neben dem Dekret über den Ökumenismus und jenem über die orientalischen Kirchen diese wichtige Konstitution am 21. November 1964 zu verabschieden. In konsequenter theologischer Fortsetzung dieser Konstitution proklamierte Papst Paul VI. in seiner Schlußansprache am gleichen Tage Maria zur „Mutter der Kirche".

Neben dieser Proklamation erregte Paul VI. auch noch durch andere Akte Aufsehen. So ließ er erstmals auf einem ökumenischen Konzil weibliche Beobachter bzw. „Zuhörer" (Auditrices) zu und verfügte eine Rehabilitierung Galileis, indem die päpstliche Akademie ein seit 30 Jahren vorliegendes, jedoch bislang unterdrücktes Werk über Galileo Galilei veröffentlichte. Als

Zeichen seiner Verbundenheit mit den Armen in der Welt, spendete er am 18. November 1964 seine persönliche Tiara, die ihm seine einstigen Mailänder Diözesanen gestiftet hatten, den Armen. Bekanntlich ersteigerte später ein vermögender Amerikaner diese kostbare Dreifach-Krone und stellte auf diese Weise Geldmittel für die Hilfe in der III. Welt zur Verfügung. Zuvor, am 4. November 1964, hatte bereits Kardinal Frings anläßlich der Aussprache über das Schema „Über die pastorale Aufgabe der Bischöfe in der Kirche" konkrete Vorschläge zur Überwindung von Hunger und Armut in der Welt unterbreitet. Danach sollten alle Bischofskonferenzen in der ganzen Welt Einrichtungen zur Linderung des Elends und zur Hebung des sozialen Niveaus im eigenen Lande wie auch zugunsten anderer notleidender Völker schaffen. Diese Einrichtungen sollten nach den Vorstellungen des Kölner Erzbischofs nicht allein caritativen Charakter tragen, sondern insbesondere sozial ausgerichtet sein und in erster Linie Hilfe zur Selbsthilfe bieten. Gedanken, wie sie auch im gemeinsamen Hirtenwort zur Adveniat-Aktion 1974 anklingen. Und in dem gemeinsamen Hirtenschreiben vom Herbst 1964 heißt es:

„. . . Heute weiß der todeinsame Priester am oberen Amazonas in der feuchtheißen ‚grünen Hölle': Das Motorboot, das meine Kräfte, ja mein Leben verlängert, haben mir Mitchristen jenseits des Meeres geschenkt. . ."
oder:

„. . . Heute weiß der peruanische Missionar in den Bergen der Anden: Mit dem Jeep meiner Glaubensbrüder aus dem europäischen Kontinent kann ich jetzt meine Gemeinde dreimal statt einmal im Jahr besuchen. . ."

Auch die bewährte Praxis, den Gläubigen jeweils Rechenschaft über die Verwendung der gespendeten Gelder zu geben, fand Anwendung, indem die Bischöfe in ihrem Hirtenwort mitteilten:

„. . . Unser Heiliger Vater Papst Paul VI. hat die Aktion ‚Adveniat' spontan einen ‚echten Akt der Liebe' genannt. Wir danken Euch von Herzen dafür und legen Euch auf Plakaten, die Ihr an den Kirchentüren angeschlagen seht, Rechenschaft ab, wie und wofür Eure Kollekte verwendet worden ist."

Dieser „Adveniat"-Hirtenbrief der deutschen Bischöfe ist im übrigen von Rom aus ergangen, wohl auch bis dahin einmalig und denkwürdig in der jüngeren deutschen Kirchengeschichte. Das Schreiben atmet den Geist des Konzils und teilt gleichzeitig den Gläubigen in Deutschland einiges an innerem Erleben der Konzilsväter mit, wenn es ausführt:

„. . . Denn in der dritten Sitzungsperiode des Zweiten Vatikanischen Konzils, von der wir diesen Brief schreiben, steht im Mittelpunkt allen Mühens, Denkens und Redens der Konzilsväter die Frage: Was ist die Kirche? Wie verstehen wir heute uns selbst als Kirche? Und vor allem: Welche Antwort geben wir der überwiegend unchristlichen Welt und

Umwelt auf ihre Frage: Christen, was seid ihr? Christen, was wollt ihr?“

Daß die 3. Sitzungsperiode des Konzils 1964 nicht erst – wie die Jahre zuvor – im Dezember zu Ende ging, sondern bereits am 21. November 1964 schloß, hatte den Grund in den Reiseplänen Pauls VI. Er hatte dem Eucharistischen Weltkongreß in Bombay seinen Besuch zugesagt und brach am 2. Dezember nach Indien auf. Bischof Schröffer nahm bekanntlich auch an diesem Kongreß teil und besuchte im Anschluß daran sein Patenbistum Poona. Er lernte bei dieser Gelegenheit nicht nur seine geistlichen Patenkinder kennen, sondern konnte sich auch von der sinnvollen Anwendung der gespendeten Gelder überzeugen. Eine Versicherung, die seine deutschen Mitbrüder im Bischofsamt dann auch durch persönlichen Augenschein in Lateinamerika einholen werden.

Die Zeit nach der Rückkehr aus Indien war nicht nur mit Berichten an den verschiedenen Orten der Diözese über die Erfahrungen in Poona ausgefüllt, sondern vor allem mit den vielfachen Aufgaben im eigenen Bistum. So zeigt ein Blick in den Terminkalender neben den üblichen Weihehandlungen, Firmungsreisen und Kirchenkonsekrationen zahlreiche Konferenzen wie z. B. mit den Professoren der Philosophisch-Theologischen Hochschule und ihren Anliegen, zu Problemen der Pädagogischen Hochschule, für Lehrbücher in Religion; es gab Zusammenkünfte mit den Vertretern der Katholischen Aktion zur Festlegung des Aktionsplanes für das ganze Jahr, mit Pfarrausschüssen, zur Förderung der Priesterberufe, dazu kam die Teilnahme am Bekenntnistag der Jugend, an Diözesantagungen von CAJ, Kolping und Werkvolk, an der Schulung von Führungskräften, an Jungpriesterkursen in Pfünz, an den Seminarwochen auf Schloß Hirschberg, Besuch im Zeltlager deutscher und französischer Pfadfinder. Dazwischen fielen immer wieder Termine der Konzilsarbeit, z. B. in München mit Kardinal Bea, in Würzburg mit Professor Hirschmann S. J., dazu wiederholt in Ariccia und Rom über Wochen. Immerhin standen noch einige wichtige Konstitutionen, Dekrete und Erklärungen zur abschließenden Beratung an und erforderten eine sorgfältige Aufbereitung. Dies um so mehr, als die vierte Sitzungsperiode nach allgemeiner Erwartung auch die letzte des Konzils sein sollte.

Nach den bisherigen Erfahrungen mit dem Verlauf der öffentlichen Sitzungen war jedoch nicht ganz auszuschließen, daß durch irgendeine Intervention das ins Auge gefaßte Ende der Kirchenversammlung doch noch in Frage gestellt würde.

Waren während der drei ersten Konzilsperioden insgesamt fünf Dokumente promulgiert worden, so blieb der Vierten Session noch der größere Teil, elf an der Zahl, fertigzustellen und zu verabschieden, darunter das umfangreichste aller Konzilsdokumente, die Pastoralkonstitution über die

Kirche in der modernen Welt, „Gaudium et spes". Im Kapitel V dieser Konstitution, „die Förderung des Friedens und der Aufbau der Völkergemeinschaft", ging es um den ganzen Fragenkomplex Krieg und Frieden, um das Verbot des totalen Krieges, die Vermeidung des Krieges, um internationale Konventionen, um den Rüstungswettlauf, um weltweite Aktion zur Ächtung des Krieges, den Aufbau der internationalen Völkergemeinschaft, die wirtschaftliche Zusammenarbeit. Zu diesem schwierigen Kapitel wurden immer wieder zahlreiche neue Vorschläge bzw. ‚modi' eingereicht, die zu berücksichtigen und einzuarbeiten waren. Schon im Frühjahr arbeitete die zuständige Subkommission, deren Vorsitz Bischof Schröffer hatte, in Ariccia und Rom intensiv daran. Ihre Mitglieder waren sogar „eine Woche ‚kaserniert' und haben das Haus nicht verlassen dürfen, bis das Schema fertig war", berichtete Bischof Schröffer einmal in einem Vortrag an der Bonner Universität.

Bei dem Ringen um die endgültigen Formulierungen war die ganze Problematik des Fragenbereiches sichtbar geworden. Das Thema Rüstungswettlauf und Abrüstung bekam einen geradezu dramatischen Akzent, als ein amerikanischer Kardinal die Konzilsväter aufforderte, am nächsten Morgen, dem 7. Dezember, der letzten Sitzung des Konzils überhaupt, ‚non placet' zu stimmen. Infolge einer nicht exakten Übersetzung aus dem Lateinischen hatte er eine Stelle über Krieg und Rüstung als Affront gegen die Regierung seines Landes aufgefaßt und an die Bischöfe Flugblätter in diesem Sinn verteilt. Noch während der Nacht verfaßte Bischof Schröffer eine genaue und gründliche Erklärung des lateinischen Textes. So wurde der Irrtum aufgeklärt und konnte in letzter Minute eine Katastrophe, das Scheitern der Pastoralkonstitution und damit des Konzilsabschlusses verhindert werden. Doch blieb das Abstimmungsergebnis bis zum letzten Augenblick ungewiß. Es lautete schließlich recht überzeugend:
2309 placet, 75 non placet, bei 7 ungültigen Stimmen.

Damit war mit überwältigender Mehrheit klargestellt worden, daß die überkommene „Kriegsethik" keine Gültigkeit mehr haben kann und eine neue Einstellung zur Frage des Krieges und des Friedens eingenommen werden müsse. Diese müsse insbesondere die Entwicklung der modernen Waffentechnik in Rechnung stellen und sich gleichsam in einer echten Strategie des Friedens ausdrücken. Das Beharren beim Gleichgewicht des Schreckens genüge nicht mehr und müsse durch die Erziehung aller Menschen, vor allem der jungen Generation, zur Verhinderung des Krieges ersetzt werden. Die Kommunikationsmittel und besonders die Kriegsfilme sollten in diesen Zusammenhang besser überwacht werden, damit sie kein falsches Bild vom Kriege zeichneten.

Forderungen und Vorstellungen, die in der heutigen Zeit, fast ein Vierteljahrhundert nach Beendigung des Konzils, zu den aktuellen Postulaten der

Politiker zählen und nur noch selten als Gedanken und Empfehlungen des Zweiten Vatikanischen Konzils zitiert werden.

Bischof Schröffer suchte sie nach seinen Kräften und Möglichkeiten im Bewußtsein der Menschen zu halten und wurde nach Beendigung des Konzils nicht müde, in Predigten, Vorträgen und Ansprachen die Beschlüsse des Zweiten Vatikanum den Gläubigen zu vermitteln. Dabei widmete er sich besonders den Konzilsaussagen über die Gefahren des Krieges und die Notwendigkeit der Friedenserhaltung sowie dem Anliegen der Völkerverständigung. Diese Themen standen bekanntlich schon seit den frühen fünfziger Jahren im Mittelpunkt seines überdiözesanen Wirkens und verdichteten sich während der Kirchenversammlung noch. So nahm er Ende Februar 1965, in einer Sitzungspause der römischen Konzilskommissionen, im Rahmen der Düsseldorfer „Mittwochsgespräche" zum Thema „Die Förderung des Friedens und der Aufbau der Völkergemeinschaft" Stellung und nannte bei dieser Gelegenheit die Ächtung des Krieges als „ein bis heute nicht gelöstes Problem". Jede spirituelle Interpretation der Friedensbotschaft Christi zeige aber, daß Christentum und Krieg radikale Feinde seien; darüber könnten auch alle zwischenzeitlichen „kasuistischen Behelfsethiken" nicht hinwegtäuschen und blieben „im Grunde gehaltlos vor dieser Botschaft". In dem bis auf den letzten Platz gefüllten Vortragssaal, in dem sich auch besonders viele jugendliche Zuhörer eingefunden hatten, betonte Bischof Joseph, „daß die Kirche mit allen verfügbaren Mitteln den Geist des Friedens mobilisieren müsse, wenn sie nicht schon jetzt den Krieg in absolute Acht nähme". Nach einer Analyse der geschichtlichen Lage entwarf Joseph Schröffer das Bild der neuen Haltung, „die Frieden als dynamische Kraft versteht" und nicht als bloße Abwesenheit von Krieg begreife. Dieser entschiedene Friedenswille „einer alle Menschen umschließenden Brüderlichkeit in der Liebe" müsse in jeder Form des menschlichen Denkens und Handelns deutlich werden. Das bedinge freilich einen Wandel „unserer Gesinnung", stellte Bischof Schröffer fest. Dann gelänge es, zu einem Menschheitsbewußtsein vorzustoßen, „das uns die ganze Welt in den Blick bringt". Jedes Elend irgendeiner noch so fernen Menschengruppe träte dann unmittelbar vor den einzelnen hin.

Gedanken und Formulierungen, die sich sinngemäß dann auch im einschlägigen Kapitel über Krieg und Frieden in der Pastoralkonstitution des Konzils wiederfinden. In seinem Bonner Vortrag vom März 1967 konnte er auf diese nunmehr durch die Kirchenversammlung autorisierten Überlegungen zurückkommen und sie seinen Zuhörern als die formulierte Lehre der Ethik vermitteln. Er wies darauf hin, daß man den Krieg heute in seiner neuen Gestalt erkenne mit seinen „neuen hinterhältigen Methoden" und Tarnungen als „kalter" und „subversiver Krieg". Nicht zuletzt mache der Text des Konzilsdokumentes „die terroristischen Praktiken, bedingt durch die neuen Waffen“ deutlich. Schröffer wörtlich: „Es gibt Waffen, die die Grenzen der gerechten Verteidiung überschreiten.“ Trotzdem sei die Schau des Konzils nicht pessimistisch, wohl aber realistisch. Die Konzilsväter hätten nur die Schlußfolgerung gezogen, daß die neue Gestalt des Krieges zu einer veränderten Einstellung zum Frieden zwinge. Diese müsse „im ernsten Friedenswillen, im gewandelten Denken“ zum Ausdruck kommen. In diesem Umdenken unterscheide sich der Konzilstext wesentlich von der bisherigen traditionellen Lehre der Kirche über Krieg und Frieden; denn nie zuvor sei die Überwindung des Krieges so deutlich als Forderung der Kirche hingestellt worden wie auf dem Zweiten Vatikanischen Konzil, betonte Joseph Schröffer. Dabei werde aber auch jenen die Anerkennung nicht versagt, die sich in gerechter Weise verteidigen müßten. „Der unbedingte Friedenswille“, so unterstrich Bischof Schröffer abschließend, „setzt voraus, daß jeder über die Grenzen seines eigenen Landes hinaus denkt. Es muß ein neues Menschheitsbewußtsein entstehen, ein Solidaritätsgefühl mit der ganzen Menschheit. Unser Denken und Fühlen muß weltweit gespannt sein. Der Soldat steht im Dienst der Sicherheit und Freiheit der Völker, nicht allein seines eigenen Volkes.“

Hier wird wiederum deutlich, welche Fülle an geistig-geistlichen Mitteln zur Bewältigung der Gegenwartsfragen das Zweite Vatikanische Konzil den Menschen von heute bietet. Dabei war dies nur ein kleiner Auszug aus einem der insgesamt 16 Dokumente, die von der Kirchenversammlung verabschiedet worden sind. Bischof Schröffer wies auf diese reichhaltigen Ergebnisse des Konzils beim Empfang nach seiner Rückkehr am 13. Dezember 1965 hin. Er vermittelte bei dieser Gelegenheit auch ein Bild vom Gesamtgeschehen auf dem Konzil und betonte dabei besonders den „positiven Charakter“ der Kirchenversammlung und stellte fest: „Es war ein Konzil, wie es noch keines in der Geschichte der 21 Konzilien gegeben hat. Es wurde nicht einberufen, weil eine Irrlehre die Kirche erschüttert und eine konkrete Wahrheit des Glaubens bedroht hätte. Es war vielmehr ein Konzil mit pastoralem Charakter: positiv ausgerichtet, getragen von der Liebe zu allen Menschen. Deshalb findet sich in dem ganzen Konzil kein anathema (Verurteilung) ausgesprochen. Im Gegenteil, ein Bann, der Jahrhunderte lang Bestand hatte, wurde gelöst und aufgehoben. Es sollte der Wille der Kirche, den Menschen zu dienen, offenbar werden.“

Der Bann, von dem Bischof Schröffer sprach, bezog sich auf die Kirchenspaltung von 1054, die durch die beiderseitige Verurteilung des Papstes und des Patriarchen von Konstantinopel beim Streit um den Vorrang eingeleitet und besiegelt worden war und dann von Paul VI. zusammen mit Patriarch Athenagoras am 7. Dezember 1965 gegenseitig aufgehoben wurde. Dieser Aufhebung des Kirchenbanns war bekanntlich die Erklärung Papst Pauls VI. vom 29. September 1964 vorangegangen, in welcher er als 2. Papst der

Kirchengeschichte für mögliche Mitschuld der Kirche an Kirchenspaltungen und Schismen um Vergebung bat.

Wie schon bei früherer Gelegenheit unterstrich Joseph Schröffer auch am 13. Dezember 1965 die Brüderlichkeit unter den Konzilsvätern und meinte:

„Die Bischöfe untereinander sind in dieser Zeit zu einer schönen Gemeinschaft zusammengewachsen. Es haben sich echte Freundschaften gebildet, besonders unter den Nachbarschaften in den Bänken der Konzilsaula. Man ist deshalb am Schluß auch in einer gewissen zwiespältigen Stimmung auseinandergegangen.

So sehr man das Ende des Konzils herbeigewünscht hat, um endlich wieder in die Diözesanfamilie heimzukehren, so hat sich doch ein Bedauern in diesen Wunsch gemischt, daß man sich nun wohl für das Leben nicht wiedersehen sollte. Es war deshalb ein bewegtes Abschiednehmen und mancher hat feuchte Augen dabei gehabt."

Zu den Konzilsvätern, die sich im Gefühl eines endgültigen Lebewohls auf dieser Welt voneinander verabschiedeten, gehörte offenbar auch der Oberhirte der Eichstätter Patendiözese Poona, Bischof Andrew D'Souza. Er hatte wohl die Einladung seines Eichstätter Mitbruders angenommen und war mit an die Altmühl gekommen, meinte aber, daß es wohl das letzte Mal sein würde, daß er nach Europa gekommen sei und unter seinen Paten in Eichstätt weile.

Dazu Bischof Schröffer:

„Wir wollen wünschen, daß er sich darin täuscht. Wir freuen uns aber, ihn unter uns zu haben. Ein Abglanz des Konzils, seiner Gemeinschaft, seiner Brüderlichkeit und Weite fällt herein in unseren Abend. Wir danken ihm für sein Kommen."

Bischof Schröffer bezog in seinem Bericht über die bewegende Brüderlichkeit unter den Konzilsteilnehmern ausdrücklich Papst Paul VI. mit ein und erwähnte, daß dieser den Konzilsvätern eigens einen Ring zum Geschenk gemacht habe, der die Verbundenheit unter den über 2400 Konzilsteilnehmern auch äußerlich unterstreichen solle. Wie erinnerlich, hat Paul VI. während seines ganzen Pontifikats auch nur diesen Ring als seinen Fischerring getragen und damit seinerseits seine Verbundenheit mit den Konzilsvätern dokumentiert. Bischof Schröffer bezeugte es mit den Worten: „Der Heilige Vater hat auch diese brüderliche Verbundenheit mit den Bischöfen gefühlt und gepflegt und wollte in dieser herzlichen Gemeinschaft mit ihnen verbunden bleiben."

Selbstverständlich stand Bischof Joseph auch noch unter dem Eindruck der Verständigungsgeste mit den polnischen Bischöfen, die sich bekanntlich zwischen dem 18. November und 5. Dezember 1965 am Rande des Konzils vollzogen hat. Das Datum der polnischen Einladung und Versöhnungsbotschaft an die deutschen Bischöfe war im übrigen – wohl mit Bedacht – der

Tag, an welchem Papst Paul VI. die Seligsprechungsprozesse für Pius XII. und Johannes XXIII. einleitete und die Dogmatische Konstitution „über die göttliche Offenbarung“ (Constitutio dogmatica de divina revelatione) feierlich verkündete (promulgierte). Bischof Schröffer, der soviel Anteil am Austausch der deutsch-polnischen Versöhnungsbotschaft hatte, sprach am 13. Dezember 1965 von dem herzlichen Einvernehmen, das deutsche und polnische Bischöfe verband, „trotz der heißen Eisen, die im Verhältnis der beiden Völker auf Grund der schweren Vergangenheit gegeben sind. Die ersten Schritte einer Annäherung und Versöhnung wurden eingeleitet. Man ist behutsam, aber mit Offenheit, vor allem aber auf der Grundlage gegenseitigen Wohlwollens in der Besprechung dieser delikaten Frage einander begegnet“, um dann festzustellen: „Wir wissen auch, wie mutig die polnischen Bischöfe in ihrem Brief an uns gewesen sind, und daß sie wohl schwerste Angriffe nach ihrer Heimkehr zu erwarten haben.“ Diese Worte waren noch nicht verklungen, da erfüllte sich bereits, was er an Befürchtungen über die Reaktion der kommunistischen polnischen Staatsführung geäußert hatte.

Abschließend bemerkte er: „Es warten jetzt große Aufgaben auf uns. Das Konzil hat den Grund gelegt für die Erneuerung der Kirche in der Zukunft. Von uns hängt es nun weithin ab, ob das Konzil zum Scheitern verurteilt ist oder nicht. Ich bitte um die Bereitschaft aller bei dem großen Werk.“

Die Jahre der Konzilsarbeit bedeuten einen wichtigen Abschnitt im Wirken Joseph Schröffers.

Über die Beteiligung seines nachmaligen Mitarbeiters am Konzil schreibt Kardinal Gabriel Marie Garrone, der Präfekt der Kongregation für das Katholische Bildungswesen in Rom: „Einige, die eine bedeutende und manchmal sogar entscheidende Rolle beim Konzil spielten, kann man im Schatten der Vergangenheit entdecken. Bischof Schröffer ist einer von ihnen . . . .

Es war die allererste Sitzungsperiode des Konzils. Johannes XXIII. hatte dem Wunsch der Konzilsväter entsprochen, die Sitzungen für ein paar Tage zu unterbrechen, um den Bischöfen die Möglichkeit zu geben, in aller Freiheit die Mitglieder für die einzelnen Konzilskommissionen zu wählen. Einer der Namen, die man als erste hörte – vielleicht der erste überhaupt – war der des Bischofs von Eichstätt. Es handelte sich um die Theologische Kommission, der die Hauptarbeit beim Konzil zukommen sollte. Bischof Schröffer . . . bekam die Höchstzahl der Stimmen der Konzilsväter. Das zeugt von seiner Autorität, die er im Konzil und in der Theologischen Kommission besaß . . .“

Und Kardinal Garrone wollte „ein persönliches Wort anfügen bezüglich der Tätigkeit von Bischof Schröffer im Konzil, bezüglich seiner Interventionen, die immer Beachtung fanden, aber vor allem bezüglich seiner unermüdlichen Tätigkeit in der Theologischen Kommission . . . Ich könnte leicht das eine oder andere Wichtige, ja Entscheidende nennen, wo seine Mitarbeit äußerst bedeutsam war. Es gab kaum eine Zusammenkunft von Fachleuten, in die er nicht entsandt wurde. Denn er hatte bei allen großes Ansehen wegen seiner Aufrichtigkeit, wegen seiner fachlichen Kompetenz und wegen seines empfindsamen Gewissens. Wer ihn nur ein wenig kennt, weiß, was ihn das Konzil an Arbeit Tag und Nacht gekostet hat. Vielleicht wird das Öffnen der Archive diese Tatsache eines Tages erhellen."

VII. Die Jahre danach

Bemühung um Verwirklichung der Konzilsbeschlüsse

Als Bischof Joseph am 13. Dezember 1965 seine Diözesanen aufrief, bereitwillig mitzuhelfen, die Beschlüsse des Konzils in die Tat umzusetzen, konnte er nicht ahnen, daß er bereits knapp eineinhalb Jahre später selber gefordert sein würde, für die Verwirklichung der Konzilsbeschlüsse seinen höchsten persönlichen Einsatz zu bringen: sich als Sekretär der Kongregation für die Universitätsstudien und Seminarien zur Verfügung zu stellen und damit seine vertraute Heimatdiözese verlassen zu müssen.

Vielmehr machte er sich Gedanken, wie das auf der Kirchenversammlung Erarbeitete alsbald verwirklicht werden könne. Papst Paul VI. hatte auch bei jeder Gelegenheit erkennen lassen, bekanntlich bereits in seiner ersten öffentlichen Rede als neugewählter Pontifex, daß er seine ganze Kraft einsetzen wolle, um die zukunftsweisenden Konstitutionen, Dekrete und Deklarationen des Konzils in die Wirklichkeit umzusetzen und gleichzeitig auch die hohen vatikanischen Ämter zu internationalisieren. Er hatte bereits in seiner früheren Tätigkeit als Substitut am Staatssekretariat und dann als Teilnehmer der ersten Sitzungsperiode des Konzils erfahren, daß man in der Weltkirche auch eine entsprechende Berücksichtigung außeritalienischer Mitarbeiter in den päpstlichen Ämtern und Behörden erwarte. Die auf dem Konzil teilweise spürbare Animosität gegen den „römischen Zentralismus" erschien Paul VI. nicht ganz unverständlich. Dazu kam, daß er sowohl bei den vorbereitenden Konzilskommissionen als auch ganz besonders in den nachfolgenden Konzilsgremien selber eine Fülle von höchstbefähigten Fachleuten für die einzelnen Gebiete kennenlernen konnte, die es ihm nahelegte, sich die Mitarbeit solcher Experten auch an der Kurie zu sichern und entsprechende Berufungen an die römischen Ämter auszusprechen. Und da war ihm der Eichstätter Bischof, der ihm bereits von den Ad-limina-Besuchen her bekannt war, schon von Anfang an als vielseitig kompetenter Mann und unermüdlicher Arbeiter aufgefallen. In seiner Bescheidenheit nahm Bischof Schröffer diese Hochschätzung nicht sonderlich wahr, sondern hielt seine Arbeit vor und auf dem Konzil für eine Selbstverständlichkeit. So wehrte er auch die anerkennenden Worte ab, mit denen er bei seiner Rückkehr in Eichstätt begrüßt und seine Leistung auf der Kirchenversammlung gewürdigt wurde und meinte: „Ich will nicht reden von den äußeren Dingen (des Konzils), von der großen Arbeit und dem geringen Verdienst meinerseits, das noch dazu beträchtlich übertrieben worden ist in den Begrüßungsreden. Nicht davon, daß 16 Dokumente auf dem Konzil verabschiedet worden sind: 4 Konstitutionen größeren Umfangs, 9 Dekrete und 3 Deklarationen. Nicht von den insgesamt 540 Abstimmungen und den vielen Generalkongregationen dieser 4 Jahre ..."

Angesichts der sensationell hohen Stimmenzahl, die er bei der Wahl in die Konzilskommission für Glauben und Sitte erhalten hatte, konnten die Eichstätter die Verdienste ihres Oberhirten in den Begrüßungsworten schwerlich übertrieben haben. Welche Anerkennung seine Arbeit vor und auf dem Konzil gefunden hatte, bezeugten auch die vielen Glückwunschschreiben, die Joseph Schröffer im Jahre 1967 anläßlich seiner Berufung zum Sekretär der Kongregation für die Universitätsstudien und Seminarien erhalten hat und die übereinstimmend die große Fachkompetenz und theologische Autorität des Eichstätter Bischofs und einstigen Konzilsvaters rühmten. Aus manchen Briefen spürte man auch eine persönliche Freude über die mit der Berufung nach Rom verbundene Wiederbegegnung mit Joseph Schröffer, dem viele auch menschlich nahestanden oder freundschaftlich verbunden waren. Im Dezember 1965 dachte er wohl an diese Verbundenheit mit zahlreichen Bischöfen der Welt und drückte dies auch beim Empfang im Stadttheater aus, bekannte aber auch, er sei „herzlich froh" darüber, wieder daheim bei seinen Diözesanen zu sein. Was er bei dieser Gelegenheit schon kurz als große Aufgabe der Zukunft andeutete, nämlich die Umsetzung der Konzilsbeschlüsse in die praktische Wirklichkeit, führte er als Hauptgedanken seiner Silvesterpredigt 1965 noch genauer aus. Dabei wies er darauf hin, daß es ein verhängnisvoller Irrtum wäre zu meinen, die Hauptarbeit sei bereits geleistet, vielmehr erforderten „die riesigen Aufgaben der nachkonziliaren Zeit ein Anpacken aller". Dabei nannte er als vordringlichste Aufgabe, „das auf dem Konzil Erarbeitete wirklich kennenzulernen" und meinte wörtlich:

„Das wird zum Teil eine Aufgabe der Verkündigung sein in der Predigt und in der Arbeit der Verbände. Dazu muß aber unbedingt das persönliche Interesse der einzelnen besonders an jenen Dokumenten kommen, die sie vor allem angehen. Hier heißt es, die Texte zu studieren und zu überdenken."

Notwendigkeiten und Empfehlungen, die heute noch genauso gelten wie vor einem Vierteljahrhundert, stellt man doch auch in der Arbeit der katholischen Erwachsenenbildung bei Diskussionen über Enzykliken oder Konzilsdokumente immer wieder fest, daß sich die Unkenntnis ihrer Texte nachteilig bemerkbar macht oder mancher Einwurf der Kirchengegner längst durch diese Verlautbarungen widerlegt ist. So liegt die Hilflosigkeit der Gläubigen in der Auseinandersetzung mit Andersdenkenden oft im Mangel an Wissen begründet und läßt es daher bis heute als unabdingbare Voraussetzung erscheinen, sich in den zur Debatte stehenden Fragen erst gründlich sachkundig zu machen.

Bischof Schröffer ermunterte daher seine Diözesanen eindringlich zum

Studium der Konzilstexte und vermittelte ihnen zugleich einen kleinen Vorgeschmack von der Fülle ihres geistlichen Reichtums, wenn er in seiner Silvesterpredigt sagte:

„Großartig ist beispielsweise das, was in der Konstitution von der Kirche gesagt wird über das Volk Gottes, über die priesterliche Berufung eines jeden Christen, über die Berufung aller zur Heiligkeit des Lebens, über die Teilnahme an der dreifachen Sendung Christi. Oder wenn im Offenbarungsschema die Rede ist von der Bedeutung des Wortes Gottes im Leben der Kirche, im Leben jedes einzelnen Christen."

Aus der Kenntnis des Gedankengutes des Konzils erwachse dann als zweite Aufgabe der Auftrag, die Konzilsbeschlüsse in der Kirche und im Alltag zu verwirklichen.

„Dabei ist der Geist", so Bischof Schröffer am 31. Dezember 1965 im Eichstätter Dom, „wichtiger als die äußere rechtliche Form und Institution. Wenn das Konzil eine Kirche in jugendlicher neuer Kraft und Schönheit als Ziel vor Augen gesehen hat, ist es weniger von Bedeutung, in welchen rechtlichen Formen die Kirche geleitet wird, welche Reformen die römische Kurie erfahren wird." Wie bei jeder früheren oder späteren Gelegenheit beschwor er auch in dieser Silvesterpredigt die Gläubigen:

„Von allen hängt es ab, ob die Kirche eine Strahlungskraft entfaltet – oder die Außenstehenden weiterhin lästern können, ‚Erlöster müßten sie aussehen, seine Erlösten!' An uns als der Kirche von heute ist es, Christus, seine Lehre und Botschaft, seine Erlösung zu rechtfertigen. Nur dann wird das Konzil nicht gescheitert sein, wenn nun wirklich die Kirche erwacht in den Seelen, wenn der Satz der Kirchenkonstitution ernstgenommen wird: ‚Gott hat es gefallen, die Menschen nicht nur einzeln, ohne wechselseitige Beziehung zueinander zu erlösen, zu heiligen und zu retten, sondern nur in der Gemeinschaft als Volk, das ihn anerkennt und in Heiligkeit ihm dient.'"

Jeder, der ihm zuhörte, konnte spüren, wie er noch ganz aus der Fülle des Konzilsgeistes sprach und die große Aufbruchstimmung dieser Kirchenversammlung an die Gläubigen weiterzugeben suchte, aber gleichzeitig aus der Lebenserfahrung wußte, daß dem geistigen Anstoß bald die Tat folgen muß, wenn nicht die aufgekommene Begeisterung und Bereitschaft langsam verebben soll. So nahm Bischof Joseph jede sich bietende Gelegenheit wahr, um seine Diözesanen auf die Aussagen des Zweiten Vatikanischen Konzils hinzuweisen und die von der Kirchenversammlung beschlossenen Neuerungen zügig durchzuführen. In dieser Treue zur Weltkirche und vorbehaltlosen Bereitschaft, sich Konzilsbeschlüssen zu öffnen und sie alsbald in die Wirklichkeit umzusetzen, stand Eichstätt bekanntlich in einer langen Tradition. Sein Oberhirte Joseph Schröffer setzte diese Beispielhaftigkeit seiner Vorgänger auf dem bischöflichen Stuhl fort und führte seine Diözesanen behutsam und konsequent in die vom Konzil beschlossenen Neuerungen ein.

In seinen geistlichen und Laienmitarbeitern in Domkapitel, Pfarreien und Verbänden hatte er dabei tatkräftige Stützen, wie sich auch ganz besonders die Jugend des Bistums offen und aufnahmebereit den Konzilsbeschlüssen zuwandte und ihrem Bischof zur Seite trat. Sie ließ sich gerne für den neuen Aufbruch in der Kirche begeistern und war bereit, den Geist der Erneuerungen auch in ihre Gruppen und Pfarreien zu tragen.

Aber in der Sorge um die richtige Auslegung der Konzilsdokumente und im Hinblick auf manche überzogene Erwartungen und eigenmächtige Ausdeutungen schrieben die deutschen Bischöfe in Fulda am 30. September 1966 ein gemeinsames Wort zur Situation nach dem Konzil:

„. . . Wir können . . . unsere Augen nicht verschließen vor Erscheinungen, die zwar nicht durch das Konzil verursacht, wohl aber durch das Konzil ausgelöst wurden. Wir müssen diesen Erscheinungen gegenüber unser Amt als Künder und Wächter des Glaubens mit allem Ernst wahrnehmen und vor allem den Vergröberungen und Entstellungen von Konzilsaussagen entgegentreten. Wir bedauern schmerzlich, daß das Konzil vielfach – zumal im publizistischen Bereich – nur in Schlagworten weiterlebt und daß seine eigentlichen religiösen Zielsetzungen noch sehr wenig erkannt und aufgegriffen werden . . ."

Die deutschen Bischöfe wiesen darauf hin, daß die Kirche nach dem Konzil „nicht eine neue" sei, sondern „eine erneuerte" werden sollte, und daß sie alles tun würden, aufgetretenen Verwirrungen und Mißverständnissen „in Güte und Festigkeit zu wehren". Zusammenfassend stellten die deutschen Bischöfe in ihrer Botschaft vom 30. September 1966 fest:

„Jede echte Reform hat zwei Gegner, die ihr gleich gefährlich werden können: die Verständnislosen, die starr an dem Vergangenen festhalten, und die Ungeduldigen, die nicht anerkennen wollen, daß man den zweiten Schritt nicht zugleich mit dem ersten tun kann. Beide liefern einander die Argumente für ihre Fehlhaltung, beide sind vom Geist des Konzils gleich weit entfernt." Bischof Schröffer teilte in Gemeinschaft mit seinen deutschen Amtsbrüdern die vorgetragene Sorge um das richtige Verständnis der Konzilsbeschlüsse, durfte aber in seinem eigenen Bistum feststellen, daß die im „Wort der deutschen Bischöfe" angesprochenen Gefahren nicht zu beobachten waren. In der Diözese Eichstätt machten sich weder ungeduldige Eiferer noch unbewegliche Traditionalisten störend bemerkbar; vielmehr folgten Klerus und Kirchenvolk vertrauensvoll ihrem Oberhirten auf dem Wege zur Erneuerung der Kirche. Freilich war Bischof Joseph auch ohne Verzug an die Vorbereitung der Verwirklichung der Konzilsbestimmungen gegangen.

So hatte er bereits wenige Wochen nach Beendigung der Kirchenversammlung die von der Konstitution über die Liturgie geforderte „Kommission für Kirchenmusik" berufen und ihre 17 Mitglieder am 12. Februar 1966 zur ersten Arbeitssitzung nach Eichstätt eingeladen. Die Zusammensetzung dieses Gremiums dokumentierte die hohe Kirchenmusikkultur der Diözese Eichstätt und zugleich einen repräsentativen Querschnitt von Priestern und Laien, die im Musikleben des Bistums eine hervorragende Rolle spielten. Da war der geistliche Studienprofessor und passionierte Cello-Spieler Andreas Bader aus Ingolstadt ebenso vertreten wie der Moritz-Organist Hans Steimer, fand man den einstigen Musikpräfekten des Seminars und nachmaligen Stadtpfarrer von Nürnberg-Eibach Joseph Mayer als Mitglied wie den namhaften Musikwissenschaftler Professor Johannes Schlick. In kluger Verbindung der Konzilsforderung mit allgemeinem praktischem Nutzen übertrug Bischof Schröffer dieser Kommission einerseits die Aufgabe, „das kirchenmusikalische Arbeiten im Geist der Liturgie-Konstitution anzuregen und zu unterstützen“ und konstituierte sie andererseits als „kirchenmusikalische Führungsgruppe anstelle von Dekanatsmusikpflegern“ mit dem Auftrag, die organisatorischen Aufgaben in die Hand zu nehmen und mit ihren Mitgliedern den Seelsorgern und Pfarrgemeinden zur Verfügung zu stehen“, wobei er betonte: „Die deutsche Liturgie ist zweifellos ein Gewinn. Nur eines wäre schade, wenn das hohe Liedgut des Chorals, auch rein künstlerisch-musikalisch von echter Größe, darüber verloren ginge.“

Im gleichen Jahr 1966 ging Bischof Joseph an die Erfüllung einer weiteren Konzilsforderung, die Errichtung eines Priesterrats in der Diözese, entsprechend dem Konzilsdekret über Dienst und Leben der Priester, in welchem die Schaffung eines Kreises oder Rates gefordert wurde, der die Priesterschaft der Diözese repräsentieren soll.

Gleichzeitig mit dem Erlaß der Satzung für den Priesterrat führte er Neuerungen im Seelsorgeamt ein. Es hatte die Aufgabe, in enger Zusammenarbeit mit dem Bischof und dem Generalvikar eine Gesamtkonzeption der Seelsorge- und Bildungsarbeit zu entwickeln und die bisher geleistete Arbeit noch zu intensivieren. Das Amt gliedert sich in drei Referate, von denen die Erwachsenenbildung Jahre später eine besondere öffentliche Beachtung finden sollte, als in Bayern ein Erwachsenenbildungsgesetz in Kraft trat und im ganzen Land „Katholische Bildungswerke“ ins Leben gerufen wurden. Die beiden anderen Referate widmeten sich der Erwachsenen- sowie der Jugendseelsorge und Jugendarbeit, zwei Bereiche, denen Bischof und Generalvikar schon seit jeher große Aufmerksamkeit zugewandt hatten.

Mit der Aufwertung der Erwachsenenbildung zu einem eigenen Referat wurde die wachsende Bedeutung dieses Bildungssektors unterstrichen; dies entsprach zugleich auch einer Forderung des Konzils. Vergleicht man im übrigen die Aufgaben-Beschreibung dieses Referates mit den Schwerpunktthemen der nachmaligen „Katholischen Bildungswerke“ im Bistum Eichstätt, stellt man eine merkliche Gleichgewichtung fest. Da spielen neben der „allgemeinen Erwachsenenbildung“ mit politischen, geschichtlichen, landeskundlichen und kulturellen Themen „Ehe- und Familienbildung“ eine zentrale Rolle. Und das eigens in der Satzung erwähnte „Bildungswerk Schloß Hirschberg“ hatte auch in den nachfolgenden Jahren große Bedeutung. Die Berufung hervorragender Persönlichkeiten, wie sie bis heute vom amtierenden Bischof praktiziert wird, unterstreicht den Stellenwert dieses diözesanen Bildungswerkes. Zu diesen personalen Qualitäten kamen damals noch die Vorzüge der gastlichen Betreuung durch die auf Schloß Hirschberg Dienst tuenden Eichstätter Benediktinerinnen sowie die landschaftlich reizvolle Lage des Ortes hinzu. Kein Wunder, daß die auf Schloß Hirschberg stattfindenden Bildungsveranstaltungen wie schon seit vielen Jahrzehnten fast immer „ausgebucht“ sind und oft auch überdiözesane Gremien gern dort ihre Konferenzen und Symposien abgehalten haben. So schrieb der Vorsitzende der Katholischen Erziehergemeinschaft KEG in Bayern, Schulrat Kiermaier, München, am 27. Oktober 1953: „Unsere Gemeinschaft nimmt um so mehr an Ihrem Jubiläum Anteil“ (25 Jahre Priester), „als wir wissen, wir sehr sich Ew. Exzellenz um das Erziehungswesen der Diözese Eichstätt kümmern. Die Hirschberger Ferienwochen sind . . . zum festen Begriff geworden. Dank Ihrer Anregung werden dort jährlich viele Lehrer im rechten Geist orientiert.“ Bischof Joseph war auch, wenn irgend möglich, als Referent auf Schloß Hirschberg dabei und sprach praktisch zu allen dort tagenden Berufsgruppen und Ständen.

Der in der Satzung des Bildungswerkes niedergelegte Auftrag, „eine Gesamtkonzeption der Seelsorge- und Bildungsarbeit zu entwickeln“, erwies sich in der nachfolgenden Zeit als nützlicher Ansatz für den Entwurf eines Erwachsenenbildungsplans, wie er dann vom gegenwärtigen Referenten für Erwachsenenbildung, Dipl.-theol. Bertram Blum, vorgelegt und von der Bistumsleitung in Kraft gesetzt wurde. Dieser Bildungsplan gilt in ganz Bayern als beispielgebend, beschreibt er doch in mustergültiger Weise Sinn und Aufgabe katholischer Erwachsenenbildungsarbeit und definiert in verbindlicher Form die Zielsetzung der katholischen Bildungswerke im Bistum. Da sich der Autor in der Vorlage seines Plans wiederholt auf die einschlägigen Aussagen des Zweiten Vatikanischen Konzils bezieht und die katholische Erwachsenenbildung auch als Vollzug der betreffenden Beschlüsse dieser Kirchenversammlung versteht, erfüllt er gleichsam ein Vermächtnis Bischof Schröffers auf dem Gebiet der katholischen Erwachsenenbildung. Welch hohen Stellenwert Joseph Schröffer der Erwachsenenbildung in katholischer Trägerschaft zumaß, geht auch daraus hervor, daß er selber wiederholt als Referent in katholischen Bildungswerken auftrat. Und zwar auch auf Veranstaltungen, die ihm einen langen Reiseweg und großen Zeitaufwand abforderten. So sprach er bekanntlich als Bischof von Eichstätt und Konzilsvater in Bonn und in Düsseldorf und im Herbst 1976 als Kardinal auf einem Vortragsabend des Katholischen Bildungswerkes Ingolstadt.

Bestimmendes Thema war für Bischof Schröffer in den Konzils- und Nachkonzilsjahren die Erneuerung der Kirche, das er in zahlreichen Predigten und Ansprachen behandelte, wobei es ihm nach Abschluß der Kirchenversammlung vordringlich um die Verwirklichung der Konzilskonstitutionen und -dekrete ging. Seinen Diözesanklerus ließ er bekanntlich sofort nach Erscheinen der Konzilsdokumente mit ihrem Wortlaut versehen und auch durch Buchbesprechungen im „Pastoralblatt“ auf dem laufenden halten. Der Ordinariatsdirektor Dr. Joseph Rieder stellte den Beziehern des „Pastoralblatts“ in knappen aber aufschlußreichen Rezensionen jeweils die neuesten Publikationen über das Konzil vor.

So fand sich in der Mai-Ausgabe 1967 des „Pastoralblatts“ der volle Wortlaut der Instruktion der Ritenkongregation über die Musik in der Liturgie und das Dekret der Kongregation für die Glaubenslehre über das kirchliche Bücherverbot, mit welchem der stark kritisierte „Index“ verbotener Bücher, der erstmals 1559 veröffentlicht worden war, aufgehoben wurde.

Die in den sechziger Jahren lautstark propagierte „Mündigkeit“ des Menschen konnte einen solchen Index nicht dulden, zumal man auch bald vom „mündigen Christen“ sprach, der selber wisse, welche Literatur er sich zumuten könne und keinen Zensor brauche. Da in der Tat im Laufe der vergangenen vierhundert Jahre manches Buch auf den „Index“ kam, das sich weniger als glaubensbedrohend denn als wissenschaftlich-fortschrittlich erwies, geriet diese Verbotsliste zunehmend mehr ins Fadenkreuz der Kritik und wurde schließlich auch in der zuständigen Glaubenskongregation für überflüssig erklärt. Auf diese Entscheidung der „Ehrwürdigen Väter, die für den Schutz der Glaubenslehre zuständig sind“, wie es in dem Dekret wörtlich hieß, nahm der Präfekt der Kongregation für die Glaubenslehre, Kardinal Alfredo Ottaviani, in seiner Verlautbarung ausdrücklich Bezug.

VIII. Sekretär der Kongregation für das katholische Bildungswesen

Abschied von der Heimatdiözese

Bischof Joseph hatte gerade in Ingolstadt über tausend jungen Menschen das Sakrament der Firmung gespendet und befand sich nun in der Oberpfalz auf Firmungsreise, zu Visitationen verschiedener Pfarreien und zur Tagung von Werkvolk und CAJ in Neumarkt, da traf, unmittelbar vor der Abfahrt nach Königstein zur Tagung der Deutschen Bischofskonferenz, völlig überraschend über die Nuntiatur die Nachricht ein, daß er von Papst Paul VI. zum Sekretär der Heiligen Kongregation für Seminare, Universitäten und Studien, wie die Bezeichnung damals noch war, ernannt worden sei. Es war am 1. Mai, dem Fest „Joseph der Arbeiter".

Stellte diese Berufung einen Erweis des Vertrauens und der Hochschätzung seitens des Heiligen Vaters dar, so forderte sie ihm aber andererseits ein sehr hohes persönliches Opfer ab, sollte er doch nach neunzehnjährigem bischöflichem Dienst die ihm so sehr ans Herz gewachsene Diözese verlassen und nach Rom übersiedeln. Dabei spielten für ihn, den 64jährigen, die auf ihn zukommenden äußeren Einschränkungen nur eine untergeordnete Rolle, so schwer auch die Umstellung von der verantwortlichen Leitung einer Diözese zur Wahrnehmung einer Aufgabe in der Verwaltung der Gesamtkirche fallen mußte. War er in Eichstätt Vater seiner Diözesanen und ganz der Seelsorge verschrieben, so würde in Rom vorwiegend Schreibtischarbeit zu leisten sein, eine Vorstellung die einen priesterlichen Menschen, der so gerne auf die Menschen zuging und den Kontakt mit ihnen suchte, belasten mußte.

Dennoch stand es für ihn außerhalb jeden Zweifels, daß er dem Ruf des Papstes zu folgen habe. Den einzigen Vorbehalt, den der Hl. Vater gegen die Berufung an die römische Kurie gelten lassen mochte, konnte allenfalls sein Gesundheitszustand liefern, bedeutete doch ein Umzug nach Rom auch einen Einschnitt in die bisherigen Lebensumstände, vom unterschiedlichen Klima bis zur ungewohnten Versorgung, und dies in einem Alter, da sich solche Umstellungen ungünstig auf das Gesamtbefinden auswirken können.

Im Herzen Joseph Schröffers mochte die Entscheidung freilich schon gefallen sein, denn dem Ruf des Nachfolgers des Apostels Petrus konnte man sich bei seinem Kirchen- und Gehorsamsverständnis kaum verschließen. Auch hielt er es für ein Zeichen der Glaubwürdigkeit, die auf dem Konzil nachdrücklich gestellte Forderung nach „Internationalisierung der Kurie" dann auch durch die eigene Bereitschaft zu bezeugen, wenn der Papst hohe vatikanische Ämter mit nicht-italienischen Persönlichkeiten besetzen wollte, um die zentrale Verwaltung der Kirche auf eine breitere Grundlage zu stellen und Vertreter aus allen Teilen der Welt daran zu beteiligen, im besondern auch die Erfahrung von Diözesanbischöfen heranzuziehen. Auf keinen Fall sollte das Gerücht Nahrung erhalten, daß sich deutsche Prälaten einer Berufung nach Rom aus wirtschaftlichen Gründen verweigern, weil sie an der Kurie – in Angleichung an die Gehälter in Italien – nur einen Bruchteil dessen bekämen, was sie in Deutschland erhalten. In der Tat war ein Kurienerzbischof ungleich bescheidener dotiert als ein residierender deutscher Bischof und bezog ein geringeres Gehalt als mancher Kaplan in Deutschland.

So geschah, was allenfalls ernsthafte ärztliche Bedenken hätten in Frage stellen können: Bischof Joseph Schröffer meldete Papst Paul VI. sein „Adsum“ und begann im September seine Arbeit in Rom.

In seinem Abschiedshirtenbrief vom 31. Dezember 1967 an die Priester und Gläubigen der Diözese Eichstätt bekannte er nicht nur, wie schwer ihn die Trennung von seinem Bistum ankam, sondern erklärte auch seine persönlichen Beweggründe, wenn er schrieb: „. . . Ihr wißt, daß mich der Heilige Vater an die Kongregation für das katholische Unterrichtswesen nach Rom berufen hat. Es war sein betonter Wunsch und Wille, daß ich diese Aufgabe übernehme; und so konnte und durfte ich nicht der Stimme des Herzens folgen, die mich mit aller Macht in der Diözese des heiligen Willibald festgehalten hätte . . .“
und dann gerade mit Bezug auf den ersten Bischof von Eichstätt begründete:

„Wenn ich mein Ja gesprochen habe, so geschah es auch in dem Gedanken an den ersten Bischof unserer Diözese, den heiligen Willibald.“

In diesen Erinnerungen kam zugleich die lebenslange innere und kirchengeschichtliche Zuwendung Joseph Schröffers zu Bischof Willibald zum Ausdruck.

Wann immer sich die Gelegenheit bot, ging er den Lebensspuren dieses englischen Königssprosses nach und brachte oft die Unterhaltung mit gleichermaßen interessierten Mitbrüdern auf den neuesten Stand der Willibald-Forschung, wie er auch in seinen späteren römischen Amtsjahren dem Aufenthalt seines heiligen Vorgängers in Rom innerlich nahe blieb und sich an seinem Beispiel orientierte.

Wer so mit dem Bistumsgründer, der Geschichte der Diözese – besonders in den gefahrvollen Jahren des „Dritten Reiches“ – und nicht zuletzt so eng mit den Gläubigen verbunden war, mußte die Trennung naturgemäß schmerzlich empfinden.

In dem ihm eigenen Pflichtgefühl nahm er bis zu seiner Übersiedlung nach Rom noch alle Termine und Funktionen des Bischofs von Eichstätt wahr. So spendete er – wie all die Jahre zuvor – am 29. Juni 1967 18 Diakonen das

Sakrament der Priesterweihe, unter ihnen dem aus der indischen Erzdiözese Ernakulam/Kerala stammenden Peter Chirayath, ein weiterer geistlicher Sproß aus der segensreichen Verbindung des Bistums Eichstätt mit Indien. Aus seiner eigenen Heimatstadt Ingolstadt konnte Bischof Joseph dem heutigen Diözesanschulreferenten und Domkapitular Klaus Schimmöller die Hände für den priesterlichen Dienst salben. Daß diese geweihten Hände dann in den nachfolgenden Jahren bis zum heutigen Tag der Heimatkirche in Ingolstadt fast schon regelmäßig priesterliche Dienste an Sonntagen und Hochfesten leisten, dürfte ganz im Sinne seines Konsekrators sein, fühlte er sich doch selbst auch seiner Heimatpfarrei St. Moritz in Ingolstadt zeitlebens eng verbunden, wie er es auch gerne sah, wenn seine Domherren und hohen geistlichen Dignitäre neben der Erfüllung ihrer Verwaltungsaufgaben auch noch bestimmte seelsorgerliche Aushilfedienste versahen. Die Verbindung zur Seelsorge blieb auf diese Weise auch für den mit Verwaltungsaufgaben betrauten Geistlichen lebendig und bewahrte den kirchlichen Amtsträger vor der Entfremdung von seiner priesterlichen Berufung. Im Sinne dieser praktizierten Verbindung von besonderer Aufgabe und priesterlichem Dienst an den Gläubigen hat Joseph Schröffer auch als Bischof Taufen gespendet und als Kurienkardinal in Rom gefirmt und Priester geweiht.

Die zahlreichen geistlichen Religionslehrer, Benefiziaten, Kommoranten und Verbandsseelsorger in der Kirche üben diese bewährte Praxis seelsorglichen Hilfsdienstes ebenso wie viele geweihte Theologieprofessoren der kirchlichen und staatlichen Hochschulen. Von den 11 Priesteramtskandidaten aus dem Bistum Eichstätt, denen Bischof Schröffer als letztem Weihegang seiner bischöflichen Amtszeit die Priesterweihe spendete, gingen mit Michael Distler, Konrad Herrmann und Robert Kößler drei als geistliche Religionslehrer an Schulen und leisten dort ihren besonderen Dienst der Verkündigung. Ähnlich wie ihre 8 neugeweihten Mitbrüder Ferdinand Albrecht, Josef Lang, Theobald Merlein, Erhard Reichhart, Karl Schiele, Klaus Schimmöller, Georg Schmid und Willibald Weber wurden sie aber zunächst als Aushilfspriester in die praktische Seelsorge entsandt und wirkten als Kaplan, bevor sie dann später ihre spezielle Ausbildung für den Lehrberuf begannen. Denn noch im gleichen Jahr 1967 eröffnete Bischof Schröffer mit der Beurlaubung des bisherigen Kaplans bei St. Joseph in Ingolstadt, Hans Braun, an einem Studium in München interessierten jungen Priestern seines Bistums die Möglichkeit einer besonderen Ausbildung zum Religionslehrer an weiterführenden und höheren Schulen.

Joseph Schröffer ließ nirgends erkennen, daß er nach Annahme der Berufung nach Rom sich nur noch als „Bischof auf Zeit“ fühlte und entsprechend seinen Dienst eingeschränkt hätte. Vielmehr trug er bis zum Jahresende 1967 nicht nur die Verantwortung für das Bistum Eichstätt, sondern ab September gleichzeitig auch die volle Last der römischen Arbeit.

Auch in den letzten Monaten seines Wirkens in der Diözese Eichstätt beschränkte er sich nicht allein auf Routine-Angelegenheiten, sondern zeigte sich weiterhin interessiert an Plänen und Zukunftsprojekten in seinem Bistum. So besichtigte er im Frühjahr 1967 noch das Studienseminar St. Canisius in Ingolstadt und nahm die gerade im Umbau befindlichen Räumlichkeiten persönlich in Augenschein. Konviktsdirektor Otto Maurer und sein Stellvertreter Karl Graml führten Bischof Schröffer fast in jeden Winkel der Baustelle und erklärten ihm beredt dessen Zweckbestimmung. Nur wer das Mienenspiel des bischöflichen Gastes genau beobachtete, konnte bisweilen den Hauch eines hintersinnigen Schmunzelns erkennen, das anzudeuten schien, daß ihm hier Projekte vorgezeigt wurden, deren Fertigstellung er als Bischof von Eichstätt und oberster Protektor des Ingolstädter Canisiuskonviktes nicht mehr würde verfolgen können, sondern zu dieser Zeit bereits in Rom sein würde. Die Nachricht von seiner Berufung an die Kurie war zum Zeitpunkt des Besuches noch nicht veröffentlicht, sondern nur ihm bekannt.

Bezeichnend für seine innere Verbundenheit mit den Einrichtungen seiner Diözese war sein bleibendes Interesse an der Weiterentwicklung des Canisius-Konviktes. Gern ließ er sich aus informiertem Munde über Lage und Sorgen dieses traditionsreichen Knabenseminars berichten, wie er auch während seiner Bischofszeit in Eichstätt sogar kurzfristig einen Gesprächstermin für einen Präfekten (Heimerzieher) ermöglichte.

In Joseph Schröffer begegnete man einem Bischof, der als Mensch beeindruckte und zugleich für sich gewann und der letztlich alles andere war, als der Inbegriff einer salbungsvollen episkopalen Erscheinung.

Der unmittelbare Zugang zu Bischof und Kardinal Schröffer, wie er sich dann auch während seiner römischen Amtszeit bei Besuchen in der Via Rusticucci 13 zumeist ergab, bestätigte dem Besucher den wahren Eindruck eines aufgeschlossenen und warmherzigen Menschen. Eichstätter Priester und Diözesanen, die zwischen 1968 und 1983 „ihren Bischof und Kardinal“ besuchten, berichteten übereinstimmend von diesen offenen und herzlichen Begegnungen in Rom. Manche von ihnen empfanden ihn „gleichsam befreit von den Amtswürden und -bürden“ als den „eigentlichen Menschen Joseph Schröffer“, wie es ein Diözesanpriester einmal in einem Gespräch ausdrückte. Beobachtungen, die freilich für die Mitarbeiter Joseph Schröffers auch schon in dessen Eichstätter Zeit selbstverständlich waren.

Im letzten Jahr seiner Eichstätter Amtszeit hatte Bischof Joseph auch einen Geistlichen seiner Diözese zu würdigen, der als markante Figur des deutschen katholischen Widerstandes gegen das nationalsozialistische Regime in die Zeit- und Kirchengeschichte eingegangen ist: Dompfarrer und Domkapitular Johannes Kraus. Als furchtloser Kämpfer für die Freiheit des Glaubens und der Kirche nahm er in der Zeit des „Dritten Reiches“ Verfolgung und Gestapo-Haft auf sich und wurde für Tausende Eichstätter Diözesanen zum

Sinnbild mannhafter Glaubens- und Kirchentreue. Dompfarrer Johannes Kraus, hochdekorierter Offizier des Ersten Weltkriegs, stand nicht nur seinem Bischof Michael Rackl während der NS-Zeit als „gehorsamer Soldat Christi“ zur Verfügung und ignorierte die von der geheimen Staatspolizei über ihn verhängten Aufenthaltsverbote für die Stadt Eichstätt, sondern sagte auch den braunen Geheimpolizisten frank und frei ins Gesicht, daß sich ihre Methoden kaum von jenen der stalinistischen GPU unterschieden, eine Gleichsetzung, welche in ihrer Richtigkeit die nationalsozialistischen Häscher zutiefst traf.

Diesen aufrechten Streiter Gottes ernannte Bischof Schröffer im Mai 1967 zum Ehrendomherrn der Kirche Eichstätts und würdigte damit den zeichenhaften Einsatz Johannes Kraus’ für Glauben und Kirche in schwerer Zeit, nachdem dieser aus Altersgründen und wegen seines Augenleidens, er war fast erblindet, auf seine Stellung als Domkapitular am 1. Mai 1967 verzichtet hatte.

Das dadurch frei gewordene Kanonikat wurde mit der Wahl des damaligen Stadtpfarrers von St. Augustin in Ingolstadt, Wilhelm Reitzer, in das Domkapitel neu besetzt. Nach dem Tod des Dompfarrers Spreitzer übertrug Bischof Joseph ihm die Aufgabe der Betreuung der Patendiözese Poona und ernannte ihn, nach Rücksprache mit dem Präsidium von Pax Christi, zum Geistlichen Beirat dieser Friedensbewegung im Bistum Eichstätt. Eine Berufung, die sich angesichts des nachfolgenden Wirkens Domkapitular Reitzers für die verfolgte Kirche in Osteuropa als überaus segensreich erweisen sollte. Nich von ungefähr wurde ihm die Leitung des „Europäischen Hilfsfonds“ mit Sitz in Wien übertragen, wo ihm die Aufgabe oblag, den bedrängten und verfolgten Kirchen in den kommunistisch regierten Ostblockländern Unterstützung zukommen zu lassen. Seine Ernennung zum Prälaten war ein Zeichen der Wertschätzung, die seine Tätigkeit erfuhr.

Als langjähriger Präsident des deutschen Zweiges der Pax Christi-Bewegung nahm Bischof Schröffer, übrigens schon seit den fünfziger Jahren, aufmerksam Anteil an den Entwicklungen in der Tschechoslowakei und in Polen, suchte er doch zu diesen Nachbarländern Deutschlands Bande der Verständigung und Aussöhnung zu knüpfen.

Bevor Bischof Joseph nach Rom aufbrach, mußte er von seinem langjährigen treuen Generalvikar Joseph Heindl Abschied nehmen, der am 18. Juli 1967 im Alter von 76 Jahren starb. Seine hohe Wertschätzung hatte Bischof Schröffer nicht nur in dem Entschluß, Joseph Heindl zu seinem engsten Mitarbeiter in der Leitung der Diözese zu berufen, zum Ausdruck gebracht, sondern auch in dankbarer Anerkennung durch die Vermittlung der Ernennung zum Päpstlichen Hausprälaten. Eine ähnliche Aufmerksamkeit konnte Bischof Schröffer auch dessen zweitem Vorgänger als Generalvikar, Dr. Ludwig Bruggaier, vermitteln, als dieser zum Protonotar ernannt, mit den

„kleinen Pontifikalien“ ausgezeichnet wurde und damit das Recht erhielt, Brustkreuz und Mitra zu tragen. Privilegien, die im übrigen von den Mitmenschen gern vermerkt und in Anspruch genommen wurden. So zeigte sich im Sommer 1967 Konviktsdirektor Otto Maurer zufrieden, daß er für die Einweihung des Internatssportplatzes hinter dem Haus Dompropst Dr. Bruggaier als Konsekrator gewinnen konnte, nachdem Bischof Schröffer für diesen Tag bereits langfristig andernorts verpflichtet war; denn „er sieht ja mit seiner Mitra auch fast wie ein Bischof aus“, wie Direktor Maurer in sympathischer Offenheit feststellte.

Konnte Bischof Joseph auch nicht die Einweihung des Sportplatzes übernehmen, hat er dem angesehenen katholischen Jungeninternat im September 1967 in Heinrich Weiß einen geistlichen Präfekten gegeben, der bald zur Leitung des Seminars aufsteigen sollte und diese Funktion bis heute mit großer Hingabe wahrnimmt.

Zu den von Joseph Schröffer als Bischof getroffenen Personalentscheidungen, die Jahrzehnte überdauerten und auch heute noch gelten, gehört auch die Ernennung des damaligen Domkaplans Gerhard Senninger zum Stadtpfarrer von Altdorf, wo der im Juni 1957 zum Priester geweihte Bruder der Direktorin des Gnadenthal-Gymnasiums, Schwester Paula Senninger, mit großem Erfolg wirkt.

Gleichsam zu einer Ernennung auf Lebenszeit sollte die Verleihung der Stadtpfarrei St. Augustin in Ingolstadt an den bisherigen Diözesankaplan der CAJ und Diözesanpräses des Katholischen Werkvolkes (heute Katholische Arbeitnehmerbewegung/KAB), Michael Thiermeyer, werden, starb doch Stadtpfarrer Thiermeyer, im September 1973 in das Domkapitel gewählt, durch einen tragischen Unfall in den Bergen Anfang August 1988 nach 21jähriger segensreicher Seelsorgstätigkeit als Pfarrer von St. Augustin und St. Monika in Ingolstadt.

Die letzte wichtige Personalentscheidung während seiner Eichstätter Amtszeit traf Bischof Schröffer mit der Ernennung des bisherigen Domvikars und Diözesancaritasdirektors Jakob Weidendorfer zum Domkapitular. In umsichtiger Einteilung bewährter Arbeitskraft teilte ihm Bischof Joseph weiterhin die Wahrnehmung der Aufgaben des Caritasdirektors zu; ein Dienst, den Domkapitular Weidendorfer insgesamt 25 Jahre mit großem Einsatz und allseitiger Anerkennung versah. Elf Jahre jünger als Joseph Schröffer, stammt Jakob Weidendorfer gleichfalls aus Ingolstadt. Bischof Joseph hatte ihn 1950 zum Leiter des Bischöflichen Knabenseminars berufen, bis er ihn 1961 mit der Leitung des Diözesancaritasverbandes betraute. Welch fähigen Mann er in Jakob Weidendorfer zum Caritasdirektor ernannt hatte, zeigte sich auch an den öffentlichen Ehrungen, die ihm im Laufe seiner Tätigkeit zuteil wurden. So erhielt er 1979 für besondere Verdienste auf sozialem Gebiet den Bayerischen Verdienstorden und die Eichstätter Bürgermedaille. Der Deutsche Caritasverband würdigte sein Wirken mit dem Goldenen Ehrenzeichen und dem „Silbernen Brotteller“, der höchsten Auszeichnung des Verbandes. Seinem Oberhirten blieb Domkapitular Weidendorfer zeit seines Lebens in Anhänglichkeit verbunden.

Wie schon die Jahre zuvor nahm Bischof Schröffer auch 1967 das Weihnachtsfest zum Anlaß, um verdiente Pfarrer und Seelsorger mit dem Titel „Bischöflicher Geistlicher Rat“ auszuzeichnen. Unter den 18 Geehrten befanden sich auch die im Schul- und Hochschuldienst wirkenden Geistlichen Max Albrecht, Andreas Bader, Dr. Joseph Lederer und Michael Regnet. Unter den übrigen 14 in der Seelsorge als Pfarrer wirkenden Priestern bekannte der langjährige Pfarrer von Denkendorf und Kammerer des Dekanats Kipfenberg, Johannes Auer, freimütig, daß er sich über diese Auszeichnung aufrichtig gefreut habe, sah er darin doch auch eine Würdigung seiner vielfältigen Aktivitäten in diesem Pfarrsprengel. Sie reichten vom Neubau eines Pfarrhauses über die Errichtung eines Müttererholungsheimes bis zum Bau eines Altenheimes. Unternehmen, die durch die Erhebung Johann Auers zum Geistlichen Rat letztlich die entscheidende Anerkennung durch den Bischof erfuhren.

Daß der Titel „Geistlicher Rat“ keine bloße Alterstitulatur war, sondern sich als verdiente Anerkennung geleisteter Dienste verstand, verdeutlichten gerade diese Ernennungen. Da fand sich der eben erst 47 Jahren alte Stadtpfarrer von Nürnberg-Eibach, Joseph Mayer, ebenso darunter wie der schon im 40. Priesterjahr gestandene Dekan und Pfarrer von Oberhaunstadt, Karl Scheuermann, oder der damals 53jährige Pfarrer und Kammerer von Spalt, Martin Netter. So war Bischof Schröffer der vielfältige Einsatz des nachmaligen Stadtpfarrers von Nürnberg-Eibach, Joseph Mayer, als Musikpräfekt des Priesterseminars noch in bester Erinnerung, standen ihm doch Musik und Liturgie auch von Anfang an sehr nahe. Nicht nur erhalten gebliebene Programme von anspruchsvollen musikalischen Aufführungen zeugen von den künstlerischen Aktivitäten Joseph Mayers, sondern auch Kardinal Schröffers wiederholte Erinnerungen an diese Zeit. Und als ihm von einem Pfarrangehörigen der Ingolstädter Pfarrei St. Joseph im Sommer 1977 berichtet wurde, daß nach der Resignation des bisherigen Pfarrers Anton Kammerbauer der Pfarrer von Nürnberg-Eibach nach Ingolstadt komme, war seine spontane Reaktion: „Da bekommt Ihr nicht nur einen sehr tüchtigen Pfarrer, sondern auch einen sehr musikalischen Mann!“ Nicht zufällig blieben Kardinal Schröffer und Stadtpfarrer Mayer auch in den nachfolgenden Jahren bis zum Tode des Kurienkardinals in enger Verbundenheit. So nahm Kardinal Schröffer auch gern eine Einladung zu einem Pontifikalgottesdienst in der Kirche St. Joseph in Ingolstadt an, trug das Gotteshaus ja nicht nur den Namen seines Patrons, sondern hat, da es während seiner Amtszeit als Bischof erbaut worden war, auf dem Kirchenportal auch seinen bischöflichen Wahlspruch „Redeamus ad cor et inveniemus Eum!" Ein vom Pfarrgemeinderat St. Joseph zu Ehren des neuen Kardinals ausgerichteter festlicher Abend gehörte zu seinen guten Erinnerungen an diese große Ingolstädter Pfarrei.

Am 17. September begab er sich nach Rom und nahm am 18. seine neue Tätigkeit auf. Gleichzeitig hatte er jedoch bis zum Jahresende zusätzlich die Führungsaufgaben seiner Diözese wahrzunehmen. Nach Monaten intensiver Arbeit in seinem neuen Amt in Rom gab dann der Bischof, mit Wirkung vom 31. Dezember 1967, die Leitung der Diözese Eichstätt in die Hände des Papstes zurück.

Der Heilige Vater wußte sehr wohl um das Opfer, das es ihn gekostet hat, die Diözese zu verlassen, die ihm „über beinahe zwanzig Jahre ein Bereich der Mühen und Hoffnungen, der Sorge und des Trostes war", und übermittelte ihm seinen „aufrichtigen Dank für die Hochherzigkeit", mit welcher er die neue Arbeit aufgenommen hat, für den, ‚sensus Ecclesiae' (die kirchliche Gesinnung), den er mit vorbildlicher Opferbereitschaft bewiesen hat und erwähnte das „große Prestige seiner Vorbereitung und Erfahrung", die er in das hohe Amt an der Kurie in einem ihrer delikatesten Sektoren einbringt.

Um von seinem Bistum endgültig Abschied zu nehmen, kam Bischof Joseph am 10. Dezember für zwei Tage von Rom nach Eichstätt zurück.

Während eines feierlichen Pontifikalamtes am Vormittag, bei dem – wie sich Teilnehmer heute noch erinnern – der Dom bis auf den letzten Stehplatz gefüllt war, wandte sich der Bischof in bewegenden Worten an seine Diözesanen:

„Die Stunde des Abschieds hat geschlagen. Es ist das letzte Mal, daß ich als Bischof unserer Diözese vor Euch stehe. Es ist schwer, in Worte zu fassen, was mich in dieser Stunde bewegt. Jeder Abschied greift ans Herz. Dieser Abschied besonders.

. . . Nahezu 20 Jahre gemeinsamen Weges liegen nun hinter uns. Vor 20 Jahren hat uns die Vorsehung Gottes zusammengeführt zu der Gemeinschaft von Bischof und Volk Gottes. Vor 20 Jahren wurde mir ein Ring an den Finger gesteckt, ein Ring, der mir viel bedeutet hat, . . . der mich – wie die frühe Kirche die Verbindung von Bischof und Bistum verstanden hat – in einer Art mystischer Brautschaft mit der Diözese verbunden hat. Ich darf es in dieser letzten Stunde unseres Zusammenseins wohl sagen, daß die ganze Liebe meines Herzens der Gemeinschaft des Bistums gehört hat, der ich dienen wollte bei der Erfüllung der wesentlichsten Lebensaufgabe, die dem Menschen hier auf Erden gestellt ist."

Nun schaut der Bischof auf den gemeinsamen Weg nicht ohne Wehmut zurück. „Ich denke an unser gemeinsames Stehen vor dem Herrn, an die Gottesdienste hier im Dom, an die Höhepunkte des Kirchenjahres, an die hohe Feier des Mysterium paschale, an den gemeinsamen Jahresschluß mit dem Herrn, an die Treuekundgebungen zu Petrus am Papstsonntag, an den gefüllten Dom bei der Priesterweihe, an die Begegnungen mit unserem ersten Bischof in der Willibaldswoche und vieles andere mehr.

Ich weiß es als eine Gnade zu schätzen, daß es mir vergönnt war, im Bistum viele Zehntausende von Kindern“ (es waren mehr als 100 000) „mit dem Heiligen Geist auszurüsten für ihre apostolische Sendung ins Leben. Ich durfte Hunderten von bereiten jungen Männern die Hände auflegen und sie zu Priestern weihen zum Dienst am Volke Gottes. Ich bin draußen im Bistum so vielen Gemeinden begegnet bei der Pfarrvisitation und den Kindern bei der Prüfung aus der Religion und habe so viele schöne Antworten dabei bekommen, die mir eine sehr liebe Erinnerung bedeuten. Ich gedenke der Freude, die wir gemeinsam empfanden, Pfarrgemeinde und Bischof, wenn ein neues Gotteshaus geweiht werden konnte. Es waren ihrer viele und sehr schöne; es war aber nicht mein Verdienst, daß sie gebaut werden konnten, sondern ein Gemeinschaftswerk, an dem die Pfarrei und darüber hinaus die ganze Diözese beteiligt war, alle, die ihre Kirchensteuer bezahlen. Wir haben dabei auch ihrer gedacht.“

Das führte den scheidenden Bischof zu dem, was ihn beim Rückblick besonders bewegte und wofür er am Ende dieser Jahre vor allem danken wollte: Für die „treue und liebende Verbundenheit der Gläubigen des Bistums mit dem Bischof. Ich habe sie oft und oft verspürt und bin ihr immer wieder begegnet. Ich denke an die Bereitschaft, mit der das Wort des Bischofs aufgenommen worden ist, sowohl das geschriebene in den Hirtenbriefen wie das gesprochene in der Predigt, in Einkehrtagen und bei der persönlichen Begegnung. In einer Zeit, die in Gefahr ist, die Ehrfurcht zu verlieren und in der die Bindung an die Autorität sehr gelockert wird, weiß ich diese unentwegte Treue besonders hoch zu schätzen.

Ich denke an das bereite Eingehen auf die Anrufe, die zu großen Werken geführt haben: an den Aufruf zur wohnraumschaffenden Liebe, wie die Not der Zeit es zu Beginn meiner Tätigkeit nahegelegt hat; ich denke an unsere Patenschaft für Poona, die in diesen Jahren zu beträchtlichen Hilfen geführt hat und in einer zusätzlichen Weise dem Missionsauftrag Christi gerecht zu werden suchte. In den letzten Monaten und Wochen habe ich es noch ausdrücklicher erfahren, wie tief diese Verbundenheit geht. In hundert und tausend Stimmen ist es an mein Ohr gedrungen. Für all das danke ich Euch in dieser Stunde von Herzen.

Das alles macht mir den Abschied zugleich schwer.

Warum aber bin ich dann nicht geblieben? Ist es nicht Untreue gegen das Bistum, gegen unsere Heiligen Willibald und Walburga, gegen die ‚Braut‘, mit der ich durch diesen Ring verbunden war? Ich muß gestehen, daß mich diese Gedanken bewegten und mir zu schaffen machten. Ich glaube, hierüber der Diözese Rechenschaft schuldig zu sein.

Entscheidend war für mich der Ruf des Heiligen Vaters. Ich habe bei dieser Berufung meine Gegenvorstellungen erhoben; sie wurden nicht angenommen. Ich habe gefragt, ob es der ausdrückliche und betonte Wille des Heiligen Vaters sei, daß ich gehe, und ob mein Ja den Charakter eines Aktes des Gehorsams an sich trage. Es wurde mir bedeutet: Ja. Somit lag der Fall klar. Christus hatte durch Petrus gesprochen.

Und die Untreue gegen das Bistum? Ich habe mich an den ersten Bischof unserer Diözese gewandt, Willibald, und ihn um Rat gefragt. Hatte er doch 46, 47 Jahre bis zu seinem Lebensende in diesem unserem Bistum gewirkt. Und ich glaubte, von seiner Seite eine klare Antwort zu hören: Mich hat ein Papst von Rom nach Eichstätt geschickt. Wenn nun ein anderer Papst einen Bischof von Eichstätt nach Rom beruft, wird auch er wissen, was er zu tun hat. Wie hat Willibald dem Papst damals geantwortet? „Er werde der hohen Aufforderung von sich aus zustimmen und sie vollziehen. Und nicht bloß dorthin, sondern überallhin, an jeden Ort der Welt, wohin er ihn zu schicken geruhe, versprach er in Ergebenheit, ohne lässigen Aufschub, aus freiem Willensentschluß zu gehen" (Vita Willibaldi 103, 23–25).

So konnte die Entscheidung nicht zweifelhaft sein."

Der Grund dafür ist auf dem Abschiedsbildchen zu finden: „Dem Ruf des Herrn gehorchend, der durch Petrus gesprochen, scheide ich nach zwei Jahrzehnten gemeinsamen Weges aus der mir sehr ans Herz gewachsenen Diözese, von ihren Priestern und dem ganzen Volke Gottes. Im Auftrag des Papstes zog Sankt Willibald von Rom nach Deutschland. Mich ruft im ‚Jahr des Glaubens 1967', 1900 Jahre nach dem Tod der Apostelfürsten, der Heilige Vater nach Rom zum Dienst für die Gesamtkirche." Deshalb, zur Betonung dieser Beziehung, wurde auch das Bild der Titelseite gewählt. Es ist ein Ausschnitt aus dem Meßgewand des heiligen Willibald mit den beiden Apostelfürsten Petrus und Paulus. In der Gesinnung unseres ersten Bischofs also wollen wir voneinander Abschied nehmen."

Dann wendet sich sein Blick in die Zukunft.

„Was meine Zukunft betrifft, so ist die Aufgabe, die mich erwartet, weit, wichtig und schwer. – Weit wie die Welt; die Horizonte dehnen sich bis zu den Grenzen der Erde. Die Gesamtkirche ist stärker in mein Blickfeld getreten. – Wichtig ist die Aufgabe und von großer Tragweite: Es geht um die Zukunft des Priestertums, um Schule und Unterricht auf allen Ebenen, von der unteren über die mittlere und höhere Schule und um die katholischen Fakultäten und Universitäten. – Die Aufgabe ist schwer; denn wir leben in einer Zeit des geistigen Umbruchs und des Suchens nach neuen Wegen und Formen.

Angesichts dieser Aufgabe, die mir in ihrer Bedeutung und Schwere in bedrückender Deutlichkeit vor Augen steht, habe ich eine Bitte an Euch, eine Bitte, die hier gleichfalls auf dem Abschiedsbildchen vermerkt ist: „Ich bitte

Euch um Euer Gebet für meine neue, verantwortungsvolle Aufgabe." Als ich vor 20 Jahren Bischof wurde, habe ich auch die Schwere der Last gefühlt. Es war mir damals eine echte Stärkung, daß so viele mir ihr Mittragen im fürbittenden Gedenken vor dem Herrn versichert haben. So bitte ich Euch wiederum: Schenkt mir Euer Gedenken im Gebet!

Ich scheide nun von Euch. Die Zeit meines Bischofsamtes ist abgeschlossen. Sie ruht jetzt aufbewahrt, bis sie geprüft und gewogen wird im Gerichte Gottes. Ihr werdet es verstehen, daß mich die Frage beunruhigt, ob dieses Wirken bestehen kann vor den Augen Gottes. War mein Bemühen im Dienst an der wesentlichen Aufgabe, um das Wachstum dem inneren Menschen nach, ausreichend und eifrig genug, war es am Ende vergebens? Das hängt aber weitgehend von Euch ab und ist Eure Sache. So bitte ich Euch auch: Verurteilt mein und unserer Priester Wirken nicht zur Erfolglosigkeit, sondern bemüht Euch, die Lebensaufgabe des Christen in allen Bereichen seiner Berufung gut zu erfüllen! Eine wesentliche Voraussetzung dafür sehe ich – heute wie damals vor 20 Jahren, als ich meinen Wahlspruch wählte – in der Wende nach innen, in dem Leben aus der Tiefe des Glaubens und des Christus-Geheimnisses, in das wir hineingenommen sind. Wenn ich gefragt würde, welches Hirtenwort ich als das wesentlichste meines Bischofsamtes ansehe, würde ich ohne Zögern antworten: Jenes von dem Leben in der Christusgemeinschaft, in die wir durch die Gnade hineingenommen wurden.

„Christus in Euch", „unser Leben ist mit Christus in Gott verborgen"....

Dieses Geheimnis macht auch jeden schweren Abschied leichter. In Christus Jesus bleiben wir einander verbunden. In dieser Wirklichkeit gibt es keine Trennung und keine Grenzen, weder in Raum noch Zeit.

Nun gehe ich von Euch, nicht ohne Wehmut im Herzen. Ich danke Euch für alle Liebe und Treue. Wir danken in diesem Opfer und am Schluß im Te Deum vor allem auch Gott dem Herrn für alles, was uns auf unserem gemeinsamen Weg geschenkt worden ist.

Nur eine Bitte habe ich noch: Daß ich bei meinem Tod zurückkehren darf in diesen Dom und in die Mitte der Diözese, die ich geliebt und der ich zu dienen versuchte."

Der Berichterstatter hat das vernehmliche Schluchzen und Raunen, besonders bei dieser letzten Bitte, noch im Ohr, das durch den Dom ging.

Bei der Abschiedsfeier am frühen Nachmittag in der überfüllten Aula der Pädagogischen Hochschule, zu der sich auch wieder die Spitzenvertreter von Kirche, Staat und Kultur eingefunden haben, entbot als erster Redner der Rektor dieser Hochschule, Professor Dr. Otto Schön, dem scheidenden Bischof den Dank für alle Sorge und Mühe und berichtete einiges aus der Entstehungsgeschichte der kirchlichen Pädagogischen Hochschule, die zuletzt der „Entschlossenheit unseres Oberhirten zu verdanken ist." Durch seine Vermittlung bei Kardinal Wendel, dem Vorsitzenden der Bayerischen

Bischofskonferenz, werde sie zwar von dieser getragen; die große Last aber sei auf Bischof Josephs Schultern gelegen.

Für die Philosophisch-Theologische Hochschule sprach, zuweilen mit Humor gewürzt, ihr Rektor, Professor Dr. Friedrich Dörr, die Abschiedsworte und stellte fest, ihr Wohl und Wehe habe Bischof Joseph sich „in tiefstem Herzen angelegen sein lassen", und schließlich: „Wir haben in Ihrem Herzen einen guten Platz." Oberbürgermeister Dr. Hans Hutter würdigte mit anerkennenden Worten die Verbundenheit des scheidenden Bischofs mit der Stadt Eichstätt. Er habe, wie frühere Bischöfe schon, das Bild der Stadt mitgeprägt. Die Verleihung des Ehrenbürgerrechtes sei Ausdruck für das „Bekenntnis unserer tiefen Zusammengehörigkeit. Ihr Weggang hinterläßt in unserer kleinen Stadt eine große Lücke."

Als Vertreter der internationalen Pax Christi-Bewegung und ihres deutschen Zweiges war Vizepräsident Alfons Erb aus Freiburg i. Br. gekommen. Sichtlich bewegt, wiederholte er zu Beginn seiner Rede den Wortlaut des Telegramms zur Berufung nach Rom: „Tief betrübt gratulieren wir von Herzen", um dann die großen Verdienste des langjährigen Präsidenten des Deutschen Zweiges um Frieden und Völkerversöhnung und sein Beispiel zu würdigen. „Sie haben uns vorgelebt, daß es im Reiche Gottes nur Inland gibt." – Nicht zuletzt wollte er auch den Dank seiner Mitarbeiter entbieten. „Ihnen war es nie zuviel mit Ihren Mitarbeitern. Ihnen konnte man alles sagen, was man dachte, Sie haben auch andere Meinungen gelten lassen und waren Argumenten gegenüber aufgeschlossen." Für „diese noblesse" danke er ihm ganz besonders. Als Abschiedsgeschenk brachte er sinnvoller Weise einen großen Weltatlas.

In einer groß angelegten Rede würdigte der stellvertretende Vorsitzende der Katholischen Aktion der Diözese Eichstätt, Hermann Josef Kreitmeir, Chefredakteur des Bistumsblattes, die reich erfüllten Bischofsjahre Joseph Schröffers, in dem er seine Rückschau an den Konstitutionen und Dekreten des II. Vatikanischen Konzils orientierte und dabei eine stattliche Bilanz ziehen konnte. So hatte Bischof Joseph schon Jahre vor der Verabschiedung der Liturgie-Konstitution in seiner Weisung 1959 festgestellt: „Als Bischof sehe ich in der lebendigen Feier der Eucharistie ein Hauptanliegen meiner Hirtensorge" und setzte mit der Herausgabe des „Gotteslob", des Diözesangesangbuches, eine „entscheidende Tat", welche die Entwicklung im Bistum wesentlich beeinflußt hat. Ein kritischer auswärtiger Begutachter des Gebet- und Gesangbuches bekannte dazu freimütig: „Ich bin beeindruckt von dem seelsorgerlichen Ethos, das das ‚Gotteslob' durchwärmt." Bekanntlich wurde später die Bezeichnung ‚Gotteslob' für das Einheitsgebet- und -gesangbuch aller deutschsprachigen Diözesen übernommen. Mit Nachdruck setzte sich unser Bischof dafür ein, daß bestimmte Choralmessen in allen Pfarreien gesungen wurden. Und es war ihm ein großes Anliegen, die

Feier der heiligen Eucharistie dadurch würdiger zu gestalten, daß erwachsene Männer den Dienst am Altar und als Vorbeter übernahmen. In der Liturgie-Konstitution heißt es: ‚Die Hirten sollen ihre Herde dabei nicht bloß mit dem Wort, sondern auch durch das Beispiel führen.' Es war für uns alle immer wieder ein großes Erlebnis, mit welcher Würde und Hingabe er selbst das heilige Opfer feierte." Das fiel auch einem kleinen Jungen auf, der durch die Kriegsereignisse nach Eichstätt gekommen war und als Ministrant in der Schutzengelkirche die Zelebranten beobachtete und nach dem Tod Bischof Rackls über den Nachfolger prophezeite: „Ich weiß, wer der neue Bischof wird. Der, dem die Haare gerade nach oben wachsen." Der Bub befand sich offenbar in Übereinstimmung mit Papst Pius XII.! Hermann Josef Kreitmeir setzte auch die annähernd 100 Kirchen, die in der Bischofszeit Joseph Schröffers im Bistum Eichstätt gebaut worden sind, in Beziehung zur Liturgie-Konstitution, da sie allesamt „für die Durchführung der liturgischen Feiern und für die Verwirklichung der tätigen Teilnahme der Gläubigen geeignet sind" bzw. die Umstellung auf die neuen Liturgieformen in der heiligen Messe ohne große Schwierigkeiten zulassen. Wie kundige Kirchengeschichtler feststellten, hat seit Bischof Gundekar II. (1057–1075) kein anderer Nachfolger des heiligen Willibald so viele Kirchen gebaut, wie Bischof Schröffer.

Ferner erwähnte der Redner das große Programm der Kirche in der Welt von heute, aufgezeigt an der Pastoralkonstitution. Das Leben der Menschen von heute – ihre Freude, Hoffnung, Bedrängnis und Trauer – ist zugleich das Leben der Jünger Christi (Nr. 1). Der Kirche geht es um den rechten Aufbau der menschlichen Gesellschaft (Nr. 3). Ihre Sendung muß sich als religiöse und gerade dadurch als höchst menschlich erweisen (Nr. 11).

„Am Beginn seines Bischofsamtes waren es vor allem äußere Nöte und Bedrängnisse, die unser Bischof zu lindern suchte.

Das Siedlungswerk der Diözese und das St. Gundekarwerk wurden geschaffen, um die drückende Wohnungsnot, um das Lagerelend zu beseitigen. Jeder dritte Katholik unserer Diözese war Heimatvertriebener. Familien brauchen zur gesunden Entwicklung entsprechenden Wohnraum. ‚Die Liebe baut auf' schrieb damals Bischof Joseph und fuhr fort: ‚Als Nächstenliebe baut sie dem Bruder ein Haus, und bis heute sind es 6500 Wohnungen geworden.'" Über all diese Jahre lag, nach Bericht der Zentrale des Siedlungswerkes der deutschen Diözesen, Eichstätt mit dem Wohnungsbau sowohl prozentual als auch zahlenmäßig an erster Stelle. „Die äußeren Formen der Not ließen . . . sich beheben. Unser Bischof sah schon sehr früh seine Sorge darin, mitzuhelfen, daß gute Ehen und Familien entstehen können. Alle Formen der Ehevorbereitung, alle Wege der Weiterbildung von Eheleuten und Eltern förderte er tatkräftig. Ehe- und Erziehungsberatungsstellen wurden geschaffen. Und er selbst wies in vielen Ansprachen die Eltern auf ihre große Verantwortung hin. Familiengebet und rechtzeitige Kommunion der Kinder, Mithilfe der Eltern beim Beicht- und Kommunionunterricht, Schriftlesung in der Familie – es waren viele Anliegen, die Bischof Joseph eindringlich verkündete.

Ein waches Auge und offenes Herz hatte er für eine zeitgemäße Caritas. Bald schon sah er die Probleme der alternden Menschen und rief die Pfarreien auf, sich ihrer und ihrer Einsamkeit anzunehmen. Den Bau von Altenheimen förderte er ebenso wie den großzügigen Ausbau der Mütter- und Kindererholung.

Kirche in der Welt von heute – das sind auch die vielfältigen Probleme der Industriegesellschaft, das wirtschaftlich-gesellschaftliche Leben. ‚Die menschliche Arbeit' – so sagt die Pastoralkonstitution – überragt alle übrigen Elemente des wirtschaftlichen Lebens.' Den Fragen der Arbeiterseelsorge, den Sorgen der werktätigen Menschen widmete unser Bischof einen großen Teil seiner Kraft. Katholisches Werkvolk und CAJ erlebten sein echtes Wohlwollen, ein Sekretariat für Betriebsseelsorge in Ingolstadt wurde geschaffen. Volksbüros und Kreiscaritasstellen wurden ins Leben gerufen und mit Fachkräften besetzt.

Die schweren Sorgen der Landwirtschaft, die in großen Teilen des Bistums Existenzgrundlage ist, führten zu einem weit über unser Land hinaus beachteten Aufruf des Bischofs zur Solidarität. ‚Echte Nachbarschaftshilfe aus dem Geist christlicher Nächstenliebe ist das Gebot der Stunde.'

Der letzte Bereich, den die Pastoralkonstitution nennt, ist Friede und Völkergemeinschaft." In diesem Zusammenhang wies der Redner auf das Wirken des Bischofs für Frieden und Völkerversöhnung, besonders im Rahmen von Pax Christi, hin.

Zur Bedeutung von Erziehung und Bildung führte der Redner aus: „Die ‚Gegebenheiten unserer Zeit machen die Erziehung der Jugend und eine stetige Erwachsenenbildung dringlicher'. Beide Erfordernisse sah Bischof Joseph von Anfang an. Der Bau vieler Kindergärten, das Bemühen um eine bekenntnisgeprägte Lehrerbildung, die Gründung der Pädagogischen Hochschule, der großzügige Ausbau des Bischöflichen Jugendamtes, Kauf und Ausbau des Jugendhauses Pfünz, die Einrichtung eines Referates für Erwachsenenbildung, der Ausbau von Schloß Hirschberg zu einer modernen Stätte der Bildung – alles das diente dem Auftrag der Kirche, ‚die menschliche Person zu bilden in Hinordnung auf ihr letztes Ziel'" (Nr. 11).

„Ein besonderer Bereich dieser Aufgabe ist die Priesterbildung. Der Rektor der Philosophisch-Theologischen Hochschule hat . . . auf den Beitrag unseres Bischofs gerade in diesem Bereich hingewiesen. Neben all der Sorge für Konvikte und Seminare übersah Bischof Joseph aber nicht neue Versuche und Methoden. So fand der Salesianerpater Leeb für seine Idee und für seine KIM-Gemeinschaft im Bischof einen warmen Förderer.

Ein letzter Gedanke sei den Bemühungen unseres Bischofs für die Mission der Kirche gewidmet. ‚Die missionarische Tätigkeit' – so heißt es im Missionsdekret – ‚kommt aus dem innersten Wesen der Kirche' (Nr. 6). Mit Phantasie und Ausdauer versah Bischof Joseph das Patenamt an der indischen Diözese Poona. Studenten dieser Diözese studierten in Eichstätt, wurden hier geweiht, neue kamen. Aus dem Leben – und aus dem Etat – der Diözese Poona ist Eichstätt nicht mehr wegzudenken.

Auch für andere Missionsgebiete stellte der Bischof trotz des Priestermangels Priester frei. Und vor dem Eucharistischen Weltkongreß lud er Bischöfe aus der ganzen Welt zu einem missionskatechetischen Kongreß nach Eichstätt ein."

Abschließend dankte er Bischof Joseph, „daß er zur rechten Zeit Wege anlegte, auf denen wir weitergehen und an denen wir weiterbauen können. Aus seinem Wirken erwächst für uns die Verpflichtung, sein Werk fortzusetzen."

In seiner Schlußansprache erklärte Bischof Joseph, er sehe sich nahezu außerstande, ein gebührendes Schlußwort zu sprechen. In allzu leuchtenden Farben habe man seines bescheidenen Wirkens gedacht. Er wünschte, vor den Augen des Herrn möchte nur ein kleiner Bruchteil von dem bestehen können, was gesagt worden ist. Vor allem dankte der scheidende Oberhirte für die Mitarbeit in den Pfarrgemeinden, Pfarreien und Verbänden. „Alles, was in der Diözese geschehen ist, war ein gemeinsames Werk der Priester und der Laien."

Am nächsten Morgen trafen sich seine Priester aus allen Teilen des Bistums zum letzten Mal mit ihrem Bischof zum gemeinsamen heiligen Opfer. Es war sein betonter Wunsch, noch einmal mit seinen Priestern zusammen zu sein. Generalvikar Dr. Alois Brems sprach einleitende Worte und meinte: 1948, am Beginn seines Bischofsamts, habe Bischof Joseph geglaubt, in dieser notvollen Zeit nach dem grauenhaften Krieg werde er keine großen Werke nach außen schaffen können; er werde, gemäß seinem Wahlspruch, um das Wachstum der Diözesanen ‚dem inneren Menschen nach' besonders besorgt sein. Aber „Gott hat es anders gefügt: Sie werden als ein Bischof in die Geschichte eingehen, in dessen Regierungszeit mehr gebaut wurde als je zuvor". Seine Priester seien sich bewußt, daß sie durch zwei Jahrzehnte mit ihrem Bischof eine lebendige Einheit gewesen sind. Verbundenheit in der Verkündigung des Wortes und in der Hirtensorge habe der Bischof seinen Priestern beispielhaft vorgelebt. Bischof Joseph sei immer froh gewesen, wenn er mit seinen Priestern in den Pfarreien, bei Konferenzen und Fortbildungskursen zusammen sein konnte.

Zum letzten Mal wandte sich Bischof Joseph an seine priesterlichen Mitbrüder. „... Es waren 19 Jahre, in denen wir uns gemeinsam bemüht haben um die Sache Gottes in unserem Land: in der täglichen mühevollen

Kleinarbeit, bei den gemeinsamen Konferenzen, der Diözesansynode, den Pastoralkonferenzen, in Hirschberg und in Pfünz, bei Besprechungen im kleineren Kreis, bei Gelegenheit der Firmungen und Visitationen. Ich schaue mit schönen Erinnerungen darauf zurück und danke Euch allen für alle Bereitschaft und alle gewissenhafte Arbeit auf dem Ackerfeld des heiligen Willibald", um seinen Priestern nochmals ausdrücklich zu bestätigen:

„Ich weiß es wohl, daß die härteste und zugleich entscheidendste Arbeit in der vordersten Linie geleistet wird."

Der scheidende Bischof nahm vor seinen Priestern aber nicht nur seine annähernd zwanzigjährige Bischofszeit in den Blick, sondern erinnerte auch daran, daß er mit vielen seit rund 50 Jahren zusammen gewesen sei, war er doch vor einem halben Jahrhundert, im Jahre 1917, nach Eichstätt ins Seminar gekommen.

Einige von ihnen, wie Domkapitular Dr. Ludwig Vogl, Professor Dr. phil. Dr. theol. Friedrich Dörr und Professor Dr. Alois Heller hatten eine ähnliche Studienlaufbahn wie er, waren Germaniker und wurden akademische Lehrer an der Philosophisch-Theologischen Hochschule in Eichstätt. Ihrer und aller Professoren gedachte er in seinen Abschiedsworten als ehemaliger Kollegen und dankte ihnen ebenfalls für die brüderliche Gemeinschaft in all den Jahren. Schließlich versicherte er seinen Mitbrüdern:

„An jedem Priesterdonnerstag hat das heilige Opfer bisher schon Euch gehört, meine lieben Mitbrüder, und unseren jungen Mitbrüdern im Seminar. Wenn sich nun der Kreis derer, für die ich Verantwortung zu tragen habe, auch erweitert und ausgeweitet hat auf die gesamte Kirche, so behalten die Priester und der Priesternachwuchs der Diözese Eichstätt darin doch einen besonderen, bevorzugten Platz."

Als echter Haus- und Familienvater nahm Bischof Schröffer zuletzt von den Alumnen und Seminaristen seines Priesterseminars Abschied. Den letzten Tag seiner Amtszeit in Eichstätt – so schreiben sie in ihrer kleinen Hauszeitung „Seminar-Echo" – wollte er in unserem Seminar verbringen. Wenn Bischof Joseph zuletzt nicht mehr so oft wie früher im Seminar sein konnte, dann war dies zurückzuführen auf seine große zusätzliche Beanspruchung durch die vielen Seminarvisitationen und die ungeheure Konzilsarbeit.

Regens Professor Dr. Andreas Bauch bestätigte dem scheidenden Bischof die große und enge Verbundenheit mit dem Seminar und sprach von dessen „steter körperlicher und geistiger Nähe in Seminar und Ferien" auf Schloß Hirschberg. Er erinnerte auch an die Neuerungen, die Bischof Joseph durchführen ließ und würdigte zugleich die viele Mühe, die er sich als Visitator der annähernd 50 Seminarien hat kosten lassen. Seine detaillierten Berichte darüber nach Rom ergaben den beeindruckenden Band von 500 Seiten.

Auf der internen Abschiedsfeier von Seminar und Professoren hob

Professor Dr. Friedrich Dörr besonders hervor, daß Bischof Joseph „auch nach seinem Wirken als akademischer Lehrer sein Interesse an den Wissenschaften und an der Hochschule nicht verloren hat". Eine Feststellung, die sich auf dem Zweiten Vatikanischen Konzil eindrucksvoll bestätigt hatte, und die Joseph Schröffer zugleich für seinen neuen Wirkungsbereich prädestinierte. Der Professor für Philosophie und zeitweilige Rektor der Hochschule, Schöpfer zahlreicher Liedtexte und Hymnen sowie Mitarbeiter am „Gotteslob" und „Stundenbuch" in deutscher Sprache, war noch einige Jahre gemeinsam mit ihm im römischen Kolleg gewesen und verfaßte – nach Art des ‚Klapp-Quartetts' – den ‚Lebenslauf' des scheidenden Bischofs:

Zu Ingolstadt am Donaustrand
ein Joseph ward gebor'n,
er war, man sah es ihm gleich an
zu Höherm auserkorn.

Für seinen aufgeweckten Geist
die Schanz zu klein bald war.
Drum zog es ihn nach Eichstätt hin
ins liebe Seminar.

Bald hatte das Gymnasium
er glanzvoll absolviert,
dann ging er ins Germanikum,
dort wurde fest studiert.

Er hat scholastisch disputiert
und fleißig distinguiert
und ward zum Doktor
und sogar Magister promoviert.

Ist einer nur in Weißenburg,
dann kommt er bald voran.
Drum war auch Joseph Schröffer dort
ein gutes Jahr Kaplan.

Als Lehrer hoher Wissenschaft
scharfsinnig genial
trug er dann vor, acht Jahre lang,
Moral und Pastoral.

Doch dann wardst Du ernannt in schwerer Zeit
zum Generalvikar
und standst dem Bischof treu zu Seit'
durch sieben harte Jahr'.

Fast zwei Jahrzehnte bist Du nun
der Diözese Hirt,
der mit Geduld das Gottes-Volk
dem Herrn entgegenführt.

Landauf, landab zogst segnend Du,
verkündend Gottes Wort.
Oft rief dich auch die größre Pflicht
aus unsrer Mitte fort.

Du hast die Seminarien
in Deutschland visitiert
und mit Vertrauen und Erfolg
Pax Christi präsidiert.

Doch ganz besonders lag auf Dir
der Weltsynode Last.
Du hast, was das Konzil gedacht,
in Worte klar gefaßt.

Nun rief der Kirche höchster Hirt
Dich selbst zu sich nach Rom,
daß Du ihm dort zu Diensten seist
ganz nah am Petersdom.

Aus treuem Herzen wünscht Dir Glück
die Priesterschar und spricht:
Denk auch an uns im ewgen Rom,
vergiß Dein Eichstätt nicht.

Den Seminaristen gab Bischof Joseph drei Ratschläge mit auf den Lebensweg: „Schätzt mir das Seminar hoch! Dient dem Geiste! Findet Christus in Euren Herzen!" Empfehlungen, die ebenso knapp wie treffend ein Priesterleben bestimmen sollten. Über den weiteren Verlauf der Abschiedsfeier berichtete das ‚Seminar-Echo': „Beim gemeinsamen Abendessen konnten sich alle von den Strapazen des Tages erholen. Der 58er Wein hob die Stimmung ebenso wie der herzerfrischende Humor von Dr. Kürzinger und Dr. Schröffer, so daß uns dieser Tag wohl unvergeßlich bleiben wird, wie hoffentlich auch unserem Bischof."

Welch offenes und ungekünsteltes Verhältnis Bischof Schröffer zu seinen Seminaristen hatte, belegt am deutlichsten ein Interview, das er kurz vor seinem Weggang nach Rom dem „Seminar-Echo" gab. Da antwortete er auf die Frage nach seinem Befinden, „da das Klima in Rom ja nicht gerade gesundheitsfördernd" sei, mit hintersinnigem Humor:

„Das hatte ich auch gedacht und habe diesbezüglich meine Bedenken angemeldet. Daraufhin schlug man mir vor, es zunächst zwei oder drei Monate in Rom zu versuchen, und zwar in der heißen Zeit. Aber durch meine

Krankheit wurde dieser Versuch bis Mitte September hinausgezögert. Und nun geht die Probezeit zu Ende, aber eine erhoffte Krankheit hat sich nicht eingestellt."

Auf den Hinweis auf sein Alter, in welchem „ein Normalbürger meist in Pension geht", meinte Bischof Joseph:

„Was das Alter betrifft, ich bin jetzt fast 65 Jahre alt, da ist es wohl verständlich, daß mir die Umstellung in physischer Hinsicht nicht leicht fällt."

Nach der Frage, wo Bischof Schröffer in Rom wohnen werde, wollten die Interviewer des „Seminar-Echo" wissen, welche Funktion sich hinter der neuen Dienstbezeichnung „Sekretär der Kongregation für den katholischen Unterricht" verberge, um zu erfahren: „Dieser Name ist eine etwas unglückliche Übersetzung; man würde besser dafür ‚Unterrichtswesen' einsetzen. Denn es gehören nicht nur die Grundschulen in dieses Ressort, sondern auch die Seminarien und Universitäten. Man könnte dieses Amt etwa mit dem Kultusministerium gleichsetzen."

Die Frage, ob die Verantwortung in diesem Amte allein auf seinen Schultern laste, verneinte Joseph Schröffer mit Hinweis auf den Präfekten der Kongregation, „dem vor allem repräsentative Aufgaben zufallen, während dem Sekretär die Arbeit bleibt", wie er humorvoll kommentierte, um gleich noch hinzuzufügen: „Jetzt werden Sie mich wohl noch nach der Brotzeit fragen." Nachdem die „Seminar-Echo"-Reporter sich diese Frage zu eigen machten, berichtete Bischof Schröffer über den von ihm mittlerweile erfahrenen Arbeitsstil:

„In Rom herrschen strenge Arbeitssitten. Von 8.30–13.30 Uhr ist Arbeitszeit und dazu noch zweimal in der Woche von 17 bis 20 Uhr. Das Kommen und Gehen wird wie in den Fabriken von Kontrolluhren registriert. Der Sekretär wird zwar nicht kontrolliert, hat aber die moralische Verpflichtung, mit gutem Beispiel voranzugehen." Er selber war auch jeden Nachmittag bis 20 Uhr und darüber im Amt.

Danach erinnerten die „Seminar-Echo"-Reporter an Bischof Schröffers Funktion als Vorsitzender der Kommission für Priesterfragen innerhalb der Deutschen Bischofskonferenz während der letzten Jahre und fragten ihn nach den Eindrücken von seiner ersten Dienstreise. Sie hatte den noch gleichzeitig amtierenden Eichstätter Bischof bereits nach Südamerika geführt, wo er zwischen dem 12. und 20. Oktober 1967 Peru, Argentinien und Brasilien besucht hatte, um u. a. an einem Kongreß der katholischen Universitäten Südamerikas teilzunehmen. Dabei standen Fragen der Autonomie der Universitäten und der studentischen Mitverwaltung im Mittelpunkt. Ähnlich wie an westeuropäischen Universitäten stellte Bischof Schröffer auch an den Hohen Schulen Südamerikas die Gefahr einer zunehmenden Radikalisierung der Studentenschaft fest. Eine Erscheinung, die in jenen sechziger Jahren offenbar fast die ganze westliche Welt ergriff und die der Sekretär der Kongregation für das katholische Bildungswesen sorgfältig zu analysieren gedachte.

Selbstverständlich wollten die Eichstätter Seminaristen auch wissen, wie es um den Priesternachwuchs in Lateinamerika bestellt ist und erkundigten sich nach der Situation der Knabenseminare. Bischof Schröffer berichtete:

„Das ist ein großes Problem. Ein Beispiel zeigt es deutlich: In Buenos Aires steht ein Knabenseminar mit 200 Plätzen. Zur Zeit sind dort 30 Seminaristen und nächstes Jahr werden es nur noch 10 sein. In den Priesterseminarien ist die Lage etwas besser. Trotzdem sind die Nachwuchssorgen sehr groß." Mit diesen Feststellungen deutete Bischof Schröffer eine weitere große Sorge an, die ihn in seinem neuen Amt begleiten sollte.

Titularerzbischof von Volturno

Papst Paul VI. verknüpfte mit der Berufung des Eichstätter Bischofs offensichtlich hohe Erwartungen, wie dies auch bereits in einem Beitrag von Dr. Wilhelm Sandfuchs am 28. Mai 1967 im Bayerischen Rundfunk zum Ausdruck gekommen war. Da wurde darauf hingewiesen, daß mit der Ernennung Joseph Schröffers zum Sekretär der Kongregation für das katholische Bildungswesen erstmals „aus der Reihe der residierenden deutschen Bischöfe" eine Persönlichkeit an die römische Kurie berufen und dort an leitender Stelle eingesetzt wurde. Der Leiter des Bayerischen Kirchenfunks erinnerte daran, daß „die seit dem 16. Jahrhundert bestehende Studienkongregation über tausend kirchliche Seminarien, sämtliche kirchlichen Hochschulen und Universitäten betreut" und wies darauf hin, daß „die Berufung von Dr. Schröffer allgemein begrüßt wird".

So kommentierte die Pariser Zeitschrift „La Croix" die Besetzung der Kongregationsleitung mit den Worten: „Mit Erzbischof Garrone und Bischof Schröffer befindet sich die Studienkongregation unter der Leitung von Bischöfen, die hervorragende Theologen sind und die den Fragen der Kirche und der Welt von heute aufgeschlossen gegenüberstehen." Der seinerzeitige Erzbischof von Detroit und spätere Kardinal John F. Dearden, schrieb am 5. Juni 1967:

„... und da ich die Qualitäten des Geistes und des Herzens kenne, die Sie in das Amt mitbringen, kann ich mehr als viele andere ermessen, was Ihre Gegenwart in diesem Amt bedeutet ..." In feinem Einfühlungsvermögen stellte er im gleichen Brief fest: „Es ist mir klar, daß das Verlassen Ihrer Diözese, um in den Dienst der Kongregation zu treten, ein großes Opfer für Sie bedeutete; denn viele Tröstungen der persönlichen Seelsorge, die Sie in der Vergangenheit erfuhren, sind Ihnen nun genommen. Da Sie dieses Opfer brachten, haben Sie es nur getan aus Liebe zur Kirche und mit dem Wunsche, ihr auf die größtmögliche Weise zu dienen ..."

Von gleicher Hochschätzung war auch das Schreiben des Rektors der berühmten Maristen-Universität von Salamanca getragen. Und der damalige Pro-Präfekt, Kardinal Gabriel Marie Garrone, schrieb Bischof Schröffer am 17. Juni 1967 zu dessen Ernennung zum Sekretär: „... Ich möchte Ihnen das alles sagen, damit Sie wissen, welche Gefühle mich bewegen, und versichert sein können, daß es mein einziger Wunsch ist, mit Ihnen der Kirche zu dienen in ihren Seminarien in einem Augenblick von solchem Ernst. Ihre Kompetenz auf diesem Gebiet ist im übrigen außerordentlich und man hat in der Kongregation Gelegenheit gehabt, dies zu erfahren." Andere Kommentatoren des In- und Auslandes hoben daneben noch den hervorragenden Anteil Bischof Schröffers an den Arbeiten des Zweiten Vatikanischen Konzils und in der internationalen „Pax Christi"-Bewegung hervor.

Am 1. Januar 1968 wurde Joseph Schröffer zum Titularerzbischof ernannt und erhielt als Titelbistum die einstige Erzdiözese Volturno in Unteritalien.

Zunächst rätselte er über mögliche Gründe für die Wahl dieser Titel-Diözese. Nach geschichtlichen Quellen war Volturno einst eine römische Veteranensiedlung gewesen und er konnte mit seinen 64 Jahren auch schon zu den Veteranen gezählt werden, wie er bei einem gemeinsamen Besuch Volturnos mit den Mitarbeitern seines Amtes launig zu bedenken gab. Joseph Schröffer original in seiner Tischrede beim Besuch „seiner" Diözese:

„Oder hat man vielleicht an meine deutsche Herkunft gedacht? Es war dort nämlich eine Militärkolonie, und der neue Sekretär kommt ja aus dem ‚Land des Militarismus'!"

Erst als er wieder einmal in der „Vita Willibaldi" las und dabei auf das Wort „Volturno" stieß, war er „wirklich betroffen", wie er später einmal bekannte. Er erfuhr, daß Volturno und der Bischof dieser Diözese wohl eine entscheidende Rolle im Leben des heiligen Willibald gespielt hatten. Als Willibald nämlich nach fünfjährigem Aufenthalt im Heiligen Land und einer zweijährigen Zwischenstation in Konstantinopel wieder nach Italien zurückgekehrt und in Neapel gelandet war, hat er den Erzbischof von Capua und einen anderen Bischof am Volturno aufgesucht. Dieser riet ihm, nach Monte Cassino zu gehen, wo er dann zehn Jahre geblieben ist und Abt Petronax wertvolle Hilfe bei der äußeren und inneren Aufbauarbeit des von den Langobarden 577 zerstörten Klosters geleistet hat, bis Papst Gregor III. ihn auf dringenden Wunsch Bonifatius' bat und aufforderte, in Germanien das Altmühltal zu missionieren. Kardinal Schröffer im Jahre 1976 darüber wörtlich:

„So hat der Begriff Volturno für Willibald eine Rolle gespielt, eine so bemerkenswerte Rolle, daß er als Mann von 77 Jahren sich noch daran erinnert, den Schwestern in Heidenheim bei Ansbach davon erzählt und die

Schwester Hugeburg das niedergeschrieben hat. Und so hat der Begriff Volturno auch in meinem Leben Bedeutung erlangt. In diesem Begriff bin ich Willibald verbunden."

Die Beziehungspunkte zu Willibald setzten sich bei der Zuweisung der Titelkirche für den im Mai 1976 zum Kardinal erhobenen einstigen Bischof von Eichstätt offenbar fort. Er erhielt die Diakonie San Saba. Sie war ihm von seiner Studienzeit her in guter Erinnerung und vertraut, hat er doch stets am 5. Dezember, dem Fest des Heiligen, als Choralmagister jeweils beim Hochamt den Chor dirigiert und an den Donnerstagen die Fußwanderung vom Germanikum zur Kirche San Saba unternommen.

Auch war ihm aus dem Hodoeporicon einiges über die Beziehung Willibalds zum heiligen Sabbas bekannt. Vor den Schwestern in Heidenheim erzählte Willibald mit besonderer Ausführlichkeit von seinem Besuch im Kloster, der berühmten Laura des Heiligen im Kidrontal im Heiligen Land. So darf angenomen werden, daß er während der langen Monate seines Aufenthaltes in Rom, bevor er nach Deutschland ging, auch das örtliche Sabbaskloster auf dem Kleinen Aventin besucht hat, wohin Mönche aus jenem Kloster in Palästina, die den Überfällen dort entrinnen konnten, auf der Flucht nach Rom gekommen waren.

Daß Willibald San Saba aufgesucht hat, ist um so wahrscheinlicher, als die Kirche nicht nur dem heiligen Sabbas, sondern auch dem Apostel Andreas geweiht ist, den Willibald besonders verehrte.

Einer der ersten Äbte des von Gregor dem Großen, dem ehemaligen Stadtpräfekten in Rom, auf dem Clivus Scauri gegründeten Andreasklosters, Augustinus, wurde 596 in die Heimat Willibalds nach England zur Missionierung der Angelsachsen entsandt. Heute noch ist das Andreaskreuz in der britischen Flagge zu sehen. Von daher dürfte sich Willibald dem heiligen Andreas in besonderer Weise verbunden gefühlt haben. Bereits während seines zweijährigen Aufenthaltes in Konstantinopel hatte er, wohl mit Bedacht, Wohnung genommen in einem Raum, von dessen Fenster aus er täglich auf das Andreasgrab in der Apostelkirche sehen konnte.

Dazu Kardinal Schröffer in seinen Überlegungen aus dem Jahre 1976: „Das führt zu einem neuen Berührungspunkt mit Willibald. Ich hatte einmal in meiner Diözese eine Kirche zu weihen, die stark erweitert werden mußte. Sie war dem heiligen Andreas geweiht. Ich habe . . . gefunden, daß diese Kirche auf eine Kapelle zurückgeht, die zu dem Meierhof gehörte, der von dem damaligen Bayernfürsten Bischof Willibald als Dotationsgut bei der Gründung des Bistums gestiftet wurde . . ." Es handelt sich um die Kirche von Eitensheim. Bei weiteren Nachforschungen stellte er fest, daß auch noch eine Anzahl anderer Kirchen, die aus der Zeit Willibalds stammen, u. a. jene von Adelschlag und Dünzlau, dem Apostel Andreas geweiht waren. Kardinal Schröffer: „Ich habe weitergesucht und gefunden, daß der Taufbrunnen, an dem Willibald taufte, beim ersten Dom von Eichstätt, ein Andreasbrunnen war, und daß es im Kloster, das Willibald gegründet hat, bis zum letzten Jahrhundert eine Andreaskapelle gab, die dann erst in den Dom hineinverlegt wurde."

Kardinal Schröffers Schlußbetrachtung: „... Und nun ist mir diese Kirche, die dem heiligen Sabbas und dem Apostel Andreas geweiht ist, und die mit Willibald in Verbindung steht, zu meiner Titelkirche gegeben worden. Auch sie bringt mich mit Willibald in engere Beziehung. Ich bin durch meine Berufung nach Rom also nicht von ihm getrennt worden, sondern mit ihm in Verbindung geblieben", und bemerkte: „Das alles mögen Zufälligkeiten sein. Vordergründig gesehen sind sie es auch. Man wird hier vielleicht aber auch höhere Führungen und Fügungen sehen dürfen." So kann man den heiligen Willibald als Joseph Schröffers bischöfliches Vor- und Leitbild sehen, während sein Namenspatron ihm sein Dienst- und Selbstverständnis gab.

Und dieses stellte er in seiner neuen Funktion als Sekretär der Kongregation für das katholische Bildungswesen besonders unter Beweis. Schon die Nachricht von seiner Berufung nach Rom erreichte ihn am 1. Mai, dem Fest Joseph der Arbeiter. Sein Kommentar: „Da konnte einer, der den Namen Joseph trägt, doch wohl nicht anders als die gleiche Antwort geben, wie er sie gegeben hat, als der Anruf an ihn ergangen war: ‚Steh auf ... und zieh in ein fremdes Land!' Und er stand auf und zog fort." In Anlehnung an seinen Namensgeber und in Anspielung auf jenes Datum traf auf ihn der Bei- und Spitzname, der ihm manchmal gegeben wurde, „Joseph der Vorarbeiter" zu. Denn bei den täglichen 8 Stunden Arbeitszeit blieb es für den zweiten Mann in der Kongregation keineswegs. Da kamen mindestens noch einmal soviele Stunden pro Tag hinzu, wenn man beobachtete, daß das Licht im Arbeitszimmer des „Segretario" in der Kongregation auch sonntags oft noch zu später Stunde brannte und es dann in seinen Privaträumen auch erst nach Mitternacht ausging. Nicht von ungefähr war die Wohnung des Sekretärs im gleichen Haus wie die Kongregation. Sie wurde für ihn im buchstäblichsten Sinne zur „Dienstwohnung" und wurde eigentlich nur „privat", wenn er Besucher aus Deutschland zu Gast hatte. Freilich bedeuteten solche „Abwechslungen" auch nicht gerade Erholung, war er doch stets auf fürsorgliche Weise um das Wohlergehen seiner Besucher bemüht. So gehörten Empfehlungsschreiben an vatikanische Amtsstellen zugunsten besonderer Bittsteller ebenso zu seinen persönlichen Aufmerksamkeiten wie sachkundige Hinweise auf kunst- und kirchengeschichtliche Besonderheiten Roms und seiner Umgebung. Und wer einen solchen persönlichen Gefallen Erzbischof Schröffers in Anspruch nahm, konnte auch stets feststellen, welch große Wertschätzung „Il Segretario" der Kongregation für das katholische Bildungswesen auch bei den anderen Ämtern und Behörden des Vatikans genoß.

Eines Tages wandte sich die Justiz-Fußballmannschaft Nürnberg-Fürth durch ihre Vertreter Alois Maier und Otmar Rückl an ihn mit der Bitte, ihnen ein Spiel mit der Fußballmannschaft des Vatikans zu vermitteln. Mehrmals schon haben sie in verschiedenen Ländern Wettkämpfe ausgetragen, ihr größter Wunsch wäre aber ein Treffen mit der vatikanischen Fußballmannschaft. Bisher waren solche Spiele mit Gruppen aus dem Ausland nicht vorgesehen. Der Team-Chef Trombetta erklärte sich gerne dazu bereit, hatte aber – bei dem großen Respekt vor dem deutschen Fußball – Sorge, es könnten etwa lauter „Beckebauer“ darunter sein. Es wurde ein faires, lebhaftes Spiel mit dem Ergebnis 3:2 für die Vatikan-Mannschaft. Joseph Schröffer überreichte dem Sieger den Pokal, den die höflichen Vaticani sogleich mit italienischem Charme der deutschen Gast-Mannschaft als Andenken an dieses für sie bahnbrechende Ereignis darboten. Seitdem sind solche Wettkämpfe mit Ausländern eine Selbstverständlichkeit geworden.

Aufgaben des Segretario

„Sekretär einer römischen Kongregation zu sein bedeutet“ – wie Msgr. Marchisano im Bistumsblatt der Diözese Eichstätt schrieb – „unmittelbar die ganze Arbeit der Behörde, der er vorsteht, in Händen zu halten. Präfekt war damals Kardinal Garrone, ein Franzose. 1969 wurde der Unterzeichnete, ein Italiener, zum Untersekretär ernannt. Der Papst hatte, wie oft scherzhaft bemerkt wurde, einen ‚Gemeinsamen Markt‘ an der Kongregation für das Katholische Bildungswesen geschaffen.“ Der Papst und seine engsten Mitarbeiter wußten im übrigen, welch unermüdlichen Arbeiter sie in der Person Joseph Schröffers in diesem Kultusministerium der Weltkirche hatten und daß die Zahl der Mitarbeiter, insgesamt 30, unglaublich gering war. Eine staatliche Kultusbehörde beschäftigt soviele Angestellte allein in einer einzigen von zahlreichen weiteren Abteilungen, wie ein Blick auf einschlägige Ministerien der westdeutschen Bundesländer verdeutlicht. Unter diesen 30 Mitarbeitern befanden sich promovierte Priester und Laien ebenso wie Männer und Frauen, wobei sich in der Volkszugehörigkeit zugleich die Weltkirche widerspiegelte. Sie kamen aus verschiedenen Ländern und Kontinenten, aus Italien, der Schweiz, den Niederlanden, aus Frankreich und Deutschland, aus Polen und der Tschechoslowakei, aus Nord- und Südamerika und Australien. Während die Amtssprache der Dokumente für gewöhnlich das Lateinische ist, verständigt man sich gegenseitig auf Italienisch. Eine Sprache, die Joseph Schröffer bekanntlich seit seinen frühen römischen Studienjahren vertraut war. Soweit die Mitarbeiter Priester waren, achtete man darauf, daß sie zusätzlich noch Seelsorgeaufgaben übernahmen, damit sie in lebendigem Kontakt mit den Problemen des

Alltags blieben. Bestimmendes Arbeitsprinzip war es, nicht vom „grünen Tisch“ aus zu dekretieren, sondern eine enge Fühlungnahme zwischen Rom und den Ortskirchen zu verwirklichen. So wurden – und werden heute – die Dokumente, welche die Kongregation für das Katholische Bildungswesen herausgibt, zuvor mit internationalen Fachleuten beraten und allen Bischofskonferenzen der Welt zur Stellungnahme vorgelegt. Bekanntlich gehören auch zahlreiche residierende Bischöfe zum Mitglieder- und Beraterkreis der einzelnen römischen Kongregationen und repräsentieren auf diese Weise die enge Verbindung zwischen Kurie und Ortskirche. Die in jüngster Zeit mit viel Medienaufwand vorgebrachten Klagen über den angeblichen überzogenen Zentralismus der römischen Kurie entpuppen sich bei Kenntnis dieser Tatsachen als weitgehend vordergründige Stimmungsmache.

Mit der ganzen Liebenswürdigkeit und Herzlichkeit seiner Person gewann der Segretario von Anfang an das Vertrauen und die Hochschätzung seiner Mitarbeiter und konnte ohne Schönfärberei über seinen neuen Wirkungskreis feststellen: „Die Atmosphäre, die in unserem Kreis herrscht, ist die einer menschlichen Wärme und einer herzlichen Brüderlichkeit. Die Unterschiede nach Herkunft, Sprache und Mentalität bilden dafür nicht das geringste Hindernis. Es ist Kirche, die hier gelebt wird.“

Über Anliegen und Ausrichtung der Tätigkeit der Kongregation berichtete Erzbischof Schröffer in einer Sendung von Radio Vatikan am 1. Februar 1976:

„Was die innere Ausrichtung unserer Arbeit betrifft, so wird sie vom Wesen und der Zielsetzung dieser Institution her bestimmt.

Sie versteht sich als Dienst, Dienst an Petrus und an der Gesamtkirche. Es ist bekannt, daß die Kurie nicht bei allen gut angeschrieben ist. Dieses Renommee ist sogar auf dem Konzil einmal zum Ausdruck gekommen in dem Wort eines Sprechers: ‚Ich fürchte nicht Petrus, ich fürchte nur seinen Sekretär‘. Wir bemühen uns, dieses Image zu verbessern, indem wir uns nicht als Kommandostelle verstehen, sondern in dienender Funktion.“

Als „Dienst an Petrus“ definierte Erzbischof Schröffer das Bemühen seiner Kongregation, dem Papst bei der Durchführung der Konzilsbeschlüsse helfend zur Seite zu stehen. Das bedeutete, die Priesterausbildung nach den Richtlinien des Konzils neu zu gestalten und den Bischöfen bei dieser ihrer Aufgabe Hilfe zu leisten.

„Würden diese Richtlinien befolgt“, meinte Erzbischof Schröffer, „die pastorale, die biblische, die christologische, menschlich-personale Grundausrichtung, die das Konzil gewollt hat, so könnte man sich vorstellen, daß eine Strahlungskraft davon ausgeht und so etwas wie ein Glanz über die Vorbereitung auf das Priestertum sich legt.“

Es waren Jahre fieberhafter Arbeit. Msgr. Marchisano berichtet: „Das Konzil war soeben zu Ende gegangen und legte als dringend die Verpflichtung auf, in der ganzen Welt die Durchführung der Konzilsbestimmungen über die kirchlichen Berufe, die Seminarien, die katholischen Universitäten, die theologischen Fakultäten und die katholische Schule voranzutreiben. Auf einigen Gebieten hatte das Konzil genauere Hinweise gegeben, wie z. B. über die Ausbildung der Priester, die unmittelbarer der Sorge der einzelnen Bischofskonferenzen anvertraut wurde. Auf anderen Gebieten hat es Wege für die Arbeit aufgezeigt, wie für die Katholischen Universitäten und die Fakultäten kirchlicher Studien, für welche es die Modernisierung des seit 1931 für sie geltenden Grundgesetzes verlangte. Es waren also vier Gebiete, in die Bischof Schröffer seine Erfahrung und sein Organisationstalent eingebracht hat.

Gerade im Jahr 1967 begannen die ersten Krisenzeichen bei den geistlichen Berufen in der ganzen Welt. Kongresse für Beauftragte zur Förderung der Berufe wurden auf internationaler Ebene abgehalten. An die Bischofskonferenzen erging die Einladung, einen ‚Plan für die Berufspastoral' für ihr Land auszuarbeiten, der auf die einzelnen Diözesen angewandt werden sollte. Wenn heute fast überall in der Welt eine Zunahme der Berufe festzustellen ist, so ist dies gewiß auch der zähen und anhaltenden Bemühung dieser Jahre zu verdanken.

Zur Priesterausbildung wurde, in Zusammenarbeit mit allen Episkopaten, ein großes Dokument, ‚Grundzüge für die Ausbildung der Priester' (1970) erstellt. Sie dienten als Grundlage für die Bischofskonferenzen zur Vorbereitung von Richtlinien für die Priestererziehung in den einzelnen Nationen. Es folgten Dokumente über das Studium der Philosophie (1972), der Theologie (1976), des Kirchenrechts (1975) und über die ‚Hinführung zum priesterlichen Zölibat' (1974)."

Zum Bereich der Universitäten und Katholischen Fakultäten meinte Erzbischof Schröffer in einer Zwischenbilanz: „Das Konzil hat mit einem starken Gespür für die Forderungen der Zeit auch an eine Reform der Katholischen Universitäten und der Theologischen Fakultäten gedacht und die Durchdringung des geistlichen Lebens und der Kultur mit christlichem Gedankengut als Anliegen betrachtet: eine Aufgabe, an der die Kongregation gleichfalls arbeitet und ein Dokument vorbereitet, wiederum in enger Fühlungnahme mit den beteiligten akademischen Institutionen."

„Eine lange, geduldige Arbeit erforderte die Überarbeitung der für die über fünf Kontinente verstreuten Universitäten und Fakultäten kirchlicher Studien der Welt – genau 130 – geltenden Gesetze.

Im Januar 1968 wurden ‚Normen' zur Anpassung der kirchlichen Studien auf Universitätsebene an die Erfordernisse des heutigen Wissenschaftsbetriebes veröffentlicht als Vorausnahme der endgültigen Gesetzgebung auf diesem Gebiet, die dann von Papst Johannes Paul II. 1979 promulgiert wurde.

Unter Mitarbeit aller Katholischen Universitäten der Welt (etwa 400) entstand ein programmatisches Dokument, „Die katholische Universität in der Welt von heute“ (1972), in dem die Gestalt einer katholischen Universität, ihr Ziel und ihre kirchliche Funktion gezeichnet wurde. Es waren stürmische Zeiten, da man nicht nur den Begriff einer „Katholischen Universität“, sondern der Universität überhaupt in Frage stellte.

Ebenfalls im Bereich der Schule unternahm Erzbischof Schröffer die Vorbereitung eines gründlichen Dokumentes, um die Rolle und Bedeutung der katholischen Schule in der heutigen pluralistischen Gesellschaft zu beschreiben, um die ihr „eigenen Wesenszüge herauszustellen und ihre kirchliche Funktion zur Vertiefung der Beziehungen zwischen Wissen und Glaube sowie Glaube und Kultur zu umreißen. Um sich eine Vorstellung der weiten Resonanz dieser Arbeit zu machen, genügt es zu bedenken, daß es circa 150 000 katholische Schulen mit über 45 Millionen Schülern gibt.“

Zusammenfassend beschrieb Erzbischof Schröffer Anliegen und Aufgabe der Kongregation für das Katholische Bildungswesen: „Der Kirche in ihrem geistigen Ringen in dieser Zeit zu dienen, das ist der Wille, der die Arbeit der Kongregation bestimmt. So möchte sie auch ihre Existenz und ihr Bemühen gesehen und gewertet wissen.“ Da wurde nicht vom Schreibtisch aus diktiert, sondern ständig der lebendige Austausch zwischen Zentrum und Peripherie gepflegt. Zum neuen nachkonziliaren Stil gehörte es auch, daß die Kongregation von Zeit zu Zeit die Bischöfe in den einzelnen Ländern von ihrer Arbeit unterrichtete und ihrerseits um Informationen und Anregungen bat.

Zu dieser Austauschbereitschaft gesellte sich die Differenzierung der Priesterausbildung. War diese bisher großenteils uniform – oft bis in die einheitliche lateinische Unterrichtssprache hinein – und brachte letztlich auch einen uniformen Priestertyp hervor, der dann nicht so leicht in der Lage war, den recht verschiedenen Verhältnissen und Bedürfnissen der Gläubigen auf der Welt in der bestmöglichen Weise gerecht werden zu können, sollte nunmehr den Besonderheiten der einzelnen Länder und Kontinente mehr Rechnung getragen werden.

Das bedingte folgerichtig auch eine gewisse Dezentralisierung, da die örtlichen Bischofskonferenzen ungleich besser über die Forderungen urteilen können, die vom eigenen Land und Volk her an die Priesterbildung gestellt werden. So wurde den nationalen Bischofskonferenzen das Recht und auch die Pflicht übertragen, die allgemein gehaltenen Weisungen des Konzils zu konkretisieren und ihrer jeweiligen Stiuation anzupassen. Die Kongregation für das katholische Bildungswesen leistete ihnen bei der Verwirklichung dieses Auftrags jede nur wünschenswerte Hilfe.

Über das zeitgemäße Priesterbild führte Erzbischof Joseph Schröffer am 12. Februar 1969 in einem Fernsehinterview aus:

„Eine Aufgabe von großer Dringlichkeit sieht die Kongregation darin, ein dieser Zeit gemäßes Priesterbild zu entwickeln, über das zeitlos gültige, wesentliche und darum unveränderliche hinaus, und es als Zielbild der Priestererziehung von heute vorzustellen. Das neue – oder vielmehr wieder entdeckte – Verständnis vom Amt in der Kirche, ‚Amt ist Dienst', ist hier ebenso von Bedeutung wie die veränderte Stellung des Priesters in der Gesellschaft. Er ist nicht mehr – und will es nicht mehr sein – der Vertreter eines privilegierten Standes, nicht mehr ‚der Herr' der Gemeinde. Er ist der Knecht, der sich müht im Dienste aller."

Im Rahmen dieser Vision eines neuen Priesterbildes war auch das Seminar einem inneren wie äußeren „Umbau" zu unterziehen. Das bedeutete die Aufgliederung in kleinere Lebensgemeinschaften, größere Rücksichtnahme auf die Persönlichkeit des einzelnen und seiner individuellen Entfaltung, stärkere Selbstverantwortung und Beteiligung bei der Gestaltung der Lebensordnung des Seminars. Neuerungen und Reformen, deren Notwendigkeit Schröffer bei seinen zahlreichen Seminarvisitationen schon lange erkannt hatte und bereits in Eichstätt in die Tat umgesetzt hat.

Er sah dieses Erfordernis auch vor dem Hintergrund der zurückgehenden Priesterberufe, da es seiner Meinung nach nicht genügte, lediglich die zahlenmäßige Entwicklung zu konstatieren, vielmehr galt es, die Ursachen dieser Entwicklung zu erforschen. Dies geschah gleich in den ersten Jahren seiner römischen Tätigkeit und erbrachte die Erkenntnis, daß die Berufskrise in engem Zusammenhang mit den Veränderungen der Zivilisation auf sozialem und kulturellem Gebiet stand. Erzbischof Schröffer in einem Gespräch mit Radio Vatikan:

„Die technische Revolution, die sich über die ganze Welt hin erstreckt und unsere Zivilisation umgestaltet . . . findet ihren Ausdruck als religiöser Indifferentismus, praktischer Materialismus, ideologischer Pluralismus, Hedonismus und Sexualismus. Die Entwicklung ist gekennzeichnet durch die starke Hinwendung zur Welt und den irdischen Werten. Die Horizontale wird das Beherrschende gegenüber der Vertikalen. In einer solchen Atmosphäre, der sich niemand entziehen kann, hat es der junge Mensch heute viel schwerer, sich für eine Lebensform zu entscheiden, die ein Wagnis des Glaubens bedeutet und das Kreuz zu ihrem Grundgesetz hat."

Und als ob Joseph Schröffer diese Lagebeschreibung nicht im April 1974, sondern im Herbst 1989 gegeben hätte, fuhr er fort: „Dazu sind auch manche Entwicklungen im Raum der Kirche nicht dazu angetan, der Jugend die Entscheidung für das Priestertum zu erleichtern, wie die ständig geübte Kritik an der Kirche und ihren Strukturen, die behauptete Verunklarung des Priesterbildes, die Verunsicherung des Glaubens durch die Verbreitung theologisch gewagter Meinungen. So wie einerseits die vorbildliche Gestalt eines im Dienst an den Menschen sich verschwendenden Priesters nicht selten die Berufsentscheidung eines jungen Menschen stärkstens positiv beeinflußt“ – bei diesen Worte mag Erzbischof Schröffer an ganz bestimmte Seelsorger in seiner Jugendzeit gedacht haben –, „so wirkt andererseits die Resignation eines sich frustriert fühlenden Berufsträgers und erst recht das Aufgeben des Berufes im negativen Sinn.“

Und fügte hinzu:

„Dazu kommt auch vielfach die ablehnende Einstellung der Familie, selbst mancher guten, die betet, wie man scherzhafter Weise gesagt hat: ‚Herr, schenke deiner Kirche Berufe, aber nimm sie nicht aus unseren Kindern!‘“

Trotz dieser wenig rosigen Lage ergab sich Erzbischof Schröffer jedoch nicht dem Pessimismus, sondern stellte auch hoffnungsvolle Zeichen fest und erwähnte den Willen der Jugend zur Glaubensvertiefung, ihr wissenschaftliches Interesse an theologischer Bildung, ihr Verlangen nach echter Spiritualität, ihren Sinn für Ehrlichkeit und Echtheit und ihre Bereitschaft zu apostolischem Einsatz. Beobachtungen, die gleichermaßen zutrafen wie davon zeugten, daß der Sekretär der Kongregation für das katholische Bildungswesen nicht hinter seinem römischen Schreibtisch Wunschbilder entwarf, sondern im ständigen Austausch mit der Lebenswirklichkeit in den Diözesen den neuen Aufbruch konstatierte.

Getreu der bewährten Methode: Sehen, Urteilen, Handeln rief die Kongregation nach der Analyse der Lage die Bischofskonferenzen auf, einen Aktionsplan zur Förderung der geistlichen Berufe zu erarbeiten. Er sollte die Lage realistisch beschreiben, konkret der Situation des jeweiligen Landes angepaßt sein und eine Planung „in Etappen und eine regelmäßige Überprüfung der Ergebnisse“ vorsehen. Die Bischofskonferenzen Italiens, Spaniens, Frankreichs, Mexikos, Polens und der Vereinigten Staaten gehörten zu den ersten, welche einen solchen Aktionsplan vorlegten. 1972 lag der Kongregation auch von deutscher Seite ein instruktiver erster Entwurf für einen „Pastoralplan Berufe der Kirche“ vor. Er behandelte zunächst grundlegende Fragen über Berufe und Berufung und die Rolle der Kirche im Berufungsprozeß. Er bot sodann eine Analyse der Lage und der Entwicklungstendenzen, wobei er auch auf positive Erscheinungen hinwies, die Zeichen der Hoffnung waren, und ging dann zu den praktischen Fragen konkreter pastoraler Bemühungen über, sprach vom Gebet, von den Aufgaben der Verkündigung, der Erziehung, der Glaubenshilfe, der Beratung und von notwendigen Reformen, um dann die organisatorischen Voraussetzungen zu erörtern.

Erzbischof Schröffer zu diesen Überlegungen und Plänen:

„Die Kongregation ist sich natürlich darüber im klaren, daß auch von einer solchen Planung keine Wunder zu erwarten sind. Es ist aber schon manches geschehen, wenn man nicht in müder Resignation die Hände in den Schoß legt, sondern sich ernstlich bemüht, das Problem zu sehen und nach Möglichkeiten wirksamer Einflußnahme zu suchen. Berufe sind eine Gnade, die von oben geschenkt wird. Die Gnade aber schließt menschliches Bemühen nicht aus."

Neben der Krise des Priesterberufs hatte es Erzbischof Schröffer als Sekretär der Kongregation für das katholische Bildungswesen in den ausgehenden sechziger und beginnenden siebziger Jahren auch mit der Bewältigung der Krise der Universität zu tun. Ähnlich wie bei der Behandlung der Frage des Priesternachwuchses suchte seine Kongregation engen Kontakt mit allen Betroffenen und Beteiligten. Diesem Bemühen diente der bereits erwähnte Fragebogen, den 83 akademische Einrichtungen beantworteten, sowie ein Kongreß von Vertretern katholischer Universitäten aus aller Welt im Frühjahr 1969. Nach seiner vorausgegangenen zehntägigen Dienst- und Informationsreise durch lateinamerikanische Länder im Oktober 1967 wußte er die eingegangenen Antworten und Stellungnahmen auch großenteils entsprechend zu werten. Über die Lage an den Hohen Schulen und Universitäten in Mitteleuropa war er ohnehin aus eigener Anschauung in Deutschland und in seiner bisherigen Bischofsstadt Eichstätt wohlinformiert, so daß er auch bei der Behandlung dieses drängenden Problems nicht auf Angaben aus zweiter Hand angewiesen war, sondern lebens- und wirklichkeitsnah entscheiden konnte. Diese Vorzüge des Sekretärs der Kongregation für das katholische Bildungswesen wußten der Präfekt, Kardinal Gabriel Garrone, und Papst Paul VI. sehr zu schätzen. Mit Recht bekannte Kardinal Garrone in einem Gepräch mit Paul VI., daß er sich auf Erzbischof Schröffer „blind verlassen" könne. Ein Urteil, das Papst Paul VI. anläßlich einer Privataudienz im Mai 1976 bekräftigte, als er in einer Ansprache das Wirken Joseph Schröffers würdigte, dessen Dienst als Bischof von Eichstätt „vorbildlich" nannte und seine Tätigkeit als „Segretario" mit der Verleihung des Kardinalpurpurs ehrte. Jedoch nicht nur Papst und Kardinalpräfekt hatten eine hohe Meinung von Erzbischof Schröffer, nicht minder schätzten und bewunderten ihn seine Mitarbeiter; an der Spitze sein engster Mitarbeiter, der „Sottosegretario" Msgr. Marchisano, der die ganze Last der Arbeit mittrug. Sie nahmen sich Joseph Schröffers Gewissenhaftigkeit, Fleiß, Kompetenz und Pünktlichkeit zum Vorbild. Entsprechend wehmütig nahmen sie von ihm Abschied, als er im Mai 1976 in den Kardinalsrang erhoben wurde. Sie trauerten lebhaft seiner Freundlichkeit im Umgang, seiner brüderlichen Güte und seinem humorvollen Wesen nach und faßten ihr aufrichtiges Bedauern in die Sätze: „Er ist ein Mann von Gold. So einen Segretario bekommen wir niemals wieder." Und noch nach Monaten: „Wir haben den Vater verloren!"

In einem Gespräch schilderte der ehemalige Präfekt der Kongregation für das katholische Bildungswesen die Persönlichkeit seines Mitbruders. Er sprach von den hohen Geistesgaben und der Bildung, seinem gründlichen theologischen Wissen und dem klaren Denken, der zuverlässigen Genauigkeit und dem sicheren Urteilsvermögen, dem tiefen Verantwortungsgefühl und der absoluten Gewissenhaftigkeit, seiner immensen, unermüdlichen Arbeit für die Kirche, und dies alles bei einer bewußten Einfachheit und großen Bescheidenheit. Auch bekannte er, wie dankbar er dem Herrn immer gewesen sei, ihm einen solchen Mitarbeiter gegeben zu haben. Er sei einer der besten Menschen in seinem ganzen Leben gewesen.

In der Tat gab es zwischen Gabriel Marie Garrone und Joseph Schröffer nicht den Schatten einer Verstimmung oder Meinungsverschiedenheit; es bestand vielmehr eine gegenseitige Wertschätzung, die schon aus den Zeiten der Pax Christi-Begegnungen und des Konzils resultierte.

Mehr als nur einmal mochten sich seine Mitarbeiter gefragt haben, woher der immerhin schon im Pensionsalter stehende Erzbischof Schröffer die Kraft genommen hat, um ein derartig gewaltiges Arbeitspensum Tag für Tag zu bewältigen und dabei immer freundlich, hilfsbereit und verständnisvoll gegenüber anderen zu bleiben. Denn wenn das Arbeitsklima in der Kongregation nach Bekunden der Mitarbeiter stets ein vorzügliches war, dann ging dies wesentlich auf die Amtsführung des „Segretario“ zurück, welcher gleichsam als Amtschef Stil und Atmosphäre der Zusammenarbeit geprägt hat.

Ein maßgeblicher Hintergrund für die große Arbeitsleistung und stets menschliche Beispielhaftigkeit Joseph Schröffers im Umgang mit seinen Mitarbeitern dürfte die von seiner Schwester einfühlsam gestaltete private Umwelt in Rom gewesen sein. In Kenntnis der großen Naturverbundenheit ihres Bruders verstand sie es, auf engstem Raum der Dachterrasse so etwas wie einen kleinen „Eichstätter Garten“ anzulegen, mitten in der Steinwüste der Großstadt. So konnte Joseph Schröffer nach der heiligen Messe, die er gewöhnlich um 6.25 Uhr feierte, noch täglich kurz auf die Terrasse gehen und dort inmitten üppig wachsender Blumen und Sträucher in der Wärme Italiens Erholung und innere Stärkung finden, bis er dann um 8.30 Uhr seinen Dienst in der Kongregation antrat. Wer in dieses kleine Stück Natur einmal einen Schritt tat oder einen Blick warf, sah, daß es in Tonkisten selbst angelegt war und dazu diente, das Grau der Dächer und Häuser durch etwas Grün und Natur aufzulockern. Der Besucher konnte nicht nur die reiche Fülle der angepflanzten Blumen und Kletterrosen bewundern, sondern auch einen wohl einzigartigen Blick auf die Peterskuppel werfen, gern gewähltes Motiv für Erinnerungsfotos der Besucher. Erlaubte es die karg bemessene Freizeit, führte Erzbischof Schröffer seine Gäste gerne persönlich auf die Dachterrasse und zeigte ihnen sein kleines Paradies. Wieviel ihm dieses erholsame Refugium bedeutete, ersah man schon daraus, daß er fast immer wußte, wieviele Knospen an den Rosen neu aufgegangen waren und wie das Mandarinenbäumchen gedieh.

Bereits drei Jahre nach seinem Umzug nach Rom, im Herbst 1970, sollte die schwerste körperliche Prüfung auf ihn zukommen. Auf dem Heimweg von einer dienstlichen Besprechung im Camposanto Teutonico mit Kardinal Jaeger von Paderborn über Fragen der deutschen Universitäten – er hatte dem älteren Mitbruder den Weg herüber zu seinem Amt ersparen wollen – wurde er kurz nach 9 Uhr abends beim Überqueren der Via della Conciliazione auf dem Zebrastreifen von einem Wagen erfaßt und schrecklich zugerichtet. Der junge Mann, ein Jurist aus Sardinien, zog ihn halbtot vom Zebrastreifen weg auf den Platz vor St. Peter und rief die vorbeifahrenden Autos an: „So haltet doch, ich habe einen Menschen getötet oder wenigstens liegt er im Sterben!“ Schließlich kam Monsignore Peri, der soeben an der Haltestelle der Linie 64 ausgestiegen war – nie sonst benützte er diese Tram –, um Hilfe zu leisten. Gemeinsam versuchten sie den Verunglückten in den Wagen zu heben. Unter größten Schwierigkeiten konnte er sich verständlich machen: „Ich bin Mons. Schröffer, Sekretär der Kongregation für das katholische Bildungswesen, wohne Via Rusticucci 13; bitte telefonieren Sie meiner Schwester.“ „Unser Segretario!“ rief Mons. Peri tief bestürzt. Den ganzen Nachmittag hatten beide bis 20 Uhr noch gemeinsam im Amt gearbeitet. Er hat ihn nicht wiedererkannt, so sehr zerschlagen, zerschnitten, entstellt war sein Gesicht, eine ‚Maske von Blut‘. So brachten sie ihn zum pronto soccorso im Krankenhaus Santo Spirito in einem unsagbaren Zustand: Schnittwunden im Gesicht bis unter den behaarten Kopf, Nasenbein zweimal gebrochen, das linke Auge durch große Haematome völlig geschlossen, Kiefer verletzt, Zähne eingeschlagen, zwei Halswirbel zerdrückt und die austretenden Nerven gequetscht mit Lähmung beider Arme, zahlreiche Frakturen am rechten Bein mit Dislokation des total ausgesprengten großen gezackten Mittelstückes des Schienbeins, Wadenbein entsprechend gebrochen und über den ganzen Körper zahlreiche Verletzungen mit großen Schmerzen.

Es folgte eine Leidenszeit mit fünf schweren Operationen. In der ersten, in einer Klinik der römischen Ärzte, wurden zwei Metallschienen eingesetzt mit 28 Bohrlöchern durch die Knochenstücke für die Schrauben; dabei kam es offensichtlich zum sogenannten Hospitalinfekt, gegen den es bis dahin noch kein wirksames Antibioticum gab. Auch war der Operationssaal bei dem sehr kühlen Novemberwetter nicht geheizt, Folge Lungenentzündung.

In einer zweiten Operation des sehr geschwächten Patienten mußten Metallschienen und Schrauben wieder entfernt werden wegen starker Vereiterung. Er verfiel zusehends. Schließlich gelang es, den bereits vom Tod gezeichneten Kranken in die ‚Gemelli‘-Universitätsklinik del Sacro Cuore zu verlegen. Drei weitere chirurgische Eingriffe mußten folgen. Einer davon war überaus schmerzend, da wegen des sehr schlechten Allgemeinzustandes keine Narkose mehr riskiert werden konnte.

Römisch-Germanisches Mus

Oberbürgermeister Peter Schnell und Kardinal Schröffer bei der Verleihung des Ehrenbürgerrechts der Stadt Ingolstadt.

Erste Audienz Johannes Pauls I.

Johannes Paul II. und Kardinal Schröffer; im Hintergrund Kardinal José Humberto Quintero von Caracas, Venezuela.

Im Auftrag Giscard d'Estaings überreicht der französische Botschafter Georges Galichon Kardinal Schröffer die Insignien des Ritters der französischen Ehrenlegion.

Beim Kölner Domjubiläum. Gespräch mit Bundespräsident Carstens.

Gottesdienst zum 80. Geburtstag des Kardinals in der Kirche des Camposanto Teutonico, Rom.

Im Amt wurde bekannt, daß die Klinik Blutspender für ihn suchte. Es war geradezu bewegend, wie alle seine Mitarbeiter spontan antraten, um ihrem Segretario ihr Blut zu spenden.

Die gründliche histologische Untersuchung hat ergeben, daß es sich um einen Erreger handelte, für den es kein wirksames Gegenmittel gab. Alle Antibiotica mußten abgesetzt werden. Es gab nur noch die leise Hoffnung auf körpereigene Abwehrkräfte.

Da traf völlig unerwartet die Nachricht ein, in England sei ein wirksames Gegenmittel dafür gefunden worden. Sofort wurde es per Flugzeug aus der Schweiz geholt. Das war die Rettung. Alle vier Stunden, bei Tag und Nacht, mußte es in die Knochen instilliert werden und bereits nach Tagen zeigte sich die erste Wirkung. Mit ganzer Hingebung haben die Ärzte der orthopädisch-chirurgischen Abteilung ihr Möglichstes getan, um das Leben ihres ‚Vorgesetzten' zu retten, der er ja in der Leitung dieser Kongregation gewissermaßen war. Sogar das total ausgestanzte, bereits verfärbte nekrotische Knochenstück wuchs in der Folgezeit allmählich wieder an, wenngleich, wie bei solchen Unfällen üblich, über viele Jahre noch eine Osteomyelitis bestand. Der Halswirbelschaden freilich blieb zum Teil irreparabel und erzwang eine leicht schiefe Kopfhaltung, die er mit sympathischer Selbstironie gern von einem „Frömmigkeitswinkel" abzuheben pflegte. Weniger auffallend, aber gleichwohl beschwerlich war die teilweise Versteifung des rechten Kniegelenkes.

Sobald es sein Zustand einigermaßen erlaubte, bearbeitete der Patient am Krankenlager bereits wieder dringende Akten und dankte schriftlich für die überaus zahlreichen Genesungswünsche, die ihn aus aller Welt erreicht hatten.

Als der dem Leben Wiedergewonnene 10 Monate nach dem Unfall endlich entlassen werden konnte, mit dem großen Gips am Bein, der ihm insgesamt 14 Monate treubleiben sollte, bekannte Dr. Greco, der stets besorgte Stationsarzt: „Wenn Sie jetzt hinauskommen, können Sie vor der Madonna eine Kerze anzünden. Professor Fineschi ist ein sehr tüchtiger Chirurg; aber das war nicht das Werk eines Menschen."

Den Genesungsurlaub verbrachte er – noch immer mit dem Gips am Bein – unter der fürsorglichen Betreuung der Niederbronner Schwestern im Theresienkrankenhaus Nürnberg und kehrte dann, einigermaßen gestärkt, nach Rom an seinen Arbeitsplatz zurück, wo ihn das gewohnte Arbeitsmaß erwartete. Denn er war nicht nur „Staatssekretär im päpstlichen Kultusministerium", sondern stand auch einer Anzahl anderer vatikanischer Kongregationen und Ämter als Berater zur Seite. So war er bereits 1967 Mitglied der Kommission für die Interpretation der Dekrete des II. Vatikanischen Konzils und Mitglied der Kommission für Latein-Amerika, ab 1968 zusätzlich Konsultor der Kongregation für die Bischöfe, der Kongregation für die

Orden und Säkular-Institute, der Kongregation für die Glaubenslehre, Konsultor der Kommission für die Revision des Codex Juris Canonici und des Sekretariates für die Einheit der Christen. Diese Mitgliedschaften und Beraterrollen waren auch mit Arbeit und Zeitaufwand verbunden. Nur ganz selten drang von seiner großen Arbeitsfülle und dienstlichen Inanspruchnahme etwas an die Öffentlichkeit. Höchstens wenn zu einem runden Gedenktag ein Zeitungsartikel erschien oder ein wichtiges Dokument vorzustellen war.

So brachte der römische Korrespondent der Katholischen Nachrichten-Agentur, Gerhard Reifert, zum 20. Bischofsjubiläum am 21./22. September 1968 einen ganzseitigen Bericht im „Donau-Kurier" über Erzbischof Schröffer und seine Tätigkeit „Im Dienst der Weltkirche" und stellte darin Schröffers Wirkungskreis näher vor. Er beschrieb im einzelnen die drei Sektionen der Kongregation: Seminare, Universitäten und Schulen. Entsprechend den seinerzeitigen Interessenschwerpunkten widmete der Berichterstatter die größte Aufmerksamkeit Erzbischof Schröffers Arbeiten für die katholischen Universitäten, Hochschulen und Fakultäten und führte über die vom Konzil erlassenen Richtlinien und Anregungen aus: „Die geforderten Reformen sind besonders dringlich geworden, seit die Unruhe unter den Studenten der weltlichen Universitäten in einigen Ländern auch auf die katholischen Universitäten übergegriffen hat", wobei Gerhard Reifert die katholische Universität von Mailand im Auge hatte, die damals gerade in die Schlagzeilen geraten war und das turbulenteste Studienjahr seit ihrer Gründung erlebt hatte. Er merkte dazu weiter in seinem Bericht an:

„Was von den in Unruhe geratenen Studenten an neuen Ideen über die Universität in die Diskussion geworfen wurde, das ist bei der Kongregation für das katholische Bildungswesen schon lange überlegt worden. Daß die Universität eine Gemeinschaft ist, daß jeder akademische Stand – Professoren, Assistenten und Studenten – auf seine Weise zum Gemeinwohl der ganzen Universität beiträgt und daher die Pflicht und das Recht hat, im Rahmen seiner Kompetenz Mitverantwortung an der Universität zu tragen – darüber macht man sich dort schon seit Jahren Gedanken. So ist es zu erklären, daß bereits im Frühjahr dieses Jahres (1968) neue Richtlinien für die Neuordnung der katholischen Universitäten herausgegeben werden konnten, die sehr fortschrittlich anmuten."

Der Berichterstatter unterstrich darin die neue Praxis des Amtes, erlassene Richtlinien zunächst nur auf Probe in Kraft zu setzen, um festzustellen, ob sie sich bewähren oder noch überarbeitet werden müssen. Eine Übung, die dann auch staatliche Behörden übernahmen und sich auf diese Weise vor vorschnellen Entscheidungen und Festlegungen selber bewahrten. Wieder ein Beispiel für die Mustergültigkeit kirchlicher Verwaltung, nachdem in jenen Jahren gerade auch ein amerikanisches „Management-Überprüfungsbüro“ der päpstlichen Kurie ein Höchstmaß an Effizienz bescheinigt und damit als Vorbild für andere Verwaltungen hingestellt hatte. Bei der wahrhaft sparsamen Personalbesetzung der vatikanischen Behörden kann dieses Urteil kaum überraschen. Sicher ist eine solche Effizienz auch in erster Linie nur möglich, weil die an der Kurie tätigen Personen ihre Arbeit mehr aus innerem Antrieb und weniger aus Gründen des Gelderwerbs tun. Dabei ist noch nicht einmal einberechnet, was sie an freiwilligen Überstunden leisteten oder an Arbeit mit nach Hause nahmen. Besucher Erzbischof Schröffers stellten fest, daß er auch während seiner Urlaubstage – die er vorwiegend im Kloster St. Josef in Neumarkt, im Theresienkrankenhaus Nürnberg oder im Josefsheim in Bad Wörishofen verbrachte, wo die fürsorgliche Schwester Oberin Corbinia, die ihm früher in Eichstätt gemeinsam mit Schwester Wolfsinde den Haushalt betreute, die Leitung übernommen hatte – Akten aufarbeitete, Fachgespräche führte und Korrespondenz erledigte. Nicht wenige holten bei dieser Gelegenheit seinen Rat ein oder trugen Probleme vor.

In seinen Urlaubstagen 1968 kam er nach Eichstätt, um in dem verwaisten Bistum im heimatlichen Dom den Alumnen Rainer Brummer aus Abensberg, Georg Heinloth aus Thannhausen, Michael Hierl aus Pilsach, Alfred Hiller aus Beilngries, Wendelin Mehringer aus Langenthonhausen, Hans Schmidtlein aus Oberndorf und Michael Seitz aus Deining sowie sieben Ordensangehörigen die Subdiakonats- und tags darauf die Diakonatsweihe zu erteilen.

Am 29. Juni spendete er an Stelle seines bereits ernannten, aber noch nicht zum Bischof geweihten Nachfolgers Dr. Alois Brems 19 Diakonen die Priesterweihe. Und es mag ihm eine Freude bedeutet haben, diese im Leben eines Bischofs stets herausgehobene apostolische Weihehandlung noch jenen jungen Männern zu spenden, die er als ihr Bischof viele Jahre in oberhirtlicher Fürsorge begleitet hatte. Priesterweihetag bedeutet einem Bischof wohl so etwas wie einen geistlichen Erntetag. Bischof Schröffer durfte in seinem bischöflichen Leben rund 400 jungen Männern die Hände auflegen und ihre Hände für den priesterlichen Dienst salben, zahlenmäßig gleichsam die gesamte Priesterschaft des Bistums erneuern. Ein geistlicher Ertrag, der die mannigfaltigen Sorgen und Mühen um die Alumnen sichtlich gelohnt hat. In sinnvoll aufmerksamer Auswahl assistierten Erzbischof Schröffer dabei sein ehemaliger, am 1. November 1966 ernannter Generalvikar und künftiger Bischof sowie Regens Dr. Andreas Bauch. Diese Zeremonie war zugleich die erste Eucharistiefeier am neuen Altar des umgebauten Domes und wurde durch den Vortrag eines großen Teiles der Texte der Priesterweihe in deutscher Sprache sowie durch die Erläuterung der einzelnen Abschnitte des Weiheritus den vielen teilnehmenden Gläubigen innerlich verständlich und nahegebracht. Die Kirchenzeitung berichtete darüber:

„... Dichtgedrängt umstanden die Anwesenden den Altarraum des

Doms, der bei dieser Gelegenheit auch seine erste Bewährungsprobe zu bestehen hatte. Die Sicht zum Ort der liturgischen Handlung ist durch die Verlegung des Altares weiter zum Volk hin wesentlich verbessert worden, was von vielen Gottesdienstbesuchern als ein besonders anerkennenswerter Erfolg der Umgestaltung empfunden wurde."

Die ungewöhnlich starke Anteilnahme der Bevölkerung ging sicher nicht nur auf den Umstand zurück, daß der 29. Juni 1968 ein Samstag und mithin in Deutschland ein arbeitsfreier Tag ist, zumal dies für viele der herbeigeeilten Gläubigen vom Land nur sehr begrenzt zutrifft; vielmehr dürften zu der großen Zahl der Weihekandidaten auch die Zelebranten die besondere Aufmerksamkeit der zahlreich erschienenen Gottesdienstbesucher empfunden haben. Schließlich trat ihr einstiger Oberhirte erstmals als Kurienerzbischof in Eichstätt in Erscheinung und wußte man schon, daß der bisherige Generalvikar der nächste Bischof sein würde. Und das gemeinsame Auftreten von Vorgänger und Nachfolger war damals, da die Regelung der Resignation mit 75 Jahren noch nicht in Kraft war, noch eine seltene Ausnahme.

Daß viele Gottesdienstbesucher auch gerne ein Wiedersehen mit ihrem früheren Bischof haben wollten, konnte man auch aus der Tatsache schließen, daß Erzbischof Schröffer am 7. Juli 1968 in seiner einstigen Heimatpfarrei St. Moritz zu Ingolstadt die Ehe seiner Nichte Maria einsegnete und die Kirche bei dieser Gelegenheit bis auf den letzten Platz gefüllt war, obwohl die Brautmesse um 12 Uhr mittags begann, also zu einer Zeit stattfand, da man zu Hause das Mittagsmahl einnahm.

Tags zuvor, am 6. Juli 1968, hatte Erzbischof Schröffer, zusammen mit dem Diözesanbischof Dr. Rudolf Graber und dem Weihbischof von Bamberg, Martin Wiesend, als Mitkonsekratoren, seinem Nachfolger Dr. Alois Brems im Dom zu Eichstätt die Bischofsweihe erteilt. Eine Zeremonie, die wiederum Tausende von Gläubigen in der Kathedralkirche von Eichstätt versammelte.

Obwohl wegen der verschiedenen Verpflichtungen seine Urlaubstage kaum Erholung boten, merkte man ihm äußerlich die großen Strapazen wenig an, vielmehr sah man ihn mit innerer Freude und Hingabe diese seelsorglichen und oberhirtlichen Dienste wahrnehmen. Wenn ihn seine Rückkehr nach Rom zwar wieder an den Schreibtisch führte, vermittelten ihm diese Dienste in seinem ehemaligen Bistum doch die von ihm so sehr gewünschte Verbindung mit der Seelsorge. Vielleicht entstand damals schon in ihm die Hoffnung, einmal irgendwo im Bistum Benefiziat zu werden, wenn er in Rom nicht mehr gebraucht würde. Die eine oder andere wissenschaftliche Arbeit hätte dann eine Fortführung und einen Abschluß erfahren und neue begonnen werden können. Doch schien er selber kaum an ein solches Otium cum dignitate zu glauben.

Da Erzbischof Schröffer keinen Wagen besaß, hat ihn sein früherer Eichstätter Bischofssekretär, Domvikar Johann Oechsel, liebenswürdigerweise in seinem Privatauto vom Flugplatz abgeholt und zu seinem Urlaubsort gebracht. Wäre der Domvikar nicht zur Verfügung gestanden, wäre die Reise von Rom in den bayerischen Ferienort mit noch mehr Strapazen und Ungelegenheiten verbunden gewesen. Um so mehr wußte Erzbischof Schröffer diese treue Anhänglichkeit seines einstigen Sekretärs zu schätzen, war sie ihm doch auch ein Zeichen aufrichtiger Verbundenheit. So erbat er sich gern bei späteren Anlässen, als er nach seiner Kardinalserhebung in Ingolstadt und Eichstätt feierliche Pontifikalmessen zelebrierte, Domvikar Johann Oechsel als assistierenden Konzelebranten, um ihm auch seinerseits seine dankbare Anerkennung zu bezeugen. Daß Joseph Schröffer auch später als Kardinal stets in der Touristenklasse flog und keinerlei Sonderbetreuung in Anspruch nahm, war für ihn selbstverständlich. Eine Bescheidenheit, die nach seinem schweren Unfall mit dem gebliebenen Folgeschaden seiner Gesundheit zusetzte. Als der Ingolstädter Verleger und Herausgeber des Donau Kurier, Dr. Wilhelm Reißmüller, davon erfuhr, sorgte er durch eine Fürsprache beim Bayerischen Innenminister Gerold Tandler für eine zuträglichere Abfertigung, da Domvikar Johann Oechsel die polizeiliche Erlaubnis gegeben wurde, ihn unmittelbar zur Maschine zu bringen.

Im September 1973 jährte sich zum fünfundzwanzigsten Mal der Tag seiner Bischofsweihe. In einem persönlichen Schreiben übermittelte ihm dazu Papst Paul VI. seine herzlichen Segenswünsche, das Kardinal Garrone auch an den Nachfolger in Eichstätt mit einem Begleitbrief sandte:

„Unserem verehrten Bruder Joseph Schröffer, Titularerzbischof von Volturno.

Wir haben vernommen, daß Du in diesem Jahr einen besonderen Festtag feiern kannst, der in gemeinsamer Freude begangen werden soll: Dein 25jähriges Bischofsjubiläum.

Mit dem gleichen Wohlwollen, das Du bereits erfahren hast, sind wir Dir im Geiste nahe und wünschen, daß dieser festliche Anlaß Dir zu einem denkwürdigen Tag wird.

Nimm Unsere Glück- und Segenswünsche entgegen, von denen Du weißt, daß sie von Unserem Gebet getragen sind.

An diesem so bedeutenden Tag Deines Lebens gehen die Gedanken wie von selbst auf die vergangenen Jahre; Du hast allen Grund, dem Herrn aus tiefstem Herzen zu danken, der Dich in Seinen Dienst berufen und mit der Fülle des Priestertums ausgestattet hat. Schon als Bischof von Eichstätt hast Du unermüdlich für Christus gearbeitet; als Du aber den Ruf erhieltest, von jener Ortskirche in die Römische Kurie zu kommen und dort als Sekretär der Kongregation für das katholische Bildungswesen zu wirken, hast du Dich bereitwillig und ohne Zögern in den Dienst der Gesamtkirche gestellt.

Wir wissen um Deine Liebe, mit der Du die Heilige Mutter Kirche, die Braut Christi, auf ihrem Weg begleitest; Uns ist auch der unermüdliche Eifer bekannt, mit dem Du Dich um sie sorgst. So stimmt der tiefste Grund Deines Sinnens und Handelns – wie Uns scheint – mit den Worten des hl. Augustinus überein: ‚Lieben wir den Herrn, unsern Gott, lieben wir seine Kirche; Gott als den Vater, die Kirche als unsere Mutter; Gott als den Herrn, die Kirche als seine Dienerin; wir sind ja Söhne seiner Magd, der Kirche . . . Haltet also fest daran, meine Lieben, haltet einmütig fest, daß Gott euer Vater ist und die Kirche eure Mutter' (Enarr. in Ps. 88, 2, 14; PL 37, 1140).

Diesen Vater wollen wir inständig bitten, daß Er Dich mit Seinem Schutz begleite, Dich immer neu aufrichte und ermuntere und Deinen Lebensweg reichlich segne.

Es war Uns ein Herzensanliegen, Dir das mitzuteilen; Ausdruck der guten Wünsche, die Wir Dir entbieten, sei Unser Apostolischer Segen, den Wir Dir, ehrwürdiger Bruder, mit Freuden erteilen und allen, die an der festlichen Feier Deines Jubiläums Anteil nehmen. Im Vatikan, den 28. Juni 1973, im 11. Jahr Unseres Pontifikates

Papst Paul VI."

Begleitbrief von Kardinal Garrone, Präfekt der Kongregation für das Katholische Bildungswesen, an Bischof Alois Brems:

„Exzellenz, Hochwürdigster Herr Bischof!

Mit besonderer Genugtuung erfülle ich die angenehme Pflicht, Ew. Exzellenz diesen Brief zu senden, um Ihnen das Dokument zu übermitteln, das der Heilige Vater Sr. Exzellenz Monsignore Schröffer zu seinem 25jährigen Bischofsjubiläum gewidmet hat. Ich bin sicher, daß Sie den Gläubigen der Diözese Eichstätt die guten Wünsche bekannt geben werden, die der Heilige Vater an ihn gerichtet hat. Wir können aber nicht umhin, selbst auch ein Wort hinzuzufügen. Sagen Sie bei diesem freudigen Anlaß, wie sehr alle in der Kongregation für das Katholische Bildungswesen Msgr. Schröffer lieben, schätzen und verehren. Sagen Sie, wie sehr er uns Vorbild ist in den priesterlichen und menschlichen Tugenden, die ihn auszeichnen. Sagen Sie, wie sehr wir uns freuen über seine Güte, seine humorvolle Art und sein herzliches Wohlwollen. Sagen Sie, wie sehr wir ihn bewundern in seinem vorbildlichen Eifer, den er zeigt in seinem hohen Amt.

Das sind keine Worte äußerer Höflichkeit, Exzellenz; es ist eine Anerkennung, die wir einem Mitarbeiter schulden, mit dem wir uns verbunden wissen in Freundschaft, Wertschätzung und Verehrung. Wir wissen, daß Ihre Diözese sich versammeln wird um ihren früheren Oberhirten, um mit ihm dieses Bischofsjubiläum zu feiern.

Sie sollen wissen, daß auch wir im Geiste dabei sind mit unserer herzlichen Anteilnahme und aufrichtigstem Dank dem Herrn gegenüber, der unserer

Kongregation einen so tüchtigen und liebenswerten Sekretär gegeben hat.
In Freude über den festlichen Anlaß bin ich in tiefer Verehrung

Ew. Exzellenz ergebener
Gabriel Marie Kardinal Garrone“

Kardinal Garrone hatte in Erzbischof Schröffer nicht nur einen unermüdlichen Mitarbeiter und Amtschef, sondern bei vielen Gelegenheiten auch einen vorzüglichen Vertreter, wobei auch die Vielsprachigkeit Joseph Schröffers eine hilfreiche Rolle spielte. Ob in Englisch, Französisch, Italienisch, Latein oder Spanisch, er wußte sich stets angemessen auszudrücken und seinen Zuhörern überzeugend Anliegen und Erwartungen der Kirche nahezubringen. So vertrat er im November 1974 die Kongregation bei der feierlichen Eröffnung der Theologischen Fakultät Valencia und überbrachte die guten Wünsche der Kurie. Im nachfolgenden Jahr stand eine ausgedehnte Polenreise an, für welche Kardinalprimas Wyszynski ein ausführliches Programm ausarbeiten und nach Rom übermitteln ließ. Die offiziell an Erzbischof Schröffer ergangene Einladung trug die Unterschriften des Primas von Polen und des Metropoliten von Krakau, dessen Gast er dort auch war. Beide Erzbischöfe konnten auf eine mehr als zehnjährige Bekanntschaft zurückblicken und waren sich bekanntlich durch die Bemühung um die Völkerversöhnung und die Zusammenarbeit auf dem Zweiten Vatikanischen Konzil nahegekommen. Die erhalten gebliebene Korrespondenz legt ein beredtes Zeugnis von der engen Verbundenheit der beiden Männer ab, die durch vielerlei Begegnungsebenen geprägt war. Da hatte der ehemalige Erzbischof von Krakau einen persönlichen Wunsch für einen polnischen Theologieprofessor an den damaligen Eichstätter Bischof gerichtet und sogleich ein offenes Ohr gefunden, da sah der Metropolit von Krakau, in dessen Erzdiözese Auschwitz liegt, die Bemühungen des deutschen Pax Christi-Präsidenten um eine Versöhnung zwischen Deutschen und Polen und unterstützte nach besten Kräften dieses wichtige Anliegen; da waren sie beide Konzilsväter und gab es persönliche Begegnungen in Krakau und in Rom.

Schon Papst Paul VI., der im persönlichen Umgang eher etwas zurückhaltende Pontifex, hatte seine Hochschätzung des Segretario wiederholt in Gesprächen mit deutschen Besuchern zum Ausdruck gebracht. So äußerte er sich anläßlich des Staatsbesuches Bundeskanzler Adenauers sehr lobend über Joseph Schröffer und bekräftigte diese Anerkennung bei einer späteren Audienz für Bundeskanzler Brandt. Der Erzbischof von Paderborn, Kardinal Lorenz Jaeger, vertraute Erzbischof Schröffer in einer Sitzungspause der Oekumenismus-Kommission am 11. November 1968 an, daß Paul VI. voll des Lobes über ihn sei. Schon in der kurzen Zeit in Rom habe er den Ruf eines großen Theologen erworben. Der Paderborner Oberhirte erfuhr dies gelegentlich der Übergabe einer Arbeit über Hermeneutik, als der Papst bei der Entgegennahme sagte, er werde diese Abhandlung Erzbischof Schröffer geben. Ein weiteres Zeichen fachlicher und persönlicher Wertschätzung seitens Pauls VI. war auch in der Tatsache zu sehen, daß er dessen Ausarbeitungen aufmerksam studierte, wie er dies bei der Lektüre der Visitationsberichte oder den Dokumenten der Kongregation für das Katholische Bildungswesen tat. Daß Paul VI. diese Berichte und Dokumente nicht nur „überflog“, ging schon aus seiner Bemerkung hervor, er habe bereits wiederholt darauf Bezug genommen, und es spreche daraus „eine große Liebe zu den Alumnen, aber auch zu den Professoren“. Eine Feststellung, die genau den Tenor der Schröffer'schen Berichte traf. Im übrigen äußerte sich Paul VI. auch überaus zufrieden über die so gute Zusammenarbeit eines Franzosen und eines Deutschen an der Spitze der Kongregation für das Katholische Bildungswesen und nannte diese Kooperation in einem Gespräch mit dem späteren Kardinal Poupard, dem Rektor der Sorbonne, Paris, vorbildlich.

Neben seinen vielfältigen Amtspflichten nahm er auch seelsorgliche Funktionen wahr, spendete das Sakrament der Taufe, der Firmung und übernahm unter anderen auch die Trauung einer Nichte und die Taufe ihrer Kinder. Auf diese Weise kam etwa Erzbischofs Großnichte Annemarie schon mit zwei Monaten zu Publizitätsehren. Ihr nachmalig prämiiertes Geigenspiel mochte für den hochmusikalischen Taufpriester eine Freude sein, wie er sich überhaupt über die musischen Talente seiner Angehörigen – von den Schwestern über deren nächste und übernächste Generation – herzlich freuen konnte und ihren Erfolgen warme Anteilnahme schenkte.

In Rom wurde er wiederholt zur Übernahme von Priesterweihen und Bischofskonsekrationen eingeladen. Oft feierte er mit Pilgern das heilige Opfer in den Katakomben oder in römischen Basiliken. Auch empfing er den von der Erzdiözese München und Freising organisierten Kranken-Sonnenzug, feierte mit den Pilgern in St. Peter die heilige Messe und fand sich anschließend zu einem Gespräch mit den Kranken ein, wie ein Foto der Münchener Katholischen Kirchenzeitung vom 1. November 1970 ausweist. Erzbischof Schröffer konnte nicht ahnen, daß er wenige Wochen später infolge seines schweren Unfalls auch für viele Monate ans Bett gefesselt sein würde.

Wie gern er nach wie vor priesterliche oder bischöfliche Dienste übernahm, geht aus einem Brief hervor, den er am 22. April 1973 an Domkapitular Dr. Ludwig Vogl nach Eichstätt schrieb. Da bekannte er seinem heimatlichen Mitbruder:

„Am Gründonnerstag hatte ich die Freude, in Monte Cassino die Missa Chrismatis zusammen mit 46 Priestern der dortigen Diözese feiern zu können. Es war ein sehr schöner Gottesdienst, echt benediktinisch erquikkend schöner Choralgesang. Ich habe in meiner Ansprache auf die Verbindung Eichstätts mit Monte Cassino hingewiesen, das uns den ersten Bischof geschenkt hat. Es war für mich auch eine der selten gewordenen Gelegenheiten, des bischöflichen Amtes zu walten." Wer eine solche Missa Chrismatis einmal erlebt hat, vermag sich vorzustellen, welch innere Erfüllung eine derartige Gottesdienstfeier für ihn gewesen sein muß.

Rückblickend auf die neun Jahre des Erzbischofs in Rom schreibt Monsignore Marchisano: „Die wenigen Andeutungen der an der Kongregation für das Katholische Bildungswesen in der nachkonziliaren Zeit entfalteten Tätigkeiten zeigen das weite Arbeitsfeld auf, zu dem Erzbischof Schröffer berufen wurde und dem er den Stempel seiner Persönlichkeit aufgeprägt hat.

Er war ein Vorgesetzter von tief fühlender Menschlichkeit mit hoher Achtung vor der Person und den Auffassungen anderer, ein gewaltiger Arbeiter und gewissenhaft bis zum äußersten. Er war uns ein echtes Vorbild priesterlicher Haltungen, vornehmlich auch bei seinem Verkehrsunfall in Rom 1970, der ihm über Jahre zu schaffen machte. Ich sehe ihn noch vor mir, wie er zwar leidend, aber dennoch heiter, im Rollstuhl über Monate hin Tag für Tag in der Kongregation seine Arbeit leistete ohne die geringste Klage, so als wäre nichts geschehen", und erwähnte dann eine bezeichnende Einzelheit, welche die Fürsorge Erzbischof Schröffers für seine Mitarbeiter verdeutlicht. „Um das feine Empfinden, das Erzbischof Schröffer in der Arbeit und in den Beziehungen zu seinen Untergebenen zeigte, zu verstehen, mag es genügen, auf eine vielleicht zweitrangige, aber für mich doch bezeichnende Einzelheit hinzuweisen. Ich weiß, daß er in der großen Hitze des römischen Sommers jede Nacht aufstand, um die Fenster der Amtsräume der Kongregation"(mehr als 40 mit schweren Rolläden) „zu öffnen und ein wenig nächtliche Frische einzulassen und am frühen Morgen, bevor wir kamen, sie wieder zu schließen, damit wir ein weniger drückendes und ein erträglicheres Klima vorfänden. Ich könnte viele solcher Beispiele nennen, die seine edle Gesinnung in der Leitung an der Spitze der Kongregation aufzeigen.

Ich schreibe über einen Vorgesetzten von mir, mit dem ich durch viele Jahre eng zusammengearbeitet habe. Für gewöhnlich wird über eigene Vorgesetzte nicht so gut gesprochen! In diesem Fall aber ist es geboten, eine Ausnahme zu machen, kann ich doch in aller Aufrichtigkeit und Dankbarkeit feststellen, daß Erzbischof Schröffer eine der besten Persönlichkeiten ist, denen ich je in meinem Leben begegnet bin."

IX. Der Kurienkardinal

Ernennung und Aufgaben

Während Zeitungen, Rundfunk und Fernsehen die Nachricht von der Ernennung Erzbischof Schröffers zum Kardinal verbreiteten und umgehend Würdigungen veröffentlichten, nahm der solchermaßen Ausgezeichnete die ihm verliehene hohe Würde eher mit gemischten Gefühlen entgegen, stand ihm doch nie der Sinn nach öffentlichen Ehren. Bezeichnend für seine Empfindungen war die Tonlage, mit welcher die Nachricht telefonisch an die Verwandten in Deutschland durchgegeben wurde. Man hätte eher meinen können, es wäre eine Trauerbotschaft zu übermitteln gewesen und nicht die Nachricht von einer hohen Auszeichnung. Nicht ausgeschlossen, daß er die Mitteilung von seiner Erhebung zum Kurienkardinal auch als eine neuerliche Trennung von seinem bisherigen Wirkungskreis empfand, da er doch mit den Mitarbeitern in der Kongregation bestens zusammenarbeitete und ihnen auch persönlich freundschaftlich verbunden war. Damit wurden auch alle möglichen Zukunftspläne, sich doch einmal in Deutschland zur Ruhe setzen zu können, mit einem Male zunichte, zumindest für die nächsten sieben Jahre. Als Kurienkardinal hatte Joseph Schröffer mit seinen gerade vollendeten 73 Jahren dem Papst noch weiterhin für besondere Aufgaben zur Verfügung zu stehen.

Mit der Meldung der Kardinalskreierung und einem Foto von KNA war in einer deutschen Zeitung zu lesen: „Die Kirche in Deutschland hat in Kardinal Schröffer . . . wieder einen Sprecher in höchstem Rang . . . Im Vatikan wird Schröffer, wie kompetent versichert wird, als einer der intelligentesten, zuverlässigsten und fleißigsten Mitarbeiter des Papstes geschätzt. Dies mag den Papst bewogen haben, den ehemaligen Eichstätter Bischof in das Kardinalskollegium zu berufen. (A. F.)"

Von überall her erreichten ihn Glückwünsche; unter anderem schrieb der Vorsitzende der deutschsprachigen Regentenkonferenz: „In großer, herzlicher Hochachtung möchte ich Ihnen meine und aller deutschen Regenten Freude bekunden . . . Seit vielen Jahren begleiten Sie unsere Bemühungen in der Priesterausbildung als unser wohlwollender Freund und hilfreicher Berater und machen uns viel Mut in unserem oft nicht ganz leichten Dienst. . . . In dieser Ihrer Ehre empfinden wir uns ein wenig mitgeehrt."

Oder der Rektor der Universität S. Tommaso d'Aquino, P. Paul Gundolf Gieraths, in Rom: „Wir alle sind stolz darauf, daß der Heilige Vater Sie zur Kardinalswürde erhoben hat, und daß Sie damit als der höchste deutsche kirchliche Würdenträger hier in Rom tätig sind. . . . Daß Sie der gütige, hilfsbereite und bescheidene Mitbruder geblieben sind, erfüllt uns Priester mit besonderer Freude." Und der Präsident der Katholischen Universität von Amerika in Washington, Clarence C. Walton: „Mein Herz brannte buchstäblich vor Freude, als ich von Ihrer Ernennung des Heiligen Vaters zum Mitglied des Kardinalskollegiums las. Da ich in den vergangenen sieben Jahren in höchst komplizierten Sachverhalten recht eng mit Ihnen zusammengearbeitet habe, habe ich gelernt, Ihr Verständnis zu achten, Ihre Geduld zu bewundern und Ihrer Güte mich zu erfreuen. Ich weiß, daß Gott wichtige Dinge für Sie bereithält. ... Wir alle in den Vereinigten Staaten, die Sie kennen, freuen uns über den Beschluß des Heiligen Vaters."

Beim öffentlichen Konsistorium am 24. Mai in der großen Audienzhalle erfolgte die Überreichung von Ring, Birett und Urkunde zur Titelkirche. Als Joseph Schröffer die vielen Stufen zur Sedia hinaufeilte, und der Heilige Vater dreimal die Arme ihm entgegen ausbreitete, entstand im Saal spontan brausender Beifall.

Da Joseph Schröffer sich größter Wertschätzung bei Paul VI. erfreute, und an der Kurie als ebenso gewissenhafter wie unermüdlicher Arbeiter bekannt war, brachte ihm die Kardinalserhebung und Entbindung von seiner bisherigen Funktion in der Bildungskongregation letztlich nicht weniger Verpflichtungen als zuvor. Papst Paul VI. ernannte ihn zum Mitglied des Rates für die Öffentlichen Angelegenheiten der Kirche (Außenministerium des Vatikans), zum Mitglied der Kongregation für die Glaubenslehre, der Kongregation für die Bischöfe, des Obersten Gerichtshofes der Apostolischen Signatur, zu einem der drei Vorsitzenden des Päpstlichen Rates für die Laien, zum Mitglied der Kommission für die Revision des kirchlichen Rechtsbuches (‚Codex Iuris Canonici') und der Verwaltung der Güter des Apostolischen Stuhles. Allesamt Behörden, die zu den wichtigsten gehören. Kurienbischof Francesco Marchisano berichtet über die Tätigkeit Kardinal Schröffers in all diesen Ämtern:

„Bei den zahlreichen Sitzungen, an denen er teilzunehmen hatte, wurde allseits seine Gewissenhaftigkeit, die Klarheit seines Denkens, die Weite seines Blickes, sein ausgewogenes Urteil, mit einem Wort: seine seltene Weisheit, bewundert."

So häuften sich die Akten der verschiedenen Kongregationen und Kommissionen auf seinem Schreibtisch in der Via Rusticucci Nr. 13. Dazu kamen Vorträge an verschiedenen Instituten. Am 13. Mai 1977 schrieb ihm Bischof Jeremiah Newman von Limerick in Irland:

„Ich schreibe, um Ihnen aufrichtigst zu danken für Ihren glänzenden Vortrag an der Päpstlichen Laterans-Universität, der in englischer Übersetzung im Osservatore Romano am 28. April erschienen ist.

Dies war wahrlich eine meisterhafte Interpretation der Verbindung zwischen diesen beiden großen kirchlichen Dokumenten „Gaudium et Spes" und „Populorum Progressio". Als einer, der 15 Jahre lang katholische Soziallehre lehrte, bin ich einigermaßen in der Lage zu urteilen."

Bei einem Empfang, den der deutsche Botschafter beim Heiligen Stuhl, Dr. Walter Gehlhoff, am 26. Mai 1976 aus Anlaß der Kardinalsernennung für ihn ausgerichtet hatte, suchte er geschickt die ihm entgegengebrachte Aufmerksamkeit auf andere Themen abzulenken. Nach einer mit Humor gewürzten Dankesansprache an den Gastgeber dieses Abends stellte er den ebenfalls anwesenden Vorsitzenden der Deutschen Bischofskonferenz, Kardinal Döpfner, in den Mittelpunkt des Interesses, indem er an das Jahr ihrer Ernennungen erinnerte und gab ihm damit das Stichwort für eine Erwiderung: „War Joseph Schröffer im Juli 1948 der jüngste Bischof, so wurde ich mit meiner Ernennung zum Bischof von Würzburg der allerjüngste Bischof Deutschlands." Niemand konnte an jenem Mai-Abend, als die munteren Wechselgespräche zwischen den Gästen des Botschafters die Stunden wie im Flug vergehen ließen, ahnen, daß der sehr vital wirkende Münchener Kardinal knapp zwei Monate später in der Ewigkeit sein würde.

Am 12. Juni 1976 fand die feierliche Besitzergreifung der Titelkirche San Saba statt. Gleich zu Beginn gedachte er seiner Vorgänger, der beiden ersten Titulare dieser Diakonie. Der erste war Kardinal Augustin Bea, „der langjährige Rektor des Bibel-Instituts und mein verehrter Lehrer. Der zweite Titular war Kardinal Jean Daniélou, der große französische Theologe, mit dem ich in der doktrinellen Kommission des Zweiten Vatikanischen Konzils eng zusammengearbeitet habe. Es ist für mich eine Ehre, zum Nachfolger dieser beiden großen Männer bestimmt worden zu sein."

Bei den vielfältigen Beziehungen, die Kardinal Schröffer von Jugend an mit dieser Kirche verband, war San Saba ihm vertraut. So war es ihm auch eine Freude, als Papst Johannes Paul II. San Saba einen Besuch abstattete und er, zusammen mit Kardinal Ugo Poletti, dem Generalvikar von Rom, und dem Generaloberen des Jesuitenordens, P. Pedro Arrupe, den Heiligen Vater dort begrüßen konnte.

Gregoriana und Germanikum ließen es sich nicht nehmen, ihrem einstigen Studenten und Alumnus eine Festakademie auszurichten, gemeinsam mit der Erzbruderschaft des Camposanto Teutonico sowie der deutschen Botschaft beim Heiligen Stuhl, bei welcher der bekannte Universitätsprofessor Dr. Josef Fuchs S. J. einen viel beachteten Vortrag hielt über das Thema „Sacra doctrina – Theologie als Lehrfach". Alles, was in der deutschen „Kolonie" Rang und Namen hatte, war zu dieser Feier erschienen. Zu den Ehrengästen zählte auch der Präfekt der Glaubenskongregation, der ehemalige Erzbischof von Zagreb, Kardinal Franjo Seper, den Joseph Schröffer auch schon seit seinen Jahren im Germanikum kannte.

Der Gastgeber der in der Aula stattfindenden Festakademie, der Hausherr des Camposanto, Prälat Erwin Gatz, erinnerte bei der Begrüßung der

Festversammlung an die bleibenden Verdienste Kardinal Schröffers und hob besonders dessen Opfer heraus, „seine Heimat zu verlassen, um beim römischen Zentrum der Gesamtkirche zu dienen“, und seine selbstlose Bereitschaft, „der deutschen Gemeinschaft in Rom in jeder Weise zur Verfügung zu stehen.“

In der Tat schlug Joseph Schröffer seinen Landsleuten in Rom oder deutschen Rompilgern aus der Heimat nie den Wunsch ab, einen Gottesdienst mit ihnen zu feiern, oder sie in seiner römischen Wohnung zu empfangen. Da spielten Rang oder Titel der Besucher keine Rolle. Er freute sich über den Besuch eines deutschen Mitbruders ebenso wie etwa über einen Fototermin mit einer Pilgergruppe aus der Kuratie Sankt Maximilian Kolbe in Nürnberg-Langwasser, die im Oktober 1982 zur Heiligsprechung ihres Patrons nach Rom gekommen war und für die ein Besuch „bei unserem früheren Bischof Joseph Schröffer ein besonderes Erlebnis“ bedeutete, wie ihre Mitglieder hinterher bekundeten.

Aus Anlaß seiner Kardinalsernennung wurde Joseph Schröffer zum Ehrenbürger seiner Heimatstadt ernannt. Er freute sich, daß der Stadtrat ihm diese Auszeichnung ohne parteipolitische Vorbehalte einstimmig zugedacht hat. Wer an dem festlichen Empfang im Ingolstädter Rathaus am 8. Juli 1976 teilnahm und wie beiläufig die Meinungen über den jüngsten Ehrenbürger der Stadt hören konnte, registrierte durchweg nur positive Stimmen, bei denen unverkennbar auch Gefühle des Stolzes über diesen großen Sohn der Stadt mitschwangen. Unter den Ehrengästen befand sich auch der „letzte“ Vorgänger als Ehrenbürger, Dr. Wilhelm Reißmüller. Studiendirektor Fritz Voit umrahmte musikalisch anspruchsvoll mit seinem Quartett die Feierstunde.

Humorvoll und bewegt zugleich dankte der neue Ehrenbürger für die ihm zugedachte Ehrung. Er bekannte:

„Wenn ich nach einem Wort im Evangelium suche – wie es für mich als Vertreter des geistlichen Standes angemessen ist – ein Wort, das auf diese heutige Situation anwendbar wäre, das von einer Ehrung spräche, die eine Stadt einem ihrer Söhne angedeihen ließe, so muß ich meine Verlegenheit bekennen. Denn es fällt mir im Augenblick kein anderes ein als jenes, das wir am letzten Sonntag im Evangelium gehört haben: ‚Nirgends gilt ein Prophet weniger als in seiner Vaterstadt.‘

Und gerade dieses paßt nicht zu der Situation; denn es ist das Gegenteil der Fall. Ich fühle mich geradezu versucht zu sagen, daß dieses Schriftwort eine Korrektur erfahren müßte. Denn meine Vaterstadt hat mir ein anderes Schicksal zugedacht. Es ist ja die höchste Ehre, die eine Stadt zu vergeben hat, wenn sie das Ehrenbürgerrecht verleiht. Ich weiß aber noch dazu, daß ich dieses Schriftwort auch aus einem anderen Grund nicht anwenden kann; denn es wäre überheblich, mich etwa unter die Propheten einreihen zu wollen.

Aber nun Scherz beiseite. Ich habe dem Stadtrat und dem Herrn Oberbürgermeister für die mir zugedachte Ehrung meinen aufrichtigen und tief empfundenen Dank zum Ausdruck zu bringen. Ich weiß es dazu besonders zu schätzen, daß dieser Akt dem Willen des gesamten Stadtrates entspricht, nachdem der Beschluß einstimmig erfolgt ist. Es bedeutet diese Auszeichnung für mich eine neue Bindung und Verpflichtung gegenüber meiner Heimatstadt." Dann rief er sich und seinen Zuhörern in Erinnerung: „Hier habe ich meine Kindheit verbracht, hier habe ich die Schule besucht. Hier habe ich die großen äußeren Ereignisse miterlebt, die in der Geschichte unseres Volkes von einschneidender Bedeutung waren: den Ausbruch des ersten Weltkrieges, der meinem Vater das Leben gekostet hat, die Mobilmachung, den Auszug der hier stationierten Truppen, den Besuch des letzten Königs, dann die Revolution des Jahres 1918, die Abwehr der Räterepublik", Reminiszenzen aus lang vergangenen Jahren.

Die meisten anwesenden Pfarrer wirkten in Kirchensprengeln, die Joseph Schröffer als Bischof von Eichstätt erst errichtet und deren Kirchen er konsekriert hat. Fast jedes größere oder bedeutendere Bauwerk der Stadt hat von Bischof Joseph seine kirchliche Weihe erhalten, darunter die Donaubrücke, die Autobahnbrücke, Schule, Altenheime, Wohnheime, das Krankenhaus, Gaswerk, Sportplatz, Ölraffinerie und Stadt-Theater. Dankbar gedachte der Kardinal auch des bewegenden Abschieds, den die Stadt ihm bei seiner Berufung nach Rom bereitet hat. Er schloß seine Dankesadresse mit den Worten: „All das sind Beziehungen, die mich enger mit der Stadt, der größten der Diözese, verbunden haben. Und nun ist eine neue, noch engere Beziehung dazugekommen durch das Ehrenbürgerrecht. Ich darf noch mehr als bisher mich rühmen: Ingolstadt, meine Stadt!

Ich betrachte diese Auszeichnung als eine Ehre, zugleich aber als Verpflichtung, auch weiterhin und in noch höherem Maße als bisher der Stadt mein Interesse zuzuwenden, ihre Geschicke, ihre Entwicklung mit Anteilnahme zu verfolgen, sie mit meinen besten Wünschen und – wenn ich es sagen darf – auch mit meinem Gedenken vor dem Herrn zu begleiten. An diese Verpflichtung wird mich im übrigen wieder das großartige Werk über Ingolstadt, das mir zum Geschenk überreicht wurde, und für das ich gleichfalls herzlich danke, erinnern und gemahnen.

Ich wünsche unserer Stadt Gottes Segen auf ihrem weiteren Weg." Das von Kardinal Schröffer erwähnte Werk über Ingolstadt, das ihm Oberbürgermeister Peter Schnell im Namen des Stadtrats als Geschenk zugeeignet hatte, war eine bibliophil gestaltete dreibändige Auswahlchronik mit zahlreichen Bildern von Ingolstadt, die Wilhelm Reißmüller und der aus Ingolstadt stammende spätere Generaldirektor des Bayerischen Nationalmuseums, Professor Dr. Theodor Müller, herausgegeben haben und die zu den kostbarsten Stadtgeschichten Bayerns zählen. Als gebürtiger Ingolstädter konnte sich Joseph Schröffer keine schönere Würdigung seiner Heimatstadt wünschen. Entsprechend hat er sich über diese Ehrengabe gefreut.

So war es auch ein ebenso nobler wie dankenswerter Gedanke gewesen, daß sich die Heimatstadt entschlossen hatte, anläßlich des Goldenen Priester- und dreißigjährigen Bischofsjubiläums 1978 ihrem Ehrenbürger einen Band „Ingolstädter Ansprachen" herauszugeben, dessen Gestaltung in den meisterlichen Händen des Verlegers und Künstlers Dr. Wilhelm Reißmüller lag, und auf diese Weise eine Auslese von Reden und Predigten, die mit seinem Geburtsort in Beziehung standen, in ansprechend gestalteter Form der Nachwelt zu erhalten. Kardinal Schröffer schrieb dazu in einem kurzen Geleitwort:

„Dieses nun ist ein neuer Erweis des Wohlwollens meiner Vaterstadt. Sie wollte der 50 Jahre meines Priestertums und der 30 Jahre meines Bischofsamtes gedenken und hat dies in sinnvollster Weise getan. Sie hat viele der Worte, die ich hier gesprochen, eingefangen, hat die vom Winde verwehten zurückgeholt und ihnen eine bleibende Gestalt verliehen", um dann zu versichern: „Das damals gesprochene Wort hatte nur eines im Sinn: meiner Vaterstadt vom Geiste her zu dienen, ihren Aufbauwillen geistig zu begleiten und ihn in eine neue, religiöse Dimension zu erheben. Diese Gesinnung ist mir bleibende Verpflichtung. Ich erflehe unserer Stadt allen Segen Gottes."

Die große Verbundenheit, die Kardinal Schröffer bei der Entgegennahme der Ehrenbürgerwürde seiner Heimatstadt bekundet hatte, veranlaßte den Vorsitzenden des örtlichen Katholischen Bildungswerkes, den neuen Ehrenbürger zu einem eigenen Vortrag in die Donaustadt zu bitten. Wie nicht anders zu erwarten, entsprach er der vorgetragenen Bitte und erklärte sich bereit, im Herbstsemester 1976 ein Referat vor dem Ingolstädter Bildungswerk zu halten. Für den 28. Oktober konnte er schließlich seinen versprochenen Vortrag über das Thema „Kirche und Fragen der Bildung" zusagen. Beim nachfolgenden geselligen Beisammensein im Pfarrhaus von St. Moritz wurden Erinnerungen ausgetauscht. Die Teilnehmer an dieser geselligen Runde erlebten bei dieser Gelegenheit einen völlig gelösten und erzählfreudigen Joseph Schröffer, der sich in dieser Gesellschaft und Umgebung sichtlich wohlfühlte. Eine Begegnung, die allen noch lange in Erinnerung bleiben dürfte. Der Vorsitzende des Bildungswerkes war mit der Veranstaltung überaus zufrieden, konnte er doch mit dem Referenten aus Rom eine ansehnliche Zuhörerschaft begrüßen. Das Katholische Bildungswerk Ingolstadt erinnert sich noch heute dankbar an diesen Besuch und vermerkt den 28. Oktober 1976 als besonderes Datum in seiner Geschichte, wie dies der verdiente Förderer der Katholischen Erwachsenenbildung in Ingolstadt,

Oberstudiendirektor Josef Graf, in seinem geschichtlichen Rückblick anläßlich der Zehnjahresfeier des Bildungswerks ausdrücklich vermerkt hat. Im Herbstprogramm fand sich als Referent auch der damalige bayerische Kultusminister Professor Dr. Hans Maier, der über das Thema „Freie Bildung im freien Staat" sprach. Und diese von Kardinal Schröffer und Minister Maier aus ihrer jeweiligen besonderen Sicht behandelte Bildungsthematik fügte sich wiederum glücklich in ein Jubiläum, an welchem das Ingolstädter Bildungswerk lebhaften Anteil nahm, das 700jährige Jubiläum des Klosters Gnadenthal.

Diese seit 1276 nachweisbare original Ingolstädter Gründung hatte nämlich nach Überwindung der harten Säkularisationsjahrzehnte im Herbst 1829 die Aufgabe übernommen, sich der schulischen Erziehung der Mädchenjugend zu widmen, und unterhielt seitdem allgemeinbildende und weiterführende Schulen; in Ermangelung hinreichender klösterlicher Lehrkräfte jetzt nur noch ein Musisches Gymnasium und eine Mädchenrealschule, Bildungsanstalten, die jedoch über Ingolstadt hinaus einen vorzüglichen Ruf genießen und mittlerweile manche gleichgeartete staatliche Schule an Schülerzahl übertroffen haben. So konnte der Bildungswerkvorsitzende mit dem Willkomm für Kardinal Schröffer am 28. Oktober 1976 zugleich auch den Festesmonat des Klosters Gnadenthal dem abschließenden Höhepunkt zuführen, nachdem er selbst am 3. Oktober über die Geschichte des Jubelklosters berichtet hatte. Auf diese Weise erwies Kardinal Schröffer mit seinem Besuch in Ingolstadt nicht nur dem Katholischen Bildungswerk eine große Ehre, sondern auch dem Kloster Gnadenthal, mit Frau Generaloberin M. Caecilia Wohlmuth an der Spitze, eine wohltuende Aufmerksamkeit. Sein Glückwunsch-Schreiben zum 700jährigen Bestehen des Klosters St. Johann im Gnadenthal hatte bereits seine warme Anteilnahme an Geschichte und Geschick dieses um Ingolstadt und die Bildung der Mädchenjugend hochverdienten Schwesternkonvents zum Ausdruck gebracht. Als langjähriger Bischof von Eichstätt war Joseph Schröffer diesem Kloster in mehrfacher Weise verbunden und kannte auch viele Schwestern persönlich. Dazu kam, daß die klösterlichen Schulleiterinnen, Sr. M. Paula Senninger und Sr. M. Innocentia Weh, auch an den Tauffeiern der Kinder von Kardinal Schröffers Nichte Maria teilnahmen, ist diese doch mit einem Lehrer der Gnadenthal-Schulen verheiratet. Erhalten gebliebene Fotos zeigen Gnadenthal-Schwestern auch als Teilnehmerinnen an der Hochzeitsmesse, die Erzbischof Schröffer in der Ingolstädter St. Moritz-Kirche zelebriert hatte. Wie der persönliche Nachlaß Kardinal Schröffers ausweist, stand der Frauenkonvent von St. Johann im Gnadenthal auch während der 16 römischen Jahre Erzbischof Schröffers in treuer Verbundenheit zu ihrem einstigen Eichstätter Oberhirten. Diese aufmerksame Erinnerungs- und Gebetsgemeinschaft dokumentiert nicht zuletzt der Glück- und Segenswunsch, den

Generaloberin Sr. M. Caecilia Wohlmuth zu Kardinal Schröffers 80. Geburtstag im Februar 1983 entboten hat.

Die Heimatdiözese lud ‚ihren Kardinal' zur Feier nach Eichstätt ein. Am Pontifikalamt nahmen u. a. die Kardinäle Volk und Döpfner als Konzelebranten teil. Danach haben sie auch vom Tod gesprochen, allerdings von dem des 73jährigen; denn es war wohl eine Selbstverständlichkeit, daß diesem als dem Älteren der Vortritt gebühre. Julius Döpfner hat ihn nämlich gefragt, wo er sich denn einmal begraben lasse. Auf die Antwort, es sei sein Wunsch, dann in seine ehemalige Diözese zurückzukehren, meinte er: „Du hast recht, da wird für dich wenigstens gebetet." Um so erschütternder war dann zwei Wochen darauf die Nachricht von dem plötzlichen, unerwarteten Hinscheiden des Münchener Kardinals unmittelbar vor dem Antritt seines Urlaubs.

Beim Gedächtnisgottesdienst im Germanikum zu Rom wählte Kardinal Schröffer als Thema der Ansprache die Stelle der Lesung aus dem Hebräerbrief: „Gedenkt euerer Vorsteher, die euch das Wort Gottes verkündet haben. Betrachtet den Ausgang ihres Wandels und ahmt ihren Glauben nach" (13, 7) und würdigte das unermüdliche Wirken des Kardinals, der sich bis zur Erschöpfung seiner Kräfte hingeopfert hat, und sein treues Stehen zur hierarchischen Struktur der Kirche. „Es ist die in unserer demokratisierten Zeit nicht gern gehörte, im Hebräerbrief aber deutlich und ohne Umschweife erhobene Forderung: ‚Gehorcht eueren Vorstehern und ordnet euch ihnen unter; denn sie wachen über euch und müssen darüber Rechenschaft geben. Sie sollen dies mit Freuden tun können, nicht mit Seufzen; denn das wäre zu euerem Schaden'" (Hb. 13, 17).

Rechenschaft geben ... – „das macht das Sterben eines Bischofs ernst und schwer. Es wird gefragt, wie es mit der Wachsamkeit des guten Hirten stand. Er wird gefragt, ob er dem Eindringen unchristlicher Lehren und unchristlichen Geistes gewehrt hat; ob er keine Abstriche machen ließ an dem echten, kraftvollen Christsein, das ohne das Gesetz des Kreuzes nicht denkbar ist. – Was wird ein Bischof antworten, wenn die Frage an ihn ergeht: Zu deiner Zeit hat der Glaube abgenommen, ist die Glaubenskraft erlahmt, haben sich die Kirchen geleert, wurde die Treue zu den Lebensgesetzen erschüttert, ist der Wille zum Kind geschwunden, wurden viele Kinder nicht mehr getauft, haben sich die Ehescheidungsziffern erhöht, haben Priester die Reihen ihrer Mitbrüder verlassen, ist der Mut und die Kraft zur Totalhingabe des Lebens im Dienste Gottes und der Brüder in der Jugend erlahmt, was hast du getan, um all dem entgegenzuwirken?

Die Verantwortung eines Bischofs ist groß. Darum die Mahnung des Wortes Gottes an uns: Erweist den Hirten der Kirche diesen Freundschaftsdienst, auf ihre Mahnungen, Einladungen, Forderungen einzugehen, so daß sie ihre Rechenschaft getrost, ja „mit Freuden" ablegen können. Der Gehorsam wird so zum Dienst der Liebe."

P. Rektor Beirle berichtete ihm danach von dem tiefen Eindruck der Ansprache bei den Alumnen und meinte: „Diese Hebräerstelle werden sie ihr Leben lang nicht mehr vergessen."

Wie sehr sich Kardinal Schröffer seiner ehemaligen Diözese zugehörig fühlte, konnten die zum traditionellen Priestertag am 7. Juli, dem Fest des heiligen Willibald, zusammengekommenen Geistlichen von ihm selber hören, als er seinen Mitbrüdern im Priesteramt dafür dankte, nach neun Jahren der Trennung noch nicht vergessen und abgeschrieben zu sein und stellte wörtlich fest:

„Ich meinerseits darf bekennen, daß ich auch seither mich immer als Priester Willibalds und der Diözese Eichstätt gefühlt habe. Es wäre auch mein Gedanke gewesen, mich nach Erreichung der Altersgrenze – 74 Jahre für die Sekretäre der Kongregation – zurückzuziehen und wieder um Aufnahme in das Bistum zu bitten." Auf die ihm entbotene Gratulation zur Kardinalserhebung erwiderte er in seiner charakteristischen Art mit der Deutung, daß seine Berufung in das Heilige Kollegium „vor allem ein Erweis des Wohlwollens des Heiligen Vaters unserem Land und Volk gegenüber" gewesen sei. Schließlich habe es ja seit Augustin Bea keinen deutschen Kurienkardinal mehr gegeben, und dieser sei auch schon seit 7 Jahren tot. Bei dieser Hintanstellung seiner Person mußte Joseph Schröffer schon ganz vergessen haben, was Papst Paul VI. in der Privataudienz am 28. Mai 1976 über ihn und seine Lebensleistung festgestellt hatte, als er an die vorzüglichen Visitationsberichte, die vorbildliche Leitung des Bistums Eichstätt und die sehr beachtlichen Beiträge auf dem Zweiten Vatikanischen Konzil erinnerte und Joseph Schröffers beispielhafte Arbeit als Sekretär der Kongregation für das katholische Bildungswesen rühmte. Die Teilnehmer dieser Audienz haben diese anerkennenden Worte des Papstes noch in genauer Erinnerung. Sie konnten auch beobachten, wie Kardinal Schröffer bei dem öffentlichen Konsistorium in der Neuen Audienzaula von seinen Kardinalskollegen mit besonderer Herzlichkeit begrüßt und beglückwünscht wurde. Gesten und Bezeugungen, die sich im übrigen vervielfacht in Briefen und Glückwunschtelegrammen wiederfinden.

Für Joseph Schröffer war gleichwohl seine Erhebung in den Kardinalsrang in erster Linie eine Verpflichtung, sagte er doch seinen ehemaligen Eichstätter Diözesanpriestern bei seiner Begegnung am 7. Juli 1976:

„Aus dem Kirchenrecht wissen wir, daß die Kardinäle engste Mitarbeiter und Berater des Papstes sind"

und fuhr dann im Hinblick auf Paul VI. fort:

„Die Kirche ist seine Liebe, man könnte sagen, seine Leidenschaft. Und der Kirche, die versammelt war auf dem Konzil, die auf die Anrufe des Geistes Gottes hören wollte, der Kirche, die eine echte Erneuerung ihrer Strukturen und ihres Geistes gewollt hat, fühlt er sich verpflichtet als

Vollstrecker ihres Willens. Wir, seine Mitarbeiter, haben es immer wieder erfahren, daß dies das große Anliegen des Papstes ist. Das ist ein Anruf an uns, an uns Priester vor allem. Das soll von jedem gelten: Er hat die Kirche geliebt. Er hat sich für sie hingegeben, hat ihr gedient, hat sich für sie aufgerieben, für sie sich hingeopfert. Das ist der Sinn unserer priesterlichen Existenz."

„Meine Mitbrüder, es geht ein anderer Zug durch die Zeit: Kirchenmüdigkeit, Reserven gegenüber der Kirche, Christus ja, Kirche nein. Lassen wir uns die Liebe zur Kirche nicht nehmen, zur Kirche, wie sie ist, angetan mit dem Pilgergewand, das wohl auch Spuren des Staubes zeigen mag von ihrem Weg durch die Zeit."

„Wie schwer und ernst heute die Bürde des Petrusamtes geworden ist, wissen wir alle. Die Teilnahme an diesem Amt bedeutet also schwere Verantwortung, bedeutet auch das Kreuz."

Worte, die auch im Jahre 1991 gesprochen sein könnten, wenn man die fast kampagnenhaften Angriffe bestimmter Kreise und Kräfte auf Papst Johannes Paul II. bedenkt.

Wie ernst Kardinal Schröffer diese Sorge um die Treue zum Petrusamt war, wird aus seinen Worten deutlich, die er beim diözesanen Festakt zu Ehren seiner Kardinalserhebung am 11. Juli 1976 in der Aula der Kirchlichen Gesamthochschule in Eichstätt zu den versammelten Ehrengästen sprach. Darin beschwor er alle, das Ihre dazu beizutragen, daß Papst und Kirche diese schweren Zeiten unbeschädigt durchstehen. Joseph Schröffer wörtlich: „Was die Kirche braucht, ist eine innere Erneuerung, und diese kann nur vom Geiste her kommen. Deshalb Wende nach innen, Pflege der Innerlichkeit, Rückkehr zu den Werten des Geistes und des Herzens." Und weiter: „Die Kirche wird nicht gebaut mit großen Worten, nicht mit dem Suchen nach publicity, nach dem, was der großen Öffentlichkeit gefällt und ihren Beifall findet."

In klarer Sicht der aktuellsten Schwierigkeiten stellte der Kardinal auch mit Blick auf manche bedenkliche Entwicklung innerhalb der Weltkirche fest:

„Ein zweites (Problem) ist die innere Einheit der Kirche, die bedroht ist durch die zunehmende Polarisierung. Es sind die entgegengesetzten Extremismen zu vermeiden. Einerseits eine Haltung, die jede Erneuerung ablehnt, das Konzil mit inbegriffen, die Haltung der extrem Konservativen . . ." Aber auch die Einstellung jener, „die sich für autorisiert halten, sich ihre eigene Liturgie zu schaffen, die in der Katechese die Lehre der Kirche verkürzen und entstellen, die Tradition der Kirche ignorieren und so tun, als ob die Kirche erst heute beginne, die eine Neuinterpretation der Dogmen versuchen, des Evangeliums selbst, der Grundwahrheiten des Glaubens: Gottheit Christi, Auferstehung, Eucharistie, die sie so ihres Inhalts entleeren und eine neue Gnosis schaffen, die Funktion des Priesteramtes verkürzen, die über

Gesetze der Kirche und die von ihr aufgezeigten ethischen Forderungen sich hinwegsetzen, die jenseitige Botschaft vom Reiche Gottes verfälschen und sie reduzieren auf innerweltliche Bezüge."

Daß Joseph Schröffer unter diesem Zustand gelitten hat, verraten bereits seine ungeschminkten Formulierungen. Die angeführten Klagepunkte erschienen ihm offenbar so schwerwiegend und beunruhigend, daß er sie klar beim Namen nennen wollte. In Glaubensfragen und der Treue zur Kirche kannte er keine zeitverhafteten Kompromisse, sondern nur das Zeugnis für die ewige Wahrheit und das Bekenntnis zum Petrusamt. Dies brachte er auch deutlich in seinen Dankschreiben auf die vielen Glückwünsche zur Berufung in das Kardinalskollegium zum Ausdruck, wenn er darin feststellte: „Diese Ernennung verpflichtet mich noch mehr als bisher zum Dienst an der Gesamtkirche und am Träger des Petrusamtes." Mit diesem Bekenntnis nahm Joseph Schröffer einen Satz aus der Ansprache Papst Pauls VI. beim Öffentlichen Konsistorium am 24. Mai 1976 auf, in dem der Pontifex den neuen Purpurträgern zurief:

„Von heute an sind Sie durch ein besonderes Zeichen mehr denn je fest mit dem Stuhl Petri vereint." Dabei wies Paul VI. auch auf die Titelkirchen bzw. Diakonien hin, die jedem Kardinal zugeteilt wurden, welche an „diese engen Bande erinnern sollen". Freilich war für Joseph Schröffer die Kardinalserhebung nicht der Beginn einer neuen Einstellung gegenüber dem Papsttum, sondern allenfalls eine Bekräftigung seiner bisherigen Gehorsams- und Treuehaltung gegenüber dem Stellvertreter Christi. Seine ganze bisherige Tätigkeit als Bischof von Eichstätt wie auch als Sekretär der Kongregation für das Katholische Bildungswesen war ein einziges Zeugnis seiner Verbundenheit mit dem Petrusamt. Seine Hirtenbriefe und Predigten zum Papstsonntag bekundeten dies. Joseph Schröffer hegte für Paul VI., der wegen seiner mutigen Stellungnahmen harsch kritisiert und angegriffen wurde, eine hohe Verehrung. Für ihn war Paul VI. ein Mann, der sich seine Entscheidungen nicht leicht machte und wohl ungleich mehr sich für seine Aufgabe hinopferte als Außenstehende dies zu beurteilen vermochten. Der Welt wurde dies wohl am ehesten bewußt, als im August 1978 der schlichte Holzsarg des Papstes auf dem Petersplatz stand und in seiner Schmucklosigkeit das demütig bescheidene Wesen dieses Papstes eindrucksvoll versinnbildlichte. Zugleich brachte der auf dem großen Petersplatz schier verloren wirkende Sarg die große Einsamkeit zum Ausdruck, die den Montini-Papst als 261. Nachfolger des heiligen Petrus in seinem schweren Amt umgab.

Zweimal Konklave in kurzer Zeit

Mit dem Hinscheiden dieses außergewöhnlichen Pontifex der katholischen Kirche kam auf Kardinal Schröffer und seine anderen Mitbrüder erstmals die Pflicht eines Konklaves, einer Papstwahl, zu. Das von Paul VI. erheblich erweiterte Kardinalskollegium war bekanntlich seit dem Mittelalter bis nach dem Zweiten Weltkrieg stets auf die Höchstzahl von 70 Purpurträgern begrenzt geblieben, obwohl sich die Kirche in diesen nahezu zehn Jahrhunderten zu einer wahren Weltkirche entwickelt und sich die Zahl der Gläubigen mehr als verzehnfacht hatte.

Nach einem ungewöhnlich kurzen Konklave wurde schon am 26. August 1978 der Nachfolger Pauls VI. gewählt. Es war der bisherige Patriarch (Erzbischof) von Venedig, Kardinal Albino Luciani. In bewußter Fortsetzung der kirchlichen Linie seiner beiden Vorgänger, welche das Konzil einberufen bzw. fortgeführt haben, Johannes' XXIII. und Pauls VI., wählte er – erstmals in der Papstgeschichte – den Doppelnamen Johannes Paul.

So überraschend dieser Umstand wirkte und auch die Wahl dieses bislang nicht sonderlich in Erscheinung getretenen Kirchenmannes, so überraschend schnell wurde er bei den Menschen populär – oder wie es Papstwähler Kardinal Schröffer in einem Interview mit Radio Vatikan einmal ausdrückte:

„. . . Überraschend war schon das kurze Konklave und die rasche Einigung auf diesen Kandidaten. Staunenswert, in welchem Ausmaß sich der neugewählte Papst die Sympathien aller erworben hat. Er hat die Herzen gewonnen schon vom ersten Augenblick seiner Vorstellung an . . ."
um dann das Geheimnis dieser spontanen Zuneigung zu deuten:

„Es war wohl die gewinnende menschliche Art, die ihn ausgezeichnet hat, die natürliche Schlichtheit des Wesens, die Güte eines brüderlich empfindenden Menschen, die Bescheidenheit, von der schon sein Wappenspruch Zeugnis gab, die humilitas, in der es ihm schwer fiel, sich das ‚Wir' des Pluralis majestatis zu eigen zu machen; die Bescheidenheit, in der er erklärte, nicht mit seinen Vorgängern konkurrieren zu können, nicht mit der sapientia cordis, der Weisheit der Herzensgüte Johannes' XXIII. und nicht mit der Bildung und Kultur Pauls VI. Es war auch der Sinn für Humor, der ihm die Herzen gewann . . ."

Als Beispiel für diesen Humor nannte Kardinal Schröffer den Ausspruch Albino Lucianis nach seiner Wahl gegenüber den Kardinälen: „Der Herr verzeihe Euch, was Ihr angestellt habt!"

Papst Johannes Paul I. hat in der Tat in glücklicher Weise die den Menschen ansprechenden Formen des Umgangs und der Begegnung gefunden, nicht zuletzt auch durch sein tief innerlich berührendes Lächeln. Man nannte ihn darum bald den „Papst des Lächelns". Kardinal Schröffer wies in seiner Würdigung des Luciani-Papstes auf Wesentliches hin und meinte:

„Da ist zum ersten die Kontinuität in der Leitung der Kirche zu nennen. Schon die Wahl seines Namens war ein Programm. Er hat den Namen seiner zwei Vorgänger angenommen, die mit dem Konzil auf das engste verbunden waren. Er war entschlossen, in der Linie seiner beiden Vorgänger zu bleiben und das Werk der inneren Erneuerung der Kirche mit Mut und Zuversicht neu aufzugreifen und fortzuführen. Er hat dabei das Wesentliche gesehen."

Joseph Schröffer erinnerte in diesem Zusammenhang an die Themen der Ansprachen, die Papst Johannes Paul I. bei den drei Generalaudienzen, die er abgehalten hat, behandelte und die er für die nächsten Gelegenheiten geplant hatte: die Vertiefung des Glaubens, der Hoffnung und der Liebe, die Erneuerung vom Geiste her und die Erneuerung in der Gottverbundenheit.

In den vier nächsten Audienzen wollte Johannes Paul von den sittlichen Tugenden (auch Kardinal-Tugenden genannt), der Klugheit, der Gerechtigkeit, der Tapferkeit und der Mäßigung sprechen. Auf diesen Grundhaltungen und Tugenden hatte bekanntlich Thomas von Aquin die gesamte Sittenlehre der Kirche aufgebaut. Dazu Kardinal Schröffer:

„Von diesem theologischen Fundament ist der Papst (Johannes Paul I.) ausgegangen. Er hat es aber verstanden, seine Gedanken in glücklichen Formulierungen auf die Lebenssituationen des Menschen von heute anzuwenden . . ."

Wie schnell und eingängig sich Johannes Paul I. den Menschen verständlich machen konnte, bewies nicht zuletzt auch sein Büchlein „Illustrissimi" (in deutscher Ausgabe: „Ihr sehr ergebener + Albino Luciani"), in welchem er die Grundlinien seines priesterlichen Lebens und die Art seiner Glaubensverkündigung niedergeschrieben hatte, und das sehr schnell ein wahrer Bestseller auf dem Büchermarkt wurde.

Dies um so mehr, als Papst Johannes Paul I. nach nur 33 Tagen Pontifikat buchstäblich über Nacht von der Bühne dieser Welt abtrat und die Menschen tief erschüttert vor seiner Bahre standen. Über 700 000 Menschen zogen an seinem Sarg vorüber und scheuten nicht das oft stundenlange Warten bei Sturm und Regen. Kardinal Schröffer, der von seiner römischen Wohnung bzw. seinem Dachgarten einen umfassenden Blick auf den Petersplatz hatte und das tagelange Defilee unmittelbar beobachten konnte, vermerkte:

„Der Freude und Zustimmung der Vielen bei seiner Wahl hat die Trauer und Teilnahme bei seiner Abberufung aus dieser Welt entsprochen. Die Stimmen, die von überall hierher gedrungen sind, auch aus dem deutschen Raum, waren weithin gleicher Meinung, beglückt über diesen Papst gewinnender Menschlichkeit, tief betroffen von der Nachricht seines Todes."

Und auf die besorgte Frage, ob denn ein so schmerzlicher Verlust wie der Tod des Luciani-Papstes bald zu verkraften sein würde, zitierte Kardinal Schröffer einen weiteren Ausspruch Johannes Pauls' I., der einmal zu seinem eigenen Tod gemeint hatte: „Seien Sie ohne Sorge, wenn ein Papst stirbt, wird ein anderer gewählt."

Dies sollte leider bald Wirklichkeit werden; denn bereits innerhalb zweier Monate hatten die Kardinäle an einem zweiten Konklave teilzunehmen, das wiederum nur von kurzer Dauer war.

Der neue Papst aus Polen führte den Namen seines allzu früh verstorbenen Vorgängers weiter und nannte sich Johannes Paul II. Bei der Gratulation der einzelnen Kardinäle gleich nach der Wahl verband Kardinal Schröffer seine Glückwünsche mit dem beziehungsreichen Hinweis auf den heutigen Wahltag, „das Fest der Heiligen unserer beiden Länder", Hedwig, und der neue Papst dankte ihm, für alle Freundschaft und alles Gute. Und beim Homagium anläßlich der Amtsübernahme auf dem Petersplatz sagte Johannes Paul II. zu ihm, der wegen seines fast steifen Knies seit dem schweren Unfall beim Hinknien gewisse Schwierigkeiten hatte: „Oh, wären Sie doch stehen geblieben, mein lieber Kardinal Schröffer. Dank, Dank für alles!"

Fünfzig Jahre Priester

Schon acht Tage darauf gratulierte Johannes Paul II. ihm zum Goldenen Priesterjubiläum. Trotz der übergroßen Beanspruchung der ersten Tage seines Pontifikates schrieb er ihm in seiner Glückwunschadresse vom 23. Oktober:

„. . . an diesem 28. Oktober vollendet sich ja das 50. Jahr, seitdem Du aus der Mitte der Christgläubigen von Eichstätt durch den geheimen Ratschluß des Herrn der Ernte auserwählt und unter die Priester des Volkes Gottes aufgenommen wurdest und Du damit hochgemut den Weg des geweihten Dienstes betreten hast, der so viele reiche Früchte zunächst für Deine geliebte Diözese Eichstätt und sodann für die gesamte Kirche gebracht hat.

Wir wollen deshalb diesen denkwürdigen Tag nicht vorübergehen lassen, ohne Dir, bei unserer großen Liebe zu Dir und bei der Hochschätzung Deiner vielen Verdienste, in Kürze mit einem brüderlichen Wort gebührend zu gratulieren, um so durch den Ausdruck unserer Teilnahme an Deiner Freude zu dieser beizutragen und die würdige Feier dieses Jahrestags durch unsere eigene Stimme zu erhöhen.

Wir wissen ja sehr wohl, wie eifrig und gewissenhaft Du die ersten 40 Jahre Deines Priestertums in der Hirtensorge für die Herde der Kirche Eichstätts verbracht hast, zuerst als Priester, dann durch vier Lustren als ihr Leiter und Bischof. Während der ganzen übrigen Zeit Deines fruchtbringenden Apostolates hat das gleiche eifrige Bemühen den schwerwiegenden Aufgaben des Heiligen Stuhles in der Kongregation für das Katholische Bildungswesen gegolten und weiterhin in vielfacher Weise den Ämtern, die Dir als Kardinal übertragen worden sind.

Wir sehen also viele berechtigte Gründe, weshalb Du bei diesem festlichen Anlaß alle die Werke und glücklichen Erfolge Deines langen und inzwischen mit dem Bischofsamt gekrönten Priesterums vor Christus, den Urheber des Heiles und den Lehrmeister der Priester bringen kannst und weshalb auch wir Dich im Namen des göttlichen Erlösers zu diesem 50. priesterlichen Geburtstag beglückwünschen dürfen. Zugleich mit dieser ergebensten Gratulation erflehen wir Dir von Gott den reichen Lohn und den Trost, die den treuen Dienern der Kirche vorbehalten sind, sowie einen glücklichen und fruchtbringenden weiteren Verlauf Deines Lebens. Als Unterpfand dieser erwünschten Gaben und zugleich mit dem Wunsch ihrer Gewährung erteilen wir Dir gerne, so als wären wir anwesend, unseren Apostolischen Segen.

Vatikan, den 23. Oktober 1978, im ersten Jahr Unseres Pontifikats.
Johannes Paul II."

Ein trotz der weiten Entfernung ihm innerlich sehr nahestehender bischöflicher Mitbruder aus der deutschen Heimat erinnert an die Situation dieses langen Zeitabschnittes:

„Es sind kirchengeschichtlich bewegte und bewegende Monate, in deren Umkreis Ihr Goldenes Priesterjubiläum fällt. Zeichen dafür, welche bewegte Epoche des Weges unserer Kirche Sie insgesamt mit Ihrem priesterlichen und bischöflichen Dienst begleiten durften. Und welches Geschenk für uns, daß Männer mit soviel Glaube und Herz, Wissenschaft und Menschlichkeit an so verantwortlicher Stelle uns durch diese Epoche geleiten wie Sie! So ist Ihr Jubiläum auch für uns deutsche Bischöfe und Katholiken ein Anlaß, dem Herrn für Sie und mit Ihnen zu danken und Sie, Ihr Leben, Ihren Dienst, alles das, was Sie gesät haben, der Macht und Güte des Herrn anzuempfehlen.

. . . Innerhalb der Kirche sind es wiederum vor allem die Priester, deren Bildung und Erziehung so entscheidend dafür ist, wie sie ihr Zeugnis geben und ihren Dienst tun in den Ansprüchen unserer Situation. So ist Ihre tiefe Verbundenheit mit dem kirchlichen Erziehungs- und Bildungswesen und zumal bei der Priesterbildung in der Tat Dienst an einer „Schlüsselstelle". Mögen die Impulse und Bemühungen, die Sie in dieses wichtige Feld an so verantwortlicher Stelle eingebracht haben, segensreich weiterwirken und mögen Sie sich noch lange und hoffentlich in guter Gesundheit daran freuen dürfen, was aus Ihrem Einsatz wächst!"

Neben den vielfältigen Inanspruchnahmen waren auch noch zusätzliche Aufgaben wahrzunehmen. Selbst persönliche Fest- und Erinnerungstage stellte er in den Dienst seiner Kirche. So nutzte er die Gelegenheit eines Festgottesdienstes aus Anlaß seines Priesterjubiläums im November im Dom zu Eichstätt, um den zahlreich versammelten Gläubigen das Priesterbild vor Augen zu stellen. In seiner Predigt deutete er die Gaben des Priestertums und führte dabei aus:

„Es ist ein gesegneter Dienst, den Christus seinen Priestern übertragen hat. Denken wir uns für einen Augenblick das Priestertum weg aus unserer Mitte, wie sähe es dann aus? Wir würden ein Stück ärmer, einige Lichter würden erlöschen, einige gutmeinende Stimmen verstummen. Verstummen würde das Wort, das uns authentisch die Wahrheit Gottes verkündet im Lehramt der Kirche. Verstummen die Stimme, die uns die Schrift aufschließt und gelegentlich die Herzen zum Brennen zu bringen vermag; die weisende Stimme, die uns die Wege aufzeigt zu einem guten und am Ende glücklichen Leben; das schöpferische Wort, das Gott auf die Erde herabruft und das wirksam wird in den Sakramenten."

„Erlöschen würden die Kerzen auf dem Altar, auf dem das Opfer des Kreuzes hereingestellt wird in unsere Mitte. Das Ewige Licht, das Christi Gegenwart anzeigt, würde gelöscht, unsere Kirchen würden kälter. Was wären die Höhepunkte christlichen Lebens, die hohen Feste des Kirchenjahres, die Sonntage, wenn das Herzstück fehlte, das Opfer Christi, wenn Er nicht mehr in unsere Mitte träte, der ewige Hohepriester. Der Tisch würde leer werden, von dem die Kirche lebt, der Tisch des Wortes und des Brotes, wenn der nicht mehr da wäre, der ihn bestellt ... Die Stirnen würden nicht mehr gesalbt und die Herzen nicht mehr erfüllt mit dem Heiligen Geist, der uns in der Firmung gespendet wird als Stärke für den Lebenskampf. Wir würden ärmer und schwächer ..."

Nach dieser Schilderung einer Welt ohne Priester, in welcher es weder die Lösung von den Sünden noch das geistliche Geleit zum Grabe mehr geben würde, umriß Kardinal Schröffer die Aufgaben am Priestertum und hob hervor, daß es nicht nur um genügend Priester, sondern auch um gute Priester gehe. In Anlehnung an die Aussagen des Zweiten Vatikanischen Konzils stellte er fest:

„Es ist unschätzbar, welchen Dienst die Familien hier dem Reiche Gottes zu leisten vermögen. Wo gläubig gelebt und fromm gebetet wird, wo das Leben und die Welt, wo Zeit und Ewigkeit richtig eingeschätzt werden, wo zuchtvoll erzogen wird, da sind gute Voraussetzungen dafür geschaffen, daß Gottes Ruf ergehen kann, gehört und angenommen wird ..."

Joseph Schröffer wies bei dieser Gelegenheit auch auf den inneren Zusammenhang zwischen der Zahl der Berufungen und der Größe der Familie hin und stellte fest, daß die Kinderzahl der Theologenfamilien im Durchschnitt über vier bzw. fünf liegt. So lebt die Kirche „vom vierten oder fünften Kind", wie sich dies auch aus einer Statistik des Bistums Eichstätt herauslesen lasse. Wohl in Erinnerung an die eigene Kindheit betonte Kardinal Schröffer „die warme Atmosphäre der Liebe, die in der Familie herrscht, die Überwindung egozentrischer, ichbetonter Einstellung, die dienende, die schenkende Liebe, das herzliche Wohlwollen zueinander, indem es jedem darum geht, nicht selber glücklich zu werden, sondern glücklich zu machen". Denn dies sei wichtig für einen Beruf, „dessen innerster Kern die Liebe ist", meinte Joseph Schröffer, um dann zusammenzufassen:

„Der Wille, den Menschen zu dienen, das ist denn auch – auf die Wirklichkeit gesehen – das Berufsmotiv, das glücklicherweise unsere jungen

Menschen zum Priestertum führt. Dieses Motiv steht, nach den Statistiken, an erster Stelle. Das Konzil betont schließlich die Frömmigkeit, die Erziehung zu einer tiefen Religiosität, zu einer echten, innigen Christus-Verbundenheit. Ohne diese ist das Priestersein nicht denkbar. Auch der Zölibat setzt ein persönliches Christusverhältnis voraus. Im übrigen ist es so, wie ein Priester einmal gemeint hat, daß wir nicht mehr viel an Spiritualität dazugewinnen über das hinaus, was uns die Familie mitgegeben hat."

Kardinal Schröffer feierte sein Goldenes Priesterjubiläum nicht allein, sondern teilte die Festesfreude mit seinem Eichstätter Mitbruder Domkapitular Dr. theol. Ludwig Vogl, der zusammen mit ihm am Christkönigsfest 1928 in Rom zum Priester geweiht worden war und auch am Allerheiligentag darauf seine Primiz in der Ewigen Stadt gefeiert hatte. Es war ihm eine Freude und Selbstverständlichkeit, zusammen mit dem einstigen Mit-Germaniker an den Altar zu treten und gemeinsam mit ihm die Jubelmesse zu feiern.

Eine ähnliche Aufmerksamkeit erfuhr u. a. viereinhalb Jahre später der Jesuitenbruder Joseph Mauderer in Rom. Der aus dem mittelfränkischen Spalt stammende Bruder Koch schaute damals auf einen fünfzigjährigen Aufenthalt in Rom zurück. Und Kardinal Schröffer, von seiner schweren Krankheit bereits deutlich gezeichnet, wollte die an ihn ergangene Einladung zur Mitfeier am Bibelinstitut nicht ausschlagen, sondern gern dem Landsmann die Freude seines Kommens machen. Damit nicht genug. In herzlichen Worten betonte er die Gemeinsamkeiten mit dem Jubilar, welche beim gleichen Jahrgang (1903) begannen und sich im selben Vornamen fortsetzten. „Wir entstammen", zählte Kardinal Schröffer weiter auf, „beide der gleichen lokalen Kirche der Diözese des Heiligen, der uns aus England den Glauben gebracht hat: Willibald. Unsere Geburtsstädte haben das gemeinsam, daß sie beide in den Stürmen der Reformation dem angestammten Glauben treu geblieben sind: Spalt, seine Vaterstadt, ein katholisches Enklave in protestantischer Umgebung, und Ingolstadt, die meine, wo Petrus Canisius gewirkt hat." Mit Blick auf die Festesgemeinde stellte er noch weitere Verbindungen zum Jubilar fest, wenn er konstatierte:

„Verbunden sind wir in dem Priester, der heute in unserer Mitte ist, den er seinen Bruder und ich einen sehr lieben Freund nennen darf; ebenso in seinem Neffen (Josef Zottmann), dem ich vor 21 Jahren die Hände zur Priesterweihe auflegen durfte", um dann auf Rom hinzuweisen, das beiden zum Schicksal geworden sei. Freilich war da, nach Schröffers Worten, Bruder Josef Mauderer „mächtig vornedran", da er ein volles halbes Jahrhundert in der Ewigen Stadt zugebracht habe. Humorvoll kommentierte der Kardinal: „50 Jahre in Rom, da kann ich nicht mehr konkurrieren. Ich habe es nur auf die Hälfte dieser Jahre gebracht: Neun Jahre Studium und sechzehn Jahre Tätigkeit an den römischen Kongregationen. Da strecke ich die Waffen.“

Ahnungsvoll schloß Schröffer seinen Vergleich mit dem Jubilar: „Was nun den weiteren Fortgang dieser Konkurrenz unter uns 80jährigen betrifft, so wünsche ich ihm, daß er noch länger als ich – in Gesundheit und Schaffenskraft – auf dieser Erde verbleibt, die ich wohl eher als er verlassen werde.“

Domjubiläum in Köln

Am 4. Juli 1980 meldete die deutschsprachige Ausgabe des „Osservatore Romano“: „Der deutsche Kurienkardinal Joseph Schröffer wurde von Johannes Paul II. zum Päpstlichen Legaten für die Feierlichkeiten am 15. August anläßlich des Kölner Domjubiläums ernannt. Dies teilte der Apostolische Nuntius Guido del Mestri am 27. Juni dem Kölner Erzbischof Kardinal Höffner mit.“

Das Kölner Erzbistum gedachte 1980 des 100. Jahrestages der Vollendung seines weltberühmten Domes. Sie war am 15. Oktober 1880 in Anwesenheit von Kaiser Wilhelm I. festlich begangen worden. Zum Mittelpunkt der kirchlichen Gedächtnisfeier wählte man den 732. Jahrestag der Grundsteinlegung am 15. August 1248, während die staatlich-städtischen Erinnerungsveranstaltungen sich auf den Oktober 1980 konzentrierten. Die Zweiteilung der Jubiläumszeitpunkte sollte aber nicht auf den 1880 noch spürbaren Kulturkampf zwischen Preußenstaat und katholischer Kirche anspielen, sondern entsprang der Absicht, die Termine etwas zu entzerren, „damit möglichst viele Menschen sich am 100. Jahrestag der Vollendung des Kölner Doms mitfreuen können“, wie die erzbischöfliche Kanzlei versicherte.

Für Kardinal Schröffer war diese Ernennung zum „Sondergesandten des Heiligen Vaters“ ein Zeichen der hohen Wertschätzung seitens des Papstes, zugleich aber auch eine große physische Belastung. Zu einer Jahreszeit, da Alt und Jung Erholung im Urlaub sucht und auch die Römer dem „ferragosto“ zu entfliehen trachten, galt es für den fast Achtundsiebzigjährigen eine Woche anstrengender Verpflichtungen zu absolvieren. Immerhin hatte er als Vertreter des Papstes bei diesem Kölner Jahrhundert-Ereignis die Weltkirche und ihr Oberhaupt zu repräsentieren und stand die ganze Zeit im Mittelpunkt des öffentlichen Interesses. Lediglich seine Ankunft auf dem Kölner Flughafen konnte er einigermaßen „privat“ gestalten, wobei der gastgebende Erzbischof, Joseph Kardinal Höffner, ihn persönlich am Flugzeug abholte. Entsprechend den Gepflogenheiten wurden dem „Sondergesandten des Heiligen Vaters“ fünf ausgesuchte Persönlichkeiten Kölns als Begleitung beigegeben. Dazu waren Ehrendomherr Prälat Dr. Theodor

Schnitzler, Ehrendomherr Prälat Paul Fetten, Vizeoffizial Dr. Peter-Bernhard Kallen, der Kanzler des Erzbistums Köln Dr. Bernhard Potthast und der Ehrenvorsitzende des Diözesanrates des Erzbistums, Dr. Franz-Heinz Pielmeyer, berufen worden. Es begleiteten also drei Geistliche und zwei Laien Kardinal Schröffer auf den Feiern des Domfestes. Die beiden Prälaten Dr. Schnitzler und Paul Fetten, stadtbekannte Geistliche Kölns, machten die Journalisten bereits auf dem Flughafen aus; wie ihnen auch nicht entgangen ist, daß die Maschine aus Rom mit halbstündiger Verspätung auf dem Köln/Bonner Flughafen landete. Bei der Begrüßung fiel den Journalisten auf, daß Kardinal Höffner seinen hohen Gast aus Rom „mit einem herzlichen ‚Du' und einer Umarmung", dem Brudergruß, willkommen hieß, was sie ebenso notierenswert hielten wie den Hinweis auf die zahlreichen Mitgliedschaften Schröffers bei höchsten vatikanischen Ämtern und Behörden. Im erzbischöflichen Palais an der Kardinal-Frings-Straße vermuteten sie ein Zusammentreffen des päpstlichen Abgesandten „mit einem hohen Vertreter der rumänischen Kirche". In der Tat war in der Person des Weihbischofs Dr. Adalbert Boros von Timişoara ein hochrangiger Repräsentant der rumänischen Kirchen nach Köln gekommen und traf mit Kardinal Schröffer zusammen. Es entsprach aber weder vatikanischen Gepflogenheiten noch gar Joseph Schröffers Art, sich darüber in der Öffentlichkeit zu verbreiten.

Während Joseph Schröffer Ankunft und Begrüßung in dem Satz zusammenfaßte:

„Der Sondergesandte des Heiligen Vaters, der zunächst in privater Form nach Köln gekommen und auf dem Flugplatz in schlichter Weise vom Herrn Erzbischof von Köln, Kardinal Höffner, und einer Begleitung empfangen worden war, wurde sodann am Festtag selbst in feierlicher Weise am Portal des Domes vom Erzbischof, den Weihbischöfen und dem Metropolitankapitel begrüßt" – berichtete eine Kölner Zeitung unter der Überschrift „Papst-Gesandter kam" ihren Lesern:

„Kardinal Schröffer aus Rom traf zum Domjubiläum ein ... Kardinal Schröffer, der Mitglied zahlreicher Kongregationen und päpstlicher Kommissionen ist, wurde von Kardinal Joseph Höffner und einer zwölfköpfigen Delegation hoher kirchlicher Würdenträger auf dem Köln/Bonner Flughafen empfangen ... Nach der kurzen Begrüßung – ein offizieller Empfang ist für Freitag 10 Uhr am Westportal des Domes geplant – fuhr der Kurienkardinal gemeinsam mit Kardinal Joseph Höffner, Generalvikar Norbert Feldhoff, Dompropst Heinz-Werner Ketzer, Weihbischof Klaus Dick, Stadtdechant Dr. Johannes Westhoff und den Prälaten Paul Fetten, Theodor Schnitzler ins erzbischöfliche Palais ..."

und beschrieb dann den Ablauf des Festtages unter der Schlagzeile: „Päpstlicher Abgesandter offiziell empfangen" mit den Worten:

„Neugier auf den Empfang des Außerordentlichen Gesandten des Vatikans, Kardinal Joseph Schröffer, hatte schon beim ersten Klang der Domglocken um 9.30 Uhr eine Menschenansammlung hervorgerufen . . . Wiederholt mußten Polizei und Ordner die Gassen zum Portal freischieben . . ."

Zu den vor der Zeit Eingetroffenen zählte auch der nordrhein-westfälische Ministerpräsident Johannes Rau. Er konnte auf diese Weise den örtlichen Oberbürgermeister und designierten Landtagspräsidenten John van Nes Ziegler – gleichsam in vertauschten Rollen – willkommen heißen. Wie Umstehende hören konnten, empfing er seinen schon im landeseigenen Wagen mit Stander vorfahrenden, aber auch noch mit der Goldenen Kette des Kölner Oberbürgermeisters dekorierten Parteifreund mit der protokollarisch-burschikosen Frage „Exzellenz, wie geht es Dir?". Kurz darauf traf Bürgermeister Heribert Blens am Domportal ein. Er kam zu Fuß und stellte gleich scherzhaft klar, daß er nicht der Päpstliche Gesandte sei. Über dessen Ankunft berichtete dann die Zeitung:

„Diesen, den Kurienkardinal Schröffer aus Rom, konnte freilich niemand verwechseln. Sein Wagen fuhr pünktlich um zehn Uhr vor, eskortiert von sieben Polizisten auf Motorrädern, den ‚weißen Mäusen', die ihm, der hier praktisch als stellvertretendes Staatsoberhaupt fungiert, nach dem Protokoll zustehen . . . Die Begrüßung durch den Kölner Erzbischof, dessen Thron er während des Pontifikalamtes einnahm, die Vorstellung von Ministerpräsident Rau und van Nes Ziegler (weil Oberbürgermeister denn eben doch als zweiter) und des Domkapitels war für die Schaulustigen der erste Höhepunkt dieses Morgens. Viele hatten ihre Kameras mitgebracht und versuchten, ein Bild zu erhaschen . . ."

Im Dom begrüßte sodann der gastgebende Erzbischof, Kardinal Joseph Höffner, seinen Amts- und Mitbruder Schröffer vom Altar aus mit den Worten:

„In Ihrer Person ist der Nachfolger des heiligen Petrus, der sichtbare Garant der Einheit und Kontinuität der Kirche, der Bürge für die Reinheit des katholischen Glaubens unter uns gegenwärtig." In Kardinal Schröffer werde zugleich auch der Vorbote des Papstes willkommen geheißen und geehrt, betonte Höffner. Auf den Tag genau in drei Monaten, am 15. November 1980, war die Ankunft Papst Johannes Paul II. auf dem Köln/Bonner Flughafen festgesetzt.

Der Sondergesandte des Papstes begann seine Ansprache:

„Ich komme von Petrus, der heute den Namen Johannes Paulus trägt. Von Petrus, dem es geboten ist, um alle Kirchen zu wissen und Sorge zu tragen, der mitträgt, wenn sich eine von ihnen in Bedrängnis befindet, der sich mitfreut, wenn in einer anderen ein frohes Fest aufleuchtet, der darum heute die Freude teilt, die die Kirche Kölns und jene unseres Landes insgesamt bewegt", um dann an die Geschichte des Domes anzuknüpfen:

„Ich komme von Petrus. Ich finde Petrus aber auch hier wieder. Seinen

Namen trägt dieser Dom an seiner Stirne. Schon im 6. Jahrhundert wird erwähnt, daß die Bischofskirche von Köln dem heiligen Petrus geweiht war. Uralte Bindungen verknüpfen so das deutsche Rom mit dem alten heiligen Rom der Stadt Petrus'.

Schon 600 Jahre vor der Grundsteinlegung des gotischen Doms hatte sich der Glaube des Volkes am Rhein auf das Felsenfundament gegründet, auf das Christus seine Kirche baute."

Diesen Hinweis auf die Vorgeschichte des Kölner Domes und seinen eigentlichen Namen nahm der Berichterstatter des „Kölner Stadt-Anzeigers" in seine Reportage auf und formulierte daraus die Überschrift „Der Petersdom am Rhein". Die anläßlich des Domjubiläums von Kardinal Höffner abgegebene Versicherung, daß sich „die Kölner Kirche mit Stolz Roms treue Tochter" nenne, erschien manchen Zeitgenossen dann ein wenig in Vergessenheit geraten zu sein, wie sich auch einige Aussagen in den Predigten und Ansprachen Kardinal Schröffers im Nachhinein wie Einladungen zur Verbundenheit mit Rom und Ergebenheit gegenüber dem Stellvertreter Christi auf Erden ausnehmen.

Das „Metropolitankapitel in Köln", wie die Kölner Domherrenschaft genau heißt, trat während des Domjubiläums wiederholt als Gastgeber und Veranstalter auf und fungierte auch bei verschiedenen Anlässen an hervorragender Stelle. Schließlich lag die Gestaltung des Jubiläums weitgehend in seinen Händen, wie auch ein Schreiben des Dompropstes Heinz Werner Ketzer vom 15. Juli 1980 dokumentiert. Darin war der Ablauf der einzelnen Feiern, von der Dauer der Ansprache („ca. 12 Minuten") bis zu bestimmten Handreichungen, genauestens festgelegt.

So erfuhr der Päpstliche Sondergesandte, daß nach dem Pontifikalamt ein „Mittagessen im kleinen Kreis" stattfinden würde, „an dem die bereits in Köln eingetroffenen Bischöfe, das Domkapitel und eventuell der Ministerpräsident von Nordrhein-Westfalen teilnehmen", also eine gar nicht so kleine Tischgesellschaft sich versammeln würde. Gemessen an dem für den Festsonntag vorgesehenen Empfang im „Domhotel" für „ca. 200–250 Gäste in Anwesenheit des Bundespräsidenten und der Ehrengäste" mag es noch ein Essen „im kleinen Kreis" gewesen sein.

Am nachfolgenden Samstag, dem 16. August 1980, gab die Stadt Köln zu Ehren des päpstlichen Abgesandten einen Empfang. Nach dem Bericht der „Kölner Rundschau" war „die Stimmung beim OB-Empfang fröhlich". Zu dieser aufgelockerten Atmosphäre hatte der römische Ehrengast nicht unerheblich beigetragen, konnte man doch in der Zeitung lesen:

„Am späten Samstagnachmittag hatte der Oberbürgermeister zum Empfang des Besonderen Abgesandten des Heiligen Vaters und aller Kirchenoberen, die sich wegen des Domjubiläums in der Stadt aufhalten, in den Hansesaal im Historischen Rathaus bei Kölsch und Röggelchen gebeten . . .

Nachdem der Kölner Oberbürgermeister um die Eintragung ins Goldene Buch gebeten hatte, dankte der Abgesandte des Papstes, der deutsche Kurienkardinal Joseph Schröffer, mit einer launigen Rede, er fühle sich ‚glücklich, an diesen festlichen Tagen in Ihrer Mitte weilen zu können!‘

Der Kardinal fuhr fort: ‚Es wäre doch kein rechter Deutscher, der die Metropole am Rhein nicht kennt und dem sie nicht viel bedeutete. Diese Stadt nicht zu kennen, das wäre eine Bildungslücke.“ Kardinal Schröffer erinnerte bei dieser Gelegenheit auch an „seinen lieben Freund, die verehrungswürdige Gestalt Kardinals Frings“, mit dem ihn nicht erst seit dem Zweiten Vatikanischen Konzil eine enge Freundschaft verband, sondern schon seit den Sitzungen der Bischofskommission für das kirchliche Hilfswerk „Misereor“, die Schröffer mehrmals im Jahr nach Köln führten, wo er dann stets Gast im erzbischöflichen Hause gewesen ist. Bezeichnend für Joseph Schröffer, daß er nicht nur des verewigten Erzbischofs gedachte, sondern auch eines Kölner Bürgers, der ihm 1956 beim Katholikentag in der Rheinmetropole – damals noch Student der Odontologie – als Stadtlotse zu Diensten war. Natürlich überging er auch nicht „die beiden sprichwörtlich gewordenen Gestalten, die im ganzen Land bekannt sind und sich allgemeiner Beliebtheit erfreuen“, und meinte, daß diese Gabe des Witzes den Kölner wohl schon in die Wiege mitgegeben würde. Als Beleg erwähnte er eine kleine Begebenheit des Kölner Katholikentags 1956: „Die Autos mit den Bischöfen passierten die Straßen. In einem der Wagen saßen zwei Bischöfe, die sich von einander durch ihre Körperlichkeit unterschieden. Da hörten sie im Vorüberfahren, wie ein Kölner Junge am Straßenrand sie in lakonischer Kürze kommentierte: ‚Dickmann – Dünnmann‘. Es war nicht zu leugnen, das Urteil entsprach durchaus der Wirklichkeit.“

Angesichts der geschichtsträchtigen Umgebung im „Hansesaal“ des Historischen Rathauses wies Kardinal Schröffer auch auf die geschichtlichen Verbindungen seiner bayerischen Heimat mit der Rheinmetropole hin und erinnerte an die fünf Kurfürsten, die das Haus Wittelsbach für Köln gestellt hatte. An den Anlaß seines Besuches anknüpfend mahnte er schließlich, den Dom nicht als totes Relikt und bloßes Kunstdenkmal zu betrachten, vielmehr sollten von ihm Impulse neuer Lebendigkeit des Glaubens ausgehen, „von hier sollen die Kräfte hineinwirken in die Gemeinschaft dieser Stadt und unseres Volkes, sie zur Einheit führen und sie festigen“.

Der Zeitungsbericht über den Empfang war mit einem Foto illustriert, das Kardinal Schröffer bei der Eintragung in das Goldene Buch der Stadt Köln zeigt; hinter ihm stehend Kardinal Joseph Höffner und Oberbürgermeister van Nes Ziegler sowie weitere kirchliche und städtische Würdenträger. Unter ihnen Kardinal Mugabu aus Nairobi, Kardinal Frantisek Macharski von Krakau und der Erzbischof von Manila, Kardinal Jaime L. Sin, der im Mai 1976 zusammen mit Joseph Schröffer ins Kardinalskollegium aufgenommen worden war und freundschaftlichen Kontakt zu seinem deutschen Mitbruder pflegte. So war das Zusammentreffen in Köln für beide ein herzliches Wiedersehen, was im übrigen auch für den Erzbischof von Krakau galt, kannten sich Schröffer und Macharski doch seit den siebziger Jahren, als der damalige Sekretär der Kongregation für das Katholische Bildungswesen in Krakau weilte.

Im Verlauf des Nachmittags labte sich die illustre Festgesellschaft am traditionellen „Kölsch", das dem Bayern als erfrischendes Gersten- und Malzgetränk nicht ganz fremd war. Wie gelockert die Stimmung war, bemerkte ein Zeitungsreporter am scherzhaften Zwiegespräch zweier Geistlicher, die sich über den Erinnerungswert des Füllfederhalters, mit welchem sich alle Würdenträger in das Goldene Buch eingetragen hatten, Gedanken machten und beratschlagten, ob sie ihn nicht vielleicht mitnehmen sollten. Des Reporters Befund: „Beide begutachteten das Schreibwerkzeug noch eine Weile, entschlossen sich aber dann, die Gunst der Stunde nicht zu nutzen, und legten den Füller wieder an seinen Platz."

Hochoffiziell und zugleich auch anstrengend ging es dann am nächstfolgenden Sonntag zu. Da war für 9.30 Uhr nach einem Wort-Gottesdienst eine zweistündige Schrein-Prozession von der Basilika St. Aposteln zum Dom angesetzt. Rund 170 000 Menschen säumten nach Schätzungen der Polizei die Straßen der Innenstadt, als die kostbaren Schreine der Kölner und rheinischen Patrone (Ursula, Albertus Magnus, Severin, Agilolf, Kunibert, Heribert, Anno, Engelbert und beide Ewald) sowie der weltberühmte Dreikönigsschrein auf weißen Autos mit roten Podesten durch die Stadt zum Dom fuhren. 1948, zum 700. Jahrestag der Grundsteinlegung des Domes, hatte es zum letzten Male eine solche Prozession gegeben. Zehn Kardinäle und zwei Bischöfe in vollem Ornat schritten den Schreinen voraus. Insgesamt nahmen annähernd 50 Bischöfe an der Prozession teil. Sie waren aus den verschiedensten Ländern gekommen. Österreich war vertreten durch Erzbischof Karl Berg, Salzburg, und Bischof Johannes Weber, Graz-Seckau, Frankreich durch den Bischof von Metz, Paul Joseph Schmitt, Belgien durch Bischof Joseph Heuschen von Hasselt und Bischofsvikar Breuer, Lüttich. Aus den Niederlanden kam der Pro-Nuntius Erzbischof Bruno Wüstenberg, aus Spanien Bischof von Zamora, Eduardo Poveda Rodriguez, aus Portugal Kardinal Antonio Ribeiro, Lissabon, und aus Mallorca Bischofsvikar Juan Bastard. Außer dem Kardinal von Polen, Franciszek Macharski, war auch Ungarn vertreten durch Kardinal László Lékai, Jugoslawien durch Erzbischof Markus Jablanovic von Zagreb und Rumänien durch den Bekennerbischof Adalbert Boros. Auch der Patriarchalvikar Archimandrit Loutfi Laham, Jerusalem, war anwesend und der Patriarch von Jerusalem Jacques Joseph Beltritti. Afrika war vertreten durch Kardinal Otunga, Kenia, Liberia durch Pro-Nuntius Dyba, Zaire durch Bischof Ngabu von Goma. Kardinal

Raoúl Silva Henriquez, Santiago de Chile, gab die Ehre seiner Teilnahme, ebenso Kardinal Aloisio Lorscheider OFM von Port Alegre, Brasilien, sowie Bischof Adriano Hipólito OFM von Nova Iguaçu, und aus Mexiko Bischof M. G. Ibarra. Auch der ferne Osten war vertreten: Indien durch K. Mariadas aus Guntur und Cyril Mar Baselios Malancharuvil OIC von Battery für die Syromalankaren in Kerala. Sogar Kardinal Kim aus Korea war es möglich zu kommen, und der Repräsentant Japans war Erzbischof Peter Seiichi Shirayanagi von Tokio. Dazu kamen die deutschen Bischöfe und der Apostolische Exarch für die Ukrainer des byzantinischen Ritus mit Sitz in München, Platon V. Kornyljak.

Kardinal Schröffer begleitete als Päpstlicher Sondergesandter und damit ranghöchster Dignitär den Dreikönigsschrein. Daß die Prozession zeitweise ins Stocken geriet, lag nach den Beobachtungen der Berichterstatter „vor allem an der Popularität von zwei Erzbischöfen, dem Kölner Kardinal Joseph Höffner und dem päpstlichen Legaten Kardinal Schröffer. Beide Gottesmänner unterbrachen immer wieder ihren Prozessionsweg, um am Straßenrand Kindern die Stirn zu segnen." Und unter einem Bild mit Kardinal Schröffer vor dem Dreikönigsschrein vermerkte der Reporter des „Kölner Stadt-Anzeigers", daß dieser „den Höhepunkt und Abschluß des feierlichen Umzuges durch die Kölner Innenstadt" darstellte und notierte: „Häufig war aus der Menge der Gläubigen und Schaulustigen spontaner Applaus zu hören." Eine Beobachtung, die eine andere Zeitung mit der Unterschrift unter einem Foto, auf dem Joseph Schröffer dicht umdrängt von einer Menschenmenge, bestätigte: „Begeistert wurde der deutsche Kurienkardinal Joseph Schröffer von der Kölner Bevölkerung aufgenommen."

Kurz bevor die Schreineprozession am Dom ankam, war Bundespräsident Karl Carstens, der Schirmherr des Jubiläums, eingetroffen, um am anschließenden Pontifikalgottesdienst des Päpstlichen Sondergesandten teilzunehmen. In Vertretung des Erzbischofs, der noch mit der Prozession unterwegs war, empfing Weihbischof Dr. Klaus Dick das Staatsoberhaupt am Domportal. Eine Szene, die äußerlich an den Empfang Kaiser Wilhelms I. erinnerte, der 1880 gleichfalls von einem Kölner Weihbischof willkommen geheißen worden war. Außer dieser optischen Ähnlichkeit hatte diese Begegnung jedoch nichts gemeinsam. Denn während 1880 der Kölner Erzbischof – wie auch viele Priester – wegen des tobenden Kulturkampfes gegen die katholische Kirche in der Verbannung lebte und deswegen den Kaiser nicht begrüßen konnte, war der amtierende Metropolit von der Begeisterung seiner Gläubigen aufgehalten worden, rechtzeitig den Willkommgruß zu entbieten. Als Kardinal Höffner und der Päpstliche Sondergesandte dann in den Dom einzogen, begrüßten sie den Präsidenten herzlich und mit Handschlag. Danach zelebrierte Kardinal Schröffer zusammen mit allen anderen Kardinälen, die an der Prozession teilgenommen hatten, den Festgottesdienst und hielt die Predigt. Dabei stellte er den irdischen Dombau in Parallele zum „Bauen am Menschen“, das angesichts des heute weithin zerstörten Menschenbildes dringlicher denn je erscheine. Nicht von ungefähr habe Papst Johannes Paul II. in den Mittelpunkt seines ersten Rundschreibens gerade den Menschen gestellt, da der Mensch in unserer Zeit vielfach erniedrigt und geschändet worden sei. Kardinal Schröffer wörtlich:

„Den Menschen gilt es wiederherzustellen, um ihn geht es Gott und Christus im Werk der Erlösung. Darum muß auch jeder einzelne bemüht sein, sein Leben nicht als einen Torso, als unfertigen Bau liegen zu lassen, sondern an ihm weiterzubauen, ihn höher zu führen und zur Vollendung zu bringen.“ Gleichnis dafür und Mahnung zugleich sei der Kölner Dom. Zu bauen gelte es aber auch „an der Gesellschaft und Gemeinschaft der Völker“, betonte Kardinal Schröffer weiter und rief die Nationen auf, sich dieses Auftrags bewußt zu werden. Immer wieder sich auf den Papst berufend und ihn zitierend wies er seinen Zuhörern die Zukunftsaufgaben auf und führte aus:

„Mit großem Weitblick umreißt der Papst . . . Aufgaben auf gesellschaftlichem, wirtschaftlichem und politischem Gebiet, und zwar im nationalen Bereich wie auf Weltebene. Er spricht von dem Abbau der krassen Unterschiede, von der Konsumgesellschaft, die einen gewissen Überfluß an Gütern besitzt, während die übrigen in weiten Schichten hungern. Er spricht von Aufgaben im Bereich der Finanzen, der Produktion und des Handels und der Weltwirtschaft überhaupt, von dem Aufbau schließlich der Völkergemeinschaft in einer nach Frieden und Einheit verlangenden Welt.“ Von diesen aufgezeigten Aufgaben ausgehend definierte Joseph Schröffer den Dom als Kirche und Haus Gottes als Ort, „wo nach den sittlichen Forderungen eindringlicher gefragt und die Bereitschaft für sie intensiver geweckt und gefördert wird“. Kardinal Schröffer wörtlich:

„Hier wird die Verpflichtung gegenüber dem Gemeinwohl verkündet, hier werden die stärksten Motive geboten, hier werden die Kräfte zu ihrer Erfüllung vermittelt. Die Würde des Menschen wird hier proklamiert, was Menschen und Völker verbindet, wird hier aufgezeigt. Gottes Ebenbildlichkeit tragen wir alle an uns, Erlöste sind wir, Söhne Gottes und Christi Brüder, voll Wohlwollen zueinander und über alle Grenzen hinweg“, um dann in Anlehnung an den Galater-Brief festzustellen: „Nun gelten nicht mehr nationale, soziale und geschlechtliche Unterschiede und Gegensätze, nicht mehr Juden und Hellenen, nicht mehr Sklaven und Freie, nicht mehr Mann und Frau.“

Dieses „Aufbauwerk von weltweiten Ausmaßen“ verdeutlichte Joseph Schröffer beispielhaft an Bau und Vollendung des Kölner Doms und stellte fest:

„Nicht nur, daß er (der Dom) selber alle Maße durchbricht in der Weite und in der Höhe. Nicht nur, daß er weit hinausschaut über das Weichbild dieser Stadt. Nicht nur, daß von seinem Werden an bis zur Vollendung viele Kräfte zusammengewirkt haben über die Grenzen dieser Erzdiözese hinaus, Kirche, Volk und Staat.

Der Dom entstammt einer Zeit, in der man noch über die Landesgrenzen hinausgesehen hat, in der das Abendland noch einig war. Seine Schöpfer ließen sich von jenseits der Grenzen inspirieren, von der Königskapelle in Paris, von den Kathedralen in Amiens und Beauvais. Sie reihten sich ein in eine Bewegung, die von Schweden bis Italien und von England bis nach Spanien reichte. Vertreter des Geistes aus verschiedenen Nationen, Gelehrte mit hohen Namen waren hier zu finden: die Deutschen Albert der Große und Meister Eckehart, der Schotte Duns Scotus, der Italiener Thomas von Aquino."

Mit Blick auf die aktuellen Einigungsbestrebungen fuhr der Päpstliche Sondergesandte fort:

„Langsam finden wir uns über die Grenzen hinaus wieder zusammen. Ein glückliches Abbild ist die heutige Versammlung, Vertreter aus Ost und West, von Chile bis Korea und den Philippinen", um dann zu schließen:

„Möge dieses Domfest heute uns alle dazu anregen, an dem großen Bauen teilzunehmen, das uns aufgegeben ist, an dem Bauen am Menschen, an dem Mitbauen an der Kirche, an dem Aufbauwerk einer in Frieden, Gerechtigkeit und Liebe geeinten Welt. So laßt uns hochgemut auf das Baugerüst Gottes treten."

Die Festpredigt hinterließ bei den Zuhörern, wie die Zeitungen in den folgenden Tagen erwähnten, einen tiefen Eindruck. Im Bericht an das vatikanische Staatssekretariat vermerkte Joseph Schröffer darüber nur lapidar: „In seiner Ansprache behandelte er (der Päpstliche Sondergesandte), vornehmlich im Anschluß an die in der Enzyklika Redemptor hominis niedergelegten Gedanken des Heiligen Vaters, die ‚Bauaufgaben in der Zeit': das Bauen am Menschen, an der Kirche, an der Gesellschaft und Gemeinschaft der Völker."

Nach einem Empfang des Kölner Metropolitankapitels im „Domhotel" im Anschluß an den Pontifikalgottesdienst verabschiedete sich Bundespräsident Carstens mit den Worten „Das war ein unvergeßlicher Feiertag für uns alle, vielen Dank!"

Ohne eine Ruhepause folgte dem Empfang um 15 Uhr die Großkundgebung auf den Domplätzen, bei welcher Kardinal Schröffer die Grußbotschaft Johannes Pauls II. zu verlesen hatte. In ihr bezeichnete der Papst den Kölner Dom als „steinernes Zeugnis des Glaubens", das über eine Stadt emporrage, die vom Geist und Leben unserer Zeit erfüllt sei; einer Zeit, in der viele Geister und Interessen der Menschheit eine Orientierung zu geben suchten, die von jener des Evangeliums oft abweiche. Ziel- und Ratlosigkeit seien die

Folge. Um so dringlicher sei das Zeugnis des Glaubens gefordert und das Gebet mit der Bitte um „die ersehnte Einheit“ der Christen. Die Zuhörer nahmen die Botschaft des Papstes sichtlich aufmerksam auf und bedankten sich mit langanhaltendem Beifall.

Am nachfolgenden Montag stattete Kardinal Schröffer dem Bundespräsidenten in Bonn einen Höflichkeitsbesuch ab. Er wurde vom gastgebenden Erzbischof und Vorsitzenden der Deutschen Bischofskonferenz, Kardinal Joseph Höffner, in die Villa Hammerschmidt begleitet. Ein Bild von dieser Begegnung fand sich auf der Titelseite mehrerer Tageszeitungen. So brachte auch der Ingolstädter „Donau Kurier“ auf der ersten Seite ein Foto, das Kardinal Schröffer zusammen mit Bundespräsident Karl Carstens und Kardinal Höffner zeigt.

Das Ereignis des Domfestes wurde auch international beachtet. So nahmen beispielsweise nordamerikanische Zeitungen davon ebenso Notiz wie spanisch-sprachige Blätter und würdigten das Domjubiläum als bedeutsames kirchliches Ereignis. Denkwürdige menschliche Begegnungen zwischen Kardinal Schröffer und Festteilnehmern in Köln blieben zumeist für die öffentliche Berichterstattung anonym. So entging den Reportern ein Zwiegespräch zwischen einem vermeintlichen Kölner und dem Päpstlichen Sondergesandten kurz vor dem Einzug der Prozession in den Dom. Nach Überwindung der Absperrung rief ihm der junge Mann zu: „Ihre Heimatstadt Ingolstadt grüßt Sie herzlichst!“ Kardinal Schröffer fragte erfreut zurück: „Sind Sie aus Ingolstadt?“ Darauf der bayerische Landsmann: „Ja, Sie haben mich 1949 gefirmt!“ Wie sich herausstellte, stammte der begeisterte Landsmann aus Lenting bei Ingolstadt; Vater von sieben Kindern und Bruder eines Priesters der Diözese Eichstätt, lebte er seit 1959 in Köln und wollte sich die Gelegenheit nicht entgehen lassen, seinem früheren Bischof einen besonderen Willkomm zu bereiten. Wie er in einem Brief zum 80. Geburtstag Kardinal Schröffers später bekannte, war diese kurze Begegnung am 17. August 1980 vor dem Portal des Kölner Doms ein „sehr nachhaltiges Erlebnis“. Eine Begebenheit buchstäblich am Rande der feierlichen Kölner Schreineprozession.

Am 4. Tag seiner offiziellen Mission machte Kardinal Schröffer nicht nur dem Bundespräsidenten seine Aufwartung, sondern übernahm auch ganz überraschend zusammen mit dem Kölner Erzbischof Kardinal Höffner und den Kardinälen Macharski (Krakau) und Lekai (Esztergom/Ungarn) die Kindermesse im Dom. In einer kurzen Ansprache an die rund 3000 Mädchen und Buben drückte er seine große Freude über die rege Anteilnahme der Kinder am Domfest aus und versprach, darüber dem Heiligen Vater in Rom zu berichten.

Auch vom erfreulichen Ergebnis des Wettbewerbs „Kinder malen den Kölner Dom“ werde er in Rom erzählen. Dabei rief er seine jugendlichen

Zuhörer auf, sich bei ihrer großen Begeisterung für das Domfest auch in ihrem religiösen und kirchlichen Einsatz im Alltag als treue Freunde des Heiligen Vaters zu bewähren. Die Buben und Mädchen beantworteten den Aufruf des Päpstlichen Sondergesandten mit starkem und herzlichem Beifall. Am Abend des gleichen Tages nahm Kardinal Schröffer an der Eröffnung einer Vortragsreihe des Katholischen Bildungswerks Köln in der Kirche St. Peter teil. Der Bischof von Aachen, Dr. Klaus Hemmerle, behandelte in einem vielbeachteten Referat das Thema „Erlösung – Grunderfahrung des Christen". Der überaus große Zuspruch, den diese Veranstaltung erfuhr, bestärkte Kardinal Schröffer in seinem Eindruck, daß das ganze Ereignis „von großem Ernst und religiöser Ehrfurcht getragen" war und eine „echte innere Anteilnahme verriet, so daß eine tiefer gehende, nachhaltige Wirkung von diesem Ereignis erwartet werden darf", wie er dann in seinem Bericht an das Staatssekretariat feststellte. Darin kam er zu einem „sehr positiven" Gesamturteil:

„Die Person des Heiligen Vaters stand in gebührender Weise im Vordergrund. Schon bei der Begrüßung des Päpstlichen Abgesandten hob der Erzbischof von Köln die Hohe Auszeichnung hervor, daß der Heilige Vater sich bei dieser Feier durch einen Sondergesandten vertreten lassen und so in besonderer Weise an ihr teilnehmen wollte."

In der Tat trat Joseph Schröffer bei allen seinen zahlreichen offiziellen Verpflichtungen völlig hinter der Person des Papstes zurück und stellte stets das Petrusamt in den Mittelpunkt seiner Ansprachen und Adressen.

So unterstrich er besonders den Passus der päpstlichen Grußbotschaft, daß er (der Papst) „an dem Höhepunkt der Feierlichkeiten in brüderlicher Gesinnung und mit seinem Gebet anwesend sein werde".

Entsprechend notierte er in seinem Bericht:

„Diese Teilnahme des Heiligen Vaters wurde auch allseits gewürdigt und dankbar empfunden. Dies zeigte sich im besonderen bei den Begegnungen des Sondergesandten mit vielen Kreisen." Zu diesen gehörte im übrigen auch die Gottesdienstgemeinschaft der Senioren, die Kardinal Schröffer noch vor seinem Höflichkeitsbesuch bei Bundespräsident Carstens aufsuchte und vom Heiligen Vater herzlich grüßte. Über seine Begegnung mit dem deutschen Staatsoberhaupt in Bonn berichtete er:

„Der Bundespräsident, Prof. Carstens, der für die gesamten Feierlichkeiten die Schirmherrschaft übernommen hatte, hat den Unterzeichneten in betonter Weise gebeten, dem Heiligen Vater seine Ergebenheit und seinen tiefgefühlten Dank für die Teilnahme an dem Fest durch die sich die ganze Nation geehrt weiß, zum Ausdruck zu bringen."

Der amtierende Oberbürgermeister der Stadt Köln und designierte Präsident des Nordrhein-Westfälischen Landtags, John van Nes Ziegler, äußerte sich in ähnlich freundlicher Art und würdigte die Bestellung eines besonderen Abgesandten durch den Papst als Ausdruck „besonders tiefer Verbundenheit zwischen dem Heiligen Stuhl, den katholischen Christen im Erzbistum Köln und der Stadt Köln“. Wörtlich hatte er Kardinal Schröffer erklärt:

„Ich würde mich freuen, wenn Sie, Eminenz, Seiner Heiligkeit Papst Johannes Paul II. nach Ihrer Rückkehr in den Vatikan von dem begeisterten Empfang, den man Ihnen als seinem Abgesandten in Köln bereitet hat, berichten würden.“

Joseph Schröffer kommentierte diese Aufmerksamkeiten mit den Worten:

„Die überaus freundliche Aufnahme, die dem Vertreter des Papstes allenthalben zuteil wurde, hat im Grunde zweifellos dem Heiligen Vater selbst gegolten. Überall war zudem die freudige Erwartung zu spüren, mit der man dem Kommen Sr. Heiligkeit im November dieses Jahres entgegensieht.“

Kam in der Tat bei den offiziellen Ansprachen wiederholt die große Genugtuung zum Ausdruck, in wenigen Monaten das Oberhaupt der katholischen Kirche zu Gast zu haben, galten die vielfachen Beifallskundgebungen und spontanen Willkommgrüße sicher in erster Linie der Person Joseph Schröffer, wie die zahlreichen Begegnungen immer wieder verdeutlichten. Beim „einfachen Volk“ kam sein gewinnendes Wesen an – und die „Offiziellen“ zeigten sich von seiner umfassenden Bildung und seinen geistvollen Einlassungen beeindruckt – und das alles ohne jede sprachliche Barriere; denn hier begegnete ein Deutscher seinen Landsleuten. Ein römischer Legat italienischer oder anderer Zunge hätte wohl weniger einen natürlichen Zugang zu den lokalen Besonderheiten der Kölner gehabt. Mit gutem Grunde wurde gerade Kardinal Schröffer mit der Vertretung des Papstes betraut. Als langjähriger Präsident der deutschen „Pax Christi“-Bewegung hatte er Erfahrung in der Wahrnehmung solcher Missionen und als Kurienkardinal die enge Beziehung zum Stuhl Petri.

Der mit der deutschen Kirchengeschichte von Haus aus vertraute ehemalige Bischof von Eichstätt konnte in seinem Bericht auch bestimmte bemerkenswerte Einzelheiten sachkundig erläutern; etwa den mehrfach in Ansprachen angestellten Vergleich zwischen der Domvollendungsfeier im Jahre 1880 und dem aktuellen Domjubiläum. Während vor 100 Jahren wegen des noch tobenden „Kulturkampfes“ weder der Erzbischof noch das Domkapitel an den Feierlichkeiten teilnahm, da der Metropolit staatlicherseits abgesetzt worden war und sich in Holland im Exil befand und das Domkapitel sich von den staatlichen Stellen brüskiert fühlte, wie Kardinal Schröffer in seinem Bericht erläuterte, um dann festzustellen: „Heute jedoch herrschte bestes Einvernehmen. Die Spitzen der zuständigen weltlichen Behörden nahmen auch an den Festgottesdiensten teil: der Bundespräsident, der Ministerpräsident des Landes Nordrhein-Westfalen und der Oberbürgermeister von Köln, wenngleich keiner von ihnen katholischen Glaubens.“

Kardinal Schröffers abschließendes Urteil:

„Die Feier des Jubiläums darf so in vielfacher Hinsicht als ein wohlgelungenes Geschehen betrachtet werden, von dem zu hoffen ist, daß es auch in die Tiefe gewirkt hat und noch weiterwirken wird."

Ähnlich positiv und hoffnungsvoll äußerte sich Joseph Schröffer auch in einem persönlichen Brief vom 29. September 1980 an den Kölner Weihbischof Dr. Klaus Dick. Wörtlich schrieb er dem Kölner Mitbruder:

„Die erhebenden Tage von Köln werden mir in dauernder und schöner Erinnerung bleiben. Es war für mich bewegend, Zeuge der Kundgebungen tiefer Gläubigkeit und so zahlreicher Beteiligung des Volkes Gottes zu werden. Es war zu spüren, daß es sich hier nicht um eine Äußerlichkeit handelte, sondern um ein tieferes religiöses Interesse. Mögen die gesegneten Tage in die Zukunft hinein nachwirken."

Mit diesen Feststellungen trat Kardinal Schröffer bestimmten Befürchtungen entgegen, welche schon vor dem Fest meinten, „daß das Ganze bloße Äußerlichkeiten bleiben und an den tieferen seelsorgerlichen Problemen, wie dem lautlosen Auszug aus der Kirche nichts ändern werde", oder die bezweifelten, daß ein Jubiläum, das nur auf 100 Jahre zurückschauen könne, Anlaß für eine große Feier hergebe.

In dem Bericht an das Staatssekretariat hat er auf diese kritischen Stimmen gegen das Domjubiläum Bezug genommen und sie durch seine Erfahrungen widerlegt.

Kardinalstaatssekretär Casaroli dankte ihm am 23. Oktober 1980 in einem persönlichen Schreiben für die „eingehenden Darlegungen". „Sie haben dazu durch Ihre sehr intensive Mitwirkung an den Feierlichkeiten als Sondergesandter in maßgeblicher Weise beigetragen. Hierfür läßt Ihnen der Heilige Vater aufrichtig danken und erteilt Ihnen für Gottes vielfältigen Gnadenlohn von Herzen den Apostolischen Segen."

80 Jahre vollendet

Anläßlich eines Empfanges, den die bayerischen Bischöfe im Februar 1983 zum 80. Geburtstag des Kardinals im Hotel Columbus gaben, stellte er die ihm zugedachte Rolle des Jubilars und Ehrengastes in den Hintergrund. Schon in der einleitenden Bemerkung seiner Dankesworte wehrte er humorvoll selbstironisch jegliche steife Feierlichkeit ab: „Ich hatte gedacht, dieses Festmahl werde in der Absicht veranstaltet, die bayerischen Bischöfe mit den in Rom tätigen zu einem brüderlichen Zusammensein zu versammeln. Ich hatte aber nicht vermutet, daß ihm noch eine besondere Intention gegeben werden sollte, nämlich einen alten 80jährigen zu verköstigen. Darüber soll aber die erste doch im Vordergrund bleiben. Es ist uns Römern ja eine

Freude, mit den Bischöfen der Heimat Kontakt zu pflegen, und wir sind für eine solche Gelegenheit besonders dankbar. Wir sind und bleiben ja doch der deutschen Heimat und den bischöflichen Mitbrüdern eng verbunden.

Das kann ich von mir besonders bezeugen . . ."

Danach leitete Joseph Schröffer zum anderen Thema über und meinte: „Wenn ich so an diese Zeit zurückdenke, kommen mir schöne Erinnerungen. In Bayern waren damals Faulhaber, Buchberger, Landersdorfer (Passau), Freundorfer (Augsburg), Döpfner (Würzburg), Otto Kolb (Erzbischof von Bamberg), später Schneider, Wendel, Speyer und dann München, noch zusammen. Ich könnte vieles von jener Zeit erzählen." Dabei ließ er einige Begebenheiten am Rande der Bischofskonferenz Revue passieren; etwa die Erinnerung „. . . Wie wir in Freising halb gebraten wurden, weil Buchberger es warm haben wollte. So sind wir bei der Freisinger Bischofskonferenz einmal am Nachmittag zur Sitzung zusammengekommen, bei einer Temperatur, ich weiß nicht von wieviel über 30 Grad. Wir Jungen, Würzburg (Döpfner) und ich, haben die Fenster geöffnet, mußten sie aber wieder schließen, als Buchberger hereinkam. Als dann Faulhaber kam und die Sitzung begonnen hatte, dauerte es nicht lange, stand er auf, ging mit der bei ihm gewohnten Feierlichkeit zum ersten Fenster und öffnete es, dann das zweite Fenster ebenso. Buchberger sagte nichts dagegen, nahm aber ein Kissen unter den Arm, die Wolldecke unter den anderen und verließ den Raum. Nach längerer Zeit kam er wieder, öffnete die Tür einen Spalt, konnte aber nicht mehr zurück, kam herein und setzte sich ganz in die letzte Ofenecke. Beim Abendessen haben wir beide Faulhaber auf sein Attentat aufmerksam gemacht. Er konnte aber nur herzlich darüber lachen . . ."

Dann apostrophierte er in liebenswürdiger Art seine einstigen Mitbrüder in der Bayerischen Bischofskonferenz und wartete dabei mit erstaunlich präzisen Details auf. So meinte er, an Kardinal Friedrich Wetter gewandt: „Wenn ich mit der südlichen Kirchenprovinz beginne und zwar mit dem einladenden Erzbischof, so sind wir seit langem gute Freunde. Ich kann nicht alle diese Beziehungen aufzählen; nur zwei: Professor meiner Philosophisch-Theologischen Hochschule, die er bereichert hat – und der Geburtstag. Wir sind am gleichen Tag geboren, nur mit dem Unterschied, daß 25 Jahre dazwischen liegen. Wenn er mir gratuliert zur Vollendung des 80., so beglückwünsche ich ihn zu seinem 55. Geburtstag, den er am gleichen Tag feiert, beglückwünsche ihn zugleich zu seiner Jugend, daß noch ein Großteil des Lebens und Wirkens vor ihm liegt."

Der Passauer Oberhirte ist der einzige, mit dem er noch gemeinsam auf den Bischofskonferenzen zusammen war. Beste Erinnerungen binden ihn an seine Diözese, darunter der schöne liturgische Gottesdienst bei der Visitation.

Dem Regensburger Bischof, der noch bis vor kurzem Weihbischof in

Augsburg war, bekannte er, daß er sich so halb und halb als Augsburger fühle. „Denn es fließt Augsburger Blut in meinen Adern. Sind doch meine Vorfahren väterlicherseits Augsburger Diözesan-Angehörige gewesen. Mein Vater ist in dieser Diözese geboren, in Hohenwart. Zum zweiten habe ich, noch als Bischof von Eichstätt, im Urlaub den Bischof an den Nagel gehängt und bin Kaplan der höchstgelegenen Pfarrei Deutschlands geworden, Diepolz über Immenstadt, wo mein Onkel Pfarrer war."

Zur nordbayerischen Kirchenprovinz hatte Bischof Schröffer vielleicht nicht so enge persönliche Bindungen. Dafür „durfte ich einen Blick in das Herzstück der Diözese tun" in der Visitation der Seminarien, die ihm von Rom vor 20 Jahren übertragen worden war.

Bei dem vor wenigen Jahren ernannten Bischof von Würzburg hob er dessen Arbeit am Adam-Möhler-Institut hervor, das er als Direktor geleitet hat. „Wir haben es doch alle gewissermaßen als ideellen Gemeinbesitz betrachtet und die Ökumene-Arbeit, die es leistet, sehr geschätzt. Bischof Joseph Stangl, sein Vorgänger in Würzburg, hat in der Diözese Eichstätt seine ersten Kinderjahre verbracht und zwar in einer schweren Diaspora-Situation, in Heidenheim, an der Begräbnisstätte der heiligen Walburga und des heiligen Wunibald. Eine Zeit, die seine Mutter als die schönste ihres Lebens betrachtete.

Der Zweitvorgänger als Bischof von Würzburg war Julius Döpfner, der bald nach Bischof Schröffer ernannt wurde und immer wieder scherzhaft konstatierte, er werde es sein Leben lang tragen müssen, „immer hinter mir herhinken zu müssen." Im Gedenken an dessen frühen Tod fügte er nachdenklich hinzu: „Jetzt allerdings ist er mir vorausgegangen und ich hinke hinter ihm her." Matthias Ehrenfried, der dritte Vorgänger, stammte aus der Diözese Eichstätt und war Professor an der Phil.-Theol. Hochschule. Nach dem schweren Fliegerangriff auf Würzburg fand er bereitwillig Aufnahme in Eichstätt. „Ich erinnere mich noch genau – ich war damals Generalvikar – wie er als völlig Ausgebombter ankam, wo er neu ausstaffiert wurde und welche Geschichten er uns erzählte. Das Luftschutzgepäck war vorbereitet, außer dem Koffer aber wollte seine Schwester unbedingt noch zwei Dinge retten: ihren neuen Hut und ihre neuen Schuhe. Den Hut mußte sie im Keller zurücklassen und den Luftschutzhelm aufsetzen, aber Koffer und Schuhe wollte sie mitnehmen. Unterwegs kam eine Phosphorbombe herunter und ein Spritzer ging ihr ins Gesicht. Sie ließ alles fallen, um ihn wegzuwischen. Als sie Koffer und Schuhe wieder aufheben wollte, war nur mehr ein Schuh da. Sie geriet in solche Wut, daß sie den Schuh packte und ins nächste Feuer warf. Als sie dann am Morgen in ihr Haus zurückkamen, war alles fein säuberlich vom Feuer aufgeleckt. Sie gingen in den Keller, da war wirklich noch der Hut und daneben – der zweite Schuh! Und der Bischof hat dies mit größtem Vergnügen erzählt."

Gleichfalls aus der Kriegszeit stammte eine andere Begebenheit aus Würzburg, die Kardinal Schröffer seinen bayerischen Mitbrüdern bei dieser Gelegenheit erzählte, und die er vom nachmaligen Generalsekretär der internationalen Pax Christi-Bewegung, Msgr. Lalande, selbst erfahren hat. Da erlebte einer der französischen Kriegsgefangenen, denen es im Lager sehr schlecht erging, Bernard Lalande, beim Zahnarztbesuch in Würzburg, daß ihm die Sprechstundenhilfe verstohlen ein Ei in die Tasche steckte, trotz des Risikos, ins KZ zu kommen, wenn es entdeckt würde. Das hat ihn so bewegt, daß er sich dem Gedanken des Friedens und der Völkerversöhnung verschrieb. Über lange Jahre und Jahrzehnte war er in Paris der internationale Generalsekretär der Pax Christi-Bewegung. Es verband ihn mit dem ehemaligen deutschen Präsidenten eine intensive Zusammenarbeit und eine lebenslange, tiefe Freundschaft.

Was wollte er zu Bamberg sagen? „Daß wir natürlich unserem Metropoliten den gebührenden Respekt nicht versagt haben." Der nunmehrige Metropolit, Erzbischof Elmar Kredel, hat ihm während der schweren Wochen und Monate der Krankheit im Theresienkrankenhaus und auf der Intensivstation im Klinikum Nürnberg dort mit rührender Besorgnis immer wieder die Freude seines Besuches geschenkt.

Eine humorige Erinnerung an seine Visitationen im Spätberufenen-Seminar: „Dort bin ich Chruschtschow begegnet." In einer Klasse, die der Visitator besuchte, war soeben Lateinunterricht, gehalten von einem pensionieren Gymnasialprofessor, der sich „als mein Ingolstädter Landsmann und Studienfreund meines Onkels, gleichfalls Altphilologe, vorgestellt hat. Ich habe ihm von meinem Onkel erzählt, daß er bei seinen Schülern den Spitznamen Nasl hatte, weil sein Gesichtserker etwas betont ausgefallen ist. Darauf er: Ich habe auch einen Spitznamen, ich bin der Chruschtschow. Ich darauf: Auf und nieder der Chruschtschow! Tosender Applaus der Klasse von gestandenen jungen Männern!"

Seinem Nachfolger auf dem Bischofsstuhl in Eichstätt widmete Joseph Schröffer warme Worte der Freundschaft. Er bestätigte ihm eine stets harmonische Zusammenarbeit, die schon in den vierziger Jahren begonnen hatte, als Schröffer Generalvikar war und Brems Leiter des Jugendamtes, dann des Diözesan-Seelsorgeamtes, und den er am 1. November 1966 zu seinem Generalvikar ernannte. „Ich könnte viel Schönes von der guten Zusammenarbeit erzählen." Dann griff er eine Szene heraus, die man überschreiben könnte: Zwei Bischöfe im Straßengraben. „Es war auf dem Höhepunkt des Krieges. Weil der Herr auch das Böse zum Guten zu lenken versteht, hatte der Hinauswurf der Ordensschwestern aus den Schulen durch die Nazis auch wieder ein Gutes, denn die freiwerdenden Schwestern konnten zum großen Teil für die Seelsorge zur Verfügung stehen. So fuhren wir beide nach München, um eine Schwester für die Frauen- und Mütterarbeit zu gewinnen.“ Sie wollten nach Nymphenburg, aber es gab keine direkte Verbindung mehr dahin, man mußte eine gute Strecke zu Fuß zurücklegen. Unterwegs kam Fliegeralarm. „Wir sind in den etwa 3 Meter tiefen Bombentrichter gesprungen.“ Es kam aber kein Angriff, man hörte keine Bomben fallen. Es war ein trüber Novembertag, die Wolken hingen fast bis zum Boden herab. Da dachten sie, sie könnten vielleicht Nymphenburg noch erreichen, krochen heraus und gingen aufrechten Schrittes die Straße entlang. „Ich hörte mit einem Mal ein metallisches Geräusch, nachträglich wurde es klar, daß es das Ausklinken der Bomben war. Die Flugzeuge mußten im Gleitflug tief heruntergegangen sein. Und im nächsten Moment war die Hölle los. Vor uns ging ein Bombenteppich nieder und wir waren auch schon in dem flachen Straßengraben. Es war höchst ungemütlich, wo würden die nächsten Bomben niedergehen? Dazu setzte die Flak ein, wir hörten die Splitter pfeifen, um uns herum zuckte das Gras. Da kam ein Franzose auf uns zu, sprang in den gleichen Straßengraben. Wir robbten aufeinander zu. Er wußte, woher die Splitter kamen, so konnten wir hinter den dicken Stämmen der Alleebäume Deckung nehmen. Eine Stunde standen wir dort. Vor uns das Nymphenburger Krankenhaus: Feuer, Rauch, die Mauer versank. Es gab Tote . . . Der französische Kriegsgefangene hat uns vielleicht das Leben gerettet.“

Nach diesen Erinnerungen dankte er seinen bayerischen Mitbrüdern im Bischofsamt herzlich für die Freude dieser Begegnung und wünschte ihnen Gottes Segen für ihre Arbeit in der Heimat. Den Anwesenden war es wohl klar, daß diese Worte einem Abchied glichen. Die fröhlichen Reminiszenzen sollten helfen, diese nach menschlichem Ermessen letzte Begegnung in froher Gelassenheit zu halten, wußte er ja, daß seine Zeit langsam ablief und eine Verlängerung durch ärztliche Kunst kaum mehr in Frage kam. Diese Gewißheit konnte Joseph Schröffer jedoch nicht zur Resignation oder zur Untätigkeit veranlassen. Vielmehr setzte er weiterhin in geistiger Frische die ganze ihm noch verbliebene Kraft ein, um die ihm in den verschiedenen Dikasterien gestellten Aufgaben zu erfüllen.

X. Heimgegangen zu Gott

Während seiner Zeit als Sekretär der Kongregation für das katholische Bildungswesen nannte eine erfahrene Persönlichkeit Joseph Schröffer einmal einen „wunderbaren Menschen“ und verglich ihn mit einer „Kerze, deren Flamme Christus ist, die ihn verzehrt“.

Ohne von diesem Vergleich gehört zu haben, begann Gerhard Reifert den Nachruf zum Tode Kardinal Schröffers mit den Worten:

„Das Bild der Kerze, die sich selbst verzehrt, um Licht für ihre Umgebung zu spenden, kommt bei der Nachricht vom Tode Kardinal Schröffers denen in den Sinn, die ihn kannten. Denn obwohl der Achtzigjährige längst das Recht gehabt hätte, die ihm vom Papst übertragene Mitarbeit in nicht weniger als sieben Institutionen der Zentralverwaltung der katholischen Weltkirche gleichsam mit der linken Hand zu erledigen und sich im übrigen zu schonen, hat er bis zuletzt diese Aufgaben ernstgenommen, hat Akten studiert und nach Möglichkeit regelmäßig an den Beratungen der Gremien teilgenommen, für die Johannes Paul II. den Rat des unermüdlichen deutschen Kurienkardinals als unerläßlich erachtete. Und im ‚Außenministerium der Kirche‘ wie in der Kongregation für die Glaubenslehre, in der Kongregation für die Bischöfe wie im Laienrat und in der Güterverwaltung des Heiligen Stuhls war dieser besonnene, von großer Erfahrung geprägte Rat immer gern gehört.“

Gerhard Reifert erinnerte daran, daß Joseph Schröffer schon Anfang 1982 schwerkrank darniederlag und mit dem Tode rang, daß der große Blutverlust nach mehreren Operationen den Ärzten seinen Zustand als hoffnungslos erscheinen ließ, um dann festzustellen:

„Doch gestützt vom Gebet seiner Freunde und der ihn pflegenden Ordensschwestern fand er die Kraft, sich wieder vom Krankenbett zu erheben, ja sogar seine Arbeit in Rom in fast vollem Umfang wieder aufzunehmen.

Diesmal aber war die Kraft verbraucht, die Krankheit konnte die Oberhand gewinnen.“

In den letzten, langen Wochen seiner schweren Krankheit hat er noch viel gelitten, tapfer und ohne jede Klage. Obwohl schon vom Tode gezeichnet, nahm er bis zuletzt immer noch Anteil an den Sorgen und Anliegen seiner Mitmenschen. So stand er einem Großneffen noch wenige Tage vor dem Tod mit gutem Rat bei der Wahl der Fächerverbindung auf dem Gymnasium bei und erkundigte sich nach dessen sonstigen schulischen Leistungen.

Am 7. September 1983, einem Mittwoch, um 4.15 Uhr früh, ist er in tiefem Frieden zu seinem Herrn heimgegangen. Mit dem letzten Atemzug kam gleichsam ein inneres Leuchten in sein Gesicht und kündete von seiner endgültigen Heimkehr zu Gott.

Der Apostolische Nuntius in Bonn, Erzbischof Guido del Mestri, verständigte Papst Johannes Paul II. vom Tod Kardinal Schröffers. Sogleich zog sich der Heilige Vater in seine Hauskapelle zurück zum Gebet für seinen langjährigen Weggefährten und Mitbruder. Der Schwester des Kardinals übermittelte er in bewegten Worten seine Anteilnahme und würdigte die großen Verdienste des Verstorbenen um die Kirche in Eichstätt und die Weltkirche.

Ein bischöflicher Mitbruder in Deutschland faßte seine Gedanken und Erinnerungen in die Sätze zusammen:

„Jedesmal, wenn ich in Rom Gelegenheit hatte, mit dem hochverehrten Kardinal zusammenzutreffen, war ich erfüllt von der Güte, Weisheit und Kraft, die von ihm ausstrahlten, und ich wünschte mir, daß er noch sehr sehr lange unter uns weilen dürfe ... Verbundenheit mit der Heimat und Weite des weltkirchlichen Horizontes, tiefe Verankerung in der gesunden Tradition und waches Mitgehen mit der Zeit, unbeirrbare Freundlichkeit und Güte, die sich vermählen mit Nüchternheit, Kraft, Übersicht, Unterscheidung, bescheidene Zurückhaltung und mutiges Eintreten zugleich; für mich war diese vielfache Synthese das Auszeichnende, und mir scheint, daß heute mehr denn je die Kirche dessen bedarf, was er so darstellte. Doch Gott macht es oftmals so: Das, was wir am meisten hier zu brauchen wähnen, nimmt er an sich, nimmt er in sein Geheimnis hinein. Doch dies will eine Provokation unseres Glaubens sein: Was bei Gott lebt, ist nicht ferner von uns, sondern von ihm aus um so wirksamer, und wir dürfen es auch in der persönlichen Form sagen: Wer bei Gott lebt, der ist nicht hinweggerückt von uns, sondern reicht von ihm aus tiefer in das Netz unserer Welt und ihrer Aufgaben hinein."

Die Beisetzung in der Bischofsgruft im Dom zu Eichstätt wurde auf den 12. September 1983 vormittags 10 Uhr festgesetzt.

In einem langen Zug wurde der schlichte Sarg von der Schutzengelkirche, wo die sterbliche Hülle aufgebahrt war, zum Dom geleitet. „Eine unübersehbare Menschenmenge", so berichtete eine Nachrichtenagentur, „folgte dem Trauerzug und wohnte der Totenfeier bei", darunter sehr viele Priester, deren Weihebischof er war. Über 20 Bischöfe gaben Kardinal Schröffer das Geleit zur Bischofsgruft im Dom. Die Repräsentanten des öffentlichen Lebens führten Bundestagsvizepräsident Richard Stücklen und Bayerns Kultusminister Prof. Hans Maier an."

Trotz ihres angegriffenen Gesundheitszustandes nahm auch die Äbtissin von St. Walburg, Frau M. A. Augustina Weihermüller, an der Trauerfeier teil. Vor genau 33 Jahren, am 12. September 1950, hatte Bischof Joseph ihr die Weihe erteilt.

Zu Beginn der Begräbnisfeier sprach der Vorsitzende der Deutschen Bischofskonferenz, Joseph Kardinal Höffner, als Hauptzelebrant Worte der Einführung in die Liturgie:

„Was sucht ihr den Lebenden bei den Toten? sagte der Engel am Ostermorgen zu den Frauen am Grab. Was sucht ihr den Lebenden bei den Toten? Dieses Wort ist heute an uns gerichtet, an die Geschwister und Verwandten des von Gott Heimgerufenen, an die Gläubigen des Bistums Eichstätt, an die vielen Freunde und Bekannten des lieben Kardinals, auch an uns Bischöfe. 19 Jahre lang war er unser Mitbruder in der Deutschen Bischofskonferenz. Wir trauern darüber, daß wir seine Stimme nicht mehr hören und seine Hand nicht mehr spüren. Aber es ist eine Trauer im Zeichen des Dankes und im Zeichen der Hoffnung. Wir danken Gott dafür, daß wir ihn haben durften. Wir beten zu Gott für ihn und bitten Gott um Barmherzigkeit auch für uns."

Unter den zahlreichen bischöflichen Konzelebranten befand sich auch der amtierende Präfekt der Kongregation für das Katholische Bildungswesen, Kardinal William Wakefield Baum aus den Vereinigten Staaten von Amerika, der Erzbischof von München und Freising, Friedrich Kardinal Wetter, dessen Vorgänger und jetziger Präfekt der Glaubenskongregation, Kardinal Ratzinger, der Apostolische Nuntius in der Bundesrepublik Deutschland, Erzbischof Guido del Mestri, und der langjährige Vertraute des Toten aus den römischen Jahren, Erzbischof Karl-Joseph Rauber von der Päpstlichen Nuntiatur in Uganda. Er wollte den Schwerkranken gerade wieder im Nürnberger Theresienkrankenhaus besuchen, als er von seinem Heimgang erfuhr, und begab sich sogleich nach Eichstätt in den Dom, in welchem er 35 Jahre vorher wie zufällig die Konsekration des jungen Bischofs miterlebt hatte.

Nach dem Evangelium griff Kardinal Joseph Ratzinger in seiner Ansprache das Wort aus dem hohepriesterlichen Gebet auf: „Vater, ich will, daß die, die du mir gegeben hast, seien, wo ich bin, daß sie mit mir sind" und stellte fest:

„Joseph Kardinal Schröffer ist zutiefst Jünger Jesu gewesen und hat in seinem ganzen Leben das Sein mit Jesus, das Gehen mit ihm als seinen Weg gesucht. Er hat es ausgedrückt in seinem Wahlspruch ‚Kehren wir heim zu unserem Herzen, um Christus zu finden'. So deckt dieses Wort seine eigentliche innere Biographie auf ... Joseph Schröffer wußte sich zum Priester berufen und er war Priester von seinem innersten Wesen her. So ist eigentlich mit diesem Satz sein ganzer Lebensweg umschrieben. In dem Großen und Kleinen, was er tat, ging es ihm letztlich immer darum, daß der Herr erkannt werde, daß Gemeinschaft mit ihm sich vollziehe."

In Erinnerung an die bewegte Zeit der Berufung Joseph Schröffers an die römische Kurie fuhr Kardinal Ratzinger fort:

„Als er an die Kongregation für das Katholische Bildungswesen in Rom gerufen wurde, geriet er damit in das Hauptschlachtfeld der Kulturrevolution der ausgehenden sechziger und siebziger Jahre. Denn was sich da abspielte, war ja nicht bloß ein Frontalangriff auf die Bildung des christlichen Abendlandes und ihren christlichen Inhalt. Viele dieser Programme überschwemmten damals auch die katholische Kirche und wurden unter dem Vorwand propagiert, sie seien die wahre Anwendung des Konzils. Kardinal Schröffer, der einer der stillen und gerade darum wirklich prägenden Architekten des Konzils gewesen war, war zusammen mit Kardinal Garrone, mit dem ihn bald eine enge Freundschaft verband, der wirklich berufene Mann, um in dieser Stunde Spreu und Weizen zu scheiden und die wahre Stimme des Konzils zur Geltung zu bringen", um dann auf wichtige Stationen des Lebensweges Joseph Schröffers mit den Worten einzugehen:

„Die Höhe seines priesterlichen Wirkens hier fiel mit der Bedrängnis des Dritten Reiches zusammen, sein Bischofsamt mit der mühseligen Zeit des Aufbaues nach dem Krieg; und dann neu sein Dienst in Rom in das Ringen um die Selbstfindung der katholischen Kirche in schwieriger Zeit des Umbruchs . . . Gerade wer ihm in den letzten Jahren begegnet ist, hat sehen können, wie die Worte der Bibel in ihm nicht Theorie, sondern Fleisch und Blut, gelebte Wirklichkeit seines Glaubens waren; hat sehen können, wie sein Humor, seine Gelassenheit, von innen her strahlende Freude, immer tiefer, sicherer, freier und reiner wurden."

Mit Hinweis auf das Fest des Tages Mariae Namen schloß Kardinal Ratzinger:

„An diesem Tag wollte er nach Rom zurückkehren, um seine Arbeit wieder aufzunehmen. Nun ist es Maria, die ihm das Geleit in die Ewigkeit hinüber gibt."

Im Auftrag Johannes Pauls II. würdigte Kardinal William W. Baum den Toten und führte bei der Beisetzung aus:

„Eine ehrenvolle und zugleich traurige Aufgabe kommt mir heute zu, von meinem Amt des Präfekten der Kongregation für das Katholische Bildungswesen und von einem besonderen Auftrag des Heiligen Vaters her. Auf seinen Wunsch und in seinem Namen bin ich gekommen, um unseren innig geliebten und verehrten Kardinal Schröffer auf seinem letzten Weg zu begleiten, um Euch allen, besonders den hinterbliebenen Verwandten und der ganzen Diözese aufrichtiges Beileid auszusprechen, und um dem Heimgegangenen zu danken. Was ich von seiten des Heiligen Vaters . . . und aller ehemaligen Mitarbeiter der Kongregation zum Ausdruck bringe, ist vor allem die herzliche Dankbarkeit für alles, was Kardinal Schröffer mit so viel Weisheit, Menschlichkeit und echter Brüderlichkeit an seiner verantwortungsvollen Stelle zum größeren Wohl der Kirche gewirkt hat. Seine edle und wahrhaft vollendete Persönlichkeit, seine unermüdliche Hingabe an das

Priestertum, die priesterlichen Berufe, die Seminarien, die katholischen Fakultäten, Universitäten und Schulen, ist für uns ein leuchtendes und bleibendes Beispiel. Sein Werk bleibt für uns, die wir in seine Spuren eingetreten sind, ein unschätzbares Vermächtnis, dem wir uns alle in unserer täglichen Arbeit verpflichtet fühlen.

Noch einmal ein herzliches Vergelt's Gott, verehrter Mitbruder, für Dein großes und fruchtbares Lebenswerk und für Dein Beispiel. Mögest Du unser beim Herrn gedenken, wie auch wir Deiner im Gebet und im heiligen Opfer immer in dankbarer Erinnerung gedenken wollen."

Das letzte Abschiedswort sprach schließlich sein Nachfolger als Bischof von Eichstätt, der Apostolische Administrator der Diözese Bischof Dr. Alois Brems. Er umriß die wichtigsten Etappen des Wirkens Joseph Schröffers in Eichstätt und stellte fest:

„Als Lehrer der praktischen Theologie hat er die künftigen Priester in die Seelsorge eingeführt. Als Generalvikar in der NS-Zeit hat er den persönlichen Kontakt mit den Seelsorgern gesucht, sie ermutigt und gestärkt und mit ihnen in Arbeitskreisen wertvolle seelsorgliche Hilfen erarbeitet.

Diese Weise des persönlichen Kontaktes hat er als unser Bischof beibehalten und weitergeführt. Er kannte alle Priester seiner Diözese mit Namen. Er wollte ihnen helfen in ihrem pastoralen Mühen, sie persönlich fördern. Für ihn war die ~~Kirche der geheimnisvolle Leib Christi,~~ an dem alle, Priester und Laienchristen, ihren Platz und ihre Aufgabe haben. In Exerzitien und Kursen, durch Ansprachen und bei Gesprächsrunden und in der persönlichen Begegnung suchte er mit Jugendlichen, mit Männern und Frauen, mit Gruppen, Verbänden und Vereinen Kontakt und Verbindung."

Bischof Brems erinnerte dann an die großen Bemühungen seines Vorgängers in notvoller Zeit um den äußeren und inneren Aufbau des Bistums und faßte zusammen: „Die Diözese Eichstätt hat dem verewigten Kardinal zu danken für alles, was er als Professor, Generalvikar und Bischof in der Diözese und für die Diözese gewirkt hat."

Auf die Wesensart Kardinal Schröffers eingehend, schloß Bischof Brems mit den Sätzen:

„Unser Verstorbener war alles andere als ein Macher und Manager. Die Aufzählung seiner Initiativen, die er in Gang gebracht, und der Werke, die auf ihn zurückgehen, wird dem inneren Kern seiner Persönlichkeit nicht gerecht. Für sein Wirken als Bischof hat er das Augustinuswort gewählt: ‚Kehren wir heim zu unserem Herzen, um Christus zu finden'. Der Wahlspruch des Bischofs weist nach innen. Bischof Joseph hat die Einkehr, Sammlung und Stille gesucht. Oft hat er von den Jugendlichen und Erwachsenen eindringlich gefordert, jeden Tag 10 Minuten Stille zu halten, in denen sie sich sammeln und zu sich selber kommen sollten. Das Ziel dieses Mühens: um Christus zu finden.

Mit Eifer und innerer Glut war er in Ansprachen und Bibelkreisen bemüht, Gottes Wort zu erschließen ... Christen sollen aus dem Geheimnis unserer Lebensgemeinschaft mit Christus leben und das Leben gestalten. So hatte er schon seine Vorlesung in der Moral und Pastoral konzipiert: Seelsorge als Christusnachfolge, als christliche Gestaltung des Lebens. Das Geheimnis der Lebensgemeinschaft mit Christus kehrt wieder in seinen Predigten und Hirtenbriefen.

Diese innere Gestalt unseres lieben Bischofs und verehrten Kardinals, die sein Wort ‚um Christus zu finden' uns als Lebensaufgabe stellt, wollen wir bewahren als sein Vermächtnis.

Wir nehmen Abschied von unserem langjährigen Bischof und lieben Kardinal Joseph Schröffer. Auch dieser Abschied bei seiner Beisetzung kann die lebendige Verbundenheit mit der Diözese nicht beenden. Wir gedenken seiner in tiefer Dankbarkeit und er wird bei Gott – so vertrauen wir – für seine Diözese bitten.

Vivas in pace! Vivas in Christo! Lieber Kardinal Joseph: Lebe im Frieden, lebe in Christus!"

Literaturangaben

Acta Synodalia Sacrosancti Concilii Oecumenici Vaticani. Bd. II. Typis Poliglottis Vaticanis MCMLXXII

Bauch, Andreas: Biographien der Gründerzeit. Quellen zur Geschichte der Diözese Eichstätt. Bd. I, 1962. Johann Michael Sailer Verlag Eichstätt und Nürnberg

Bauch, Andreas: 400 Jahre Collegium Willibaldinum Eichstätt. Herausgegeben von den Professoren der Bischöflichen Phil.-theol. Hochschule Eichstätt. 1964. Eigenverlag Bisch. Seminar St. Willibald, Eichstätt. Brönner & Daentler

Bauch, Andreas: Gedenkschrift zur Vierteljahrhundertfeier des Collegium Willibaldinum in Eichstätt. 1965. Druck Brönner & Daentler, Eichstätt

Calvino, Raffaele: Diocesi scomparse in Campania. Collana di Cultura Napolitana, 19. Fausto Fiorentino – Editore

Brachin, Pierre – Lalande, Bernard: Un pionnier de la Paix, le Cardinal Schröffer. Le Journal de la Paix II/1984

D'Harcourt, Robert Graf: In ‚La Croix'

Donau Kurier Ingolstadt: Verschiedene Jahrgänge

Dorn, Luitpold A., Seibel, Wolfgang: Tagebuch des Konzils. III Bde. Johann Michael Sailer Verlag, Nürnberg und Eichstätt 19. Satz und Druck: Brönner & Daentler KG

D'Souza, Valerian: Im Kirchenblatt der Diözese Pune

Emanuel, Isidor Markus: Sieben Jahre im roten Talar. Römische Erinnerungen eines Germanikers. Pilger-Verlag Speyer

Emanuel, Isidor Markus: Meine Bischofsjahre. Pilger-Verlag Speyer

Fesquet, Henri: Le Journal du Concile. Herausgegeben von Robert Morel. Le Jas Revest-St.-Martin. 04 Forcalquier Haute Provence

Fries, Heinrich, Valeske, Ulrich: Versöhnung. Gestalten, Zeiten, Modelle. 1. Auflage. Verlag Josef Knecht, Frankf./M.

Frings, Josef, Kardinal: Für die Menschen bestellt. I. P. Bachem Verlag GmbH, Köln

Frings, Josef, Kardinal: In Kölner Kirchenzeitung 1967

Gabriel, Hans Eberhard: Joseph Schröffer, Bischof von Eichstätt. Portraits katholischer Bischöfe Deutschlands. Fromms Taschenbücher. Herausgg. von Albrecht Beckel. Hugo Reiring. Otto B. Roegele. Band 28

Jedin, Hubert und Repgen, Konrad: Handbuch der Kirchengeschichte. Bd. VII. Die Weltkirche im 20. Jahrhundert. Herder

KNA: Mehrere Jahrgänge

Kiefer, W. – Risse, H. T.: Misereor. Ein Abenteuer der christlichen Liebe. Matthias-Gründewald-Verlag. Mainz 1962

Kürzinger, Joseph: im Klerusblatt 1. IX. 1948

Le Journal de la Paix. Mehrere Jahrgänge. Imprimerie Nouvelle – Yvetot

L'Osservatore Romano: Verschiedene Jahrgänge

Mauriac, François: in ‚Le Figaro'

Osner, Karl: Kirchen und Entwicklungshilfe. Schriftenreihe des Bundesministeriums für wirtschaftliche Zusammenarbeit. Bonn. Nomos-Verlag. Butzon & Bercker, Kevelaer

Pallenberg, Corrado: Paul VI. Schlüsselgestalt eines neuen Papsttums. List-Verlag München 1965

Pastoralblatt der Diözese Eichstätt. Ab 1941

Pax Christi-Zeitschrift , verschiedene Jahrgänge

Pfister, Hermann: Friede und Versöhnung durch Begegnung und Dialog, in Fries-Valeske, Versöhnung

Rahner-Vorgrimler: Kleines Konzilskompendium. Herder-Bücherei 1966

Ruhrwort. Kirchenzeitung für das Bistum Essen

Sax, Julius – Bleicher, Josef: Geschichte des Hochstiftes und der Stadt Eichstätt. 1927. Brönner & Daentler GmbH

Rynne, Xavier: Die Erneuerung der Kirche. Kiepenheuer & Witsch. Köln/Berlin. Butzon & Bercker, Kevelaer 1967

Schröffer, Joseph: Pax Christi – Notruf der Zeit. In: Schafft eine Atmosphäre des Friedens. Druckerei Dohlen, Aachen 1953

Schröffer, Joseph: Pax Christi im Urteil der Kirche. Schafft eine Atmosphäre des Friedens. s. o.

Schröffer, Joseph: Erläuterungen zu dem *III. Kapitel De Seminariorum Maiorum Ordinatione.* Sonderdruck ‚Seminarium' Nr. 2, 1966

Schröffer, Joseph: Riflessioni sul *IV capitolo del Decreto ‚Optatam totius'.* Sonderdruck ‚Seminarium' Nr. 3, 1966. Tipografia Poliglotta Vaticana. Città del Vaticano

Schröffer, Joseph: Il rinnovamento dei Seminari secondo il Concilio Vaticano II. Via, Verità e Vita, Rivista Catechistica 20. 1968. Centro Catechistico Paolino

Schröffer, Joseph: L'importanza della Parola di Dio per la vita della Chiesa. Sonderdruck Rivista Biblica Italiana XVI. Paideia – Brescia 1968

Schröffer, Joseph: Riflessioni sull'attuazione della *riforma degli studi ecclesiastici.* Antonianum 44. 1969

Schröffer, Joseph: Perspektiven, Aufgaben und Hoffnungen. Sonderdruck aus ‚Seminarium', Nr. 3, 1970

Schröffer, Joseph: Das Bild des Priesters von morgen. Im Zentrum der Einheit. Arbeitstagung der Dechanten des Erzbistums Köln 1973 in Rom. Presseamt des Erzbistums Köln

Schröffer, Joseph: Die weltweiten Horizonte christlichen Betens. Fries-Valeske: Versöhnung. Knecht-Verlag Frankfurt 1975

Schröffer, Joseph: Ingolstädter Ansprachen. Aufbau in Werk und Geist. Verlag Donau Courier 1978

Schröffer, Joseph: Wege zum Frieden. Franz-Sales-Verlag Eichstätt und Wien 1983

Seibel, Wolfgang: Zwischenbilanz zum Konzil. Berichte und Dokumente der deutschen Bischöfe. Paulus-Verlag, Recklinghausen 1963

St. Willibaldsbote. Kirchenzeitung für das Bistum Eichstätt. Verschiedene Jahrgänge

Svidercoschi, Gian Franco: Storia del Concilio. Collana Christianesimo Aperto. Commento conclusivo di P. Roberto Tucci. Editrice Ańcora, Milano

Testini, P.: San Saba. Le Chiese di Roma Illustrate, 68. Ed. ‚Roma'

Verwoort, C.: Pius XII. Pergamon. Antwerpen, Zürich, Bonn 1949

Weltmission: Katechetische Studienwoche. 1960

Personenregister